汉字文化导论

刘元春 著

北京大学出版社
PEKING UNIVERSITY PRESS

图书在版编目(CIP)数据

汉字文化导论 /刘元春著.—北京：北京大学出版社，2021.8
ISBN 978-7-301-30179-1

Ⅰ.①汉… Ⅱ.①刘… Ⅲ.①汉字—文化—高等学校—教材 Ⅳ.①H12

中国版本图书馆 CIP 数据核字(2018) 第 293400 号

书　　名	汉字文化导论 HANZI WENHUA DAOLUN
著作责任者	刘元春　著
责任编辑	张弘泓
标准书号	ISBN 978-7-301-30179-1
出版发行	北京大学出版社
地　　址	北京市海淀区成府路 205 号　100871
网　　址	http://www.pup.cn　新浪微博：@ 北京大学出版社
电子信箱	zpup@pup.cn
电　　话	邮购部 010-62752015　发行部 010-62750672　编辑部 010-62753374
印 刷 者	北京虎彩文化传播有限公司
经 销 者	新华书店 720 毫米 ×1020 毫米　16 开本　23.25 印张　379 千字 2021 年 8 月第 1 版　2023 年 6 月第 3 次印刷
定　　价	70.00 元

未经许可，不得以任何方式复制或抄袭本书之部分或全部内容。
版权所有，侵权必究
举报电话：010-62752024　电子信箱：fd@pup.pku.edu.cn
图书如有印装质量问题，请与出版部联系，电话：010-62756370

目 录 Contents

- 001 **绪 论**
- 001 第一节 名义
- 011 第二节 汉字的起源与功用
- 020 第三节 "造字方法"与演变规律

- 032 **第一章 书体流变**
- 032 第一节 甲骨文、金文
- 041 第二节 篆文、六国文
- 055 第三节 隶书
- 063 第四节 草书、行书
- 069 第五节 楷书

- 076 **第二章 文字载体**
- 076 第一节 甲骨与甲骨学
- 087 第二节 金石及金石学
- 125 第三节 竹帛及简帛学
- 134 第四节 纸及敦煌学

- 144 **第三章 美学元素**
- 145 第一节 书法
- 160 第二节 汉字与传统文学
- 176 第三节 文字游戏
- 187 第四节 取名文化

197	**第四章**	**文字与政治**
197	第一节	书同文
210	第二节	字样学
218	第三节	武周新字
225	第四节	避讳
233	第五节	文字狱
240	**第五章**	**汉字与传统思想**
240	第一节	汉字与思想史的关系问题
247	第二节	传统思想影响汉字的两个层面
261	第三节	从汉字构形切入思想史研究
267	**第六章**	**汉字与思维**
268	第一节	不同文字体系与思维、认知方式差异的一致性
274	第二节	汉字对思维及思维科学的作用
278	第三节	汉字构形所体现的思维方式
298	**第七章**	**汉字的传播**
298	第一节	概况
305	第二节	汉字对境内民族文字的影响
328	第三节	越南的汉字
334	第四节	朝鲜半岛的汉字
343	第五节	日本(琉球)的汉字
353	第六节	新马印华文
364	**余论**	**信息时代中的汉字**

绪　论

本章分为三节：名义、汉字的起源与功用、"造字方法"与演变规律。名义部分关照全书，着重探讨不同视角下的语言与文字的关系、汉字的性质及发展方向、汉字文化的定位与态势等问题。

第一节　名义

（一）语言与文字

中国传统的语言文字之学（小学）实际上并没有严格对语言与文字加以区分，清代"说文"大家段玉裁所谓"小学有形有音有义，三者互相求，举一可得其二"，正可以说明传统观点所认为的文字包含了形、音、义三个要素。然而随着学科的细化和深入研究，我们发现，形、音、义三者当中，字形是文字本体符号，而字音、字义实际上是语言层面的符号，二者存在着性质上的差别。另有观点则认为文字（汉字）是一套独立的高于语言的概念体系，虽然类似观点产生于特定的时代背景下，并没有令人信服的证据，但此类提法的出现着实说明，语言与文字的关系、文字与汉字的性质等，成为进入语言文字学领域首要理清的基本问题。

普通语言学、文字学①大致认为：语言是思维工具和交际工具，是人类特有的社会现象，文字是在语言基础上产生的，是为了记录语言而发明的一种书写符号系统，亦即语言是第一性的，文字是第二性的。这也成为大多数读者所理解和接受的语言与文字关系的主要论点。在这一语言本位的文字观中，最具代表性

---

① 以印欧语系语言文字为基础所概括和总结出来的人类语言文字发展的普遍规律。

的是现代语言学奠基人索绪尔在《普通语言学教程》中所说的：

> 语言和文字是两种不同的符号系统，后者唯一存在的理由是在于表现前者。语言学的对象不是书写的词和口说的词的结合，而是由后者单独构成。但是书写的词常跟它所表现的口说的词紧密地混在一起，结果篡夺了主要的作用：人们终于把声音符号的代表看得和这符号本身一样重要或比它更加重要。这好像人们相信，要认识一个人，与其看他的面貌，不如看他的照片。

结构主义学派代表布龙菲尔德在《语言论》中也有类似的说法：

> 在语言学家看来，除去某些细微的枝节以外，文字仅仅是一种外在的设计，就好像利用录音机一样，藉以保存了过去言语的某些特点供给我们观察。

索绪尔等人的观点是与西方表音文字和西方哲学的特点密切相关的，早在亚里士多德所著《工具论》中就曾提到："口语是心灵经验的符号，文字是口语的符号。"这一思想影响了索绪尔等人对于语言与文字关系的理解和分析。从亚里士多德至今，西方文字理论大致经历了三个发展阶段：古希腊以亚里士多德为代表的文字是记录语言的符号的观点；以索绪尔为代表的现代语言学提出文字分为表音、表意两大文字体系；以叶姆斯列夫为代表的布拉格学派等提出的语言－文字自主说和语言－文字平行说。

然而在中国，20世纪80年代开始勃兴的中国文化语言学[①]及90年代末开始热议的字本位理论[②]，以批判和反思的眼光审视了现代语言学中关于语言与文字关系的探讨，引起了汉语文字学界对这一问题的持续讨论。尽管学界对语

[①] 文化语言学认为语言是人类文化中最先发生的一部分，并认为语言有提高人们协作程度的功效，因而语言是"心理模式"（即存在心理的活动法式）传播的媒介，也是其他各种文化的媒介。人类区别于其他动物的重要差异是语言能力，故而语言对于文化的意义极为重要。这些理论昭示了语言的文化属性或人文性，使当代语言学家反思语言研究游离于社会、游离于人文世界的缺陷。

[②] 字本位理论是受传统汉语汉字学研究等影响，并主要针对印欧语言本位视角而提出的。郭绍虞早在1938年就已提出了字本位的观念，他认为日说语言以词为基本结构单位，文字以字为基本结构单位。赵元任1975年在《汉语词的概念及其结构和节奏》则提出：汉语并不计词，在中国人的观念中，"字"是中心主题，字和word这个词在英语中的角色相当。徐通锵在1994年又明确提出了新的字本位观点，即认为汉语日说语言和汉字都是以字为基本结构单位的，没有词这个单位；印欧语言和拼音文字只有词为基本结构单位，没有字的单位。

言与文字之间的关系问题各持所见,但本书倾向于裘锡圭在其《文字学概要》中提出的二层符号理论:文字是语言的符号,作为语言的符号的文字,跟文字本身所使用的符号是不同层次上的东西。亦即文字是记录语言的符号系统,同时文字本身也是一套符号系统。

而目前的认知心理学通过实验得出相关数据,认为传统观点所主张的文字以形体通过语音来传达意义,实际上并不完全如此,三者之中的语音并不是一个必须的转录过程。这也从视知学角度印证了语言是建立在听觉形象基础上的符号系统,而文字则是以视觉形象为基础的书写符号系统,二者性质迥然有别。故而在具体讨论文字的性质、发展方向等问题时,必须要将作为语言的符号与文字本身使用的符号区别开来,否则还是会陷于逻辑上的混乱。

(二)汉字的性质

汉字的性质,简言之即汉字属于哪一种文字类型。

对文字类型的探讨在19世纪末就已开始,传统的文字发展三段论就产生于当时。这种观点认为:文字的发展脉络是最先由图画文字过渡到表意文字,最终演变为表音文字。文字发展三段论和语言发展三段论(孤立语→黏着语→屈折语)均是19世纪欧洲资本主义殖民扩张的产物,因其源于西方种族优越论意识,已开始不断得到修正。

受西方语言学影响,从20世纪20年代开始,中国语言学界开始对汉字性质问题加以关注。百年来,经历了数次论争高潮,堪为中国文化的重大议题之一。然由于视角和标准不一,至今也尚未形成一致认可的观点。但汉字性质是研究汉字最根本的理念问题,涉及我们如何认识和评价汉字体系。这里将百年中代表性的观点罗列如下:

① 表意文字说。

普通语言学的代表索绪尔在《普通语言学教程》中提到,世界上有两种文字的体系:一是表意体系,一个词只用一个符号表示,而这个符号却与词赖以构成的声音无关。这个符号和整个词发生关系,因此也就间接地和它所表达的观念发生关系,这种体系的古典例子就是汉字;二是通常所说的表音体系,它的目的是要把词中一连串连续的声音摹写出来。表音文字有时是音节的,有时是字母的,即以言语中不能再缩减的要素为基础。

20世纪20年代,沈兼士把世界文字分为"意字"(表意文字)和"音字"(表音文字)两类,中国的汉字有两属,一部分属于表意文字,一部分属于表音文字。沈氏将汉字归类两属的做法,实际上混淆了文字体系类型以及同体系文字内部类型二者的不同。而钱玄同为推行汉字拼音化,借用文字发展三段论而提出汉字发展是由象形至表意再到表音的趋势。到 40 年代,张世禄在《中国文字学概要》中明确提出图画文字、表意文字、拼音文字是文字发展的三阶段,"中国文字是介于图画文字和拼音文字两个阶段的中间,自身是一种表意文字,而形音义三方面都不可偏废,因之文字的构造上兼具有写实、象征、标音这三种方法。"梁东汉则提出了文字体系的三个类别为表意文字、音节文字和音素文字,其划分标准是根据文字符号代表怎样的一个音值,表意文字因为和语音没有直接联系,所以有可能用来表达不同的民族语言,而且也适合方言分歧的语言的民族,很显然汉字属于表意文字体系。

② 意音文字说。

20 世纪 50 年代,周有光在《文字演进的一般规律》中提出了新的文字发展三阶段说:第一阶段是表形兼表意的形意文字;第二阶段是表意兼表音的意音文字;第三阶段是完全表音的拼音文字。从形意制度发展为意音制度,之后再发展为拼音制度,是文字发展的基本规律。汉字属于意音文字,最终要发展为拼音文字,这是落后让位于先进的规律,决不因为语言特点和社会习惯的不同而有例外。蒋善国也有类似观点,认为古文字是象形兼表意文字,今文字是表意兼标音文字。此外,赵诚、孙常叙、陆锡兴等都认为汉字兼有表音和表意两重性。

③ 语素文字说。

赵元任在 20 世纪 50 年代提出汉字为词素文字,中国的汉字是典型的用一个文字单位写一个词素的例子,后来语言学界多将词素称为语素。吕叔湘也认为汉字是语素文字的代表,也是唯一的代表。语素文字说在语言学界已成为比较普遍的认识。实际上,此前苏联伊斯特林、美国布龙菲尔德等根据文字与语言的对应关系,将汉字归入表词文字一类。虽然表词与语素称谓不同,但都重视汉字表词或表语素的客观存在,只不过侧重有所不同,故而两种认识并没有根本性质的区别。后来美国基尔伯又提出汉字是一种"词-音节文字",但这一提法在国内学术界并未得到认可。

④ 表音文字说。

20 世纪 70 年代末,姚孝遂提出文字的发展阶段和文字符号的构形原则是不同的概念,由于古汉字中存在的大量通假现象,故而古汉字已经脱离了表意文字的阶段,进入到表音文字阶段。他在1979年《古文字研究》第一辑中说:"古代汉字就其文字符号的来源说,也就是从其构形原则来说,它是从象形符号发展而来的。但是,从它的发展阶段来说,它已经脱离了表意文字的阶段,而进入到表音文字的阶段。也就是说,这种文字,并不是通过它的符号形体本身来表达概念,而是通过这些文字所代表的语音来表达概念。绝大多数的古文字,其形体本身与所要表达的概念之间,并无任何直接的关系。"周大璞在分析汉字的假借现象后,亦认为假借的出现,表明汉字已经由象形的图形开始变成标音的符号,这是汉字发展史上从象形表意阶段向表音阶段的开始。

⑤ 意符音符记号文字。

针对表意、表音文字之争,有学者另寻新的视角来阐释汉字的性质。王伯熙从汉字所记写的语言单位的角度,认为汉字不是表音文字,但表意文字的提法也含混不清。裘锡圭①则认为,汉字体系的性质不是由作为语言的符号的文字本身来决定的,而是由构成汉字的符号——字符所决定的。字符可分为意符、音符和记号三类。裘氏提出,隶变以前的早期阶段,汉字基本上是使用意符和音符的一种文字,故而可以称汉字为"意符音符文字"(即意音文字),然而由于意符音符可能丧失表意表音作用而转化为记号,故而又可以称隶变之后的汉字为"意符音符记号文字"。

上述五种观点,实际上可分成两类,①②④为汉字表意还是表音的问题,③⑤则是汉字与语言结构中的何种单位相联系的问题,出发点不同,归出的类别自然就会不一样。汉字数千年的发展演变,造成了不同于拼音文字一样单纯的特性,故而在汉字究竟是表意文字还是表音文字的问题上难以厘清。定义为表意文字,但好像又存在表音的例外,而确定为表音文字,但又不同于一般意义上的拼音文字,故而又出现了折中的意音文字的提法,或汉字兼有表意、表音的"两重性"。当这一出发点及思路还不能明确汉字的性质时,才会出现裘锡圭等学者提出避开文字本身,从字符特点来定性汉字的观点。然而不论从何种角度去

---

① 裘锡圭又认为,若从"字符"所能表示的语言结构的层次看,汉字又可以称为"语素——音节文字",即有些"字符"只跟语素这个层次有联系,有些"字符"则起音节符号的作用。当然这种通过"字符"功能分析得出的"语素——音节文字"的说法,跟由文字作为语言符号的功能而得出的"语素——音节文字"并不是一回事。

讨论汉字的性质，必须明确以下两个原则：

一是文字性质本身无优劣高下之分。对文字性质的探讨源自文字发展三阶段论。最初西方语言学界受进化论及种族优越意识的影响，先入为主地提出了文字发展前后阶段及先进落后之分，但今天来看，这一提法早已被抛弃。无论表意文字还是表音文字，均与所记录的语言相适应，不仅历史悠久，而且能够很好地表达相应民族的社会、历史与文化。至今为止，仍未有足够的证据证明表意和表音属于两个衔接紧密的发展阶段，更没有证据证明孰优孰劣。英文是拼音文字，适合于西方语言，所以在西方能够获得极大地发展，而汉字表意的特点更适合于汉语，于是能够在中国获得极大地发展。历史淘汰诸多文字种类，虽然汉字难写、难认、难记，但却是世界上使用人口最多的文字，并且获得越来越多的人口的使用，这是不争的事实，也是汉字富有生命力的表现。目前情况下，争论两种文字体系的优劣没有什么意义可言。

二是从不同角度对汉字性质进行探讨，着眼点应是不同的。索绪尔在谈文字体系时，并没有谈到三阶段说，他认为只有表意、表音两种体系。而表意文字概念的提出，实际上是相对于图画文字而提出的"概念书写"。"概念书写"指的是一种文字可以把所表达的信息拆分成有实义的若干部分来书写（对汉语而言就是可以拆分为词和词素来书写），每个部分都有其特定的记录符号，也就是索绪尔所认为的一个词只用一个符号表示，这个符号和词发生关系，与音无关。所以，根据这一定义，汉字无疑就是表意体系文字。但是，假若从另外的角度来定义汉字的性质，得出的结论又会截然不同。所以对表意、表音的争论，实际上是在西方文字理论和思想框架下的产物，均与所表达的语言类型相适应，世界上的诸种文字均可以在此角度下，大致划归为其中的一类。

（三）汉字文化界说[①]

汉字文化是汉字学研究领域的一个组成部分。汉字学是以探讨汉字形体结构的形成、发展、演变为任务，从汉字形体结构的类型和汉字的形、音、义关系等角度来研究汉字的学科。而要进行这样一种研究，就离不开汉字产生、使用、发展和沿革的历史文化背景，虽然其核心工作还是从汉字本身所具有的规律来研究汉字。

---

① 参《汉字与文化丛书》学术委员会《汉字与文化丛书·总序》，辽宁人民出版社，2000年。

汉字文化不等于汉语文化。汉语文化属于文化语言学研究的组成部分。文化语言学或者强调语言的本体价值，从语言的内部结构入手，用民族文化的思维特征观照民族语言，概括出符合本民族特点的范畴体系、结构特征及规律；或者着眼于语言与文化的关系，探讨二者在不同历史层面上的关系，诸如语言与历史、社会、人性、艺术、认知、思维等诸多方面的关系。

如果不加以分析判别，将汉字文化研究过多触及汉文化中的各类型文化，其研究内容将会过分庞杂和无绪。故而，本部分在梳理汉字文化研究已有成果和发展现状的基础上，将对汉字文化作为一门新学科的性质和定位加以总结。

对汉字文化的研究不自今日始，古代典籍中大量存在以文化现象来说解汉字形、音、义的情形，尤其以《说文解字》为著。陆宗达在其《说文解字通论》（北京出版社，1981年版）中曾以几组字例分析了《说文解字》中记载的古代社会生产状况。在旧石器时代，人类主要的社会生产是猎取禽兽，依据《说文解字》，"兽"为禽兽总名，是禽兽的正字，而后用捕捉禽兽的"獸"为"兽"字。《说文解字》释"獸"为"守备者也"，而另一从犬"狩"字释为"火田也"。可见，"獸""狩"均为捕猎的方式："守备"即捕猎时设网于陷阱，守于网旁，防备其逃逸；而"火田"即用火烧山林，围攻野兽捕猎的方式。"獸""狩"二字为同一语根派生。

但古人的这类分析解说，实际上并非有意而为，更谈不上深层次的理论研究。真正有意识、有理论的汉字文化研究则是进入20世纪之后才产生的。

张世禄《文字上之古代社会观》（东南大学《国学丛刊》1卷2期，1923年）较早地从历史文化角度对汉字进行解说："人类社会之演进，大都由渔猎而畜牧，由畜牧而耕稼。试以文字上之构造证之。吾国西北多山，宜于猎牧，故特有尚武的精神。西戎之戎，从十从戈，十即甲也。狄，身旁携一犬也。貊，亦在北方，身穿裘衣，如猛兽形，故从豸。今以社会进化之顺序推之，吾知吾先祖必为狩猎之野人也。"尔后沈兼士《鬼字原始意义之探讨》（北京大学《国学季刊》5卷3号，1935年2月），利用文献佐证及文字形音义的互求，用考古学的方法，探讨了"鬼"字的原始意义，得到当时学界的一致认同。当时杨树达在其日记中就曾记述了这件事。而陈寅恪当年回复沈兼士的信中更是给予了极高的评价："依照今日训诂学之标准，凡解释一字即是作一部文化史。中国近日著作能适合此定义者，以寅恪所见，惟公此文足以当之无愧也。"（《沈兼士学术论文集》202页）可谓开创了汉字与文化相结合研究的新方向。

然而在20世纪50年代至70年代的近三十年中,汉字文化研究处于停滞状态,这一局面随着80年代文化语言学的勃兴而被打破。据初步统计,20世纪最后的十余年间,有十余部专著、160余篇论文问世,约占20世纪汉字文化研究论著总数的80%。同时,相关研究内容也不再局限于通过单个汉字的考证来考察古代历史与社会,而是以新的角度,更为全面和广泛地涉及汉字属性、系统及传统文化诸方面的关系。此外,在汉字文化研究的理论探讨上,有了长足的进展,代表性著述有如下几种:何九盈等《简论汉字文化学》、王宁《汉字与文化》及刘志基《汉字文化综论》等。基于上述三方面的突破,作为一门新兴的学科——汉字文化学正式诞生了。

然而面对这一新兴学科,尤其是理论研究方面,诸如研究的范畴和任务等,目前还存在一定的分歧。

何九盈等提出汉字文化学是一门以汉字为核心的多边缘交叉的学科,其任务有二:一是要阐明汉字作为一个符号系统、信息系统,它自身所具有的文化意义;二是探讨汉字与中国文化的关系,也就是从汉字入手研究中国文化,从文化角度来研究汉字。

王宁则认为研究汉字文化学有两方面的意义:一是从文化的角度看汉字,用文化的眼光来观察汉字、解释汉字。例如,对汉字构形依层次两两拼合的格局形成的文化原因的探讨;对汉字构形模式形成的文化原因的探讨;对汉字各种书体产生和成熟的历史社会背景的探讨等等。总之,是把汉字视为一项在文化巨系统中的文化项,探讨它与其他文化项的互促、互抑因而能互证的关系。另一方面,是对汉字在构形中所携带的文化信息的分析,这种分析既有对个体字符的分析,又有对总体系统的分析。

而刘志基认为从汉字入手研究中国文化,从文化学角度研究汉字都不属于真正的汉字文化学的研究。汉字作为记录汉语的书写符号体系,是形、音、义的统一体。但在形、音、义三要素中,音和义都是它从语言那里承袭来的,属于语言中的词,只有形体才属于汉字本体。汉字文化的研究如果包括音、义,就必然要牵扯到语言中的词,必然要涉及汉字文化学和汉语言文化学的分野问题。实际上,20世纪的汉字文化研究论著所讨论的大都是汉字构形与有关文化现象之间的关系,很少有脱离字形谈字义、字音与其他文化现象之间关系的。如果忽视这种区别,汉字文化研究就可能变成范围不甚明确的汉语文化研究。

此外,张公瑾的《文字的文化属性》、朱良志、詹绪佐的《汉字的文化功能》、申小龙的《汉民族古文字的文化历史解读》等,探讨了汉字的文化属性及功能;张玉金的《汉字研究的文化学方法》、黄德宽、常森的《汉字阐释与文化传统》等,则专门谈及了汉字的文化阐释;值得注意的还有刘志诚的《汉字与华夏文化》、苏新春主编的《汉字文化引论》、贺友龄的《汉字与文化》和何九盈、胡双宝、张猛主编的《汉字文化大观》等。《汉字文化大观》不仅讨论了汉字文化这门学科研究的理论问题,而且涉及汉字与文化所系联与观照的方方面面,可谓包罗万象。然而部分内容实际溢出至汉语文化层面。

理论研究之外,从汉字角度研究文化及从文化角度研究汉字,成为近百年来汉字文化研究的主线。

20世纪前期的汉字文化研究,也就是汉字文化单独成为一门学科之前,大都根据古文字材料对史前至殷商时期的社会形态及各种文化现象进行探讨,比如郭沫若的《甲骨文字研究》《中国古代社会研究》等。而汉字文化学诞生之后,研究对象、方法等均有了明显的扩大,成果颇丰。单篇论文多以一个字或几个字、几组字为考察对象,来探讨相关文化现象,这类成果数量最多。专著方面曹先擢的《汉字文化漫笔》、李玲璞等的《古汉字与中国文化源》、臧克和的《中国文字与儒学思想》等,也都是从汉字入手来讨论有关文化现象的。以臧克和《中国文字与儒学思想》为例,是书借字证史、以字考经,通过对汉语古文字系统的考释,补苴儒学思想某些根本观念所产生的历史背景,由此向世人展现儒学精神的整合基础和重塑过程。该书义理考据,交互往复,对一批众说纷纭的古文字加以重新考释,展现了尺幅千里的国学考据学境界。

从文化角度来研究汉字,在20世纪80年代之后蔚然成风。章琼在《20世纪汉字文化研究评述》中总结为三个方面:从思维科学的角度来分析汉字;从心理学角度来解释汉字;根据其他文化项的研究成果(指思维科学、心理学以外的文化项)来研究汉字。从思维科学的角度研究汉字的文章,一般都是运用思维科学的理论,通过对汉民族思维特征的分析来研究汉字的结构模式,探讨汉字构形的特点及其发展演变的规律(如孙雍长《汉字构形的心智特征》等)。从心理学角度来研究汉字的文章,主要讨论汉字的构形特征、字形识别、形体的发展演变及其稳定性等问题(如刘鸣《论汉字字形的心理学研究》等)。根据其他文化项的研究成果来研究汉字的文章,涉及的文化项非常多,讨论的内容也比较广泛

(如刘赞爱《论汉字构成的视觉美》、彭瑞祥《汉字结构的统计分析》等)。

当然,由于汉字文化学目前还未完全成熟,部分著述反映的指导思想、理念和观点并不客观,甚至有误,亦属难免。

结合已有研究成果,汉字文化学具有如下两个特点:

第一,汉字文化学是一门多边缘交叉性质的学科,其研究内容和涉及任务较为广泛,其中最为关键的一点是以汉字为主体、核心,以汉字与文化的关系为研究范围。

第二,前述理论方面的纷争,实际上可以概括为广义和狭义的汉字文化学两个类别。广义方面即从宏观角度把汉字也看成是一个文化项,来探讨它与其他文化项的关系;狭义方面则是从微观角度把汉字字符及其系统作为文化的载体,来探讨它所载负的文化信息。

台湾学者陈绍慈从刘志成《文化文字学》一书生发,撰《文化文字学的定义及范畴》一文,总结了近百年来关于汉字文化研究现状,提出用"文化文字学"来概括较为适宜。这一名称也与20世纪早期产生、80年代高涨的文化语言学产生了呼应。20世纪上半叶的文化语言学,绝大部分就是文字学的研究;而20世纪80年代中后期以来,文字与文化结合研究也几乎是同步兴起,甚至将汉字文化也纳入到文化语言学研究的范畴。

陈氏等所总结出来的文化文字学,大致等同于上文所提到的广义汉字文化学。从概念提法到已有研究现状的分析可以看出,广义汉字文化学涉及范围过广,甚至已经溢出到语言层面或者说汉语文化层面。然而高质量的研究成果,其实大都还是围绕汉字构形与有关文化现象之间的关系进行探讨,很少有脱离字形谈字义、字音与其他文化现象之间关系的。基于此,这里有必要重申本书所谈的汉字文化,属于狭义汉字文化学,其性质也应当是把汉字字符及其系统作为文化的载体,来探讨它所载负的文化信息。

【研究提示】

1. 搜集、整理一百多年来研究汉字性质的文献资料,总结、归纳各种观点的异同。
2. 对汉字性质的讨论,一直是现代汉字发展史上的难题,你如何看待汉字的性质?
3. 如何评判下列说法:

   汉字也是中国劳苦大众身上的一个结核,病菌都潜伏在里面,倘不首先除去

它,结果只有自己死。(《鲁迅文选》第四卷第 285 页)

汉字真正是世界上最龌龊最恶劣最混蛋的中世纪的茅坑。(《瞿秋白文集》第二卷第 690 页)

汉字落后论的时代结束,21 世纪将是汉语汉字发挥威力的时代。(袁晓园、赵朴初、钱伟长、张友渔,于 1989 年 9 月汉字现代化研究会、北京晓园语文与文化科技研究所和《汉字文化》编辑部北京座谈会上的观点)

汉字是中国第五大发明。(政协九届全国委员会副主席安子介 1989 年致上述座谈会贺电语)

【延伸阅读】

1. 〔美〕萨丕尔《语言论——言语研究导论》,陆卓元译,陆志韦校订,商务印书馆,1985 年。
2. 中国社会科学院语言文字应用研究所编《汉字问题学术讨论会论文集》,语文出版社,1988 年。
3. 罗常培《语言与文化》,语文出版社,1989 年。
4. 邢福义主编《文化语言学》,湖北教育出版社,1990 年。
5. 王宁《汉字与文化》,北京师范大学学报,1991(6)。
6. 邵敬敏主编《文化语言学中国潮》,语文出版社,1995 年。
7. 刘志基《汉字文化综论》,广西教育出版社,1996 年。
8. 周有光《世界文字发展史》,上海教育出版社,1997 年。
9. 〔瑞士〕费尔迪南·德·索绪尔(F. de Saussure)《普通语言学教程》,高名凯译,商务印书馆,1999 年。
10. 何九盈《汉字文化学》,辽宁人民出版社,2000 年。
11. 章琼《二十世纪汉字文化研究评述》,《语言教学与研究》,2002(2)。
12. 郑振峰《20 世纪关于汉字性质问题的研究》,《河北师范大学学报(哲社版)》,2002(3)。
13. 詹鄞鑫《20 世纪汉字性质问题研究评述》,《华东师范大学学报(哲学社会科学版)》,2004(3)。

第二节 汉字的起源与功用

文字是在语言的基础上产生的,一开始,人类的语言主要通过有声的口耳相传,然而有声语言受到时间和空间限制,尽管会带给听者一定程度的记忆和印象,但却会随着说话的结束而结束。所以从本质上来讲,文字的产生是在社会发展到一定程度之后,作为交际工具的语言不能满足社会成员需要时,而不得不产生的记录和辅助语言的工具①。对汉字起源及产生的探讨,直接关系到华夏文明源头的断定问题。具体研究中,存在突发说和过程说两种观点,即文字起源于突变还是渐变。

一、汉字起源的观点

汉字究竟起源于什么?历来众说纷纭。主要的观点有:结绳记事、仓颉造字、刻符、原始图画、八卦、起一成文等。下文逐一简要介绍之前,需先知晓两个术语:"原始文字"(proto-writing)、"成熟文字"(full writing),这是为了区分文字与文字的前身而提出的说法。成熟文字如殷商甲骨文,稍早于安阳殷墟的有小双桥遗址(商代中期较早②)出土的朱书陶文,与殷墟文字极近,有以看作殷墟文字前身者。大量早于小双桥陶文的新石器时代陶符,囿于材料不足,无法确知哪些是成熟文字,换言之,我们无法确知成熟文字的上限在哪里。

(一)结绳记事

根据文献记载及民俗考察,古代中国、埃及、波斯、日本,近代美洲、非洲、大洋洲土著民族,以及现代中国藏族、高山族等少数民族地区,均使用过结绳记事的方法。已知结绳记事最为发达的是古秘鲁的印第安人③。汉字源于结绳记事之说由来已久。《周易·系辞下》:"上古结绳而治,后世圣人易之以书契。"郑玄注:"古者无文字,结绳为约。事大,大结其绳;事小,小结其绳。"《说文解字·叙》:"神农氏结绳为治而统其事。"

集中体现结绳形象的是代表"十"和"十"的倍数及相关概念的文字形体。如周代金文中,十作"↑"、廿作"凵"、卅作"凷"、世作"凸"等。文献不足,结绳记

---

① 在文字产生之前有一个必然的萌芽阶段,但无论如何,文字必定是在语言产生之后出现的。
② 有学者推论绝对年代为公元前1435—前1412年。
③ 林惠祥《文化人类学》(商务印书馆,1924):"在欧人初到美洲时,秘鲁土人使用一种打结的绳名为'魁普'(quipus),意即为'结'。其物系由一条具一种颜色的主要的绳,以及多数次要的及又次要的各种颜色的绳而结成。不同颜色代表不同意思或事物,打成各式各样的结成环,便能表示各种复杂的意见。魁普如用以记载人口,则色绳的结使用以代表人数,于代表男人的绳上另加以小绳,以表示鳏夫之数,代表女人的绳上所加的小绳则表示寡妇和老处女之数。结所表示的数以1单结为10,复结为100,2单结相连为20,2复结为200。"

事的方法已无法细考,但仍可从其他民族中得以管窥。如1955年12月16日《光明日报》载《少数民族文字的进一步发展》:"我国少数民族作为记录语言的工具是多种多样的,其中包括从最原始的结绳到比较进步的拼音文字。高山族人民用结绳的方法记事或表示爱情。人们在绳上先打两个结,再打三个结,又打五个结,这就表示先借两元,又借三元,再后借五元。还钱的时候,仍然按数解结。一个青年用一样长的两条绳子各打两个结,把两条绳子的末端合打成一个结,赠给自己心爱的姑娘,这就表示求婚。"

虽然结绳能较为有效地实现记数功能,然而在记事方面却存在较大局限。因而在汉字中能够体现结绳记事的字形或由结绳进入汉字系统的文字数量非常少,并不足以证明汉字起源于结绳记事,只能够说结绳记事对汉字的产生起到了一定程度的影响。

(二) 仓颉造字

世界上许多民族将本民族的文字归功于某一个圣人或神创造。比如,古埃及圣书字相传是由书写之神妥司传授而来;而楔形文字则传闻受神或圣贤的启示而创制;中国少数民族古文字东巴文的产生,记载于东巴经——古代创制汉、藏、纳西三种文字是生于同时、居诸异地的三位圣人;而中国古代劳动人民大多笃信仓颉造字说。大量典籍记载了仓颉造字的传说:

奚仲作车,仓颉作书,后稷作稼,皋陶作刑,昆吾作陶,夏鲧作城,此六人者,所作当矣。(《吕氏春秋·君守》)

昔者苍颉作书而天雨粟,鬼夜哭。(《淮南子·本经训》)

及神农氏结绳为治而统其事,庶业其繁,饰伪萌生,黄帝之史仓颉,见鸟兽蹄迒之迹,知分理之可相别异也,初造书契。(《说文解字·叙》)

仓颉是谁?《汉书·古今人表》把人分为九等,圣人上上,仁人上中,智人上下,仓颉是智人中的第一位。《说文解字》以仓颉为黄帝史官(突出文字与史官的关系),而据上海博物馆藏战国楚简《容成氏》显示,战国时人有以仓颉为古帝王者。[①] 而在《春秋元命苞》中仓颉被敷衍成"四目灵光"之人,近乎神明。之所以神化造字之人的形象,早期当是为了增加文字的神秘性,而掌握文字使用的统

---

① 亦有以仓颉为商契者。

治阶级则相应地被赋予神秘色彩。

历史上出现过许多对文字的统一和规范产生重要影响的人物,著名者有如秦始皇"书同文"政策中,李斯以小篆统一文字。李斯的作用只是整理和规范,而同时代也有一位大人物程邈,则被附会成创制隶书的"徒隶之人"。任何一种文字形体不可能由某一个人短时间内创制出来,只可能是缓慢的渐变过程。在汉字各书体的产生演变中,仓颉及程邈等人,目前只能理解为在已有汉字的整理、规范和统一过程中,做了许多具体、有效的工作。

或以为有些民族的文字确由某一个具体的人发明,如日本的"平假名"是由僧人空海通过简化汉字草书而创制的,蒙古八思巴文是忽必烈时代西藏喇嘛八思巴采用藏文字母而创制的……然而需要说明的是,这类文字的创制是在某一种文字体系成熟之后,根据该文字体系而创制的新文字体式,故而这类文字的创制与前述没有文字依据的新文字的创制,不是同一层次的概念,实质上可以看作文字的传播。

(三) 刻符①

从 20 世纪 20 年代开始,陆续在仰韶文化、大汶口文化、龙山文化、马家窑文化、良渚文化、二里头文化等早期社会遗址中,发掘出土了一些带有刻划符号或彩绘符号的陶器,这些陶器上的符号为探讨汉字起源问题提供了新的视角。② 郭沫若在《古代文字之辩证的发展》一文中说:"半坡彩陶上每每有一些类似文字的简单刻划,和器上花纹判然不同。黑陶上也有这种刻划,但为数不多。刻划的意义至今尚未阐明,但无疑是具有文字性质的符号,如花押或者族徽之类。"③

---

① 目前来看,中国史前时代刻划符号,贾湖遗址(约前 6000 年)所出为最早,半坡遗址(约前 4500 年)所出符号,郭沫若等认为是最早的文字,大汶口遗址(约前 2700—前 2500 年)所出符号,裘锡圭等人认为是原始文字的下限。而属于广义龙山时代的丁公遗址(约前 2300—前 1800 年)、龙虬庄遗址(约前 2000 年)所出符号,裘锡圭等人认为是"走入歧途的原始文字",与成熟文字关系不明。
② 同样,其他古文字演变模式也可以为汉字起源研究提供角度。如,苏美尔楔形文字的进化可分作四阶段:陶符→陶筹→原始楔形文字→成熟楔形文字。
③ 郭沫若分新石器时代早期符号为两个系统:刻划符号与图形符号。前者以半坡遗址陶器上点线式几何形符号为代表,后者以大汶口遗址陶器上线条勾勒式图形符号为代表,并分别以指事、象形指称。

　　仰韶文化陶器刻符　　　　　大汶口文化陶器刻符①

　　这类符号,大多数较为孤立地刻在或涂在陶器口的边缘部位。部分符号出现在不同地点的遗址中,有些酷似标示数目作用的符号频繁出现,故而这一部分符号很可能具有标示数目的作用。但是它们与氏族徽号或图腾似乎又有所不同,如仰韶文化陶器上的鱼纹或人面鱼纹,也只能说明当时部落居民以鱼类为图腾。

　　上图中的符号,目前还无法证明其究竟是原始图画还是早期汉字。尤其是大汶口文化陶器刻符,因在与其相距不远的遗址中也出土了类似的陶器刻符,故而许多学者倾向于这些陶器刻符已经是早期汉字形体②。但无论判定结果如何,有一点需要牢记,那就是原始图画与早期汉字具有完全不同的性质。

　　(四) 原始图画

　　唐兰在《中国文字学》中说:"文字本于图画,最初的文字是可以读出来的图画,但图画却不一定能读。"亦即汉字也起源于图画,这一观点已为学界多数人所接受。然而,我们需要明白,图画和文字是性质不同的两种事物。文字是记录语言的符号,其基本要素包含了读音和意义,而图画则是无法读出声音的③,它只能通过描绘事物来产生一定的意义。故而文字与图画之间的区别,就在于看它是否用于记录语言。而在原始图画与早期汉字之间,应当存在一个过渡性的图画文字④阶段。

　　图画文字与图画之不同,就在于图画文字是通过描绘事物图像或轮廓的方

---

① 从左至右,唐兰释为:炅、冏(炯)、戉、斤。于省吾释第二字为原始"旦"字,李学勤则释为"炅山"。
② 裘锡圭《文字学概要》:"大汶口文化象形符号应该已经不是非文字的图形,而是原始文字了。"
③ 受西方语言学影响,在文字起源研究中存在一种将是否表音作为界定成熟文字唯一标准的观点。
④ 古埃及前王朝时期及过去印第安人、因纽特人等也有所谓的"图画文字"。但本书所言的"图画文字"专门指的是使用提示性的图案所进行的叙事性的描绘。

式达到帮助记忆的目的,而图画只是单纯描绘事物的图像。久而久之,原始图画为基础的一些象形符号逐渐获得了社会成员的认同,并与当时语言中的词汇相对应。例如下图(蒋善国《中国文字之原始及其构造》):

这是美洲新墨西哥的"危崖警告"。右上角为一只上爬的山羊,左下为下坠或摔下的马,意谓这个悬崖只有羊可以攀登,而马就会摔死。上图说明,图画文字超越了结绳、契刻等助记手段,能够形象地再现事物,并逐渐成为全体社会成员通用的交际工具。当图画文字中的象形符号与语言中的词对应且固定下来的时候,文字就产生了。

理论上,我们可以对图画、图画文字、文字做出明晰的区别,然而实际操作中,却很难明确判定远古时代出土文物上的纹饰究竟是图画符号还是文字符号,抑或是处于二者之间的图画文字。

(五) 其他说法

1. 八卦

八卦为汉字起源之说由来已久。一般认为八卦由伏羲创制,是占卜用的八种符号,分别为:

☰	☱	☲	☳	☴	☵	☶	☷
乾	兑	离	震	巽	坎	艮	坤

基本构形为"—"(阳爻)、"--"(阴爻)①,阳爻代表奇数,阴爻代表偶数,每一卦均有三个奇数或偶数排列而成,八卦中的任两卦叠合之后得到六十四卦。有学者认为坎卦(☵)为"水"字形体来源,坤卦(☷)为"坤"字古文"巛"的由来,但是其他卦却没有找出类似的联系。即使能够找出些许联系,也不能证明汉字与八卦的渊源关系,因为八卦符号和汉字数字是性质完全不同的系统。不过,八卦形象是由相连和相断的竹棍或蓍草而来,而汉字数字早期计数方式似乎也是

---

① 或以为阴阳象征着男女生殖器官,或认为阴阳是用于占筮的两节或一节的"竹棍"或"蓍草"。

通过类似的"算筹"摆成的,似乎可以说明八卦符号与汉字古老的计数方法有着一定的联系。

2. 起一成文

"一"是道家哲学思想的基础,"道生一,一生二,二生三,三生万物"。《说文解字》五百四十部首,据之始"一"终"亥","一"下注曰:"惟初太始,道立于一,造分天地,化成万物。"宋代郑樵据此在其《通志·六书略》中提出"一"字可作五种变换,用以概括汉字形体的各种结构,比如:

折一为〉者侧也,有侧有正,正折为∧,转∧为∨,侧∨为〈,反〈为〉,至〉而穷。

引一而绕合之,方则为口,圆则为○,至○则环转无异势,一之道尽矣。

郑樵立论的依据是道家哲学思想,立论对象是定型之后的楷体字,由于他对古文字资料所知甚少,用"一"来解释汉字的起源,过于牵强。

3. 图腾、族徽

有学者认为图腾或族徽也是中国文字的源头。毫无疑问,对于一个部族来说,图腾或族徽代表了一定的信仰,具有特定的意义内涵,从语词意义角度而言,则代表了部族的名称。裘锡圭在《汉字形成问题的初步探索》中提到:"用象形符号标示族名,很可能是原始表义文字产生的一个重要途径。"然而上古部族图腾族徽符号,大多是孤立地出现在器物上,在没有纳入成段的书面语句之前,很难证明这些图腾族徽符号就是早期的汉字。

以上所提出的诸种汉字起源说法,大多数都与汉字起源具有一定的联系,切忌形成汉字起源于某种单一途径的观点。

二、汉字的年代学考察

在谈文字产生之前,需要先了解语言的产生。

语言是早期人类社会发展到一定历史阶段的产物,恩格斯在《自然辩证法·劳动在从猿到人转变过程中的作用》(《马克思恩格斯全集》第二十卷,512页,人民出版社,1971年)谈道:"劳动的发展必然促使社会成员更紧密地相互结合起来,因为它使互相帮助和共同协作的场合增多了,并且使每个人都清楚地意识到这种共同协作的好处。一句话,这些正在形成中的人,已经到了彼此间有些什么非说不可的地步了。需要产生了自己的器官:猿类不发达的喉头,由于音调的抑扬顿挫的不断加多,缓慢地然而肯定地得到改造,而口部的器官也逐渐学会了发出一个清晰的音节。"可以说,人类社会成员之间的协作劳动促进了语言的产生。正是由于语言的产生,才使得文字的产生成为可能。

普遍认为,语言和文字都是人类社会交际的主要工具之一,同时,文字也是用来记录语言的书面符号系统。语言的三要素是语音、语义和语法,而文字的三要素则是字形、字音和字义。此外,文字具有超时空属性,能够借助各种载体保存下来,而古代社会的语言,由于没有出现录音存储设备,未能保存至今。

关于文字是如何产生的,正如恩格斯所说:"从铁矿的冶炼开始,并由于文字的发明及其应用于文献记录而过渡到文明时代。"(《家庭、私有制和国家的起源》,《马克思恩格斯全集》第二十一卷,37页)文字的产生是人类进入文明社会的标志之一。人类社会发展到原始社会末期,随着生产力的不断提高,物质生活逐步丰富,原始社会成员及部落之间的交际越来越多,在社会活动日益复杂的情形下,文字的产生变得极为必要。之后经过劳动人民不断摸索实践,文字逐步产生。

文字的形成是一个漫长而又复杂的过程。目前世界上已知的最早的三种文字体系①分别为:始于公元前 3300 年左右(说法不一,或以为约前 3200 年)两河流域的苏美尔楔形文字、始于公元前 3000 年左右(说法不一,或以为约前 3150 年)尼罗河流域的古埃及圣书字、始于公元前 2500 年左右黄河流域的中国古汉字②。然而,前两种文字体系均已消亡,只有古老的中国汉字,经过一系列形体演变,历数千年而不绝,沿用至今。

甲骨文是目前发现最早的成系统的汉字材料。但是在甲骨文之前,汉字一定还有一段生成发展期,因为各种先民笔迹,表明了早在新石器时代,人们已完全具备了字形营构能力,就文字发生的一般规律而言,汉字至少当产生于夏代,甚至更早。商代以前的文字,由于掌握文字的群体很小,且载体不易保存,故而难以勾勒清晰的文字系统。但是,诸如新石器时期大汶口文化中发现的一些陶器上的刻划符号等,已说明在商代之前文字就已经产生。

---

① 亦有并入美洲玛雅文为世界四大古文字的说法。玛雅文约前 500 年,或以为约前 650 年、前 800 年等多种说法。
② 裘锡圭以为原始文字下限为公元前 2500 年左右,亦即成熟汉字当自此始。

三、汉字的功用

此处所言"功用",非指记录语言的符号系统这一角度,而是从汉字产生后的用途而言的。

一直以来,对文字功用的看法主要有二:宗教礼仪与国家管理。如,古埃及圣书体("圣书"意谓神圣的文字)便是服务于宗教祭祀、神灵祈禳,苏美尔楔形文字则偏重于国家事务的管理方面。从宗教礼仪着眼,殷墟大量占卜文字,自然是用以沟通神灵,商周青铜礼器方面,也常常用于祭祀神祖。然而中国商周时期的最常用书写载体为简册,虽因其不易保存,至今未见当世实物资料,但显然不能排除用于国家管理这一方面。而且,甲骨文、金文中,也存在大量非占卜或祭祀类文字。实质上,无论宗教礼仪抑或国家管理,早期汉字的功用均与统治阶层的权力有关,均与维护统治秩序有关。这一点在本书第四章"文字与政治"中还会涉及。

从古人所持"仓颉造字"观来看,仓颉为皇帝史官,何为史?《说文解字·史部》:"记事者也。从又持中。"此处"中"字非中间之中,而是开口向上的一种器物。① 这里暂不论"中"字取象为何,史之职本与宗教活动相关,自无疑义。巫、史原本不分,通天文、晓地理,能占卜、掌典制。但是伴随社会生活的发展,"天地分化":西周金文中,天官亦名大史寮,分为祝、宗、卜、史等,掌管宗教事务;地官亦名卿事寮,分作司土、司马、司工,掌管世俗事务。嗣后继续分化,史与祝、宗、卜渐行渐远,成为专门负责记载政事、政务,管理世俗日常工作的职业。这一点,《国语》《周礼》等文献可资为证。

又,甲骨文中史、吏、事为同一字。商周时期记录政令、誊抄卷宗往往由"书史"(史官中的下层官吏,早期为"作册")承担,秦汉称书吏或刀笔吏。张家山汉墓(274 号)出土《史律》(西汉早期)规定,学童十七岁学习史、卜、祝等,不同科目课试时要求并不相同,例如,史科要求学习"史书"(即《史籀》十五篇),能读会写五千字以上乃得为史,但文字书写的能力要求则是一以贯之的。《说文解字·叙》引《尉律》:"又以八体试之,郡移太史,并课最者以为尚书史,书或不正,

---

① 王国维在《释史》一文中推测:"史之职专以藏书、读书、作书为事。其字所以从中,自当为盛策之器。"

辄举劾之。"湖北云梦睡虎地秦简《法律答问》则记载,书史有罪,罚为史隶,专以抄书。

【研究提示】

1. 汉字起源于图画的说法全面吗?文字与图画的关系如何?
2. 诸多古文献中都提到了"仓颉作书",如《淮南子·本经训》不无夸张地指出:"昔者苍颉作书而天雨粟,鬼夜哭。"这一观念在汉字发展史上有何影响?
3. 搜集整理20世纪后半叶以来关于汉字产生的文献目录,并归纳出主要论点。

【延伸阅读】

1. 裘锡圭《汉字形成问题的初步探索》,《中国语文》,1978(3)。
2. 〔苏〕B.A.伊斯特林《文字的产生和发展》,左少兴译,北京大学出版社,1987年。
3. 李荣《文字问题》,商务印书馆,1987年。
4. 《中国神话与传说学术研讨会论文集》,汉学研究中心,1996年3月。
5. 郭大顺《追寻五帝》,香港商务印书馆,2000年。
6. 饶宗颐《符号·初文与字母——汉字树》,上海书店出版社,2000年。
7. 牟作武《中国古文字的起源》,上海人民出版社,2000年。
8. 饶宗颐《古史之断代与编年》,"中央研究院"历史语言研究所,2003年。
9. 李零《谁是仓颉——关于汉字起源问题的讨论(上、下)》,《东方早报》2016年1月17日、24日。
10. 黄德宽《书同文字:汉字与中国文化》,江苏人民出版社,2017年。

第三节 "造字方法"与演变规律

汉字在其复杂而又漫长的形体演变历史中,有哪些因素成为汉字不断演进的动力?在这一过程中,汉字字量不断增多,数量如此巨大的汉字形体,其构成方式有无规律可循?本节主要阐述汉字的造字方法及字形演变所反映出来的规律。

一、造字方法

表意文字体系的性质,决定了汉字以字形来反映其所代表的意义和声音。

而探究所用何种方式,就成为传统文字学研究的重要内容,也就是本部分要阐述的汉字的造字方法。这里的"造字方法",并非指造字之前所形成的预设的条理法则,而仅是后人对已出现的汉字形体进行结构拆分及对新字产生和孳乳进行归纳而形成的解释。

(一) 六书

中国传统语言文字学对汉字构形的分析,历史最久、影响最为广泛的是"六书"说。自许慎《说文解字》之后的近两千年的汉字研究,几乎都是围绕"六书"说进行的。至今,"六书"说的影响仍至为重大。

"六书"这一种说法,据史料分析当是战国末年所出现的。西汉末年,刘歆所著《七略》中曾有记载,后被班固《汉书·艺文志》所录:"古者八岁入小学,故周官保氏掌养①国子,教之六书,谓象形、象事、象意、象声、转注、假借,造字之本也。"而郑众注《周礼·地官·保氏》,所记载六书名称、次序有所不同:象形、会意、转注、处事、假借、谐声。至许慎《说文解字》始作出明确定义,并举例加以界说。《说文解字·叙》:

周礼八岁入小学,保氏教国子以六书:一曰指事,指事者,视而可识,察而见意,上、下是也;二曰象形,象形者,画成其物,随体诘诎②,日、月是也;三曰形声,形声者,以事为名,取譬相成,江、河是也;四曰会意,会意者,比类合谊,以见指㧑,武、信是也;五曰转注,转注者,建类一首,同意相受,考、老是也;六曰假借,假借者,本无其字,依声托事,令、长是也。

历代学者大半以许慎的命名和班固的次序为最优,下文即按这一方式逐次介绍。

(二) 象形

《说文解字·叙》:"象形者,画成其物,随体诘诎,日、月是也。"大意为象形的造字方法是根据物体的形状而将其摹画出来,随着物体形状的不同而使用屈曲的线条勾勒,比如日、月二字就是按此造字方法而形成的。商周古文字中,日、月二字均依太阳和月亮的外形而用线条描画出来,太阳是圆的,则画一个圆圈去表示,而所见夜空中的月亮多半处于不圆的状态,故而画一个半圆的月形去记录

---

① 《周礼·地官·保氏》:"保氏掌谏王恶而养国子以道……"
② 诘(jié)诎(qū),部分汉字学教材注音为诘(jí)诎(qū)。

月字。象形所描述的客体物象,既可以是人类、动植物等有生命、有具体物象的物体,也可以是没有生命的、实际不存在的事物。例如:

  𠂉 天地之性最贵者也。此籀文。象臂胫之形。
  山 宣也。宣气散,生万物,有石而高。象形。

《说文解字》对象形字的界说,明白易了,后人意见较为统一。只不过在分类上,各家依据标准不同,所分之类则各不相同。如段玉裁分独体象形和合体象形两类。独体象形即字形为不可分割的整体,不包括其他成字构件参与构形。如上述人、山等字,另如:

  車 舆轮之总名。夏后时奚仲所造。象形。
  又 拳也。象形。

相应地,合体象形字则可以分割为两个或两个以上的构字成分,如:

  西 鸟在巢上。象形。
  豐 豆之丰满者也。从豆,象形。

如果从描写的方法来看,则又可以细分为如下几类:其一,象物体之全形者,如"虹"字作"⌒"形,正像挂在天空的彩虹的形象;其二,象物体的有代表性的某部分,如"牛""羊"字分别作"ψ""ψ"形,形象地突出了两种动物的具有区别特征的角的形状;其三,附加相关物件形体的象形字,如"血"字作"ざ"形,里面是血,附加以歃血时盛血用的器皿。诸如此类。

(三)指事

《说文解字·叙》:"指事者,视而可识,察而见意,上、下①是也。"《说文解字》对指事字的定义,实际上是从认知字形的过程来讲的,大体意思是初看字形的时候,感觉很简单可以认识,然而仔细审察方可知晓字形表达的深层含义。上、下两个例字是如何体现指事字特点的呢?今天的上、下二字形体是根据《说文解字》小篆字形演化而来的。但甲骨文、金文二字形分别作"二""⌒",两个字形中较长的横线表示一个平面,而较短的横线则表示在此平面上或平面下的任何物体。所以,初看两个字形大致知道所表示的含义,而仔细分析二者之间的

---

① 高亨《文字形义学概论》:"许氏所举上、下二字非指事也,乃独体象形也。""指事字皆以一固有之字为基础而造成者。"

空间位置及所表示的抽象概念之后才可以彻底明了。

前人对指事的理解存在许多出入,学界多倾向于段玉裁等人的观点。段玉裁说:

> 指事之别于象形者,形谓一物,事晐众物,专博斯分。故一举日月,一举上下。上下所晐之物多,日月只一物。……指事不可以会意赅,合两文为会意,独体为指事。

从这段话中可概括指事的特点有二:一是不同于象形字的地方,就在于指事字所指为无具体形象可象的抽象之形;二是不同于会意字之处,在于指事字结构为独体字,会意字为合体字。实际上,指事字是在象形造字时,对有些难以直接表示形貌或特点的事物,采用标注记号的方式记录该物象的特征或要点,即构成指事字的两部分中,一个是有形可象的字,另外一部分则是突出表示的记号而已。例如"刃"字,该字所记录对象为锋利的刀锋之处,然而刀刃无法用象形造字描绘,故而在象形字"刀"的刀刃部位加一短笔,以示刃之所在。

根据不同标准,还可将指事字划分为不同的组别。如同象形字分独体、合体字,指事字约略可分为纯体指事字和加体指事字。纯体指事字如一、二、三、四等,加体指事字如本、末、叉、刃等。然因指事字造字方式局限性较大,指事造字方法所成后起新字渐趋减少,迨至废弃不用。

(四)会意

《说文解字·叙》:"会意者,比类合谊①,以见指㧑,武、信是也。"比为合并,类为字类,合谊为会合意义,指㧑亦即指向,大意为汇合两个及以上的字而成一字,方能看出该字所指。通过上文对指事字的分析,可以得知会意字与指事字不同的地方在于一为合体、一为独体,而会意字与象形字的不同点则不在于独体与合体之别,而是象形字多为静止形体的物象,会意所指则不仅包含具体的有形可象的物体,还可用来表示物体之间的关系与活动形态,以及抽象的概念。

然许慎所举二例字,却存在很大的问题。《说文解字·戈部》云:"夫武,定功戢兵,故止戈为武。""信,诚也。从人从言。"一般认为,许氏对"武"字的分析本源于《左传·宣公十二年》,然《左传》所言并非"武"之本义。而考察甲骨文、

---

① 王筠《说文释例》:"合谊即会意之正解,《说文》用谊,今人用义。"

金文,"武"字形体所从"止"当为足形,即荷戈而行,以示动武征伐之义。而"信"字析为会意,当源自《穀梁传·僖公二十二年》:"人之所以为人者,言也。……言之所以为言者,信也。言而不信,何以为言?"不论言出信与不信,"信"字造字方式却是从言人声的形声字①。不仅如此,《说文解字》中为数不少的"会意字"实际是许慎的误释。如"有"字,《说文解字·有部》:"不宜有也。《春秋传》曰:'日月有食之。'从月又声。"从甲骨文、金文可以看出,有当为"持有"义,从又从肉,不应从月。

从《说文解字》对具体字例的分析来看,会意的方式有两类:以形会意、以义会意。以形会意则是构件之间以其形象意义组合的方式来反映会意字的字义,如"明"字取日月映照之义、"莫(暮之本字)"字取夕阳西沉没入草木之意。而以义会意是指构成会意字的构件之间是采用意义组合的方式来构成该字的字义,如"孙"字"从子从系","系,续也",以"子""系"二构件之间存在的抽象意义联系构成所会之意。在甲骨文、金文时代,会意字多以形会意,但随着古今文字演变,汉字象形因素逐步消失,后起会意字则多为以义会意。

(五)形声

《说文解字·叙》:"形声者,以事为名,取譬相成,江、河是也。"段玉裁注②:

> 名即古曰名、今曰字之名。譬者谕也,谕者告也。"以事为名",谓半义也;"取譬相成",谓半声也。江河之字,以水为名,譬其声如工可,因取工可成其名。其别于指事、象形者,指事、象形独体,形声合体;其别于会意者,会意合体主义,形声合体主声。声或在左,或在右,或在上,或在下,或在中,或在外,亦有一字二声者,亦声者,会意而兼形声也;有省声者,既非会意又不得其声,则知省某字为之声也。

可知《说文解字》所指"事"为事类,主要是从表意义类属的形符方面而言,即以所从属的事类名称作为形符。而"譬"谓比拟声音,"取譬相成"即以读音相同或相近的字作声符构件,两者共同构成形声字。在上述四类造字方式中,象形、指事多为独体字,会意、形声则为合体字。而会意不论是以义会意还是以形会意,所有构件均不具备标音的功能,但构成形声字的构件,一为标音,一为示

---

① 王国维《桐乡徐氏印谱序》:"信字本从言人声,千字亦人声。"
② 本书中的"段注""《说文解字》注"等称法,均指段玉裁的《说文解字注》。

形,即段氏所谓"会意合体主义,形声合体主声。"然而实际情况是,许多字形会发生会意与形声两属的情形,鉴于此,许慎提出了"亦声""省声""复形复声"等细目。

"亦声"即"会意兼形声",从构字方式上来讲,就是既可以分析为会意字,又可以以形声造字法分析的一类字。会意、形声是两种不同的造字方式,而之所以两者出现交集,关键在于形声字的"声符"。声符是可由其他各种方式的造字(包括形声字)充任的,本来标音作用的声符,如果其字义与所构成的形声字字义相同或相近,就会造成看似既可分析为形声字,又可分析为会意字的情形。比如"琀"字,《说文解字·玉部》:"送死口中玉也。从玉从含,含亦声。"亦声字[1]与后出的"右文说"[2],都是在对汉字构形分析时,注重从语音的角度来探讨字源的。

"省声",是将形声字中声符部分的形体结构加以简化,如"琛"字,《说文解字·新附》:"宝也。从玉,深省声。"即"琛"字本来声符是"深",然在与"玉"构成形声字时,省去了"氵"。与"省声"相对,《说文解字》中存在一种"省形"字。如"氂"字,《说文解字·犛部》:"犛牛尾也。从犛省,从毛。""省声"与"省形"均是对汉字形体进行简化的行之有效的方式,也符合汉字发展规律。

"复形复声"则主要针对形体结构复杂的形声字而言,即构成形声字的形符和声符中,其本身是合体字的情形。比如"簕"字,《说文解字·幸部》:"穷理罪人也。从幸从人从言,竹声。"后人往往解释这类情形为一声三形字。实际上,学界始终对许慎"复形复声"说存有疑问。因为严格来讲,每个形声字形体只能包含一个形符和一个声符,将其分解为多形、多声的做法是对汉字,尤其是形声结构本身的误读。

由于形声字造字简便,且易于识读,故而超越前三种造字方法,成为新字产生的最主要的途径。据统计,《说文解字》所收9353字中,形声结构就占了82%,南宋郑樵在对23000多个汉字进行统计分析之后,得出形声字占90%的比例。而到了现代通用汉字中,形声结构亦在80%以上。

---

[1] 有学者认为,形声字的声符与字义没有必然的联系,声符与本字的词义相同或相近只是巧合或偶然现象。
[2] 沈括(1031—1095)《梦溪笔谈》卷一四说:"王圣美治字学,演其义以为右文。古之字书皆从左文。凡字,其类在左,其义在右。如木类,其左皆从木。所谓右文者,如戋,小也。水之小者曰浅,金之小者曰钱,歹而小者曰残,贝之小者曰贱。如此之类,皆以戋为义也。"

(六)转注

《说文解字·叙》:"转注者,建类一首,同意相受,考、老是也。"由于许慎下定义过于简单和抽象,故而后人关于转注的理解分歧最大。

或以为"建类一首"指的是偏旁部首,而"同意相受"则指的是部首相同、意义相近的一类字。如南唐徐锴在《说文解字系传》中说:"转注者,建类一首,同意相受谓老之别名有耆、有耋、有寿、有耄,又孝子养老是也。一首者,谓此孝等诸字皆取类于老,则皆从老。若松、柏等皆木之别名,皆同受意于木,故皆从木。"显然,徐锴等认为上述所举的寿、孝等字,皆是老字,只不过名称、写法不一而已。由于他们主要是从字形方面来阐释转注法,故而后人称其为"主形派"。

而清代戴震、段玉裁师徒则以为,凡在意义方面可以相互训释者,即为转注字。段注:"建类一首,谓分立其义之类而一其首,如《尔雅·释诂》第一条说'始'是也。同意相受,谓无虑诸字意恉略同,义可互受相灌注,而归于一首,如初、哉、首、基、肇、祖、元、胎、俶、落、权、舆,其于义或近或远,皆可互相训释,而同谓之'始'是也。独言考、老者,其显明亲切者也。"从段玉裁的解释可以看出,大量古今字都可以按照这个解释归入转注字。由于戴、段等人主张从意义训释角度分析转注字,故而可以称之为"主义派"。

还有一派则主要从字音的方面来分析转注,以章炳麟为代表。他在《转注假借字》一文中说:"何为'建类一首'?类谓声类,首者,今所谓语基。考、老同在幽部,其谊互相容受,一谊而音有小别,按形体则成枝别,审语言则同本株,虽制为殊文,其实公族。推之双声者亦然,同音者亦然,举考、老以示例,得包彼二者矣。许君于同部字,声近谊同者,联举其文,而不说为一字,所以示转注之微恉也。"

从中可以看出,对"同意相受"所指内容,诸派理解大致相当,问题只是出在对"建类一首"的解释上。究竟是形符部首,还是意恉互训,以及声类语基,至今仍未达成一致见解。如果从《说文解字》本身体例及许慎意旨来分析,这里的"建类一首"当指偏旁部首而言,因许氏叙言中已然言明"其建首也,立一为端"。只不过他给出的"考""老"例证以及所定界说本身存在模糊不清的情形。

(七)假借

《说文解字·叙》:"假借者,本无其字,依声托事,令、长是也。"意思是语言中本来已有的词汇,没有造出相对应的形体,于是就借用其他音同的形体来当作此字。该定义字面意思较为明显,然而由于许慎所举"令""长"两例并不恰当,致使后人产生歧解①。段玉裁注为:"令之本意发号也,长之本意久远也。县令、县长本无字,而由发号、久远之意引申转展而为之,是谓假借。"实际上,按照《说文解字》的解释,令、长二字这里只能分析为词义的引申,而绝非假借。符合许慎定义假借字不在少数,比如"来"字。《说文解字·来部》:"来:周所受瑞麦来麰,一来二缝。象芒束之形。天所来也,故为行来之来。"此外,今天表示方位的东南西北以及二十二个天干地支字等也都是假借字。

一般认为假借字出现于形声之前,当是为解决造字之初的实际困难而采用"依声托事"的方式,用一个字形代表数个汉字的方式。这种方式本是用于"本无其字"的情况下,只不过后来本有其字的情况也可以用假借的方式,实际上也就导致了后来与通假之间的纠葛。在先秦两汉古籍中,大量假借或通假情形散落其中,甚至到了唐宋以降仍有大量用例,间杂时人有意使用,成为今人阅读古籍时巨大的障碍。如唐《韩秀实墓志》"㚑报仁恩",该刻石为隶书形体,且有意将"矢"字横笔断开,字形显为袭古,此处所借"矢"字本是"誓"字,二字相通,于先秦极为常见。

假借字不仅对当时文字使用过程中不足用的现状起到了调节作用,更为重要的是对后来汉字形体结构的发展产生了重要影响,一定程度上可以说,形声字就是在假借字的基础上发展而来的。

汉字属于表意文字体系,"六书"说这种"结构—功能"分析法能够很好地适应这一特点,于是成为千百年来汉字造字研究中影响最大的一种。

《说文解字》虽对"六书"下了定义及列举二字例证,然仍过于粗疏和模糊,以至于许多字形的归属和分类存在相互纠缠的情况。经过历代学者的研究,至清代方将"六书"阐释得较为清晰明白。目前学界对前四种造字方式,意见基本趋同,认为是汉字的造字方式,而对"转注"和"假借"则仍存较大分歧。一般认

---

① 尤以清代朱骏声的改造为巨,朱氏重新定义转注和假借为:"转注者,体不改造,引意相受,令、长是也。""假借者,本无其意,依声托字,朋、来是也。"

为后二者为用字之法，也就是清代朴学大师戴震及其弟子段玉裁、王筠等人所提出的"四体二用"说。

基于此，后代学者对汉字结构分析纷纷提出自己的理论和学说。20世纪30年代，一批学者主张废弃六书名称，重建一种新的汉字构造体系。最为著名的是唐兰在其《古文字学导论》中所构建的新"三书"说，即象形文字、象意文字、形声文字。前二者是上古时期的图画文字，形声文字是近古时期的声符文字。其他学者相继提出了"二书""四书""新六书""七书"等学说，不一而足。

必须明确，《说文解字》所谓"六书"只是汉代人对汉字新字产生途径的看法之一，其前提和基础是汉代古文经学家对所发现的古文经书上的战国古文字构成规律的概括和归纳。除此之外，当亦存在不同观点。《说文解字》所分析的六种造字方式，实际上是从字与词对应关系两个方面来讲的，也就是文字学和语言学没有截然分开，然而后人对其进行研究和评判的时候，往往是从文字学本体，即一形一字、一字一形的角度来看待的。所以，必须将《说文解字》所分析的产生新字（字、词相应）的方式与今天文字学中汉字构形分析理论区别开来。同时，由于汉字本身的发展演变是一个漫长而又复杂的过程，"六书"本身也只是秦汉时人对所能见到的古今文字构造方式的归纳和总结，故而今天不能将对六书是非曲直的争论当作重点，如何利用好《说文解字》所定界说以及前人研究成果，才是今后研究的方向。

二、演变规律

《说文解字·叙》："诸生竞说字解经，喧称秦之隶书为仓颉时书，云：'父子相传，何得改易！'乃猥曰：'马头人为长，人持十为斗，虫者屈中也。'廷尉说律，至以字断法：'苛人受钱，苛之字止句也。'若此者甚众，皆不合孔氏古文，谬于史籀。俗儒鄙夫，翫其所习，蔽所希闻。不见通学，未尝睹字例之条。怪旧艺而善野言，以其所知为秘妙，究洞圣人之微恉。又见《仓颉篇》中'幼子承诏'，因曰：'古帝之所作也，其辞有神仙之术焉。'其迷误不谕，岂不悖哉！"

实际上，由于许慎没有见到更早的文字资料，整部《说文解字》也仅是以小篆为基础进行的文字解析，故而导致诸多疏失错讹。对于今天的人们来讲，对汉字发展演变的历史，在没有见到更早的资料之前，也不能将甲骨文就看成是中国汉字最早的成体系的汉字形态，也不能将目前的楷体字就看成是汉字最终的定型形态。之所以如此说,就是因为文字的发生、发展及演变,存在着一定的规律。

(一)趋简

综观汉字形体历史演进,简化是汉字发展的总趋势。自汉字产生之日起,简化就从未间断过。早在殷商甲骨文、金文中,繁简体并存的现象就十分普遍。例如"车"字,甲骨文、金文异体迭出:《作车簋》字形作"▨",车辀、车轮、车厢,甚至驾车之鞭均清晰可见,十分逼真;《车父己簋》字形作"▨",车辀两端所挂饰品也形象地体现出来,与实物形象极为相近。同时,也存在只突出该物体主要构件的简体字形:《师兑簋》省却车厢作"▨";《猷伯簋》则省去了车轮,字形作"▨"。最终连车前端的复杂构件也省掉了,演变为今天的"車"形。

这里所说的简化,是一个相对的概念,并不意味着所有汉字形体演变就是越来越简省,因为有大量字形在演变过程中,最终采用了更为繁复的形体作为正体通行使用。例如"宝"字,甲骨文形体作"贝""玉"在"宀"内之形(▨),而金文与篆文则大量使用增加"缶"符(缶即钵本字,最初为人所宝重)的形体(▨),同时也使用少量形体更为简省之字,如"▨"(省贝、玉)"▨"(省贝)"▨"(省玉),然而最终还是选择较为繁复的"寶"形为通用字形,实际上是涉及字形的区别性问题。

这里需要区别简体字与简化字两个概念。由于汉字形体不断向趋简的方向演进,故而简体字形在汉字发展的各阶段均有出现,前面提到的商代文字阶段已经出现简体字形即是明证。简体字形的出现,是汉字发展史自然选择的结果。而简化字一般是指中华人民共和国现代中文的法定标准写法。这一概念是针对20世纪汉字改革、规范的历史背景而提出的,是由人为因素占主导作用的。简体字与简化字均有相对的概念——繁体字(中国台湾等地区称之为正体字)。

1956年2月1日,第一批230个简化字和30个类推偏旁正式公布。至1964年,国务院公布了《简化字总表》(共2236字),成为今天通行于中国大陆地区的正规简体字形。该表分别包括:第一表350个不作偏旁使用的简化字;第二表132个可作简化偏旁的简化字;第三表由第二表类推的1754字。需要注意,这类简化字中,大部分实际上是采择于历代出现的简体字形,并非向壁虚造。据初步统计,《简化字总表》前两表中的字形,中华人民共和国成立之前就已出现或通行使用的,已经占到95%以上。

而新加坡、马来西亚、日本等部分国家也相应地施行了汉字简化政策,因国别不同,具体程度和范围亦存在不同之处。

(二)别异

自甲骨文、金文至今天的楷字,汉字数量不断增多,形体不断规整,最主要的一个原因就在于汉字的别异要求。从认知角度来讲,形体不同、区别度大更容易识别。相反,形体区别度不大,则会增加认知的难度。甲骨文时代,由于汉字规范程度不高,至一字数体并存,线条增减无别,构件位置易变,给汉字的识别带来了巨大障碍。由于汉字的别异要求,异体字形渐趋减少,形体逐步得到规范。然而随着新事物的不断涌现,需要对应的新词新字也大量增加,字量的增加与形体的区别度增加之间就又产生了矛盾,尤其是在今文字阶段表现明显,毕竟构成今文字的基本笔画只有少数的几种。这样一来,相近形体由于区别度不大,又产生了形体的混同,即所谓的同化。比如"士""土"二字。古文字阶段二字区别较为明显,分别作" "(《鸟吱尊》)、" "(甲骨文)等。隶变楷化之后,结体形成一竖二横交接。楷化定型之后两横画的长短有了较为明显的区别。然而定型之前横画的长短并不是形成区别的主要手段,故而需要采用其他的方式来形成对立区别。因此"、"画的使用就在这一时期成为重要的别异手段。于是就在"土"字形上增加"、"笔作"圡"形。到笔画系统完全成熟时期,笔画的长短也成为字形区别的手段之一,于是"圡"形中的"、"笔就成为重复的区别特征,在汉字形体趋简的规律下,最终定形为今天的"士""土"。

臧克和曾在《楷字的区别性——楷化区别性的丧失及其重建》中提到,汉字语言功能的本质,在记录语义层面上就是实现区别。区别性原则,是贯穿汉字楷化过程的基本原则。楷化过程,基本上就是剧烈的记号化过程。楷化以后,汉字形、音、义关系趋于复杂。因此,对楷字系统的以形表意功能,有必要重新定位认识。楷化过程,在很大程度上改变了汉字的表意模式,极大地影响了汉字的表意功能。但是,整体来看,并未根本颠覆汉字以形表意机制。楷化选择尤其是形声结构优先的原则,在于增加汉字构造理据被破坏、表意功能降低之后的区别性。基于此,楷字的认知更加依赖于结构的整体性。

综上,趋简与别异是汉字形体发展演变中两个基本原则。而汉字的工具性特征,又决定了趋简与别异的原则是服务和适应于人的认知规律的:字体形态结构趋简,人的认知更为方便;字与字之间的区别度增加,同样也能方便我们的认知。

【研究提示】

1. 趋简与繁化都是汉字的发展规律吗?请阐述你的理由。
2. 沈括《梦溪笔谈》卷一四载:"王圣美治字学,演其义以为右文。古之字书皆从左文。凡字,其类在左,其义在右。如木类,其左皆从木。所谓右文者,如戋,小也。水之小者曰浅,金之小者曰钱,歹而小者曰残,贝之小者曰贱。如此之类,皆以戋为义也。"你如何看待?
3. "'舒'即舍弃自我才舒心",这类汉字教学法应不应该提倡?
4. 何谓"六书"?每类的主要特点有哪些?请分别列举象形、指事、会意、形声字各五例。
5. 检阅相关文献资料,谈谈"三书"等学说与"六书"的不同。

【延伸阅读】

1. [东汉]许慎撰、[清]段玉裁注《说文解字》,上海古籍出版社,1988年。
2. 王凤阳《汉字学》,吉林文史出版社,1989年。
3. 唐兰《中国文字学》,上海古籍出版社,1979年。
4. 裘锡圭《文字学概要》,商务印书馆,1988年。
5. 韩伟《六书研究史稿》,中国文联出版社,2000年。
6. 王宁《汉字构形学讲座》上海教育出版社,2002年。
7. 孙雍长《转注论》,岳麓书社,1991年。

第一章
书体流变

一般地,"书体"即"字体",意指文字的不同体式。二者本是一对相同的概念,古人亦常混而不分。书体还常常用于指代由有代表性的书法家所形成的独特的书写风格。然而随着信息技术的推进,字体则更多用以指称印刷体的类型,如仿宋体、楷体、琥珀体等。两者相较,本书将汉字发展史从甲骨文、金文开始,到楷书为止的形体演变,统称为书体。

第一节　甲骨文、金文

殷商时期的文字,目前所见为甲骨文和金文,而且几乎都是商代后期的,也就是盘庚迁都之后的。目前还未发现殷商之前的成系统的文字,所以以甲骨文和金文为代表的商代文字就成为目前中国文字中已知最早的成体系的文字。但因为甲骨文、金文均是已成熟的发达的文字体系,故此前汉字肯定存在相当长的发展历史,只不过当时的竹、木等文字载体,均因时代久远而不复得见。

一、甲骨文

甲骨文是刻在龟甲兽骨上的文字,又叫作"契文""契刻文字"。又因主要是商周时期占卜的记录,故又称"贞卜文字""卜辞"。而最初所发掘甲骨文大都为河南殷墟(殷商后期中央王朝都城的所在)出土,故亦称"殷墟文字""殷墟书契"。

(一)时空属性

甲骨文大量出土于河南省安阳市西北郊小屯村,为盘庚迁殷到帝辛(商纣)灭亡(共八代十二王)273 年间遗存。然甲骨文绝非仅为殷墟所见商代晚期文字。属于商代文字的除安阳小屯村之外,附近的侯家庄、后岗、四盘磨等,郑州二里岗遗址、洛阳东关泰山庙等地均有数量不等的发掘。而山西洪洞赵坊堆村、陕西西安张家坡、陕西岐山凤雏村、北京昌平白浮村等地则发现了属于西周时期的甲骨文。尤其是陕西岐山凤雏村西周时代宫殿遗址,发掘出 1.7 万多片甲骨,带字甲骨则有 293 片。

据初步统计,目前所发现甲骨在 15 万—16 万片之间。其中《甲骨文合集》收录 41956 片、《甲骨文合集补编》收录 13450 片、《小屯南地甲骨》收录 4589 片、《花园庄东地甲骨》收录 561 片,全部字量约为 681100 字。去重之后,约得到 5000 个单字。经过学者们一个世纪的努力,目前已考释出近千个经常使用并无争议的甲骨文,余下数千甲骨文字至今未能考释出统一、确凿的意见,这类甲骨文多为人名、族名、地名等专有名词。

(二)性质及特点

上古时期占卜习俗非常盛行,《易经》所载以"蓍草"卜筮足以证明。蓍草与龟甲、兽骨等均是较为习见的占卜用具。殷墟所出甲骨,基本上都是商王朝统治者的占卜记录。大到战争农事、小至生老病梦,都需要占卜①。根据所烧灼出的兆相进行问卜,并将相关事项如时间、占卜者、内容、结果等刻在龟甲兽骨上面,就形成了甲骨文。

基于占卜用途及殷商社会用字实际,甲骨文形成了较为明晰的特征。

首先,线条瘦硬,多方折用笔,书体形态略显长方。这一点与甲骨文书写工具及材质密切相关。甲骨文大部分是用刀在龟甲、兽骨上刻划形成的。由于龟甲质地坚硬,用刀刻划,不容易形成粗肥圆转的线条,对一些本应呈现块面的笔形,只能以轮廓或单线条代替。如"土"字,在金文中构形肥厚作"▲"(《盂鼎》)形,而在甲骨文中则很难用刀在坚硬的骨头上面划出肥笔,故而只能勾勒轮廓作"Ω"形。且相对于金文,甲骨文多是在占卜之后刻划,其时效性使得甲骨文呈现

---

① 具体内容类别包含:卜法、方域、贡纳、官吏、鬼神崇拜、吉凶梦幻、疾病、祭祀、建筑、军队、刑罚、监狱、农业、奴隶和平民、奴隶主贵族、商业、交通、生育、手工业、天文、历法、文字、渔猎、畜牧、战争等。

出更多的手写体特征。

其次，文字象形程度较高。虽然殷商文字中形声字已大量出现，然而由于其时代去古未远，汉字形体的象形程度较后出文字更高。由于甲骨文中有许多的人名、物名，这类名称其字形往往是依照物象而造出来的，故而能够明显看出其象形程度之高。比如：🐎（马）、🐅（虎）、🦌（鹿）等，象形字"画成其物，随体诘屈"的特点极为明晰。

再次，文字形体不固定，异体现象突出。因先民文字规范意识不强，造字和书写时只要将所对应的具体物象形象地表现出来即可，故而有些字异体数量众多，试举数例：

鬲：〼、〼、〼、〼、〼、〼、〼、〼……

鬲是用来烧煮食物的类似锅的炊具，三条腿，故而甲骨文中，只要将较为明显的圆圆的肚子和三条腿表现出来即可，其他包括文饰或鬲口等不具备区别作用的部位，可酌情增减变换。

牧：〼、〼、〼、〼、〼、〼、〼、〼……

《说文解字》释"牧"即放牧牛羊等牲畜的人，所以只要将放牧的对象——牛羊，以及驱赶时手拿棍鞭等区别性构件表现出来即可，有些形体将行进的步伐、道路等也表示出来。

其中，文字形体（或部件）的方向和位置，并不是形成对立区别性特征的手段，故而字形或左或右，或上下颠倒，或竖向变横向，不一而足。如：

千：〼、〼　妾：〼、〼　旦：〼、〼　农：〼、〼、〼

同时，合文现象较为普遍。合文即将表示一个词的几个字合成一个形体，但其读音仍是分立的。这类合文大多是能够固定下来的较为通用的专有名词。比如：

武乙：〼　　武丁：〼　　祖甲：〼　　父丁：〼

小臣：〼　　十牛：〼　　五十：〼　　八月：〼

（三）意义

甲骨文的出现和使用，对后世汉字发展演变产生了极为重要的影响。有学者认为，不论是古汉字、古埃及文字、苏美尔文字、玛雅文字，构造原理都是极其相似的，都运用了表意兼表音的手段，这是人类在没有任何文字概念时，自源发明文字时的共同思维机制：表意——假借——意音结合，它们在表音方式上的不同，主要因为它们所记录的语言有不同的特点。可以说，汉字发展到甲骨文阶段，已经基本确立了汉字的性质及发展方向。

首先，汉字也被称为方块文字，在甲骨文时代就已经确立了这一特点。殷人占卜所用甲骨，本身幅面较小，囿于刀笔契刻条件不易完成圆转弯曲的形体，以及占卜用途——方寸之间被凿孔、灼烧、卜兆，所挤出的狭小空间，使得甲骨文只能选择方块格局来最优化汉字的空间组合，以达用字数量最大化。汉字一直保持了方块结构，一些少数民族文字也借用了汉字的方块结构，如西夏文、壮文等，甚至现在朝鲜半岛的"谚文"也借用了汉字的方块结构。

其次，文字脱胎于原始的图画，甲骨文较多地保留了原始造字的特征。甲骨文中象形字与会意字占有较大比重，就连有些指示性的象征符号，也带有极强的象形特征。象形文字的特点就在于以形体表达意义，故而甲骨文的出现奠定了汉字表意文字体系的性质。

然而这里所谓的以形表义，并不是指甲骨文中就不存在或较少存在形体表音的情况，实际上在甲骨文中，表音的假借字比例非常高。比如：周所受瑞麦来麰之"来"，因天所来而借用为来去之来；鸟栖巢中之"西"，因日入西方鸟归巢而借为东西方之西。这也就致使学界对甲骨文性质的讨论一直未成定论。从字频的角度来看，甲骨文中假借字的比例确实很高，但是从语言中核心词汇的角度来看，假借的比例却比较小，象形、会意等造字方式仍是甲骨文中的主流。因此可以说，甲骨文是一种表意体系的文字，后世汉字也是沿着甲骨文奠定的表意文字体系的性质而演化的。

再次，形声造字方式之所以成为新造汉字的主要途径，也是受到了来自于甲骨文中借音现象的影响。上文提到的世界上古文字所经历的发展脉络，即表意——假借——意音结合，是人类在没有任何文字概念时自源发明文字时的共同思维机制。对于甲骨文而言，由于大量汉字无法以形体描述，即以形表义的造字方式并不能满足文字形体的需求，故而大量采用借音方式，所以甲骨文中会出现大量假借字的情形。而假借字表音的特性,也就成为后世形声字大量产生的源头。

总之,特殊的书写方式及用途,使得甲骨文中作为早期文字本应具有的许多绘画成分遭到压制和束缚。但同时也保证了汉字在后来的漫长演进中,既能保持其以形表义的表意文字性质,又能适应汉字记录汉语的需要。

左图为《甲骨文合集》02530 正,释文如下:
(右上)乙卯卜,永,贞隹(唯)母丙老。
(左上)贞不隹(唯)母丙老。
(右下)贞母丙允㞢蛊。
(左下)贞母丙亡蛊。

"乙卯"是占卜的时间,"永"是具体贞卜之人,"母丙"是殷人母辈祖先称谓,"老""蛊"均是可以致病的晦气之物。整组卜辞意谓在乙卯这天,叫永的贞人占卜母丙亡灵会不会为害、作祟。

二、金文

商周礼乐制度大兴,青铜器成为这时的物化代表。青铜是红铜和锡的合金,因颜色青灰,故名青铜。早在夏代中国就已进入青铜时代,铜的冶炼和铜器的制造技术十分发达。因周代以前也称铜为"金",青铜器叫"吉金",所以青铜器上的铭文①就叫作"金文"或"吉金文字"。

青铜器中礼器以鼎为代表,乐器以钟为代表,成语有"钟鸣鼎食",意为击钟列鼎而食,形容富贵豪华,且这类铜器上的字数较多,故而将这两种重器合称作青铜器的代名词,而铸刻在上面的文字亦因之称为"钟鼎文"。

然早在宋代本称之为"鼎彝器款识"。所谓款识②,《汉书·郊祀志下》:"今此鼎细小,又有款识,不宜荐见于宗庙。"唐颜师古注:"款,刻也;识,记也。"而其中的"彝器"亦是同鼎等一样具有重要意义的礼器。《说文解字·系部》:"彝:宗庙常器也。"《左传·襄公十九年》:"且夫大伐小,取其所得以作彝器。"晋杜预

---

① 刻写在金石等物上的文辞,具有称颂、警诫等性质,多用韵语。
② 或以阴文为款,阳文为识,或以花纹为款,篆刻为识,后来也指书画作品上的署名落款。

注:"彝:常也。谓钟鼎为宗庙之常器。"

(一)时空属性

一般而言,商周秦汉时期铸刻在青铜器上的铭文都可以称之为金文,然而这种定义过于宽泛,本书所言金文,主要指殷商、两周时代的青铜器铭文。基于此,青铜器的年代当为夏商周三代,约1800年,而其上铸刻铭文,目前来看,仅殷周两代,共计1300余年。

金文的分布地域大致以陕西、中原地带为中心,遍及北到河北、辽宁,南到广东、广西,西至甘肃,东到浙江、江苏的广大地域。除周天子及在朝大臣的铜器外,还出现了诸如柞、郑、矢、曾、雍、应、宜、燕、许、邢、虢、卫、滕、苏、散、芮、秦、杞、齐、倗、吕、录、鲁、晋、纪、黄、胡、番、鄂、杜、邓、楚、陈、蔡、毕、邺、鄀等诸多诸侯国铜器。

而根据华东师范大学中国文字研究与应用中心《商周金文数字化处理系统》①,迄今已发表的青铜器铭文有13320篇,其中殷商金文共4450器、西周金文共4889器、春秋金文共995器、战国金文1257器,另外,殷或西周待考的600器,西周或春秋待考的29器,春秋或战国待考的11器。金文的字数②,根据数据库的统计,文献总字量约124800字,使用的单字达5834个。但大多数青铜器皿上的铸字数量不多,在10字以内的青铜器铭文约占总量的近80%。具体铸字数量及比例如下:

1—4字,7383器,59%;

5—9字,2293器,18.3%;

10—49字,2416器,19.2%;

50—99字,322器,2.6%;

100字以上,125器,0.9%。

性质及特点

青铜器种类繁多,包括乐器、酒器、食器、兵器等,虽然各有不同用途,但隐藏在实际功用背后的是商周时期权力、身份和地位的象征。基于此,青铜器上面所

---

① 《金文资料库》光盘已由广西教育出版社2003年10月出版,该数据库是一个开放的系统,一直在进行着增补和订正。另外,2016年底,该中心"商周金文网络数据库"作为国家社科基金重大项目研究成果提交结项。

② 据容庚《金文编》记载,共计3722个,其中可以识别的字有2420个。

铸刻铭文，就有了较为特殊的性质和意义。根据铭文内容的不同，大致可分作：徽记①、祭辞、册命、训诰、记事、追孝、约剂②、律令、符节、诏令、媵辞③等。从上列内容分类可以明显看出，金文是商周时代用于重大场合的正式文字形体。

金文与甲骨文均是根据贮存文字的载体而命名的，用刀刻在龟甲兽骨上面的是甲骨文，而用火烧铸在青铜器上的则是金文。二者在文字构形上具有极大的共通性。比如文字形体不固定，多数文字构件左右、上下不分，构件方向、位移等并不是形成区别的方式，异体、合文现象十分严重。然而，与甲骨文是在占卜过程中临时性的刀刻不同，金文与青铜器庄重的身份一致，故而学界普遍认为金文是商代、西周文字系统中的正体。基于此，金文具有如下特点：

首先，金文的规范性较甲骨文为高。金文是在最庄严郑重的场合，以复杂的铭铸方式铸刻在青铜器上的，因而不可以过于简率、潦草，在线条匀称、行文间距、所占空间位置等方面，均具有一定的规范性。

其次，金文线条饱满圆润，块面状实笔突出。金文是铸刻在青铜器上面的，有阴文和阳文之别，由于制作工序和刀刻甲骨文不同，甲骨文中采用轮廓勾勒的线条峻峭单薄，在金文中则显得饱满、圆润、肥厚。同时，这一特点也是为了突出青铜器乃是权力、身份和地位的象征。

最后，金文比甲骨文象形程度更高，更接近原始文字。囿于刀刻于坚硬的龟甲兽骨，刻划甲骨文线条时必然无法面面俱到地描摹物体形象，且在刻划过程中往往进行不同程度的简省。相比之下，金文的性质决定了在铸刻时，刻意追求理想的书写效果，能够保证字形的完整性，故而象形程度更高。

试以数例对比甲骨文、金文的不同。

	王	屯	天	眉	气	奠
商代金文						
殷墟甲骨文						

---

① "徽记"类铭文，主要是标明青铜器所有者为谁，包括族徽、族名、官名、私名等。
② "约剂"即涉及重大事件的条约、规定。具体可分作"治民之约""治地之约"。前者是有关税收、买卖、讼事等事务的；后者则是有关大贵族间土地的使用、分配和转移事务的。
③ "媵"是先秦时代上层贵族中的一种婚姻制度，《仪礼·士昏礼》注："古者嫁女必姪娣从，谓之媵。"即女子出嫁时以新娘的侄女、妹妹作为陪嫁。然也有陪送青铜器等重要物品的，故而刻意在青铜器上铸刻铭文，以示纪念。

(二) 意义

从目前考古发掘来看，夏代没有发现可信的文字资料，而殷商时期的甲骨文、金文也主要出现在中后期。甲骨文数量最多，金文次之，其他陶玉石器等又次。从行用时间上来看，商代文字的这几类载体是并行发展、不分先后的，由于使用于正式、庄重场合，金文是当时社会的正规字体。但殷商日常交际的书写工具和载体，却不是甲骨、青铜，而是使用毛笔及竹木制成的简册，所以商代社会的日常文字形体，当亦与金文形体存在一定出入。尽管如此，金文的使用在汉字发展史上仍具有重要的意义。

首先是依托于青铜器使用于庄严、郑重的场合及重要的社会地位，金文的使用提升了早期汉字的社会意义，使得敬重文字的传统意识逐渐渗透到中国文化当中。从带有神话色彩的仓颉造字，到持续至近现代的"敬惜字纸"(《千字文》)，都可以看出对汉字的敬重意识贯穿了中国传统文化的始终，而金文在这一方面，确实起到了重要的积淀作用。

其次，金文维系了甲骨文以来汉字的固有模式。一定程度上，保留了更多原始造字的特征，与甲骨文共同奠定了汉字表意文字体系的性质。而西周春秋时期，从目前考古发掘来看，主要以金文为主，金文的大量行用，一方面推动着汉字系统在成熟化、规格化的道路上不断前进，另一方面又规定了先秦以降汉字发展演变的基本趋向。

汉字发展史意义之外，因商周时期传世文献稀少，故而青铜器铭文与甲骨文的记载，弥补了传世文献的不足，因而具有无可替代的历史文献价值。

实物资料

右图为现藏于上海博物馆的西周中后期(或穆王、共王、懿王世)《免簋》铭文，内容为册命类。释文：

《免簋》拓片

> 隹(惟)十又二月初吉，王才(在)周。昧爽，王各(格)于太庙。井叔有免即令。王受(授)乍册尹者(书)，卑(俾)册令(命)免，曰：令女疋周师司廪。易(錫)女赤环市。用事。免对扬王休，用乍尊簋。免其万年永宝用。

西周金文中惟此簋与《小盂鼎》为天刚亮时朝于太庙的铜器。"即令"即就命、受命于王之意。大意为王因授乍册尹书,俾乍册尹策命免,"曰"后十四字为命书,命免作司徒管理林园虞牧。免为宣扬荣耀,做宝簋以记载此事。

【研究提示】

1. 甲骨文是否是最早的汉字材料?(结合石器时代文化遗址中出土的图形符号)
2. 夏商时代汉字的书体及载体有哪些?甲骨文、金文与殷商汉字的关系又如何?(甲骨文中的"典"字作""""""""之形)
3. 甲骨文的构形特征有哪些?其在汉字发展史上的地位如何?
4. 材料:

    甲骨文"朋"字作""。古代以贝壳为货币,五贝为一串,两串为一朋。

    《周易·损卦》:"或益之十朋之龜。"

    《说文解字·鸟部》云:"鳳:神鳥也。……从鳥凡聲。(朋),古文鳳,象形。鳳飛,羣鳥從以萬數,故以為朋黨字。"

    你认为《说文解字》"鳳飛,羣鳥從以萬數,故以為朋黨字"的解释是否合理?为什么?
5. 金文的书体特征有哪些方面?出现这些书体特征的因素是什么?其社会意义如何?

【延伸阅读】

1. [宋]赵明诚《金石录》,中华书局,1983年。
2. 中国科学院考古研究所编辑《考古学专刊·甲骨文编》,中华书局,1965年。
3. 唐兰《古文字学导论》(增订本),齐鲁书社,1981年。
4. 李圃编《甲骨文选读》,华东师范大学出版社,1981年。
5. 容庚编著《金文编》,中华书局,1985年。
6. 马承源主编《商周青铜器铭文选》,文物出版社,1988年。
7. 刘翔、陈抗、陈初生、董琨编著《商周古文字读本》,语文出版社,1989年。
8. 徐中舒主编《甲骨文字典》,四川辞书出版社,1990年。
9. 王慎行《古文字与殷周文明》,陕西人民教育出版社,1992年。
10. 锺柏生主编《古文字与商周文明》(第三届国际汉学会议论文集文字学组),"中央研究院"历史语言研究所,1982年。
11. 高小方编著《中国语言文字学史料学》,南京大学出版社,2005年。
12. 王辉《商周金文》(中国古文字导读丛书),文物出版社,2006年。

13. 陈絜《商周金文》(20世纪中国文物考古发现与研究丛书),文物出版社,2006年。
14. 刘钊《古文字构形学》,福建人民出版社,2006年。
15. 沈建华、曹锦炎编著《甲骨文字形表》,上海辞书出版社,2008年。

第二节 篆文、六国文

秦有"八体",王莽改新创立"六体",大篆、小篆、缪篆都名之以篆,而东汉三国时期亦名鸟虫书为篆,然何谓"篆"①?《说文解字·竹部》:"篆:引书也。"段玉裁注:"引书者,引笔而著于竹帛也,因之李斯所作曰篆书,而谓史籀所作曰大篆,既又谓篆书曰小篆。"这里的"引"即拉伸、拉长之意。篆文书写时,有意拉伸弯转屈曲的线条,使线条转承处更加圆转,体态走向更加方直修长。

一般地,依据"篆"文笔法所写的字体,即可称为广义上的篆文,包括甲骨文、金文、秦系文字及六国文字等。狭义上的篆文,则专指通行于西周晚期到西汉前期的官方字体——大、小篆。本节所述以大、小篆为主体,兼及同时代出现的六国文字。

一、大篆

(一)时空属性

《汉书·艺文志》载《史籀》十五篇,注云:"周宣王太史作大篆十五篇。"当为"大篆"一词首见用例。《说文解字·叙》:"及宣王太史籀著大篆十五篇,与古文或异,至孔子书六经,左丘明述春秋传,皆以古文。"周宣王在位时间为前827年至前781年,故而《史籀》十五篇所用大篆书体,出现时间最迟不晚于西周晚期。而秦朝"书同文"后的规范书体称小篆,显系与大篆相对而言。故此,大篆的年代大致为西周晚期至秦朝统一之前。因大篆最早著录于《史籀篇》,故亦名籀文②。大篆

---

① 关于"篆"字,陈梦家《中国文字学》认为:古书篆、瑑、琢三字通用。篆、瑑同从"彖",古文字豖、豕不分,豖、彖不分,故而琢、瑑、篆三字古本一形。琢、瑑本为刻镂玉石,而古文字亦刻契于金石,所以琢、瑑就是篆。依此,篆文是琢于金石的文字,所以大篆是先秦琢于金石的文字及以琢于金石的文字著于书帛者,而小篆则是秦代"书同文"之后的产物。
② 唐兰《中国文字学》则认为,籀文跟大篆并不完全相等,《史籀篇》也只是用大篆写的一本书,跟《仓颉篇》是用小篆写的一本书,情形正同。

作为官方通用书体,其行用地域,包括了西周晚期至战国时代的秦国地区。

(二)特点

从《说文解字》、石鼓文等资料保存大篆的情况来看,其书体风格与春秋早期秦系文字的书体风格保持一致。而到了战国时期,东方诸国的文字发生重大变化,形体任意屈曲变化,或简或繁,不易辨认。秦国地处西方,延续了西周时期传承下来的正统文字,故而较为规范和统一。大篆线条匀圆,结构整齐,形体趋于方正,风格遒劲凝重。此外,大篆与下文讲述的小篆在笔法、风格、特点上一脉相承,没有明显的界线,故而大篆书体特点也可参看小篆部分。

(三)意义

大篆的形成,促使了古文字形体的线条化和规范化。一方面线条变得匀称柔和,粗细不均的情况得到了控制;另一方面,与甲骨文、金文相比,大篆结体形态趋于整齐统一,图画及象形意味大大减弱,也就意味着符号化开始增加,进一步奠定了方块汉字的基础。而相对于甲骨文、金文异体迭出、偏旁极不固定的情况,大篆有了明显的改进。同一器物上的大篆文字,异体现象较少见到。然而,在较为工整和规范的背后,大篆有意追求线条屈曲弯转,使汉字形体繁复,书写较为不便。

(四)实物资料

今天所能见到的大篆,一是《说文解字》中所录存的 225 个籀文,当是许慎依其所见到的《史籀》九篇所集入;一是刻于钟鼎彝器等金石载体上的文字,尤以石鼓文和诅楚文最能体现大篆特点。

石鼓文是隋朝时期在天兴县(今陕西凤翔)发现的。时人发现十个刻有文字的石碣[①],文字内容是歌颂秦国国君游猎的四言诗,故名"猎碣"或"雍邑刻石",又以其形状略似鼓,故而唐代诗人韦应物称其上文字为石鼓文。今存的九个石鼓,文字残缺很多,藏于北京故宫。关于石鼓文产生的具体年份,学界聚讼纷争,然推论其为春秋战国时期的秦系文字,却是公认无疑的[②]。

---

① 石碣上小下大,径约三尺,顶圆底平,原石 700 余字,今仅余 300 多字。
② 马衡《石鼓为秦刻石考》(《北京大学国学季刊》一卷一期,1923)认为石鼓作于秦穆公时;郭沫若《石鼓文研究》(《郭沫若全集·考古编》第九卷,科学出版社,1982)以为作于秦襄公时期;唐兰《石鼓年代考》(《故宫博物院院刊》第一期,1958)判定为秦献公十一年,即公元前 374 年;高明《论石鼓文年代》(《考古学报》2010 年 3 期)推论为秦惠文王时期所作。

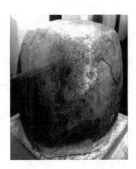

石鼓与石鼓文

拓片释文:"汧有小鱼,其游散散。帛鱼皪皪,其筵氏鲜。黄帛。"

诅楚文

拓片释文:"有秦嗣王,敢用吉玉宣璧,使其宗祝邵鼛,布憨告于丕显大神厥湫,以诋楚王熊相之多罪。昔我先君穆公,及楚成王,是缪力同心。"

诅楚文相传为战国中后期的秦国刻石文字。因此时秦楚之间战事频仍,秦王告神,诅咒楚王,庇佑秦胜,故而得名诅楚文。北宋时期发现三块诅楚文刻石,然原石、拓本均佚,仅存摹本传世。诅楚文形体与大小篆相近,但因资料匮乏,具体年代待考。

二、六国文字①

春秋晚期至战国时代,是中国社会发生剧烈变化的时代。经过诸侯国之间的兼并割据,逐渐形成了秦、齐、楚、燕、韩、赵、魏七个大国,以及宗周、宋、卫、中山等几个小国,政治、经济、国力的剧变,使得思想文化和学术论争蓬勃高涨,反映在文字上也发生了深刻的变化。西方秦地外,其他诸侯国所使用的文字,一般统称为六国文字或东土文字,所包含有二:古文②和鸟虫书。六国文字各具特色,异体迭出。据史料记载,当时宝、眉、寿等许多常用字的写法多达百种以上。

---

① 多数学者认为,因战国时代各诸侯国俗体文字盛行,西方秦地文字较为传统,东方诸国文字各具特色,故而一般将战国时代的秦国文字与其他东方诸国文字区别开来,把秦国自春秋时代以来至秦朝统一中国之前的文字称为秦系文字,而把同时代各具特色的其他诸国文字统称为六国文字。

② 西汉武帝年间,从孔子住宅的夹壁中发现了一些经书,所用字体皆为战国时期鲁国的文字,时人称作"古文",这些经书便被称作"古文经"。东汉许慎作《说文解字》,收录古文经中的"古文"五百余字。古文与大篆最明显的区别在于,大篆形体既繁又奇,古文形体则仅止于奇。故有学者认为,古文是大篆形体结构由繁向略趋简的蜕变。

(一) 时空属性

整体来看,六国文字行用时间和地域,为春秋晚期、战国时期除秦国地区以外的其他各诸侯国①。多数研究战国历史、文字的学者认为,各诸侯国的文字因为不同的形体特点和走向,可以划分为不同的系别。然而也有专家②认为,战国文字异形迭出的现象并没有造成汉字体系的分裂,只是在春秋战国汉字系统的框架内,不同的地域资料显示出的个体字符差异和局部风格的不同。撇开上述纷争,可以肯定的一点是:文字的发展是动态的渐变的过程,不可能划定一个具体的、分毫不差的时间节点和地域界线。各国之间的文字使用,也互有交叉,毕竟各诸侯国均分化、传承于商周时期,对于各国所使用的地域性汉字形体的深入研究,亟待进一步的努力。

楚王畲忎盘

(二) 两种走向

伴随着社会政治、经济的变革及文化的交流融合,六国文字在形体上逐渐产生了两种走向:简化与美化。

1. 简化——以六国古文为代表

伴随着中小奴隶主的扩大和新兴地主的出现,文字的使用由"学在官府"渐变为学在民间,文字形体为适应实用的目的,日趋简化。同时,政治上的不统一,使得各诸侯国的文化得以自由发展,汉字在形体上逐渐滋生出浓厚的地域色彩,大量讹体、俗体、简体不断涌现,各诸侯国之间同字异形现象极为严重。故而有学者将受春秋金文和大篆影响的这类六国古文的性质看作广义上的"草篆"③。草篆无疑是篆体的草率、简省写法,但正是这种"草"法(无论是技法层面还是风格面貌),使得六国古文折射出隶化的雏形形态,其中最具典范价值的当是侧锋的用笔和线条律动中的"波动"及"蚕头"的初见端倪。

可以明显看出,这类古文形体与大篆形体的匀整、圆柔相去已远,而与后来的古隶又有某些近似之处。如1933年安徽寿县出土的楚王畲忎盘。释文如下:

---

① 澳大利亚大学祝敏申在《许慎评传》中,对比分析秦与六国古文字资料,认为秦也用古文,东方六国也用籀文。
② 参见李运富《战国文字"地域特点"质疑》,《中国社会科学》,1997(5)。
③ 草篆是书法艺术上的称谓,汉代之前没有草篆的说法。东汉蔡邕《隶势》称:"何草篆之足冥,而斯文之未宣。"本书将手写体中草率、速写的篆体,统称为草篆,以区别官方较为工整的篆文。

楚王酓忎战获兵铜,正月吉日,实铸小盘,以供岁尝。冶师绍圣佐陈共为之。

2. 美化——以"鸟虫书"为代表

战国时代汉字的实用性和艺术性分化明显,文字形体的装饰和美化作用得到提高,尤以鸟虫书为代表。先秦时期战争与祭祀是当之无愧的国家大事,而鸟虫书大都出现于青铜礼器、兵器之上,说明汉字成为政治权力和统治工具的一种象征。春秋时期,由于经济科技的飞速发展,楚国势力开始扩张,此时的楚国版图北达中原、东至长江下游地区。国力的增强使得楚国的文化愈来愈具有汪洋恣肆的个性特征,比如文学上楚辞体的诞生、文字上鸟虫书的出现,都表现了楚国的风格、气派及审美标准。于是,影响深远的楚文化就在春秋战国之际逐渐形成了。

严格来讲,"鸟虫书"一名是今人对"鸟书"和"虫书"的合称,不过,这种装饰性字体最早称为"虫书",见于《说文解字·叙》。从书写方式和结体构形来看,鸟虫书应属于篆文笔法的产物:用屈曲蜿蜒的方式,使汉字产生鸟、虫等形状的优美体态,或者在汉字的某一部位加饰鸟形、虫形等形状。

目前已出土的鸟虫书器物 400 件左右,主要流行于长江中下游的楚文化圈,如楚、越、吴、蔡、曾、宋、齐、徐等国,一般认为前 558 年楚王子午鼎上的文字(右图)为最早的成熟的鸟虫书。释文(见《文物》1980 年 10 期)作:

楚王子午鼎

唯正月初吉丁亥,王子午择其吉金,自作彝鬻鼎,用享以孝于我皇祖文考,用祈眉寿。弘恭舒迟,畏忌趩趩,敬厥盟祀,永受其福。余不畏不差,惠于政德,怒于威仪,阑阑兽兽。令尹子庚,蘮民之所亟,万年无期,子孙是利。

不过,对于鸟虫书的产生年代,学界至今未有定论。

(三)特点

一是与西周以来的官方正体不同,六国文字书写随意性较大,字形结构、偏旁位置均不稳定。不仅各诸侯国同字形体不同,即便同一诸侯国内的同一地区,同字异形的情况也较为严重。裘锡圭在《文字学概要》中指出：

> 在正体与俗体的关系上，秦国文字跟东方各国文字也有不同的特点。东方各国俗体的字形跟传统的正体差别较大，由于俗体使用广泛，传统的正体已经溃不成军。秦国的俗体比较侧重于用方折平直的线条改造正体，其字形一般跟正体有明显的联系。而且战国时代秦国文字的正体后来演变为小篆，俗体则发展成为隶书，俗体虽然不是对正体没有影响，但是始终没有打乱正体的系统。

二是六国文字之间亦各具特色。刘志成《汉字学》(天地出版社，2001年)总结：

> 韩、赵、魏三晋文字和西周、春秋金文差距不如楚、燕、齐厉害。从风格上看，三晋文字端庄整饬，用笔纤巧细腻；楚文字纵横恣肆，疏阔遒劲，笔势圆转流畅，横画多作昂起的圆弧形；燕文字工整而呆板，笔画僵硬，多用方折；齐文字体式修长，笔画匀整，喜用繁饰。

试以马、年为例：

	西周	战国文字					
		秦	楚	齐	燕	三晋	中山
马							
年							

上列字形表明，秦国的大篆与西周正体一脉相承，固守了正统字形，而其他东方诸国文字则参差驳杂，简、俗、省、讹共存并行①。

（四）意义

六国文字最大的价值不在于使汉字断代发展史异彩纷呈，而在于其内部孕育并演化着古隶的因素。从考古资料来看，湖北荆门出土的郭店楚简、上海博物

---

① 另有学者认为秦系大篆与六国古文的主要差别在于书写风格有异。如高亨《文字形义学概论》"叙列二体"云："首列一体而附篆文于其下，则首体或为古、籀相同之字。""叙列一体"又云："此一体或为古、籀相同之字，或为古、籀、篆相同之字。"也就是说区分古文和籀文并不在于其字形结构，而在于书写风格。

馆回购的楚竹书等,上面贮存的字体更趋近于隶书,与金文和大篆等形体相去已远,故而可称为古隶或早期的隶书。从这个角度而言,六国文字足以成为可供我们进一步描述古今文字发展演变轨迹的关键资料,也是汉语文字学研究中不可或缺的重要环节。

(五)实物资料

六国文字上承甲骨文、金文,是春秋晚期和战国时代的区域性文字形体。其材料比较多样,有简帛文、金文、货币文、古玺文、陶文、玉石文,还有《说文解字》与《三体石经》中的古文等。除上举楚王酓忎盘和楚王子午鼎外,本书其他相关章节也有征引。

三、小篆

秦始皇统一六国之后,施行"书同文"政策,《说文解字·叙》①记载:

> 及宣王太史籀,著大篆十五篇,与古文或异。……其后诸侯力政,不统于王,……言语异声,文字异形。秦始皇帝初兼天下,丞相李斯乃奏同之,罢其不与秦文合者。斯作仓颉篇,中车府令赵高作爰历篇,大史令胡毋敬作博学篇。皆取史籀大篆,或颇省改,所谓小篆也。

这段文字说明,小篆是在大篆的基础上产生的,主要是以战国时代的秦国所使用的官方文字为基础,由李斯等人进行了整理和规范,其中包括对史籀大篆的一些省改,及对六国文字与秦国文字相异形体的剔除。

(一)时空属性②

小篆作为一种书体,虽然与大篆一脉相承,并没有截然的界限,但若从官方文献来看,其行用时间为秦始皇二十六年(前221)"书同文"政策颁布开始,一直到西汉末年止,共二百余年。这里尤须注意,小篆的通行范围只是在官方的正规场合,而民间用字则是以古隶为首选。从整个西汉日常用字情况来看,秦朝所规定的官方文字此时已经很少使用。然而由于小篆线条弯转屈曲,字体修长优美,故而在其后的两千余年里,仍作为一种书法艺术和篆刻艺术,流延至今。

---

① 裘锡圭认为,小篆是由春秋战国时代的秦国文字逐渐演变而成的,不是由籀文省改而成的,《说文解字·叙》的说法是不妥当的。

② 蒋善国、徐无闻等认为小篆通行于秦统一之前。

(二)特点

与大篆不同,小篆通过删减叠加和繁复的构件(《说文解字·叙》所言"或颇省改"),化繁为简,适应了文字发展的实际需求。以下所举"车""马""则"三字可以明显看出二者的不同:

	车	马	则
《说文解字》籀文	䡴	𢒉	𠟭
《说文解字》古文		𢒉	𠟭𠟭
《说文解字》小篆	車	馬	則

相对于甲骨文、金文,小篆的特点(也可以说是大小篆的总体特点)大致有三:

1. 勾描填实降低,线条化增强

甲骨文、金文中多有勾描和填实的笔法,大小篆一律变为粗细均匀、肥瘦统一的线条,整体结构更加匀称。以"天""臣"为例:

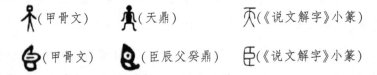

2. 象形意味趋减,符号化增强

甲骨文、金文有一个重要的特点就是字形的象形意味,尤其是大量借助于人的感觉器官,用形象的方式,勾勒出物体的轮廓,成为造字的一个重要途径。然而,汉字发展到小篆的阶段,汉字的象形意味大为减弱,符号化大大增强。以"奔"字为例:

🐦(盂鼎)   𠁼(《说文解字》小篆)

金文"奔"字本从夭、从三止,奔走形象非常明显,而《说文解字》小篆分析"从夭、賁省声",讹三止为卉,奔走形象隐而不显。

已有研究①显示,随着时代的发展,战国时代出现了大量新字,但这些新字

---

① 李裕民《战国文字研究(一)》,《文物季刊》,1997(2)。

中有一个共同特点，即均不是以象形方式造的新字，而是基本为形声字。这就与甲骨文、金文象形字占有很大比例的情形产生了明显的分化。从另外一个方面也证明了小篆字体的符号化是必然的趋势。

3. 结体固定性提高

甲骨文、金文因其书写材质和工具等因素，字形体态呈现出线条数量、构件多寡、偏旁方向均较为随意的现象。而小篆的规范，极为重要的一个方面，就在于以行政的手段，强制一些线条和构件的数目、方向、位置等固定下来，甲骨文、金文中的字形多一笔、少一笔无甚差别的情形，也得到了较好的控制。以"卜""弗"为例：

卜(甲骨文)　　卜(甲骨文)　　卜(《说文解字》小篆)

弗(师旂鼎)　　弗(盠驹尊)　　弗(《说文解字》小篆)

(三) 意义

由于小篆形体结构与"书同文"之前的秦地文字一脉相承，并不存在明显的界限，故而李斯等人对于小篆的功绩，并不是以往人们所简单理解的创制工作，更不能理解为创造了一种新兴的书体，而是对秦地通行已久的字体做出了一些具体的规范、整理和推广的工作——规定了规范的正体字形，取代了六国纷乱的各种变体。可以说，小篆是中国历史上首次全面的以行政手段规范文字的产物。

小篆是古文字阶段的殿军①，是商周以来古文字的发展和总结。相对于隶书，小篆对古文字构形的改造要小得多，故而对于我们认识甲骨文、金文也具有重要的价值和意义。

又因小篆形体规整、统一，构形较为固定，与形形色色的六国文字相比，统一后的小篆更便于不同地域之间的文化沟通和交流。虽然文字的发展方向是简易化，而且六国文字中也存在大量的简体、俗体，但是脱离规范的简化及俗写，势必成为阻碍文化交流的障碍。

---

① 意见不同者如海萌辉曾撰《小篆不是汉字形体发展演变的一个环节》(《郑州大学学报》，1988[3])一文，认为："春秋末期和战国初期开始，汉字已直接从古文篆体的母体中向隶书过渡，至秦始皇统一中国之时，隶书已基本成熟，并在社会中广泛使用。小篆是秦统一后对古文篆体的一次总结，它只在某些特殊的场合下使用。它和隶书没有渊源关系。因此，它不是汉字形体演变过程中的一个环节。"

（四）实物资料

由于秦始皇统一六国之后，经常四处巡游，并刻石记功，于是名山大川上的摩崖刻石就成为保存小篆真实面貌的最原始资料。著名的有峄山刻石（左图为后世摹本）、泰山刻石等①。峄山刻石俗称峄山碑，为秦始皇二十八年（前219）巡游峄山（山东邹县）所立。内容分两部分，前者是始皇诏，存字144个，自"皇帝曰"以下为秦二世诏，共存79字，字略小。秦二世诏刻于前209年。秦始皇离开峄山后，向北封禅泰山。泰山刻石同样分为前半部分的始皇刻石和后半部分的二世诏，经历了两千多年的兵燹、盗毁后，目前仅余十个残存字形（右图为泰山岱庙残碑，十个残字为：斯、臣、去、疾、昧、死、臣、靖、矣、臣）。

峄山刻石

泰山岱庙残碑

综观秦代刻石，结体端庄严谨，线条流畅圆润，疏密相间，庄重又不失飘逸。

此外，《说文解字》，也是一部系统保存小篆资料的字书。

四、八体、六体

《汉书·艺文志》："汉兴……太史试学童，能讽书九千字以上，乃得为史。又以六（八）体试之，课最者以为尚书御史史书令史。"②

然何谓"八体"？

《说文解字·叙》中有较为明晰的论述："秦始皇帝初兼天下，丞相李斯乃奏同之。罢其不与秦文合者。斯作《仓颉篇》，中车府令赵高作《爰历篇》、太史令

---

① 秦七刻石中，泰山刻石、琅琊台刻石存有残石及古代拓本，峄山刻石仅存后人摹刻本，之罘刻石和会稽刻石存后代残拓，唯东观刻石是否独立则未成定论，而碣石刻石真接刻于碣石门花岗岩之上，但原迹湮灭。据传皆为李斯书写。

② 按《张家山汉墓竹简·二年律令·史律》："有（又）以八体试之，郡移其八体课大史"，故此"六体"当为"八体"之误。清王先谦《汉书补注》引李赓芸亦言："此'六'乃'八'之误，据《说文·叙》言，王莽时甄丰改定古文，有六体，萧何时止有八体，无六体也。"又，《汉书·艺文志》小学类于"《史籀》十五篇"之后、"《苍颉》一篇"之前有"八体六技"四字，中华书局点校本《汉书》作《八体六技》"，认为其为书名。

胡毋敬作《博学篇》。皆取史籀大篆，或颇省改，所谓小篆者也。是时秦烧灭经书，涤除旧典，大发吏卒，兴成役。官狱职务繁，初有隶书，以趣约易，而古文由此绝矣。自尔秦书有八体：一曰大篆，二曰小篆，三曰刻符，四曰虫书，五曰摹印，六曰署书，七曰殳书，八曰隶书。汉兴有草书尉律，学僮十七以上，始试。讽籀书九千字，乃得为史。又以八体试之，郡移大史并课。最者以为尚书史。书或不正，辄举劾之。今虽有尉律不课。"

相对于《汉书》以及汉代竹简中提到的"八体"，王莽新政时代又出现了"六书"的提法（为了与传统的造字方法的"六书"相区别，这里将六种字体称为"六体"）。"六体"的提法是和当时的社会用字情况有密切联系的。整个西汉时代，是伴随着篆文的渐不行用与隶书的逐渐成熟，而相互作用的。同时由于篆文尤其是小篆的修长体态和屈曲构形，使得篆体字自汉代以降，成为篆刻艺术的至爱而广为流传，与摹印字体相类似的鸟虫书，也是借由其优美的体态而在西汉时代仍成为一种装饰用字行用。另外，因西汉发现孔子壁中古文经书，扬雄等人又喜好奇字，故而就在王莽新政时期出现了"六体"的提法。"六体"即指：古文、奇字、篆书（小篆）、佐书（隶书）、缪篆（摹印）、虫书。

不论"八体"还是"六体"，学界一般将大小篆和隶书归为文字种类，鸟虫书则被看作是专门的艺术字，剩下的刻符、摹印、署书及殳书等，则被认为是根据其用途来区分的字体，而一般不看作文字种类。不过，直到目前，学界对"八体""六体"的产生年代仍然存疑，如推测"八体"等为许慎所造（见鲁国尧《鲁国尧自选集·隶书辨》）。

下文依次简要介绍一下"八体"及"六体"（大小篆、鸟虫书、六国古文上文已有介绍，隶书[佐书]下文专节陈述，故而此处略论）。

（一）大篆

秦始皇的书同文字，是李斯"省改"大篆之后所统一的小篆，故或以为《说文解字》所言"自尔秦书有八体"当于秦朝统一之前既已出现。然李斯所统一的小篆字形，是专门用于官方场合的正规文字，除此之外，根据已发现的大量出土简牍，当时社会实际用字中，大量古隶行用于非官方场合。由此来看，"八体"中的大篆当与小篆之前的大篆字体概念相同，只不过在使用场合上，非官方文字场合中仍然允许存在。而王莽新政后所言大篆，外延更为冗杂，当包括了古文、奇字在内，以至于后世对这一名称的使用较为混乱，部分汉字学教材甚至将小篆之前的古文字统而称之为大篆(甲骨文和金文自不待言)。至东汉后期,又有人把大篆称为"蝌蚪文",这是因为大篆的写法一般前粗后细,形状略似头大尾小的蝌蚪①。

(二)小篆

小篆,"六体"中也称为篆书,也是古文字的殿军。小篆是中国历史上第一次政府主导下大规模的规范成果,然而其作为日常交际工具的使用寿命,却较为短暂。虽然西汉时代,也还在官方场合下使用小篆,然而大多数情况下,社会用字基本上是隶书的天下,以至于西汉末年已经很难见到日常用字中的篆文笔迹了。

(三)刻符

春秋战国礼崩乐坏的时代,道德对社会行为的约束力越来越低,故而社会成员之间的信任观念便愈来愈借助于实物,符节便是这一特殊产物的代表。《说文解字·叙》"刻符"段注曰:"《魏书·江式表》'符'下有书'字符'者,周制六节之一,汉制以竹长六寸,分而相合。"一般地,此类符节用竹木或金属制成。史上有名的虎符共三件:秦国杜虎符、秦朝阳陵虎符、西汉新郪虎符。虎符一般由左右两半构成,两边各有铭文,且文字相同,右半部分由君王保存,而左半部分则由军队统帅保存。遇到需要调动军队的情况时,需君王所派出的使臣将两半符节相合,方能调兵遣将。历史上著名的信陵君窃符救赵的故事,便很好地说明了虎符的作用。这里所提到的虎符上的文字,即是刻符。然而实际上,刻符所使用的仍然是篆文笔法的字体。

(四)虫书

虫书(鸟虫书)也称鸟虫篆。称篆者,皆因其运笔方式与篆文运笔之"引""伸"相同。今所见战国楚地所使用的鸟虫书,多书于青铜制礼器、兵器之上,成为权力和地位的象征。然汉代以降,此类极具装饰效果的书体更多使用在同于符节作用的幡信上。《说文解字·叙》云:"六曰鸟虫书,所以书幡信也。"颜师古《汉书·艺文志》注"虫书"亦曰:"虫书,谓为虫鸟之形,所以书幡信也。"幡信为题表官号以为符信的旗帜。可见汉代以来,借由独特装饰性效果的鸟虫书,一直

---

① 有一种观点认为,古人用毛笔蘸墨或漆在简牍上书写,下笔时墨漆饱和,故而起笔着墨漆较多,容易粗重,而收笔时笔锋上提,墨漆较少,容易尖细,故而呈现出蝌蚪之形。

用于幡信之上而得以流沿。而且在汉印中,亦存在鸟虫书印文。

然而,学者却提出了这样一个问题:鸟虫书是秦国未有的形体,既然秦始皇书同文字,废除了六国不与秦文相合的古文,缘何又将楚国等地鸟虫书亦作为书体之一? 又或者根据这一矛盾来推论"八体"产生的年代。诸多问题尚待稽考。

(五) 摹印

摹印,即"六体"中的缪篆。《说文解字·手部》注:"摹:规也,规度印之大小、字之多少而刻之。"摹印即用于印文的字体。从缪篆之名可以看出,印文字体为篆文笔法刻成。摹印字体特点是受制于印文风格的。秦汉印章基本为方形印面,印面文字数量多为4字或以上,故在这有限的空间和框架内,既要协调比例,又要体现出美感,就必须将篆文字体加以变形,或扭曲或拉直,必要时还需要改变构件或线条的位置,如此方能实现实用与美感的结合,这便形成了屈曲缠绕的印文字体。缪篆的缪字,正有缠绕、绸缪之意。

(六) 署书

《说文解字·叙》"署书"注曰:"检者,书署也,凡一切封检题字,皆曰署,题榜曰署。"故亦称"榜书"。汉代文书、信件及包裹缄封时,会在绳索打结处加木牍并署名其上,上面的署名用字当为"署书"。然而,书法领域的"榜书"含义不同,仅泛指书写于匾额上的大字,又名"擘窠书"。

(七) 殳书

殳本是古代兵器,以竹或木制成①,八棱,顶端装有圆筒形金属,无刃。亦有装金属刺球,顶端带矛的,多用作仪仗。《说文解字·叙》"殳书"注曰:"言殳以包凡兵器题识,不必专谓殳。汉之刚卯,亦殳书之类。"唐兰《中国文字学》:"秦代的若干觚形的权上较方整的书法,像'枸邑权',就是殳书。今存秦代兵器有铭文的如'相邦吕不韦戈'②(右图),字体不脱小篆,但笔画简省草率,接近隶书;也有字体较为工整的。"故,殳书专指战国秦汉刻于兵器或觚形物体上的草率省便

吕不韦戈铭文

---

① 《说文解字·木部》"杸"字,朱骏声《说文通训定声》云:当为殳之或体,王筠《说文句读》亦认为:杸为殳之重文。
② 戈内正面刻"八年相邦吕不韦造诏事图丞蕺工夬"十五字。背面横书铸"诏事"二字,又刻"属邦"二字。

文字,其结体笔势仍存篆意,但同时又近于古隶。

(八)隶书

隶书即"六体"中的佐书。实物资料显示,战国时期隶书(古隶)就已在民间大量行用。后人往往附会隶书为程邈所作,实际上程邈对隶书书体所做的工作仅是搜集整理。而佐书之名,即篆文之佐,实际上是从其使用场合来定义的。秦始皇虽然规定小篆为正规场合使用,然而在官员日常处理公文时,因隶书书写省力便捷,故而亦可以得以行用,故此得佐书之名。

从性质来看,"八体""六体"中除隶书外的其他几类字体均是古文字形体。不过,虽然隶书是今文字的发端,然战国至汉初的隶书,一般认定为古隶。古隶是金文、篆文向成熟隶书的过渡性书体,带有很强的篆体意味,故而将隶书与"八体""六体"中的其他几类字体置于本节阐述,当无不可。

(九)古文、奇字

"六体"中的古文和奇字,实际上是和汉初古文经的发现有密切关系的。汉武帝末年,鲁恭王刘馀拆孔子宅壁,发现夹藏《尚书》《论语》《孝经》等凡数十篇古籍文献,而后又在汉景帝第三子河间献王刘德等处,陆续发现许多战国时存留下来的儒家经典。其中大部分文献都是用篆文时代的古文字体写成,故而这些经书被称为"古文经"。

在古文经学的影响下,一批好古文字体的学者文人,搜集整理特殊、新奇字体,故而又出现了"六体"中的奇字一体。其中,当属扬雄最为知名。据载,扬雄好奇,喜好标新立异,本姓"杨",径改作"扬"。扬雄因见古文经上的古文字体特异,故而广罗别体异字,尤以与六书造字方法相左者为重。而从《说文解字》对古文、奇字的定义可以看出,奇字当是属于古文系统而又与之不同的异体字,这类异体字可以从当时的典籍中搜罗获得。

【研究提示】

1. 汉字发展到春秋战国时代进入了一个繁荣时期,请举例说明繁荣的具体表现,并总结文字繁荣的原因。
2. 甲骨文、金文、篆文、六国文的书体特征有哪些异同之处?
3. 六国文字是否属于不同的文字体系?其两种趋向在汉字发展史上具有何种地位和作用?

4. 小篆是古文字的殿军,举例说明其对古文字形体的改造,并加以归类。
5. 《说文解字》的部首是篆文的基础构形材料,也是认识汉字形音义的纲目。摹写《说文解字》540个部首的小篆形体,并对比现代辞书,看看在部首的设置上有何异同。

【延伸阅读】

1. [东汉]许慎撰、[清]段玉裁注《说文解字》,上海古籍出版社,1988年。
2. 容庚《鸟书考》,《中山大学学报》,1964(1)。
3. 山西省文物工作委员会编辑《侯马盟书》,文物出版社,1976年。
4. 大通书局编辑部《中国篆书大字典》,台湾大通书局,1979年。
5. 陆宗达《说文解字通论》,北京出版社,1981年。
6. 马承源《鸟虫书论稿》,《古文字研究》第10辑,1983年。
7. 高明《中国古文字学通论》,北京大学出版社,1996年。
8. 邹晓丽编著《基础汉字形义释源》,北京出版社,1990年。
9. 商承祚《石刻篆文编》,中华书局,1996年。
10. 曹锦炎《鸟虫书通考》,上海书画出版社,1999年。
11. 李运富《战国文字"地域特点"质疑》,《中国社会科学》,1997(5)。
12. 何琳仪《战国文字通论》(订补本),江苏教育出版社,2003年。
13. 高明《论石鼓文年代》,《考古学报》,2010(3)。
14. 吴大澂、丁佛言、强运开《说文古籀补三种(附索引)》,中华书局,2011年。
15. 徐文镜《古籀汇编》,上海书店出版社,2013年。

第三节 隶书

(一)命名

隶书是古今文字的分水岭,一般认为隶书以下为今文字阶段,也称近代文字,以别于甲、金、篆等古文字。前人据《魏书·列传术艺·江式》:"隶书者,始皇使下杜①人程邈附于小篆所作也,以邈徒隶,即谓之隶书。"而附会隶书为程邈所作,隶书之名亦得源于此。上一节"六体"中还提到,因隶书书写省力便捷,成

---

① 下杜:又作下邳(南朝梁庾肩吾《书品》)、下邽(唐张怀瓘《书断》)。

为地方官府日常处理公文时佐篆文之用的书体,故又得佐书之名。

然《书断》卷上:"(八分)本谓之楷书。楷者,法也,式也,模也。"说明隶书曾名楷书,即楷书作为名称,最初指称隶书书体。又据唐张彦远《法书要录·晋卫夫人笔阵图》:"凡学书字,先学执笔,若真书,去笔头二寸一分;若行草书,去笔头三寸一分。"则又说明汉代作为规范和楷模的官方正体——隶书,又名真书。只不过楷书书体成熟之后,又将"真书"之名冠于楷书之上。

(二)时空属性

将隶书的出现归功于秦下杜人程邈的观点并不可取。如同汉字不可能是仓颉一人创制、小篆也不是李斯一人独造一样,隶书的出现也有一个漫长而又复杂的过程。对于隶书出现的时间,学术界至今没有形成统一的观点,如唐兰(《中国文字学》,上海古籍出版社,1979)等认为隶书产生于春秋末年,王凤阳(《汉字学》,吉林文史出版社,1989)等则认为隶书产生于战国,其中赵平安(《隶变研究》,河北大学出版社,2009)认为隶书产生于战国中期,裘锡圭(《文字学概要》,商务印书馆,2004)、王宁(《汉字学概要》,北京师范大学出版社,2001)等则认为应为战国晚期,诸如此类。

侯马盟书及释文

实际上,据实物资料显示,战国时期隶书(古隶)就已在民间大量行用。故而在古隶大量行用之前,必定有一个萌芽和孕育的过程。我们认为,这一过程大致出现在春秋晚期、战国初期。以1965年发现于山西侯马晋国遗址中的大量盟誓辞文玉石片(称"侯马盟书""载书")上的文字为例(左图),虽然整体来看,与金文形体结构及风格有较大的延续性,然而对比正规的金文可以发现,侯马盟书中已经孕育了隶书的萌芽。比如直笔的部分已经渐渐脱离线条化,以及起笔落笔的轻重,已经隐含了隶书形成的因素。故而整体来看,隶书萌芽于春秋晚期,产生时间当不晚于战国。

在秦始皇统一小篆之后,隶书可以作为辅助字体,适用于民间及下层官吏非正式场合的公文处理中。通过睡虎地秦简、楚地竹书等战国文字资料可以看出,整个战国时代,古隶形体于不同地点均有出现,成为民间大量使用的简率用字。

而秦朝灭亡之后,西汉政府逐渐废除秦朝法令。文字政策上,小篆虽然还可以作为正规字体使用,但是自上而下的大多数场合,隶书已经成为绝对的首选书体。一般认为,隶书定型于西汉晚期。之后,隶书作为社会正规书体以及常用书体,通行于东汉一朝。而到了汉末魏代,楷书逐渐产生并迅速代替隶书成为社会常用书体。两晋南北朝以降,隶书作为日常交际的工具已经逐渐退出历史舞台。相反作为艺术性字体,隶书逐渐成为书法艺术爱好者的至爱。以致到了唐代及清代,出现了两次隶书的复兴。

(三)来源及发展阶段

之所以会产生隶书,最主要的原因就在于春秋战国时期的社会巨变。一方面周王室大权旁落,诸侯国势力突起,动荡的社会使得在文字的使用上,越来越脱离规范的正统文字;另一方面,这一时期教育的发展,尤其是私学方面,使得文字的普及工作得到了较大的提高。文字作为交际工具,它的实用性逐渐凸显,故而草率、便捷的早期隶书应运而生。

但一直以来有一个误解,即认为隶书是小篆之后的文字形体,或认为隶书是由小篆演变而来。但实际上,通过产生时间的梳理,可以发现,隶书这一书体的产生是早于小篆的。这一点也就说明了,隶书的来源不单纯是小篆。

但关于隶书的来源,学界也存在多种看法。有学者将源头上溯至甲骨文、金文,但更普遍的是认为隶书的源头为篆体文字,存在的分歧在于篆体演变至隶书的方法和途径的不同。比如陈梦家(《中国文字学》,中华书局,2006)认为隶书源于小篆的省易,王凤阳(《汉字学》,吉林文史出版社,1989)则认为隶书源于小篆的简体,赵平安(《隶变研究》,河北大学出版社,2009)认为隶书源于秦国小篆的俗体,王宁(《汉字学概要》,北京师范大学出版社,2001)认为隶书源于篆文较草率的速写体,裘锡圭(《文字学概要》,商务印书馆,2004)认为隶书是在战国时代秦文字简率写法的基础上形成的。故此可以看出,隶书的来源确非单一的小篆。从已有调查来看,部分隶书直接源于小篆形体,一部分则从大篆直接演变而来,另外一部分则与战国时期东方六国文字有一定的关联。

一般认为,隶书从萌芽于春秋末期,到东汉末年、三国时期被楷书取代的七百年左右的时间中,经过了古隶(秦隶)、今隶(汉隶)两个大的发展阶段。

"古隶"一词始见于《西京杂记》卷六:"杜陵秋胡者,能通《尚书》,善为古隶字。"而晋王羲之《题卫夫人〈笔阵图〉后》:"其草书,亦复须篆势、八分①、古隶相杂,亦不得急,令墨不入纸。"则可以看出,晋人所谓古隶与八分,概念分明,八分是种独立书体,而古隶大致包含了秦汉隶书,而与古隶相对的"今隶",当指三国之下的楷书而言。

但在规范的语言文字学学科中,对隶书发展阶段古隶、今隶的划分,已经与前人有较大的不同。今隶又称汉隶,指的是成熟期的隶书,特点是结体方整、笔画有明显的波势和挑法。今隶的提法是针对古隶而出现的,所以从这个角度而言,今隶形成以前的隶书就是古隶。今天所言的古、今隶,之所以又称为秦、汉隶,同样是根据书体的基本特征划分的类别,而不是依据时代划出的概念。例如,今天所发现的西汉前中期的出土资料中,大量文字形体呈现出与战国、秦代古隶相近的特点,故而可以将汉代前期的文字归为古隶阶段。

古隶的形成是与战国时代文字趋简和实用分不开的。由于篆文等古文字书写起来较为不便,无法与快速发展的社会实际相适应,故而在日常书写过程中,常常用快速的笔法书写篆文,篆文圆转的线条便被方折的笔画代替。如此一来,文字形体书写渐趋草率,久之,演变成了今天所看到的古隶。然而从本质上来讲,古隶指的就是尚未成熟的隶书。

睡虎地秦简局部

1975年12月,湖北省云梦县睡虎地出土了大量战国晚期至秦始皇时期的竹简(称"睡虎地秦简")(左图),上面的文字风格已经同篆文和金文相去甚远,与隶书更为接近,故而可以说,至迟到战国晚期,古隶已经成熟。而从西汉中晚期的大量碑刻用字中,可以明显看出,此时段的隶书已经发展成为成熟的今隶。

而隶书由萌芽到产生,再到演变至成熟的今隶,这一过程实际上就是汉字由古文字过渡为今文字(亦即由篆文向隶书演变)的过程,文字学中用一个专门的术语——隶变来指称。

---

① "八分"始见于蔡文姬《石宝书势》,相传为秦时上谷人王次仲所造,又称分书、分隶。关于八分的命名,历来说法不一。或以为二分似篆,八分似篆,故称八分,见蔡文姬《石宝书势》;或以为汉隶的波折,向左右分开,"渐若八字分散",故名八分,见唐张怀瓘《书断》;近人又有观点认为八分非定名,汉隶为小篆的八分,小篆为大篆的八分,今隶(楷书)为汉隶的八分。

(四)隶变与隶定

"隶变"一词首见于唐唐玄度《新加九经字样》。这里的隶变概念,乃为说明古今文字形体发生变化而专门提出。今天文字学界所言隶变概念,专指汉字由古文字形体演变为隶书的这一过程,即今文字的笔画逐渐取代古文字的线条的漫长过程。从文字学视角出发,隶变的实质就是古文字的篆文向今文字的隶书演化过程中,所显现出来的形变和讹变的统称[①]。

形变是指相对篆文而言,隶书在结体构形上发生的形态变化,如变曲折弯转的篆体线条为平直方折的笔画,结体走势趋向扁平等。而讹变则是指篆文向隶书演变过程中,构字理据发生变化的情况。仅以数例来看一下隶变的两种方式:

形变:走→走　门→冂　頁→页

讹变:永→欠　集→集　雷→雷

可以看出,隶书取代篆文的这一过程,实际上包含了两个层面:结体态势上,变线条为笔画,由竖长变扁平,变圆转屈曲为平直方折;构字理据上,变象形性为符号化,或省减偏旁构件,或挪移构件位置,从而导致理据发生变化。

对于隶变这一过程的起讫点,学界仍无定论。隶变的发生,实际上是伴随着隶书的萌芽而一同产生的,如果将隶书的萌芽置于春秋末期至战国前期,则隶变也当自此始。而隶变这一过程的结束,也就是它的讫点,同样未有定论。有学者认为,一般所言"隶"的内容相当复杂,不仅包括了秦隶和汉隶,而且将魏晋之后的楷书也作为"隶"的一个组成部分,即"今隶"(与上文名同实异)[②]。故由此观点出发,若将隋唐之际的楷字作为"今隶",则隶变的结束应当在隋唐楷字成熟并臻至定型。但这毕竟是广义上的"隶"的概念,实质上所指为今文字,而非狭义上的隶书概念。学界大多数赞同隶书的下限为东汉至三国时期,故而一般意义上,人们所讲的隶变,不会越过这一时段。实际上自西汉末年开始,隶书就已经基本成熟。

[①] 也有学者将隶变过程分为形变、省变和讹变。形变为篆文整体上向隶书过渡,未发生构件的省减;而省变则专指隶变过程中发生的笔画或构件的简省;讹变则专指在隶变过程中发生的笔画、构件的变化导致构形理据随之发生改变。分类标准不同,内涵也就不同。

[②] 皆因古人曾混淆了隶楷之分,尤其到了唐代,如张怀瓘的《书断》等著作,将古隶改称八分,把楷书称为今隶。

而汉末人用隶书的笔法来写定或考校他们所认为的古文字字形,则被时人称之为"隶古"或"隶古定",简称"隶定"。汉代孔安国《尚书序》:"至鲁共王,好治宫室,坏孔子旧宅,以广其居。于壁中得先人所藏古文虞、夏、商、周之书及《传》《论语》《孝经》,皆科斗文字……科斗书废已久,时人无能知者,以所闻伏生之书,考论文义,定其可知者为隶古定,更以竹简写之。"唐陆德明《经典释文》:"谓用隶书写古文。"孔颖达疏:"言隶古者,正谓就古文体而从隶定之,存古为可慕,以隶为可识,故曰隶古,以虽隶而犹古。"

可以看出,原初"隶古"当用为动词,表示用隶书对汉代古文字进行考校或写定,后来隶古也常用为名词性质,指隶定古文这一过程的产物。前人著述中就有以隶古定名之者,如清李遇孙《尚书隶古定释文》、罗振玉《隶古定尚书残卷》等。不过,今天在使用隶定这一术语时,许多人往往会扩而充之,将楷书笔法撰写的古文字形,也称为隶定。研究显示,传世的隶定古文情况较为复杂。或根据传抄古文而进行隶定,或根据新材料加以隶定,也有根据隶古定本辗转传抄而来,当然也包括了后人所仿写的古文资料。

(五)特点

隶书作为今文字之一种,与古文字的最大区别就在于符号化特点,也就是隶书以笔画取代了古文字的线条,属于质的差别。如若单纯分析隶书作为一种书体的结体笔形特点,则主要体现在两个方面:一是笔势趋向扁平;二是笔法具有波磔之态①。

古文字阶段的字形体态历来取纵势长方之形,这一体式是与古文字象形特点以及人的认知规律相关的。比如古人在摹象取形过程中,所见到的客观事物绝大部分为直立状,故而造出的字多为长方形体,如 、 、 等,均是头上脚(尾)下的长方结体。这种构形方式一方面符合人的认知规律,另外一方面也是和物体形状的特点分不开的。古文字发展到篆文,字形略显内敛,全部演化为纵向长方之形,显示出优美、规整的体态。这一方面是沿袭了甲骨文、金文纵向长方的笔势,另外一方面也是由篆文线条化的加剧所促成的。这也就导致了我们今天所看到的汉字横笔多、竖笔少的特征。然而由篆变隶,古文字狭长的笔势到

---

① 一说左撇曰波,右捺曰磔。宋代吴曾《能改斋漫录·类对》:"出锋须长,择毫须细,管不在大,副切须齐。副齐则波磔有凭,管小则运动省力,毛细则点画无失,锋长则洪润自由。"

今文字发生了相反的走向,最终演变成向两侧展开的扁平的笔势风格,而且也影响到之后产生的楷书。

笔法上,甲骨文受制于龟甲兽骨,笔道纤细、不宜用弯笔,金文则因铭文制作工序的特点而显得雍容饱满,汉字发展到篆文,线条修长、屈曲、圆转。然而,由于社会交际的不断深入及毛笔、竹简等材质的大量使用,隶书笔形成了波磔之势(书法云"蚕头雁尾"),即隶书在横笔起笔时回锋隆起,形如蚕头,而横波收笔时则顿笔斜起,状似雁尾。整体来看,隶书具有庄重典雅的风格,体现出独特的审美价值。

关于这一点,日本学者藤枝晃在《汉字的文化史》(新星出版社2005年,李运博译)中的一段话,提出了新的视角:

> 他们在这一笔上特别着力,确有要说明什么的感觉,不,这样说还嫌太不强烈,说要夸耀什么似乎更恰当些。他们在这里要夸耀的东西,不是别的,正是文字本身的权威。文字是天子行使其权力之际,为作为代言者的他们所使用的,他们在书写过程中,心中一定洋溢着无上的荣耀和喜悦,故此也就频频地运用"波磔"的运笔方法了。

(六)意义

1. 书写风格的变革。金文过渡到篆文之后,行笔粗细均匀,肥瘦相当,但隶书的出现又改变了篆文所形成的书写风格,笔画顿挫明显,波磔相间,笔道粗肥且长,整体趋向扁平,一改古文字形体竖长风格,更便于书写。这一点是与春秋战国时期汉字在交际过程中,需要更适于实用的特点分不开的。而隶书的扁平特点最终也催生了汉字向楷书方正形态的演变。

2. 笔画系统的出现。隶书最大的变革在于用平直方折的笔画取代了篆文圆转屈曲的线条,奠定了汉字今文字沿用至今的笔画系统和结构基础。可以说,这是古今文字革命性的巨变。因为线条和笔画性质完全不同,线条的特点是可随意拉伸变形,而笔画则有固定的形态,如此一来汉字象形特征就被符号化彻底取代。

3. 构字理据的破坏。主要表现为变异和趋同两个方面。

变异方面,隶变过程中,大量字形由于形变和讹变,导致古文字构形理据被严重破坏。古文字形体顺应竖长书写风格,并且可以适时屈曲线条,大量构件繁复的字形,其构件的相对位置和关系便可以得到较合适的搭配。然而隶书的扁平书风及不能任意弯曲笔画的特点,限制了古文字构件繁复的特征,故而需要改变字形结构和构件,尤以减少叠加构件为明显。古文字中"雧""靁"二字,都具有与鸟儿众多有关的涵义,然而隶书的扁平特征不宜于大量叠加构件的书写,故而分别隶变为"集""霍"。

趋同方面,受到偏旁构件简省、讹变的影响,大量本无关联的构件形体,在隶书中趋同为一。例如篆文中的"肉""月""丹""舟""冏"等本来不相关的字形,经过隶变,部分构件在构字过程中整合为"月"旁,如此一来,古文字形体中的构字理据,也伴随着构件形体的演变而不知所踪。

【研究提示】

1. 为什么要划分出古、今文字两大类型?二者最本质的差异在哪里?
2. 为什么古文字纵势长方,而隶书却趋向扁平?隶书对古文字的改造包括哪些方面?
3. 隶书是衔接古今文字的关键书体,它是由小篆演变而来的吗?举例说明隶书的发展阶段。它对汉字、书面语言、书法艺术又带来了哪些影响?

【延伸阅读】

1. [西晋]卫恒《四体书势》,见[唐]房玄龄等《晋书·卫恒传》,中华书局,1974年。
2. [唐]张怀瓘《书断》,影印文渊阁《四库全书·子部·艺术类03》,台湾商务印书馆,1986年。
3. [宋]洪适撰《隶释·隶续》,中华书局,1985年。
4. [清]顾蔼吉编撰《隶辨》,中华书局,1986年。
5. [清]刘熙载撰,袁津琥校注《艺概》("书概"部分),中华书局,2009年。
6. 《汉语大字典》字形组编《秦汉魏晋篆隶字形表》,四川辞书出版社,1985年。
7. 潘朝曦《书法浅谈》,知识出版社,1986年。
8. 高文《汉碑集释》,河南大学出版社,1997年。
9. 周俊杰主编《全国隶书学术讨论会论文集》,河南美术出版社,1998年。
10. 王冬龄《清代隶书要论》,上海书画出版社,2003年。
11. 〔日〕藤枝晃《汉字的文化史》,李运博译,新星出版社,2005年。
12. 徐玉立主编《汉碑全集》,河南美术出版社,2006年。
13. 赵平安《隶变研究》(增订本),河北大学出版社,2009年。

第四节　草书、行书

隶书和楷书是今文字的两大书体类型,两者之间还产生了草书和行书两类重要的书体类型。故而本节主要谈一下非书法领域中的草、行两类书体。

一、草书

(一)命名

"草"意为潦草、草率,是为了适应快速书写隶书的要求而出现的草率字体。由于汉字的使用一直存在规范正体和手写俗体两种形式,故而每一种书体都存在相对应的草写体形式,即使商周古文字也存在正规字体与草率字体两种形式。作为书体的草书,专指隶书通行后的草写体。草书解散了隶书的用笔和结体,书写更为便捷,更适于日常交际。

(二)时间属性

有些人认为汉字发展史是按甲、金、篆、隶、楷、行、草的次序演进的,草书最末产生。事实上,草书和行书作为文字学领域中的书体类型,产生年代均早于楷书。东汉末年的书法家张芝被就誉为"草圣"。据载,时有赵壹《非草书》一文,蔡邕等书家亦有类似之议,以维护正体字的地位,足以反映出当时草书已大为兴盛。然秦书"八体"及王莽"六体"中均无草书一体,故而大致可以推知,作为一种较成熟的书体,草书产生的年代约在西汉末期至东汉中期之间①。以实物资料验之,如东汉时期《公羊传》砖文(右图),满篇文字或续接笔

《公羊传》砖文

画,或拆分笔画,大量简笔、省笔情形。如:"何"字作"?"形,所从"可"构件,由五笔连为三笔。

---

① 《说文解字·叙》云:"汉兴有草书尉律学僮十七已上始试讽籀书九千字乃得为吏。"或断句为:"汉兴有草书,尉律:学僮……",故致误以为草书产生于西汉初年。然据《汉书·艺文志》:"汉兴萧何草律……讽书九千字以上乃得为史。"可知"草"当为草创意,并非书之草,且《说文解字》句读应为:"汉兴有草书尉律,……"

(三) 类别

对草书系统的划分,学界各执一词。一般而言,秦末汉初之际,古隶书写已然出现了较为草率的笔法,学界多以隶草①称之。然而东汉成熟期的草率的隶书,也多以隶草称之,由此来看,隶草泛指各时段隶书的草率写法,只是一种书写方式而已。同时,由于汉初隶草形态并不固定,且与隶书之间的区别还无法划清界限,亦无法用书体的范畴来加以界定。相对地,到了西汉中晚期实物用字中,一种新书体——章草笔法的用例逐渐出现。其在结体、用笔方面与隶书的区别十分明显。由此,本节将草书系统划分为章草和今草两个阶段,这也是基于交际工具特征所作出的划分。唐代出现的狂草更多的是作为艺术欣赏之用,属于书法史上的草书概念。

之所以得名为章草,众说纷纭②。近人多以为章法之"章"与章程书、章楷的"章"意义相同。早期草书略存隶书笔意,字字之间不相牵连,笔画虽有省变,但却有章可循,故得章草之名。又,《书断》卷上:"章草之书,字字区别。张芝变为今草③,如其流速,拔茅其茹,上下牵连。"可知章草确实字字相互独立,并不连写。另外,通过上图还可以看出,章草的笔画仍带有隶书波磔之态。

章草的出现,大大提高了汉字实际交际的效率。在章草大为兴盛之时,草书的另外一种书写风格——今草逐渐萌芽。以往多认为今草是在魏晋之时,由章草逐渐发展出的笔画相连的草书新体④,为区别于章草,故称"今草"。然而,经过实物资料对比后发现,今草与章草并不是单纯的继承关系。实际上,章草是源自于隶书扁平横势的草写,而今草的来源却比较复杂。今草的书体特征一部分源自于隶草纵势书写,故而会呈现出竖笔拉长似悬针垂露之态;一部分则是对章草某

---

① 需要注意与之容易混淆的概念——草隶。以往学者多不加以区分,常常将二者混而无别。但有时草隶也指草书和隶书的合称,如《文选·潘岳〈杨荆州诔〉》:"草隶兼善,尺牍必珍。"《南史·刘孝绰传》:"兼善草隶,自以书似父,乃变为别体。"此外,又有学者以为草隶指草率的楷书。不一而足。所以,在使用隶草和草隶时,最好根据不同情况加以注明。
② 或以为章草为汉章帝创始,如《书苑菁华》引唐代蔡希综语:"章草兴于汉章帝。"或以为汉章帝好此书体,如《书断》卷上引唐代韦续:"因章帝所好名焉。"另有主史游著《急就章》而得名者,如《书断》引王愔:"汉元帝时史游作《急就章》,解散隶体粗书之,汉俗简堕,渐以行之。"诸如此类,不一而足,但均属臆测。
③ 今草的产生,或以为起于张芝,当是从新字体的萌芽来看的。又以为今草起于二王,当是着眼于草书这一字体典型特点的形成而言。
④ 裘锡圭《文字学概要》指出:"在魏晋时代,由于早期行书和楷书的书法的影响,章草逐渐演变为今草。"

些笔法加以改造;还有一部分则是受到了行书笔法的影响。今草较章草书写更为便捷,更适于交际需求,章草随之渐弃不用。

今草之后,出现了书写笔法最为放纵的一种——狂草。狂草笔势连绵回绕,字形变化繁多,且字字相牵、笔笔通连。至唐代张旭与怀素等人始有流传。然而此时狂草亦只能成为完全脱离实用的艺术创作,无法行用于社会实际交际。

(四)特点

首先,草书将隶书复杂的结构变得简易,往往只徒具轮廓。章草之所以能成为隶书之佐行用于时,从认知角度分析,是因为它抓住了汉字的认知特点:将具有对立区别性的主要构件提炼出来,去除对立区别性较弱甚至丧失的构件或笔画。尽管改变了字形结构,然由于起区别作用的主要构件和字形结体轮廓更加凸显,使得在认知理解方面,并未造成巨大的落差。然而狂草虽然也部分地保留了具有区别性的构件或笔画,但却对所保留的构件和笔画加以过度的改变,以至于阻碍了对汉字的识别和认知。

其次,草书笔画接连,运笔相续。先看章草,章草尽管书写草率,但却字字分明,形体独立。这一特点是与其在社会交际中的工具作用分不开的。同时,虽笔画相续,但却能视而可识,大大方便了社会交际。相比而言,今草在笔画连接和相续上,形成了一笔写完数个笔画或整字的运笔方式,中间停顿更少,且改进了章草波磔之态,书写更为迅速,故而也大大提高了日常交际的效率。狂草则不然,不仅字与字之间不再泾渭分明,而且破坏了具有对立区别意义的构件和笔画的构形,故而无法发挥实际交际中的工具作用,只能成为一种书法艺术。

最后,章草带有浓厚的隶意,起笔、收笔之间,仍存留有较浓的波磔意味。今草对章草加以改变,去除了与隶书相近的笔形和笔法,又融合了楷书或行书的笔法。正因为如此,今草的字形结构不可简单地用隶书或楷书构形来分析。

(五)意义

古今文字形体演变的一个重要内在机制,就是社会用字实际对书体简便易写的要求。而每一种新书体的出现,也大都与上一种书体在使用过程中简省线条或笔画有密切的关系。如同古隶的产生是为了金文和篆文之佐,草书的出现也是为了隶书之佐。然而两者之间却性质迥异。隶书与金文、篆文之间是性质不同的古今文字形体。而草书则不然,它并没有改变今文字的根本性质。虽则如此,草书在形体上改变巨大,不亚于隶书对篆文的改变。有时候草书只徒具隶书轮廓,仅存大意而已。由于大量草体抓住了汉字形体中起对立区别作用的主要构件或轮廓,使得社会交际层面上的汉字使用效率大为提高。当然,过度潦草的书体有时也会成为社会交际的障碍。

对于汉字规范和简化而言,草书最大的价值就在于成为简化汉字的一个重要途径。自魏晋以下,部分草书结体行用浸远,逐渐影响到规范的正字形体,部分草书结体被新的正字形体所借鉴。20世纪的简化汉字中,大量的草书结体就直接被借鉴用作简化汉字。

20世纪初期,中国兴起"废汉字而用世界语"的西化运动,一批传统国学的维护者和继承者,尽力采用各种办法来降低这股运动给汉字带来的冲击。1908年,章太炎在《驳中国用万国新语说》中提到,汉字因过于"深秘",应逐步改良,改良的办法可以"欲使速于疏写,则人人当兼知章草。"后来钱玄同在《简体字谱》中借鉴了章氏观点,用大量草书形体和笔势,取代笔画繁多的繁体字。如"長""東""學""樂"等字,《急就章》草书形体分别写作:"长""东""学""乐"。很大程度上,这类草书(包括其充当构件时类化出的大批草体)成为现代简化汉字的来源之一。

二、行书

(一)命名

行书是一种介于草书和正体字之间的流畅书体,它可以弥补正体字的书写速度太慢和草书的难于辨认。后世将楷书之后的行书分为两类,楷法多于草法的叫"行楷",草法多于楷法的叫"行草"。

张怀瓘《书断》卷上云:"案行书者,后汉颍川刘德昇所作也,即正书之小讹,务从简易,相间流行,故谓之行书。王愔云:晋世以来,工书者多以行书著名。昔锺元常善行押书是也,尔后王羲之、献之并造其极焉。""流行"义即流利、顺畅、灵活。又,王僧虔《古来能书人名》云:"锺繇书有三体:一曰铭石之书,最妙者也;二曰章程书,传秘书,教小学者也;三曰行押书,相闻者也。河东卫凯子,采张芝法,以凯法参,更为草稿。草稿是相闻书也。"由是而知,行书的早期称谓就是行押书,起初当由画行签押发展而来。"相闻"者,系指笔札函牍之类。至于后世所谓"真行""行草""行楷""楷行""草行"等称谓,仅是就书写形体所偏重楷、草的程度而加以区别的说法。

(二) 时间属性

清刘熙载在《书概》中说："行书行世之广，与真书略等，篆隶草皆不如之。然自有此体以来，未有专论其法者。盖行者，真之捷而草之详。知其草者之于行，如绘事绘作碧绿，只须会合青黄，无庸别设碧绿料也。"虽然行书是日常行用最为广泛的书体，然而正是这最常用且最易阐释的书体，却历来误解最甚。部分语文工具书及汉字学教材认为行书是介于草、楷书之间的字体，兴起于草、楷书盛行之后，是在使用过程中为提高书写速度而出现的样式。

而郭绍虞曾说："行书和草书是同性质的，所不同的，不过程度上有区别，行书偏于中和性罢了。""那末行书之称何以要到汉末才起呢，这是因为以前虽有草体之实，尚无草书之名，所以行草可以不作区别，等到草书之名既起，而且成为书家艺事，失掉文字的作用，于是便于书写的行书，就为适应需要而产生了。所以行书之起，是由于草书脱离实际，不便认识也不便书写，失掉文字的作用，才代替草书作用而新兴的字体。"

又据卫恒《四体书势》："魏初有锺胡二家，为行书法，俱学之于刘德昇，而锺氏小异，然亦各有巧，今大行于世云。"虽然任何一种书体和字体不可能是某一个人以一己之力创造的，但由是说可知，"行书"于汉末已然产生，是由"正书"（唐兰谓"楷隶"，即标准的汉隶）转变而来的，并于魏晋之际广泛流行。刘德昇是汉末人，且已在使用行书，故而在他之前，行书必定存在一个产生及发展的过程。从已发掘的实物资料来看，东汉中期就已经出现行书了，如汉简和安徽省亳州市出土的曹氏家族的汉砖等材料所贮存的行书笔迹。

(三) 特点

东汉中后期，汉隶虽已成为社会用字的正体字形，但隶书日常书写速度并不快。而书写速度较快的草书，难免有过于潦草之处，又影响到对字形的识别。在此背景下产生的行书，恰好取各体之优点，形成了独特的结体规则。

首先，行书笔画之间相互衔连，牵丝呼应，但字字之间仍相互区别，并不粘连，书写速度较汉隶更快。

其次，行书结体不再考虑扁平，体态更趋方正，这就为后来楷书定型为方正结体，提供了前提条件。

最后，草书在构件层面，常常大幅度省减复杂构形，只保留该构件或字形结体的基本轮廓，虽然在汉字识别上，能够抓住字形的区别特征，然而却破坏了构字理据。相比之下,行书只是在笔画书写方面加以变革,但是在构件结体方面,并没有像草书一样简省复杂构形,也就保证了构字理据的完整性。

(四)意义

行书本是由正体字在日常书写中笔画连写或小有变异而形成的,既便于书写,又不似草书难于辨认,故而宜于行用。从汉代至今,行书在体势、笔意上随着正体字的发展而发展,成为适应性最强、应用范围最广、延续时间最长的书体。

在汉字形体演变史上,行书的最大意义莫过于促进了楷书字体的成熟。下一节将要谈到的楷书,在东汉末年已然出现萌芽之势。其中东汉中晚期出现的行书无疑在促进楷书体式的形成方面提供了前提条件。

行书形体较扁平的隶书更趋方正,虽笔画衔连呼应,但去除了隶书的波磔笔势,成为社会正规形体的日常辅助书体。而一旦被社会接受之后,文字形体简易化的实用性特征,便要求与之相适应的正体字形出现。于是,衔连的笔画明晰分开,形体规整为平直方正,就形成了楷书。

【研究提示】

1. 举实物资料说明草书的发展阶段,并辨别文字学范畴和书法史范畴上的草书概念有何不同。
2. 草书在汉字书体演变史上的地位如何?对现代简化汉字而言又有何重要的意义?
3. 梳理行书产生的历史,清晰把握文字学范畴中的行书概念。
4. 从文字学的角度谈谈行书与草书的区别(行书的书体特征),以及行书在汉字发展史中的意义。

【延伸阅读】

1. 《明拓松江本急就章:皇象》,西泠印社出版社,2004年。
2. 陈彬龢《中国文字与书法》,商务印书馆(万有文库本),1921年。
3. 魏建功《草书在文字学上之新认识》,《辅仁学志》第14卷1、2合期,1946年。
4. 麦华三《历代书法讲座》,香港上海书局,1960年。
5. 北京中国书法研究社编《各种书体源流浅说》(郑诵先执笔),人民美术出版社,1962年。
6. 〔日〕杉本つとむ《异体字研究资料集成》二期四卷《行书类纂》,雄山阁出版株式会社,1965年(昭和40年)。

7. 宋后玲《唐人草书研究》,中国文化大学硕士学位论文,1974年。
8. 邹安辑《草隶存》,艺文印书馆,1976年。
9. 陆锡兴编著《汉代简牍草字编》,上海书画出版社,1989年。
10. 启功主编《书法概论》,北京师范大学出版社,1990年。
11. 胡文沛编著《草书辨认字典》,江苏美术出版社,1994年。
12. 启功《古代字体论稿》,文物出版社,1999年。
13. 李洪智《汉代草书研究》,北京师范大学出版社,2014年。
14. 刘延玲《魏晋行书构形研究》,上海教育出版社,2004年。
15. 衡正安《唐代墓志行书研究——兼及唐代行书入碑的问题》,见《衡正安书学论集》(中国书画研究丛书·第一辑),百家出版社,2006年。
16. 杨宗兵《书法研究——秦文字草化研究》,上海书画出版社,2007年。
17. 彭砺志《草书与近代汉字改革》,《吉林大学社会科学学报》,2010(2)。
18. 詹鄞鑫《正体与俗体三题》,《中国海洋大学学报(社会科学版)》,2010(3)。
19. 张金梁《刘德昇"行书之祖"说考》,《古籍整理研究学刊》,2012(4)。

第五节　楷书

(一) 命名

"楷书"一词,泰半据《晋书·卫恒传》"隶书者,篆之捷也,上谷王次仲始作楷法"而得名。然而后代竟由此附会王次仲创制楷书。唐张怀瓘《书断》卷上云:"(八分)本谓之楷书。楷者,法也,式也,模也。"正说明"楷书"一词,本指隶书而言,王次仲始作之"楷法",实指法度、模范。而楷书本名为正书或真书,实际原初所指,亦为隶书别称。如唐张彦远《法书要录·晋卫夫人笔阵图》:"凡学书字,先学执笔,若真书,去笔头二寸一分;若行草书,去笔头三寸一分。"不过,也正因为今天所言楷书形体方正、笔画平直,可作楷模,故而将错就错,竟也相当。

然需注意,古人所定的名称和该名称所指称的书体,与今天的概念并不等同。东汉时期正规的汉隶,在晋代出现"楷书"的称法,而以"隶书"指称笔画方正的楷字。原本"楷书"也被称作"章程书","章程"二字速读为"正",南北朝时期出现了"正书",之后"章程书"一名不再使用。"正"又与"真"意义相同,所以北朝时又出现了"真书"的称法。

（二）时间属性

楷书是今文字阶段的第二大书体类型,在其成熟定型后,一直沿用至今。楷书究竟产生于何时,目前学术界看法尚未完全统一。较为普遍的观点,如裘锡圭《文字学概要》中曾明确指出,楷书萌芽于东汉,魏晋时期开始逐步通行。然也有学者将楷书萌芽期上溯至西汉时期①,这一观点多半是根据所发现的西汉时期隶草资料而产生的。

隶草是隶书的草写体。今所见汉代实物资料,尤其是民间残存砖瓦上的字迹,很大程度上已经脱离了隶书的整体风格。许多字体未呈现出扁平特征,笔画也不再注重波磔。由于此类砖志等实物资料主要出现于当时的民间场合,且每件实物残存字量较少,故而隶草在笔法风格上,大都草率、简省,并未顾及字体的美观和标准。同时,由于民间刻写工具和书写材质的制约,笔画常常是以较浅的直线刻痕为主,与甲骨文刻纹风格近似。整体来看,与标准的隶书相距甚远（如《汉阳周仓鼎》）。故致有些学者以为西汉中后期,楷书开始萌芽。实际上,从这些实物资料中,我们看到的不仅只是草率的隶书,还可以看到篆文笔意相参,因此,这类资料还无法证实楷书萌芽于此。相反,却可以佐证章草的产生。

《汉阳周仓鼎》

然而东汉中期之后,章草与隶书受制于其体势和笔法,在实际交际过程中,书写速度仍然不足以与快速发展的社会需求相适应,故而行书萌芽并产生,今草也逐渐成形。在这一过程中,为达到既适于快速书写的需要,又能够体现出端庄、工整的书风这一目的,只有通过弱化隶书、章草的隶意,去除行书笔画牵丝粘连,综合各体优势才可以实现。通过实物资料对比,大致可以判定,楷书萌芽于汉末,产生于魏晋之际,至南北朝成熟,定型于唐代而沿用至今,成为中国汉字发展史上使用寿命最长的书体类型。

---

① 赵小刚《汉字学论略》,甘肃人民出版社,2005年。

(三)发展阶段

1. 孕育期

任何一种字体的产生都是一个漫长的历史过程,不可能一蹴而就。三国时期一些石刻文献既已出现楷书用例,故而从理论上讲,楷书在其产生之前,应存在一段孕育期,也就是东汉时代。虽然东汉时期是标准隶书定型的年代,也是隶书成为官方正式用字的时期,但是,我们必须认识到,在中国今文字发展史上,每一种书体或书体风格的产生,往往是与前一种书体的草写体有着至为重要的关联。比如隶书就主要来源于篆文的草写体,同样隶书时代也出现了隶草,楷书又何尝不是萌芽自隶书草写呢?故而楷书的孕育期至迟可划定为东汉后期。

2. 形成期

魏晋时期,楷书的笔画特征和书写风格逐渐形成。此阶段的主要特点是:在结构和笔法上从既包含了隶书的某些特点,又不完全相同的非隶非楷的阶段,逐步过渡到初步的楷书结构系统阶段。西晋时候,学童习字已经渐由隶书笔法向楷书笔法过渡。较为可信的一点是,此时洛阳地区习楷法已成风气。东晋时期,初步成熟的楷书体作为正体字在社会上广为通行。我们可以从 20 世纪古楼兰城遗址发现的魏晋简牍、残纸,以及在吐鲁番地区发现的晋人写本、十六国时期的文书等,寻绎到较为明晰的线索。而这一时期的楷书发展特征与之后的南北朝尤其是北魏书风有明显区别,故而在楷书发展史上可单独划分为一个阶段,此处暂称之为形成期。

3. 成熟期

南北朝至隋代是楷书成熟期。这一时期楷书的重要特征,一是在于结体、笔画等基本成熟,并臻于初步固定,另外一点是,成熟期的楷书已经开始产生出不同的风格变体,而尚未成熟的书体,是无法衍生出新的成系统的变体的。对于楷书而言,这一点尤其体现在北魏时期的书风上,即出现了魏碑体。和成熟的楷书不同,其主要特点即在于结体、笔画上保留或借鉴了汉隶的某些特征,亦即隶楷参半的书体特征。这一发展走向,直接传承了汉代的碑铭特征。右图为魏碑实物资料:北魏《元遥妻梁氏墓志》(局部)。

北魏《元遥妻梁氏墓志》

4. 定型期

唐代是楷书定型、完备期。这里所说的定型并非指单个汉字结体、构形方面，而是专指楷书作为今文字书体类型之一，其笔画系统至此完备、定型，其笔势、笔态亦得以固定。楷书定型完备的另外一个表现就是大量书法家的出现。唐代书家众多，楷书作品蔚为大观，不同书风、不同派别层出不穷。一个时代能够将一种书体作为书法艺术在社会上广泛推行，形成浓重的风气，足以说明这一书体在此时期已经定型，并得到极大的繁荣。有唐至今的千余年中，楷书作为官方的规范书体，一直沿用至今，至此汉字完成了已知的书体演变的全部过程。作为今文字使用至今的书体类型，在实用性、艺术性、文化内涵及民族认同和审美心理等因素上，楷书实现了上述所需。而后代出现的宋体、仿宋体等，均是楷书的不同书写风格特征，非专门的汉字书体类型。

（四）楷化

楷化概念的提出是相对于隶变而言的。隶变是篆文向隶书的演变，同理，楷化则是隶书向楷书的演变。相应地，楷化的起讫点等同于楷书的萌芽和成熟时期。楷化的过程包括书体笔势和笔画变化两个方面。笔势方面，由扁平形态向正方过渡。笔画方面有两点：一是变隶书波磔笔法为楷书平直笔法；一是出现新的笔画种类。

相对古文字而言，虽然隶书书写速度大大加快，然而隶书所讲求的扁平态势和波磔笔法，仍然是书写速度的障碍。在西汉草隶中，平直的笔法大大提高了书写速度。同时，波磔笔法变为平直之后，在字形区别度上并没有产生交际的不便，故而草隶中平直的笔法就成为楷书演变的前兆。

笔画种类上，楷书基本笔画可分为横（一）、竖（丨）、撇（丿）、点（丶）、捺（㇏）、折（乛）等几类。具体细分，则可达30多种。而隶书笔画大体包含横（一）、竖（丨）、撇（丿）、捺（㇏）几种基本笔画。其中，今文字中的点（丶）画尚处于过渡状态，为适应隶书扁平的特征，隶书中的点（丶）画尚作短横或短竖形态。而折（乛）笔在隶书中也多以波磔形态的横笔呈现。

笔画种类的丰富和成熟，适应了书写速度的要求，点（丶）、折（乛）在实际书写中，承上笔、续下笔，均较隶书有波磔形态的短横或长横省时。同时，点（丶）、折（乛）在方正的楷书结体中，成为同横（一）、竖（丨）、撇（丿）、捺（㇏）等笔形一样的基本区别构件，增加了汉字识别的区分点，故而能迅速推广开来。此外，横画改波磔为收锋,不再微挑,撇画改尖斜向下,变上轻下重为上重下轻等,均大大提高了书写速度。

楷化同隶变一样,都是一种书体向另一种书体演变的过程,但不同的是,隶变是古今文字之间的过渡,而楷化只是今文字系统内两种书体不同风格和笔法的演变。

(五)特点

上文提到,楷书萌芽于东汉后期,源于隶书但又突破了隶书,尤其是笔法上突破了隶书实际书写中的局限,不讲究起笔和收笔的波磔,结体上扁平结构也略不为所重。这完全是由于汉字的实用性和工具性所致,也由此形成了楷书和隶书的不同特征。

隶书和楷书作为今文字的两大基本书体类型,结构上基本相同。不同点主要在于:笔势上,隶书变古文字的长方为扁平,尽量向两侧伸展,而楷书变隶书的扁平为正方;笔法上,隶书形成了波磔,而楷书则变隶书的波磔为平直。这里的波磔和平直均是综言字形每一笔的书写而言。波磔在隶书笔画中,体现于每一类笔形,包括横、撇、捺等在内,即使竖笔也会在头尾呈现出顿、按、提等笔法形态。楷书的平直自然也绝非单指横、竖两类。撇、捺、弯折等笔形均呈现出直、滑、平、顺的特点,不再如隶书起笔、收笔呈现出顿、提等形态。

从整体风格上看,隶书整体呈现出刚正典雅、端庄大方的特点,而楷书的方正笔态,则昭示出四平八稳的结构特色。

(六)意义

首先,早在甲骨文时代,汉字就已呈现出方形格局。后世无论书体如何演变,整体来看,汉字一直在维护着自身的方形格局,以至于方块结构成为汉字取势最重要的一条内部规律,故而汉字又被称为方块(汉)字。而汉字发展到今天的最后一种书体——楷书,恰好呈现出方块字的极致——正方形状。唐代楷书定型后,直到今天,汉字的方正形状成为主导态势,基本上没有发生变化。当然,这里所说的汉字的方正态势,是个相对的说法,古文字中也会呈现方正体势。例如,小篆通行的秦代,许多玺印文、砖瓦文字形体也会呈现出方正的态势。

由于汉字系统中构件组合存在多种形式,横向左右、纵向上下、参差变化,加上传统书写方式自上而下纵势字序,故而在没有明显区别界限的条件下,有些上字和下字就有可能会被误认为同属一字的上下构件。最明显的例证,莫过于

《战国策·赵策》中提到的"触龙"了,古人之所以误将"触龙言"误作"触詟",正是由于龙、言二字上下相接被当作一字的两个构件所致。因此,隶书变小篆粗细均匀的线条为顿挫且波磔明显的笔画,一定程度上,可以消除产生上述讹误的可能。从这个角度来讲,隶书的意义不可谓不大。然而隶书的扁平仍然不能完全消除上下字被误作一字的可能。

但是,汉字形体发展到楷书,情况就大为不同了。楷书的结体方正,使每一个字都形成一个正方块结构,即使如"一""丨"等字虽然并不是完全的正方形平面结构,但在行文中,每一个字都单独按一个正方形空间分布。行距的强调与正方结构互相推进,在汉字的书写和识别方面起到了最有利的效果。

其次,上节提到隶书变篆文的线条为今文字的笔画,形成了笔画系统,然而这个系统是不断变化的。隶书笔画演变为楷书笔画之后,部分笔画发生了较为明显的形体演变。发展到楷书阶段,笔画系统逐步完备。上文提到笔画在字形区别度,以及书写速度上的重要意义,故而完备的笔画系统,使楷书本身成为汉字发展到今天为止,书写速度最快、交际能力最便捷的书体。也正是因为自隋唐楷书定型之后,汉字的构字笔画没有发生新的发展和变化,才使得楷书一直沿用至今,没有继续演变出新的书体。

最后,隶变过程中,简省、合并、讹变等破坏了汉字本来的结构,使得古文字阶段的象形意味逐步消失。楷书沿着隶书的发展轨迹,最终将汉字构形理据从古文字的象形意味,彻底演变为今文字的符号化色彩。尽管如此,部分构件在成字中,仍存留些许象形意味。例如,"左""右"等字的上部分构件,汉隶为从"又","又"字古文字构形中的手形象形意味,仍能察觉出来,然而到楷书阶段,这一构件演变为从"ナ"形,无论如何也看不出所表示手形的象形因素了。又如从"刀"构件的字,汉隶构形虽然改变古文字"刀"形的弯曲为平直,然而"刀"字的刀柄、刀背等象形因素仍然可察,但楷化之后却演变为"刂"形,无法再直接看出其本来构意。如此一来,以线条为基本构形单位的古文字系统的象形因素,被以笔画为基本单位的今文字系统的符号性特征完全代替。

【研究提示】

1. 通过今文字阶段各类汉字形体的生成环境及构型特征,总结汉字定型于楷的内在因素(未能继续演化出新书体的因素),并由此谈谈你对汉字形体未来发展方向的认识。

2. 古人所定的名称和该名称所指称的书体,与今天的概念并不等同。请梳理隶、楷两种书体在历史上存在的诸种名称,以及所反映的名实关系。
3. 试分析隶变与楷化的异同。
4. 关于楷书的历史进程,至今尚存在各种不同的看法。请整理20世纪80年代以来关于楷书发展阶段的不同观点,并阐述你的倾向意见。

【延伸阅读】

1. 吕思勉《中国文字变迁考》,商务印书馆,1933年。
2. 蒋善国《汉字形体学》,文字改革出版社,1959年。
3. 胡朴安《中国文字学史》,上海书店,1984年。
4. 秦公《碑别字新编》,文物出版社,1985年。
5. 赵超《汉魏南北朝墓志汇编》,天津古籍出版社,1990年。
6. 周绍良、赵超主编《唐代墓志汇编》/《续集》,上海古籍出版社,1992/2001年。
7. 王元军《六朝书法与文化》,上海书画出版社,2002年。
8. 吴慧平《魏晋南北朝时期书法家的地理分布与区域划分》,《中国历史地理论丛》,2003(2)。
9. 李海荣《试论六朝铭文石刻的书体演变》,《南京社会科学》,2007(6)。
10. 臧克和《楷字漫谈》(一、二),《中文自学指导》,2008(1、2)。
11. 梁春胜《楷书部件演变研究》,线装书局,2012年。

第二章
文字载体

　　人类文明史告诉我们,文字及各类书体的出现是在相应的器物出现之后,先器物、后图画,再有文字。借由各类不同的载体,汉字得以流传至今,对汉字发展史的考察也逐渐明晰。本部分逐一介绍贮存历史汉字的载体,探讨与各类载体相关的学术史,并揭示载体的物理属性与汉字形体演变的关系与规律。

第一节　甲骨与甲骨学

　　甲骨学是伴随着甲骨文的发现而出现的新兴学科,至今仅百余年的历史。这一学科最早称作"契学",该称法见于董作宾《甲骨文研究》(《安阳发掘报告》第2期,1930年)。次年,周予同撰《关于甲骨学》一文,方将其命名为"甲骨学"。虽然甲骨文属于古代汉字,但是甲骨学却不仅只属于古文字学,二学科之间互有交叠。甲骨学的研究范围,随着甲骨的不断出土而一步步扩大,不仅涵盖了文字的研究,而且还包括历史、考古、社会、文化等诸多方面。简言之,凡是和甲骨文有关的内容,都属于甲骨学研究的范畴。

　　1. 甲骨文的发现①

　　甲骨文的出现与晚清的古玩市场有关。陈梦家《殷墟卜辞综述》:"那时候

---

① 出土时间,意见不一。刘鹗《铁云藏龟》:"龟板己亥岁出土。"罗振玉《殷虚书契前编》自序:"光绪二十有五年,岁在己亥,实为洹阳出龟之年。"而王国维《最近二三十年中国新发明之学问》则说:"甲骨文字清光绪戊戌、己亥间始出于彰德府西北五里之小屯。"《戬寿堂所藏殷虚文字·序》云:"光绪戊戌、己亥间,洹曲厓岸为水所啮,土人得龟甲牛骨,上有古文字,估客携至京师,为福山王文敏公懿荣所得。"

注意考古的学者们,是一些朝廷的官僚或官僚退休的地主,他们用剥削于人民的金钱来收藏古物,作为个人风雅的玩赏之用。这些人中间,固然也有个别的对于作为考古学重要资料之一的古物,作过认真而有创造性的鉴别与研究;对于资料之保存、拓印和研究的提倡,也有过一定的贡献。他们比之帝国主义国家所派来的文化侵略者和传教者还略胜了一筹。后者利用他们国家的武力,乘中国在政治经济都落后而且混乱之际,掠取了我们先民所遗的宝贵文物,满载而去,作为他们回国后的敲门砖,实在是我们研究古代文物的一个重大而惨痛的损失。"

同时,由于当时农民生活极为贫困,为解决温饱问题,农民们开始大肆挖掘古墓,然后把盗取的古物,卖给收购古物的商贩,商贩再以高价出售给当时的收藏者和爱好者。这一情形直接导致了清末中国大量古墓被盗,墓中文物大量流失。

罗振常1911年日记《洹洛访古记》载:"此地埋藏龟骨前三十余年已发现,不自今日始也。谓某年某姓犁田,忽有数骨片随土翻起。视之上有刻划,且有作殷色者(即涂朱者),不知为何物。北方土中埋藏物多,每耕耘或见稍奇之物,随即处掘之,往往得铜器、古泉、古镜等得善价。是人得骨以为异,乃更深掘,又得多数,姑取藏之,然无过问者。其极大胖骨,近代无此兽类,土人因目之为龙骨,携以视药铺。药物中因有龙骨、龙齿,今世无龙,每以古骨充之,不论人畜。且古骨研末,又愈刀创。故药铺购之,一斤才得数钱。骨之坚者,或又购以刻物。乡人农暇,随地发掘,所得甚伙,拣大者售之。购者或不取刻文,则以铲削之而售。其小块及字多不易去者,悉以填枯井。"

清光绪二十四五年(1898—1899)时,甲骨已被视作有商品价值的古物,首先被贩至北京出售。当时山东潍县一范姓商人,专门跑到小屯村购买甲骨,尤以带文字者珍贵。范姓商人,把从小屯收来的甲骨,贩售给国子监的主管官员王懿荣。王氏为金石学家,精研铜器铭文之学。可以说,他是已知的收藏和鉴定甲骨的第一人①。不过,八国联军攻进北京之后,王氏投井自杀。

王懿荣
(1845—1900)

---

① 据说王懿荣之前因患疟疾,在北京达仁堂买中药,其中有一味"龙骨",觉得奇怪,就翻看药渣,没想到上面居然有一种看似文字的图案。于是他把所有的龙骨都买了下来,发现每片龙骨上都有相似的图案。当看到范氏大量的甲骨,他确信这是一种文字,而且比较完善,应该是殷商时期的,于是前后收购甲骨4批次。

约至1902年,即王懿荣死后第三年,他收藏的甲骨,大半归入刘鹗。刘鹗《铁云藏龟》是第一本甲骨文的著录。《铁云藏龟》是石印本,缘起罗振玉在上海见到原物,便促使刘氏选一千多片甲骨拓印出来。于1903年阴历八月和九月作序付装订。于是,甲骨文字才得以广泛为世人所见。孙诒让于1904年编纂的《契文举例》就是依托此书而成。

甲骨文被发现以后,售价昂贵,或"每字银四两""每版银二两""以厚价留之""得价三千金""每字酬以价银二两五钱"。所以,古董商为了垄断甲骨的收售以牟取暴利,故意对甲骨的出土地秘而不宣,以混淆视听,故致有汤阴、汤阴羑里、卫辉、卫辉附近古朝歌城故址等各种说法。直到1908年,罗振玉经过多年的探询,终于知道了甲骨真正的出土地乃是河南安阳小屯村,此距1899年已有十年光阴。罗振玉并于1911年请其弟罗振常、妻弟范兆昌亲自到小屯村大量收购,"大小共得一万二千五百余块,可云大观。小屯存骨信乎已罄"(《洹洛访古游记》)。

除河南安阳小屯村出土商代甲骨外,河南辉县、郑州二里冈、偃师、洛阳、陕县、河北、山东等地,也均有商代甲骨出土。

2. 甲骨流传与殷墟发掘

随着甲骨文身价陡升,在最初的三四十年中,甲骨文的出土和流传,经历了多舛的命运。在国内唯利是图的商人和附庸风雅的官吏大量倒卖、严重损毁甲骨之时,外国人亦大量搜求。不同的是,洋人意识到甲骨文巨大的文献价值的同时,便已开始了精心研究。也正是因为他们的研究成果,使得甲骨文名声大噪,甲骨学迅速成为国际知名的学问。

1) 私人挖售

在王懿荣大量搜购甲骨的带动下,甲骨一跃身价倍增,从普通药材变成了古董。在最初的近三十年中,私人挖掘风气大盛,较有影响的大约共有九次。如1904年朱坤挖掘,所得数车之多,后来罗振玉、〔英〕库寿龄、〔美〕方法敛等人所购,盖为此次出土。私人挖售时期,大致出土八万片以上,最终多被王懿荣、刘鹗、罗振玉、〔加〕明义士、〔日〕林泰辅等人所得。私人挖售时期由于受经济利益的驱动,加上没有系统的规划,大量有价值的文物因挖掘人"不识"而随意损毁,给甲骨文带来了灾难性的破坏。此外,大量伪刻充斥其中,给后人的缀合、辨伪工作带来了严重的负面影响。

2）史语所发掘

1928 年,中华民国成立中央研究院历史语言研究所,时任所长傅斯年十分重视考古发掘工作。此前普遍认为殷墟遗址甲骨已被挖掘殆尽,然而经过史语所(董作宾、李济等人为首)十年十五次大规模持续的科学挖掘,不仅又发掘出近二万五千片甲骨,还发现了大批的古代建筑基址、墓葬等。相关情况均发表在董作宾的《小屯殷虚文字甲编》及《小屯殷虚文字乙编》中。

中华人民共和国成立之后,陆续发掘十数次,其中十三次均有甲骨文字发现,且不仅局限于河南安阳一地。例如,1954 年山西洪赵县坊堆村发掘的一片字骨、1956 年陕西西安张家坡西周遗址中发掘的带字牛胛骨三片、1977 年陕西岐山县凤雏村周原遗址出土甲骨一万七千四百余片(字骨近二百片),均是河南省之外出土的甲骨文。

3）国外流传

"庚子"之后,外国传教士大量涌入中国。早在 1904 年,美国驻山东潍县传教士方法敛和英国浸礼会驻青州传教士库寿龄就在当地购买了许多甲骨。之后又陆续购得多批,并转卖给不列颠博物馆、苏格兰皇家博物院等机构。后来方氏根据所得甲骨撰成《库方二氏藏甲骨卜辞》一书,其本人也就成为欧美介绍和研究甲骨文字第一人。至 1907 年德国人威尔茨、卫礼贤等先后购得数批甲骨,辗转运往国外,途中或有遗失。据不完全统计,早期欧美人搜购的甲骨,至少在五千片以上。

日本收藏、研究甲骨当自林泰辅始。1917 年,林氏编撰《龟甲兽骨文字》一书。二十年后,随着日本侵华战争的爆发,日人大肆挖掘、偷盗甲骨,并运往日本。据胡厚宣《殷墟发掘》记载,日本人在安阳一带至少有四次大规模的挖掘:

① 1938 年春,大山柏为首的庆应义塾大学文学部北支学术调查团在安阳的发掘;

② 1938 年秋,东方文化研究所水野清一、岩间德也等人在安阳侯家庄的发掘;

③ 1940—1941 年,东京帝国大学考古学教室在安阳的发掘;

④ 1942—1943 年,驻河南日军与汉奸相互合作,大肆挖掘。

据统计,仅京都大学人文科学研究所藏甲骨达三千片。其他机构及私人亦所藏不菲,总数万计,但大都下落不明。1937年,金祖同于日本所见甲骨拓片数千,择尤殊者1459片,编成《殷契遗珠》一书。

加拿大明义士自1914年任安阳长老会牧师时,便大量搜购甲骨,并于1917年编撰《殷墟卜辞》,自称所藏甲骨约五万片。今加拿大多伦多皇家安大略博物馆现藏的四千余片甲骨即为明氏旧藏。

据初步统计,目前已发掘的甲骨片数达15万—16万片,总字量约68.11万字。重要汇集收甲骨数量如下:

《甲骨文合集》(郭沫若主编、胡厚宣总编辑,中国社会科学院历史研究所1978—1982年):41956片;

《甲骨文合集补编》(彭邦炯、谢济、马季凡主编,中国社会科学院历史研究所1999年):13450片;

《小屯南地甲骨》(中国社会科学院历史研究所1980—1983年):4589片;

《花园庄东地甲骨》(中国社会科学院历史研究所2003年):561片。

3. 甲骨四堂

《铁云藏龟》及《契文举例》开创了甲骨文研究的先河。继之而起且享负盛誉的学者有罗振玉、王国维、董作宾、郭沫若等。由于四人字或号中各有一个"堂"字——罗振玉号雪堂、王国维号观堂、董作宾字彦堂、郭沫若号鼎堂,故史称"甲骨四堂"。"四堂"基本上代表了1949年之前甲骨学研究的历程与成绩。唐兰对"四堂"的评价是:殷墟卜辞研究"自雪堂导夫先路,观堂继以考史,彦堂区其时代,鼎堂发其辞例,固已极一时之盛"。

1) 罗振玉(号雪堂)(1866—1940)

众所周知,在现代语言文字学史上,出现了开一代新风的两大流派:"章黄之学"与"罗王之学"。"章黄之学"即章太炎、黄季刚师徒变传统"小学"为现代语言文字学而开创的学派①,他们虽未对新出甲骨器物加以利用,然秉承清代治学之路,从《尔雅》《方言》《说文解字》《广韵》入手,因声求义,说文通训,文字、声韵、训诂皆成绩斐然。而"罗王之学"与"章黄之学"相对,即罗振玉、王国维所引领的学术研究。罗、王二人利用新出器物,尤其是甲骨金石,以地下资料与传

---

① 后人亦有持不同意见者,认为并不存在这样的一个流派。

世文献互证,或证史,或重建,发明巨富,蔚然开一代新风。

罗振玉,字昆仑,号雪堂,浙江上虞人。他是中国现代农学的开拓者,中国近代考古学的奠基人,在文献学、敦煌学、金石学诸领域享有盛誉。

在早期甲骨文研究中,罗振玉和王国维的贡献是得到学术界公认的,"罗王之学"的誉称亦因此而来。罗氏编辑著作有:《殷虚书契前编》《殷虚书契菁华》《殷虚书契后编》《殷虚书契续编》《铁云藏龟之余》《殷墟古器物图录》(甲骨4片)等,重要研究著作有:《殷商贞卜文字考》《殷虚书契考释》《增订殷虚书契考释》。后者系统考证了 567 个甲骨文单字,确定为甲骨文可识字,成为之后甲骨文研究的重要参考。此外,罗振玉与刘鹗、王国维等学者之间的儿女姻亲,亦是学术史上的一段往事①。

2) 王国维(号观堂)(1877—1927)

王国维,字静安,号观堂,浙江海宁人。他是一代国学大师,在文、史、哲等学科上均有卓著的成就。

王国维编辑和研究的重要著述有:《戬寿堂所藏殷虚文字》《殷卜辞中所见先公先王考》及《续考》等(后二文收入《观堂集林》)。《殷卜辞中所见先公先王考》一文,通过调查出土甲骨卜辞,考证了"王亥"为殷商君主的先祖,"卜辞作王亥,正与《山海经》同,又祭王亥,皆以亥日,则亥乃其正宗,《世本》作核,《古今人表》作垓,皆其通假字。《史记》作振,则因与核或垓二字形近而讹。"开创了甲骨文研究古史的先例,意义重大。

与罗振玉着力于甲骨文考释稍有不同,王国维的主要贡献在于将甲骨文研究同古史研究结合起来,奠定了中国古史研究的基础。

3) 董作宾(字彦堂)(1895—1963)

董作宾,原名作仁,字彦堂,号平庐,河南南阳人。1922 年进入北京大学,师从王国维。1928 年中央研究院历史语言研究所成立后,受命参加殷墟考古发掘调查工作,1950 年任台北"中央研究院"历史语言研究所所长。董作宾是甲骨学研究繁荣时期的一个标杆人物。在史语所挖掘时期,他主持科考发掘工作 3 次,参加 5 次,并将多次出土的甲骨,选拓印成《小屯殷虚文字甲编》及《小屯殷虚文字乙编》。其于 1933 年发表的《甲骨文断代研究例》(《庆祝蔡元培先生六十五

---

① 罗振玉长女罗孝则嫁给刘鹗的四子刘大绅为妻,三女儿罗孝纯嫁给王国维的长子王潜明为妻。

岁论文集》),创立了甲骨文分期断代说(十种标准,五期分法),为破解甲骨谜团建立了卓著功勋。而于1945年出版的《殷历谱》,是殷历学说的奠基之作,至今仍是研究古代历法必不可少的参考书。

"四堂"学术贡献及地位不分高下,然而在甲骨学学科理论与体系建设方面,董彦堂贡献最大。他的科学发掘与断代分期,使得甲骨学这门新兴学科迅速从古老的金石学中发展出来。

4) 郭沫若(号鼎堂)(1892—1978)

郭沫若名、号无数,熟知者如学名开贞,号尚武,又号鼎堂,四川乐山人。郭沫若不仅在考古、金石方面成绩斐然,在文学创作方面亦著作等身。郭沫若从事甲骨文研究主要是在日本十年流亡时期,以及中华人民共和国成立前后。郭氏对甲骨学的贡献,主要是他运用大量甲骨卜辞资料,详细考证研究殷商时期的社会历史。如1931年出版的《甲骨文字研究》,即通过对甲骨文的考释,研究了商代社会的生产方式、生产关系和意识形态等状况。在日期间,他几乎访遍了所有甲骨收藏者,方得以完成另外两部著作:1933年出版的《卜辞通纂》、1937年出版的《殷契粹编》。与董氏不同,郭沫若以马克思主义唯物史观对甲骨学的自身规律,诸如分期断代、卜法文例、缀合补正等方面,做出了极大的贡献。而中华人民共和国成立之后,他主编的《甲骨文合集》将甲骨文出土八十年间的重要发现及国内外所藏,进行遴选、摹拓、辨伪、去重、缀合,为其后的甲骨学研究提供了极为重要的参考,是一部里程碑式的巨著。

"四堂"之外,又有胡厚宣、岛邦男诸人享誉海内外。

胡厚宣自20世纪40年代便已蜚声甲骨学界,其一生著述宏富,计百七十余种。在甲骨研究方面,他依靠大量出土甲骨,并结合古史、殷商遗址、遗器等进行研究,在卜龟来源、刻辞名物、生产生活、宗法制度等相关问题上成就斐然。

岛邦男是日本甲骨学研究的先驱者之一。抗日战争爆发前,岛邦男在日本便已接触到甲骨文。随着战争的爆发,他来到中国搜购甲骨。最终凭借所掌握的大量甲骨资料及不懈钻研,编撰出《殷墟卜辞研究》《殷墟卜辞综类》两部甲骨学领域中影响深远的代表性成果,直到今天仍然是从事甲骨学研究不可或缺的资料。

4. 研治方法:辨伪与缀合

甲骨文是殷商社会宫廷所用文字的部分遗存,埋藏地下、不为人知已逾三千年。它的出土给中国传统学术注入了新的活力。然而大量甲骨因腐烂或出土及流传中遭人为损毁而断残严重，故而要利用甲骨文进行历史、语言、文化等方面的研究，第一步的工作就是整理和缀合，以最大程度恢复其本来面貌。容庚就曾说过："甲骨脆弱易碎，加以钻凿燋灼，断裂随之，辞句不完，难于索解，故欲订古史之讹阙，审文法之变迁，必先将此分散残存之材料，使其联缀可读，综合整理，而后考证之功始有所施。"(《甲骨缀合编》序文，曾毅公辑，修文堂石印本，1950年)

资料的搜集整理工作是学术研究的前提和基础，对于甲骨学来说尤其如此，要进入这门学科，必须从摹写甲骨拓片入手。阅读摹写甲骨拓片，不仅能熟悉殷商时期的语言文字状况，且能对钻凿契刻、拓片优劣等状况有深入的了解。也只有对甲骨有了一定程度的了解和掌握之后，才有可能深入辨伪和缀合的工作。之所以需要辨伪，是因为甲骨刚出土的几年里，伪造者唯利是图，大量造假。经过数十年甲骨学的深入，学人在辨伪过程中，总结出一些经验，如伪刻大都字迹规整、匀称，所采甲骨多作于牛肩胛骨，皆因龟甲较牛骨过硬且不易刻字，又或者行文辞例不分断代、不作分期、不辨左右。总之，经过大量摹写甲骨拓片之后，再参以实物资料，大部分伪刻还是较容易辨别的。

然而缀合工作就不那么容易了。缀合就是将碎裂的甲骨断片拼缀复原，这一工作自王国维始，至今仍是甲骨学基础研究中的重要方面。然而这一工作需要付出极大的耐心和毅力，同时需要知识广博，且善于发现问题。如果不熟悉甲骨的类别、整治方法及卜法、辞例等，则不可能通过残拓辨别原刻究竟为何种甲骨，或何种部位（譬如龟甲的齿缝和腊带，便是分辨龟甲上下左右的标准），势必造成各种误判。需要注意的是，虽然原刻并不可能轻易为常人所见，但甲骨缀合仍当以原刻为对象，因原刻较拓片更易准确分清甲骨的部位、色泽、裂纹等形制状况。试举误缀一例。

右图为《甲骨文合集补编》8126甲乙，最初缀为一骨，然而核原骨所知，甲为牛骨，乙为龟甲，不能缀合。

辨伪、缀合之后，可以进一步利用干支纪年、卜辞内容等进行排谱，如此方能再现殷商时代的社会历史。目前由于信息

技术的飞速发展,利用电子技术进行辨伪和缀合的工作已经初显成效,值得进一步探究。

5. 用途及古史研究

甲骨质地坚硬,但商人为何选择甲骨作为书写文字的载体之一?大量史籍记载告诉我们,选择甲骨作为文字载体,是与其社会功用密不可分的。

《史记·龟策列传》云:"王者决定诸疑,参以卜筮,断以蓍龟,不易之道也。"①《礼记·曲礼上》疏引刘向曰:"蓍之言耆,龟之言久。龟千岁而灵,蓍百年而神,以其长久,故能辨吉凶也。"《太平御览》亦引《洪范五行传》曰:"龟之言久也,千岁而灵,此禽兽而知吉凶者也。蓍之为言耆,百年,一本生百茎,此草木之寿知吉凶者也。圣人以问鬼神焉。"

蓍即蓍草,龟即龟甲,皆以其生存时间长久,能得以通灵,故而成为占卜常用的工具。当然时代不同,观念也不一样,占卜使用的工具,也就有了区别。蓍草是周朝常用占卜工具,如《周易》作为一部占筮用书,所采用的基本工具即为蓍草,到了隋唐时期,则多用铜钱占卜,但商代则是使用龟甲。

殷商时期鬼神迷信较甚,几乎每日一问,遇事必卜,根据占卜的吉凶情况,来决定下一步的行动。占卜原本就是一种原始巫术,而利用龟甲等所谓的"通灵"媒介来占卜,更能够神化巫术和相关的迷信活动。所谓"国家大事,在祀与戎",纵然大至军事祭祀需要卜筮,即便小到生老病死也需要向神灵询问祸福。例如,《甲骨文合集》2530:"乙卯卜,永贞:唯母丙㞢(害)?"记述的就是殷王询问死去的先妣(母丙)是否会对自己有危害一事。甲骨卜辞中类似的大量有关记载,足以说明商代巫风之盛。

甲骨文数量巨大,前人多以为甲骨文即是卜辞,实际上除了大量的卜辞之外,还存在少部分非占卜用途的纪事类甲骨文,一般称为记事刻辞。甲骨文涉及内容包括了殷商社会生活的方方面面,如卜法、方域、贡纳、官吏、鬼神崇拜、吉凶梦幻、疾病、祭祀、建筑、军队、刑罚、监狱、农业、奴隶和平民、奴隶主贵族、商业、交通、生育、手工业、天文、历法、文字、渔猎、畜牧、战争等。如此广泛的内容,足以成为今天研究商代文明的重要资料。经过甲骨学界数十年的不懈努力,有关殷商天文历法、人名地名与方国、巫术宗教、官制政治、农业生产、工业技术、田猎

---

① 《史记·龟策列传》:"南方老人用龟支床足,行二十余岁,老人死,移床,龟尚生不死。"

征伐、疆域民族等诸多方面的研究,均取得了长足的进步,这一切都得益于甲骨的出土。试举几例明之。

从甲骨文中"牛""犬"等与"耛""耒"构件相拼合而成的字形,足见当时的农业生产中使用兽畜帮助劳作的技术程度。除耕稼外,牛羊犬豕也是最常用的牺牲用品。甲骨文中,记载一次使用数百头牛羊的牺牲是常见的现象。在一个定居的、青铜工业高度发达的社会和时代,从祭祀所用的巨大的牺牲,足以看出当时社会的繁荣程度。祭祀所留下的大量兽骨,则又被充分利用到骨、石、玉器手工业中,而这又足以说明当时社会分工制度已经有了相当的基础。牺牲之外,人牲风俗也是殷商时期祭祀的常用物品。从大量甲骨记载来看,当时殷人对待俘虏的手段极其残忍,与对待兽畜并无明显区别,足以看出殷人对于人的重视程度和价值观念。

又如,尽管我们从古代建筑遗址中考证出当时建筑中夯土、版筑的丰富知识,然而商代房屋建筑中屋顶结构的特点,却只能从甲骨文的"寝""宅""室""宗"等字的形体分析中得出,而这却是前人在田野考古调查时,往往无法得知的。

再如,对于殷商先公先王世系的问题,虽然《史记·殷本纪》略有记载,然而"上甲"以上的远祖先公,却存在非常多的争议。董作宾在其《甲骨学五十年》中曾说:"先公远祖的祭祀,只见于第一期和第二期的祖庚时,第四期武乙、文武丁时,我称他们为'旧派',这一派的祭祀卜辞数量多种类杂,到如今并未研究清楚。所祭的对象,祀典的种类方法,还没有整理完竣,因此现在可以知道的只是零星的意见。可信的是夔为帝喾,土为相土,季为冥,王亥为振。可备一说的是:爰为契、王吴为昭明,止若为昌若,朱司为根国,为曹圉存以待考。"这一方面,"甲骨四堂"中的观堂、彦堂二先生用力最勤。

以上种种,甲骨文与殷商文明的研究仍然是今后甲骨学研究的重要课题,需要代代学人的不懈努力。

6. 契刻与汉字体态

甲骨文的书写方式,严格来说,并不是书写,而是契刻。遴选好合适的龟甲兽骨,然后打磨处理。打磨处理的工序包括锯、削、刮、磨等,目的主要是使甲骨在进一步灼烧的时候,能较容易地裂出兆纹来。然后再进行钻、凿的工序(下页图所示)。钻凿就是在甲骨的反面,或用钻的方式,或用刀挖的方式,凿出一些凹穴,这些凹穴或为圆,或为枣核形,或为指甲形,常常是左右对称,排列整齐,烧灼就在钻穴的旁边和穴中。有时也呈双联凹穴,即由纵深枣核形和横而浅的指甲形凹穴互相联套而成,烧灼则在指甲形的穴中。这样一来烧灼加热到一定程度之后,首先顺着枣核形而先裂开垂直的纵兆,然后横着的兆纹再向一侧裂出,兆干、兆枝就依次出现了,"卜"字形体正由此而来。上述工序完毕之后,贞人就根据所显现的兆纹开始推测吉凶。最终将占卜内容及应验情况刻于甲骨之上。

一般地,一条完整的卜辞应当包含如下四个部分:

1)叙辞,也叫前辞,记录占卜的时间和卜人的名字;

2)命辞,亦即贞辞,记录卜问的事情;

3)占辞,根据卜兆而推断吉凶;

4)验辞,即验证之辞。

对龟甲、兽骨的处理

当然,实际卜辞刻写时,不一定能全部包含四部分。尤其是"验辞",很少有在事情发生之后,再回头补刻验辞的。

以上就是从筛选甲骨开始至契刻卜辞完毕的大致工序。而甲骨文之所以能呈现出特有的结体形态,确与其契刻方式密切相关。而这种契刻方式,也影响了汉字后来的形态演变。

首先,用以占卜的龟甲类,实际使用面积并不充裕。经过整治之后,尤其是钻凿见孔并加以灼烧,使之爆裂产生裂纹,而刻字时又不能触犯兆纹,诸种因素使得能够刻写文字的地方愈见狭促。在如此狭小的空间内,舒展的字体并不容易刻写,字形营构也就丧失了很大的自由度。

其次,就卜辞的内容而言,因龟甲这类载体形制限制,只适合采取与其限制相协调的内容,而与卜辞表达内容无关的部分(如美化修饰),无论形式的还是内容的,则会被清除。

如此,对于脱胎于原始图画的早期文字来说,以契刻为书写方式的甲骨文将汉字的图画特性尽可能地降低了。汉字在之后数千年的演变中,逐渐形成了区别于其他文字形态的格局,保持至今。

【研究提示】

1. 研读有关甲骨发现和流传的文献资料,谈谈你的感想。

2. 整治甲骨的步骤有哪些？其"书写"方式有何特点？
3. 从甲骨文的用途出发，结合《周易》等资料，调查先秦的卜筮文化。
4. 学界有一种观点认为，中国的书法应该上溯至甲骨文，甚至更早。请结合第三章"美学元素"第一节"书法"中关于甲骨文分期等部分的内容谈谈你的看法。

【延伸阅读】

1. 〔加〕明义士《甲骨研究》，齐鲁书社，1996年。
2. 胡厚宣《殷代之天神崇拜》，《甲骨学商史论丛初集》，成都文友堂书店，1944年。
3. 严一萍《甲骨学》，艺文印书馆，1978年。
4. 王明阁《甲骨学初论》，黑龙江人民出版社，1986年。
5. 王宇信、杨升南主编《甲骨学一百年》，社会科学文献出版社，1999年。
6. 吴浩坤等《中国甲骨学史》，上海人民出版社，1985年。
7. 张秉权《甲骨文与甲骨学》，编译馆，1988年。
8. 王宇信《中国甲骨学》，上海人民出版社，2009年。
9. 朱岐祥《甲骨文研究——中国古文字与文化论稿》，里仁书局，1998年。
10. 沈之瑜《甲骨学基础讲义》，上海古籍出版社，2011年。
11. 柳学智、西沐《甲骨文艺术概论》，中国书店，2011年。

第二节　金石及金石学

金石学是今考古学的前身，中外皆重。公元前450年，古罗马元老院所制定的《十二表法》，即铸于青铜之上。而保存着早期埃及象形文字一瞥的纳尔迈调色板，则刻于五千年前的石板之上。然中国青铜冶炼技术之早、石刻文献之富，无论在考古学还是在文字学上，均具有非常重大的意义。

一、金石学名义与流变

昔文籍既繁，简帛纸素历久，转辗传抄，讹误在所难免，故而铭金勒石，便成为古人将文字记录下来流传后世的重要方式。毕沅《关中金石记》(《经训堂丛书》本)卷首钱大昕《叙》称："金石之学，与经史相表里。侧蒥异本，任城辨于《公羊》；夏罍殊文，新安述于《鲁论》；欧、赵、洪诸家涉猎正史，是正尤多。盖以竹帛之文,久而易坏,手钞板刻,展转失真。独金石铭勒,出于千百载以前,犹见古人真面目,其文其事,信而有征,故可宝也。"一语道出金石之学在经史研究、语言文字研究、文学艺术等方面所具有的重要价值。

然则何谓金石学？

简言之,金石学是一门以古代青铜器和石刻碑碣为主要研究对象的学科,形成于北宋,近代被考古学所代替。马衡在《中国金石学概论》中曾言:"其勒铭也,自名以称扬其先祖之美,而明著之后世,亦正所以昭示其重视名器之意。其始因文以见器,后乃借器以传文,是故器不必皆有文也。自周室衰微,诸侯强大,名器浸轻,功利是重。于是以文字为夸张之具,而石刻之文兴矣。故石刻之文,完全借石以传文,不似器文之因文以见器也。"正由于这层关系,故而可将金石学一分为二:一是古器物之学,不论青铜、石刻还是简帛,亦不管是否贮存文字,只要是三代、秦、汉时期的古器物,均可用以收藏把玩;一是金石文字之学,即不论材质为何,或青铜,或碑石,或瓦当,凡上贮文字者,皆可采录,加以摹写、校释。而陆和九在其《中国金石学讲义》中将金石学内容分为四类:一是目录之学,如赵明诚《金石录》;一是图谱之学,如吕大临《考古图》;一是考据之学,如翁方纲《两汉金石记》;一是校勘之学,如方药雨《校碑随笔》。另外还有鉴赏家、探访家、收藏家、文章家等则不易归为派别。

近代以来,随着欧洲铭刻学传入中国,以著录和考证铭文、证经补史为研究目的的传统金石学逐渐被考古学代替。考古学突破了传统金石学的研究目的、手段和方法,形成了一套完整的理论支撑,并且越来越多的新兴技术不断应用到考古学中,而这一切也都是传统金石学所不具备的。

实际上,对古器物及其贮存文字的研究,汉代学者已肇其端。西汉名臣张敞曾考释美阳(陕西武功西北)所出土的周代尸臣鼎,其释文今天来看大体无误。汉儒郑玄等因习旧说以"牺尊"为"沙羽为画饰",三国魏王肃则以出土礼器订正旧说,认为"牺尊""象尊"乃牺牛、大象之形,凿其背以为尊,故以牺、象称之。到南北朝时期,开始出现专门辑录碑石文献的著作,如《隋书·经籍志》记载梁元帝萧绎曾辑集《碑集》一百卷,为今所见首部石刻集录,惜已亡佚。有学者认为此时的著录亦仅列目,录文以备典籍,加之研究者较少,故而还无法认定此时已形成了新的学科。

时至北宋,汉魏至唐五代碑刻不断涌现,商周钟鼎彝器也大量出土,而此时统治者奖励经学,提倡恢复礼治,于是对古物的收集、整理和研究蔚然成风,此外,发达的印刷术和墨拓技术,也为金石拓印及文字流传提供了充分的条件。故金石学成为一门独立的学科,当成于宋代。

当时,文豪大儒多投身其中。目前所见宋代最早的古器物图录,为吕大临所撰《考古图》。是书在编纂古器物书的体例方面多所建树。此前,宋仁宗时的刘敞,史载曾编纂过《先秦古器图碑》,然而今已亡佚。之后,欧阳修撰《集古录》。这是第一部以存目、跋尾为内容的著作。宋徽宗敕撰,王黼编纂的《宣和博古图》则集中了宋代所藏青铜器的精华。其后薛尚功辑录《历代钟鼎彝器款识法帖》,也是专门著录青铜器物的著作。

而在金石学史上,赵明诚及其所撰《金石录》成为其中的杰出代表,对后世影响巨大。赵氏与其妻李清照共同搜集自上古三代至隋唐五代钟鼎彝器的铭文款识和碑铭墓志等石刻文字。经过历年收藏和积累,比勘史籍,考订文史,录目跋尾,撰成《金石录》三十卷。前十卷为录目,共列两千种,每一种下分别记录书体、撰者、书者、时代等。后二十卷为跋尾,共五百零二篇。

元明时期金石学成就不高,元代迺贤(《四库全书》作纳新)著《河朔访古记》、朱德润撰《古玉图》,二书可谓当时代表性著作。明曹昭所撰《格古要论》,论述名玩优劣、作伪手法和真伪鉴别,是中国早期的文物鉴赏书。

至清代,始出现"金石学"之名,而这一时期的金石学也进入鼎盛时期。乾隆年间根据宫廷所藏古器物,纂成《西清古鉴》等书,推动了金石研究的复兴。其后,阮元编成的《积古斋钟鼎彝器款识》、吴式芬的《捃古录金文》、孙星衍、邢澍的《寰宇访碑录》,以及王昶编纂的《金石萃编》等,均达到了较高的水平。清代金石学由于独特的社会背景和朴学的影响,对古器物的研究范围逐步扩大,甚至砖瓦、封泥等也开始有了专门的研究,鉴别和考释水平也有了显著的提高。

到了清末民国初年,随着甲骨文、简帛的不断涌现,金石学研究的范围进一步扩大。这时期的代表人物是罗振玉、王国维等人。然而,由于传统的金石学始终未能形成完整的学科体系,随着西方铭刻学的传入,独立的金石学已不再存在,金石学已然变成考古学的组成部分。

二、青铜器及铭文

绝大部分的甲骨文为殷商所用,仅少量发现于周代遗址。故而能够贯通商周文字系统的,当属青铜器上的铭刻文字。金文的出现与中国古代青铜冶炼技术有着必然的联系。

青铜是铜和锡的合金,由于青铜熔点较低(约800℃),但硬度很高(两倍于铜或锡),所以较容易熔化和铸造成器。又因青铜具有较强的韧性和耐磨性,故而大量青铜制器能够得以保存至今。一般认为,两河流域和埃及等地最早进入青铜时代,大致为公元前三千年左右,中国于公元前两千年左右进入了青铜时代。然而早在之前一千年前的马家窑文化遗址(如位于甘肃省东乡回族自治县的遗址)中就已发现了红铜器。铜器的出现和使用,对于早期的农业社会而言,对其生产力水平的提高具有极大的促进作用。而青铜铸造技术的发明和使用,更使得生产力得到了极速的飞跃,具有划时代的作用。史前传说时代,炎黄二帝与蚩尤大战,九战九败,原因就在于蚩尤首先掌握了制造青铜兵器的先进技术,而黄帝发现了这个诀窍,并掌握了制作青铜兵器的技术之后,方得以在涿鹿之战中杀死蚩尤。此外,中国古代军事思想较早成熟,也是与青铜技术的发达分不开的。

1. 青铜器制作——范铸

青铜器是用模子浇铸青铜汁液的方式而铸成的,这一流程被称为范铸。一般地,制作一件青铜器,首先要做出这个器具的模型,也就是所说的泥模(因采用极细的红土做出而得名)。在初具轮廓的模型上,用红颜色的笔画出将要雕刻的花纹。花纹分为两种:凸出部分先用极细的泥土做出花纹形状,然后粘贴上去;凹入部分则用刀具挖凿出来。这样,最初的模型就被加工为完整的泥模了。其次,泥模做好后,再根据泥模分块翻出各式各样的陶范。再次,将陶范拼合完整之后,里面灌注青铜溶液,待冷却之后,打碎陶范,再施以磨砺加工。至此青铜器制作工序完毕。关于青铜器具制作流程可参下图举例。

下图为商代戈觯铸造过程模拟(引自马承源《中国青铜器》第511页):

步骤分解：

1. 用极细的泥做成待铸觯的实心泥模，并将圈足部分分开，并雕塑纹饰的主干。

2. 将泥模倒置在座上，并分块敷泥翻出外范。

3. 修整外范，并加刻精细花纹，将外范拼接成两块或三块。在觯的底部制作铭文范，然后嵌入。

4. 在泥模上均匀的刮去一层厚度(这层厚度就是要浇注的青铜觯的厚度)，并将它固定在底座上。焙烧陶质内外范。

5. 制作浇口和冒口后的剖视泥范。将泥范阴干，并用600℃左右的温度焙烧成陶范后备用，在浇铸前陶范经过预热后，再灌注铜液。

6. 待熔液冷却后，打碎外范，取出青铜觯，进行磨砺加工。

2. 青铜器的种类

生产工具 商周时代青铜质地的农业生产工具大致包含以下种类：耒、耜、铲、锸、锄、镰、镈，手工工具主要有斧、斤、锛、凿等。尽管青铜农具发掘不多(主要原因是奴隶主陪葬所用青铜器具，大都不会选用农业生产工具)，但是可以看出，青铜制造农具技术非常成熟。《国语·齐语》记载管仲曾云：美金以铸剑戟，试诸狗马；恶金以铸锄夷斤斸，试诸壤土。"恶金"指的是质地差的青铜。

兵器 "国之大事，在祀与戎。"常见商周青铜兵器有：戈、戟、矛、刀、剑、钺、镞、殳、铍、镞等。青铜质地的兵器在商周时代特别发达，成为青铜时代的重要特点和标志。而青铜兵器的成熟是与其社会背景密不可分的——皆因当时的统治阶层强化军队以增强实力的结果。上述列举青铜兵器的种类适应了商周时期车阵战的特征。以一辆战车作为中心，车兵载之其上，徒卒围绕其下，戈、戟、矛、刀等名目众多的兵器，正好能够适应车阵战中各类兵种的特点和优势。

礼器 礼乐制度是维系商周社会的基石，而青铜礼器(狭义礼器概念)和乐器是维护其礼制的重要工具。礼器方面，尤其以祭祀活动相关的青铜器皿意义巨大，如食器中的鼎、簋，酒器中的爵、尊、卣等。青铜礼器的使用，社会意义有二：

一是青铜礼器往往被看成地位、权力和财富的象征。史前传说中,大禹作为天下宗主,汇集诸侯所贡之铜,铸成九鼎,绘以天下万物,寓意九州万国。《左传·宣公三年》载:"楚子伐陆浑之戎,遂至于洛,观兵于周疆。周定王使王孙满劳楚子,楚子问鼎之大小轻重焉。"王孙满斥责:"政德清明,鼎小也重,国君无道,鼎大也轻。"可以看出,鼎在商周时期确实象征着国家政权,于是就有了后来将图谋篡位之心称作"问鼎"之典。

二是青铜礼器具有"明贵贱,辨等列"的作用,西周列鼎制度的出现集中体现了青铜礼器区分等级的作用。《公羊传·桓公二年》何休解诂:"礼祭,天子九鼎、诸侯七、卿大夫五、元士三也。"其他青铜礼器的使用也大都可以体现出商周社会的统治秩序。

因此,青铜制作的礼器,成为商周时代统治阶级礼治的象征。祭祀之外,青铜礼器也常作为普通的饮食用具使用。如食器还有鬲、甗、簋、簠、豆、盆、盂等,酒器还有觯、壶、罍、盉、勺、缶①、杯、盏等,水器有盘、匜、鉴、镬等。

乐器 "礼非乐不履",没有音乐的配合,礼就很难体现。与礼器相同,青铜乐器也反映了当时社会的等级制度。常见乐器有:钟、镈、铎、钲、句鑃、铙(非"铙钹"之"铙"),商代有铙无钟,至西周早中期始见钟,巨制如曾侯乙墓所出编钟。与礼器一样,至春秋时期,各级官吏僭越礼制使用乐器情形不时出现,所体现的奴隶社会的等级制度正逐渐消解。

此外,另有青铜所制货币、异形器、动物形器、杂器等。

3. 造型、纹饰及铭文三位一体

青铜制器,造型独具匠心,纹饰各具特色,且铸刻铭文其上,形成三位一体的特征。

造型上,与不同的名称相应,各类青铜器造型亦各具特色。殷人嗜酒,酒器大兴,最常见的是以爵、觚、斝为一组。爵为三足有流的饮酒器,觚为容酒器,斝为灌酒器。高级酒器则以兕觥、方彝、牺尊等习见。此外,还有卣、壶、盉等。西周推翻商朝,明令周人禁酒,故而周代酒器制作较商代锐减。久之,许多酒器退

---

① 先秦缶器,不仅有陶制缶,亦存在青铜缶、木制缶等。《说文解字·缶部》:"缶,瓦器。所以盛酒浆,秦人鼓之以节歌。象形。"同济大学文化批评研究所所长朱大可教授在他的《中国文化的危机与复苏》中说:奥运开幕式上"击缶而歌",是一个典型的礼制错误。"击缶"不仅是民间低级娱乐样式,而且是低贱之物的文化象征。击缶与鼓盆,由先秦的贱器和丧器的双义用途,逐渐归流到丧器这个单一主题上来。

出历史。与之相对的是周代食器种类的繁荣,肉类、谷物类容器各有分工。部分器皿差别度极小。例如,同为盛放黍、稻等饭食的器具,均由上下部分构成,器口椭圆者名盨,而形制为长方者则名簠。

与造型相应,商周青铜器还特别注重纹饰。目前所见纹饰,大多为动物纹样。而各类动物纹样中,最为常见的是兽面纹(见右图),流行于商代和西周早期。虽各器兽面纹形态各异,但大致为大眼突出、大嘴咧开,口中尖牙利齿,额头或竖耳,或大角,兽面旁或有其他动物,如龙、鸟之形相配,金石学中称之为饕餮纹。《吕氏春秋·先识》:"周鼎着饕餮,有首无身,食人未咽,害及其身,以言报更也。"以饕餮意寓贪吃之弊。除饕餮纹外,其他各种鸟、兽、人之面、身纹饰,亦大量存

西周大盂鼎(前1003年)

在。这类形象的出现,反映了当时的人们对于自然力的畏惧和崇敬,也包括征服它们的想法。

造型和纹饰之外,铸刻铭文成为凸显青铜器社会意义的重要手段。早期青铜器铭文,一般是与青铜器同时铸成。战国至秦汉时期,有些铭文明显可以看出是在青铜器铸成之后,又加刻上去的。商代早期出土的青铜器上,虽部分铸有符号,然究竟为文字或纹饰,尚不能定论。至商代中期,始在青铜器并不显著的位置,如内壁、腹底等,铸上一两个字。直到晚期,铭文字数才开始增加,出现数十字的巨制。但总体来看,商周青铜器铭文,在单器上所铸刻的字量并不多,大部分为一至四字的器具,占总量的60%左右。到西周建国后,长篇巨制的铭文时常出现,这类铭文往往用来歌功颂德,配合造型和纹饰,共同体现青铜器的社会作用。

青铜器的艺术创作,当先有造型,尔后饰以纹样,最终铸以铭文,经过漫长的历史发展,三者最终有机结合,共同构成了青铜艺术特有的美。在这三个组成部分之中,器物的造型与纹饰因较铭文历史更久,因而也更为成熟,商周金文正是在这样的艺术氛围中书写完成的。

4. 青铜器与金文体态

与甲骨文相比,金文形体更为规范。这主要是与青铜器这种材质和身份相关。

金文是铸刻在青铜器上的文字,早期金文大都与青铜器同时铸成,分阴文和阳文两种。器身内壁阴文制作过程大致为:首先制作泥模和外范,继而将泥模刮

去一层与将要制成的青铜器相同厚度的部分,再制作金文形体的泥片、泥条,然后粘贴在器形的泥模之上,最后向合在一起的泥模与外范中浇铸青铜汁液,待冷却后打碎外范和泥模,阴文的金文就制作好了。阳文制作工序略有不同,当是直接反刻在泥模上成为阴文,再浇铸青铜汁液而形成的。泥模之上金文泥片、泥条的制作,受制于手工条件的限制,往往多以粗线条呈现。就连阳文制作,亦须在泥模反刻阴文时,使用粗线条的笔形,然后加以雕琢和打磨,自然就形成了丰满、匀圆的笔形。这是用刀笔刻在龟甲兽骨上所形成的方折、瘦硬的甲骨文所不能达到的体态。

而在用途上,殷商时期除了用于生产的农具、手工工具及杀伐的兵器外,大量青铜制器为礼器和乐器。礼、乐器大都用于庄严、隆重的场合,代表的是特定的身份、权力和地位。而造型、纹饰、铭文三位一体的共同作用,使得铸刻其上的铭文所用的形体,必须应与青铜制器的身份相一致。要达到这种庄重、神圣的效果,铭文字形往往会使用复杂的、带有装饰性和艺术性意味的线条和构件。如此"书写"(铸刻)出来的汉字形体,与实际社会用字的手写状态相去较远,刻意追求理想的效果是必然的。

金文线条较甲骨文粗圆,形体也略为方正,为其后篆文形体的演变奠定了基础。其使用场合所带来的作用,实则提升了早期汉字的社会意义(尤其是传统文化中对文字的敬重意识),并且推动着汉字系统在成熟化、规格化的道路上前进。

5. 铭文断代、分期及古史研究

根据青铜器的造型和纹饰以及其上的铭文,来判定一件青铜器的年代,是谓断代。宋代吕大临《考古图》、王黼《宣和博古图》、薛尚功《历代钟鼎彝器款识法帖》均已注意到铭文的断代问题。但由于时代所限,清代之前的铭文断代存在诸多可商之处。直到近人罗王二氏以降,金文断代方取得了长足进展:

1)罗振玉、马衡等提出殷商时代以日干为名,祭祀先人根据其日干之名来选定祭日。

2)王国维提出"时王生称说",即周初诸王,如文、武、成、康等,皆是号而非谥。如:《利簋》"珷征商"(珷为武王合文),即可确定为武王时器。有时死去的王号也可用以断代。

3)郭沫若在《两周金文辞大系》中推衍出"标准器断代法",综合运用文字学、考古学等学科的研究方法,对西周250件有铭青铜器进行了断代。

4)在此基础上,陈梦家于《西周铜器断代》一书中,提出"同地层共存物断代法",根据同地层共存物的特征,对青铜器进行断代分期。

断代是时代断定,而分期则是根据青铜器的造型、纹饰、铭文等,寻绎相对稳定的共同特征。

郭沫若于1935年《彝器形象学试探》一文提出,青铜器的发展大致可分为五期:殷商前期为滥觞期;殷商后期周初至昭、穆之世为勃古期;恭、懿以后至春秋中叶为开放期;春秋中叶至战国末年为新式期;战国末期以后为衰落期。1964年马承源《上海博物馆藏青铜器》一书序言中提出新的五期说:育成期(盘庚迁都之前)、鼎盛期(殷墟期至西周昭王)、转变期(西周穆王之后至春秋早期)、更新期(春秋中期至战国、秦代)、衰退期(两汉)。两种分期虽然各有不同,但均是基于青铜器造型、纹饰、铭文等综合研究而后得出。

断代和分期是青铜器及铭文研究的重要内容,更是拓展铭文史料价值的重要条件。因商周史籍实在有限,而铜器铭文资料颇富,带铭文之器三千余件,所记述之内容涉及当时社会生活的方方面面,铭文之可贵正足以征史,故而很大程度上,青铜器铭文的史料价值是传世文献所远不能及的。例如,西周青铜器铭文曾记载了大量周王朝征伐四方部族的历史,杨宽《西周史》就利用大量铭文(佐以传世文献),做过较系统的论证。例如:

> 武王伐东夷(《史墙盘》)
> 周公攻灭东夷的盖(奄)、蒲姑等国(《禽鼎》《禽簋》等)
> 康王西伐鬼方(《小盂鼎》)
> 昭王南征楚国大败(《小子生方鼎》《史墙盘》等)
> 懿王反击南夷入侵(《史密簋》)
> 厉王击退淮夷入侵(《宗周钟》《虢仲盨盖》)
> 厉王击退严允(即犬戎)入侵(《多友鼎》)
> 宣王伐严允(《兮甲盘》《虢季子白盘》等)

商周铭文不仅能够补充对当时社会历史的认识,而且在诸多方面能够补正已有的成见。如1975年陕西岐山董家村发现的卫盉,铭文曰:"惟三年三月既生霸壬寅,王禹旗于丰。矩伯庶人取堇章于裘卫,才八十朋厥贮,其舍田十田;矩或取赤虎两、麂韨两、贲韐一,才廿朋,其舍田三田……"大意是西周王朝统治者举行典礼,立起大旗,诸侯群臣觐见朝拜,此前矩伯向裘卫置换朝觐物品。董(瑾)

章(璋)价格为贝币八十朋,折合十田,两件红色虎皮、两件母鹿皮饰、一件有纹饰的蔽膝,价格是贝币二十朋,折合三田。这一详细记载改变了过去学者所认为的西周土地国有、私人不能买卖的看法,而且可以证明当时已经出现了以货币计算的价格,对古代经济史的研究具有重要的意义。例繁不赘。

三、石刻文字

石刻(碑刻)作为一种特殊的文献形式,因其具有保真性强等特点,成为其他文献材质所不可替代的语料。刘勰就在《文心雕龙·诔碑篇》中论述到石刻文献体制及功能:"碑者,埤也。上古帝皇,记号封禅,树石埤岳,故曰碑也。夫碑之体,资乎史才。其序则传,其文则铭。标序盛德,必见清风之华;昭纪鸿懿,必见峻伟之烈:此碑之制也。夫碑实铭器,铭实碑文。因器立名,事光于诔。"足见石刻在经史、语言文字、文学艺术等方面具有重要的研究价值。

据推究,石刻出现年代当不晚于旧石器时代晚期,主要形式为岩画。早在北魏郦道元《水经注》中就记载了当时所发现的新石器时代的阴山岩画群。阴山岩画群上面所刻图画,有许多和同时代其他文化遗址出土器物上的刻划符号相吻合,故而不排除阴山岩画时期,已经处于汉字的早期阶段。直到秦汉时期,刻石之风开始流行,至东汉以降而大兴。魏晋之后,虽多遇禁石之风,然因其承载的社会意义和价值深入人心,而无法禁止民间私刻。

从类别来看,石刻文献种类十分多样,目前所见大宗为墓碑、墓志、经幢及造像记等,其他诸如市井中桥头井阑、方外处摩崖题咏亦大量存在。

(一) 墓碑

人们往往忽略石刻种类的区别,笼统地将诸多石刻种类等同于"碑"或"碑刻",碣、造像、石阙、摩崖、题字等,只要是上刻文字图案的石头,即称之为碑。实际上,上述刻石的各种类别,各具不同特点。

以"碣"为例。《说文解字·石部》:"碣:特立之石。"唐代李贤曾言:"方者谓之碑,圆者谓之碣。"清代阮元观察诸石之形推测:其形当在方圆之间,上小下大。秦始皇所立泰山、琅琊等七块刻石,以及传说中的秦刻石鼓(形制略与前述不同),均可归类为碣。后因碑大兴之后,碣之制度遂渐渐废止。

再以"摩崖"为例。摩崖与碣石不同,碣为"特立"者,摩崖则是刻文于天然崖壁,著名者如唐《纪泰山铭》摩崖。因其简易速成,故竞相模仿,于是名山胜迹,莫不披文刻字。

此外,一般所言"碑帖"之碑,则又是从书法的角度来划分的①。

而本节谈到的"墓碑",虽兴于汉季,但实际起源于周朝,最开始碑上并不刻字。据清代"说文四大家"之一的王筠考证,周代有三种竖立的"石"统称为"碑":一种是竖立于宫前用来测日影、辨方位的宫中之碑;一种是宗庙祭祀时用于拴住牲畜的祠庙之碑;一种是天子、诸侯、大夫们入葬时用以牵引棺木进入墓穴的墓冢之碑。最末一种最初是用木头制成,上刻孔槽,用以系住绳索,下棺入葬,但因木桩易腐烂损毁,故后来改用石头。明代徐师曾《文体明辨·墓碑文》谓:"按古者葬有丰碑,以木为之,树于椁之前后……《檀弓》所载'公室视丰碑'是已。汉以来始刻死者功业于其上,稍改用石,则刘勰所谓'自庙而徂坟'者也。"今天一般而言的墓碑,即是由最后一种木制的"碑"演变而来。

在墓碑的发展过程中,有如下几个重要阶段值得注意。

一是东汉始树碑立传。

最开始的墓碑由木头制成,改用石头后,渐次兴起在碑石上刻写文字图案。也正是因为这种碑是专门于下葬时使用,故而自东汉始,为了使墓主人及其先祖名扬后世,于是就在墓前或墓后竖立石碑,上刻墓主人姓氏名号及生平事迹等。至桓灵之际,蔚然大兴。因光武帝建都洛阳,魏晋承续,中原就成为东汉魏晋时期中国政治、经济、文化的中心。洛阳附近的北邙地区,因"风水"极佳,成为当时帝王将相、皇亲贵胄埋葬的"福地",故而此处墓葬碑石极多。一定程度上可以说,东汉是碑刻艺术出现并渐臻成熟的时期。

二是形制变化。

墓碑外形大都呈长方,正面为碑阳,后面为碑阴,碑首谓之额,左右则谓侧,底座名之趺。精工巧镌者,螭首龟趺,质朴简约者,圭首方趺。高者丈余,气势宏伟。

依照墓碑大小,可于碑侧或四面刻上文字。因早期墓碑形制及刻字方式尚未固定,故而碑上仍存留系绳放棺所用的孔槽,题额之文辞刻于孔槽之间,左右皆可,碑文亦不必布满。魏晋以降,除丧葬述德纪事而刻碑外,其他如造作、灾异等情形,亦多刻以碑志。如此一来,碑的形制也就逐渐固定下来:孔槽皆废,额必

---

① 树碑立传的主要目的是歌功颂德,所以唐代之前的碑石上,多不署名书写者和刻写者。唐代以降,大量碑石署以书写者姓名,同时唐太宗以行书入碑、武则天以草书入碑,足见这时碑上刻字,也成为传承书法的重要途径。

居中，文必刻满。镌刻步骤，则一般先由书写者用红笔把字写在磨平的碑石上，之后再经匠人镌刻。

三是魏武禁碑。

《宋书·礼志二》记载："建安十年，魏武帝以天下雕弊，下令不得厚葬，又禁立碑。"建安末年，曹操作《终令》曰："古之葬者，必在瘠薄之地，其规西原上为寿陵，因高为基，不封不树。"皆因厚葬之风多占良田宝地，劳民伤财，不仅不利于农业生产，而且导致社会浮华之风过盛。后来的司马氏家族掌权后，亦循旧制，如司马懿自作终制："豫自于首阳山为土藏，不坟不树，作顾命终制，敛以时服，不设明器。"久之，不树碑立石成为当时社会普遍遵从的制度。虽则如此，实际入葬时仍有富户大贾大费赀财，于是墓志逐渐流行开来，南北朝以降蔚然成风。

曹操禁碑所明令的"不封不树"，实际是先民最初的墓葬形式之一，上古以来就已普遍存在。曹操明令禁碑，其原因除所说的"天下雕弊"之外，还有一点就是因其惧怕身后墓穴被盗。也正是因为曹操主张"不封不树"，导致历史上迷雾重重的"七十二疑冢"名满天下①。

（二）墓志及墓志铭

志者，记也。墓志即埋葬于墓穴中上刻死者姓名、生平、生卒年月，文末附以铭文的碑石。有时碑石上的这些记述逝者生平及事迹的文字也称之为墓志。

首先来看作为载体的墓志，其与墓碑之别，历来学界不惮辞费。二者相同之处在于，均是通过镌文石上，传之不朽。即使隋唐时代，墓志亦常称之以碑。墓志与墓碑的不同在于，墓碑置于墓前，详于叙事赞扬，意在示人，歌功颂德，而墓志深埋茔室，类似人物传记，以防海变桑田，寄希望传之永久。最早名以"墓志"者，见于南朝大明八年《刘怀民墓志铭》。

墓志实际始见时间，今可资证明者为《隶释》所载东汉建初二年《张宾公妻穿中文》、清末峄县出土的东汉延熹六年《临为父作封记》，二者均为墓穴中出土。但从葬俗来源看，周代即有"明（铭）旌"丧具，秦汉帝陵亦有刑徒墓砖出土。

---

① 2009年12月27日，河南省文物局宣布安阳安丰乡西高穴村二号墓为"曹操墓"，一度引起关于曹操墓真伪的热议。因墓内遗物过少，给考古工作带来很多障碍。墓中出土的"魏武王常所用格虎大戟"石牌，就成为考证工作的重要途径。有三国史专家考证，"魏武王"常见于当时文献，"常所用"亦为时人常用习语，而石牌上的"魏"字写作"魏"，正与曹魏代汉的"谶纬"暗合，如《三国志·魏书·文帝纪》注引《献帝传》载李伏表魏王曰："《易运期》又曰：鬼在山，禾女连，王天下。"无论该墓真伪如何，该石牌用语用字确实符合三国时代语言文字的实际。

三国两晋南北朝时,多遇禁碑之令,故所见彼时砖多石少。而北朝墓志大兴,尤以北魏元氏墓志为多(北魏王公贵胄陵墓依然多置洛阳邙山之间)。隋代墓志形制逐渐定型,至唐代墓志蔚为大观。宋代以降,墓志数量锐减。

具体到墓志外形来说,同其他类型石刻一样,本初并无具体定式,但部分与墓碑外形相似,如圭首形制。墓碑整体为一块,而墓志一般为两块:一为志底,一为志盖。志底大多为方形,于阴、侧处亦可刻字。墓志有盖,当始于北魏时期。至隋代,墓盖已成墓志整体所不可或缺的一部分。

而作为载体上所刻文字的墓志,其行文程式也极具特色。一般而言,成熟期的完整的墓志主体包含序文、铭文两部分,亦有学者称其为"序辞""铭辞"。其中,序文多为散文,而铭文多为韵语。然无论称之为"文"或"辞",均与青铜器之铭辞存在名义纠葛,亦即忽略了二者因材质类型所带来的差异。而青铜器与石刻恰好亦是金石学之两翼,故而对此作一界定,当为必要。

对于青铜器,通篇文辞均可称之为"铭文"或"铭辞",而对于墓志来讲,墓志文本结构内部序文与铭文分界明显,大量墓志在首题部分就已经将二者并列提示,或曰"……墓志",或曰"……墓志铭并序"。"墓志铭"一词正是由序文和铭文共同合成的术语。

(三)造像及造像记

先民将图画刻于岩石、陶土器物,由来已久。至钟鼎彝器,始见将饕餮等图纹,以立体形象凸显出来,较之前所刻平面图画,特点分明。至汉代佛教传入中国,佛教形象,立体刻于石壁者逐渐风行。

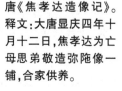

唐《焦孝达造像记》。释文:大唐显庆四年十月十二日,焦孝达为亡母思弟敬造弥陁像一铺,合家供养。

所谓造像,指因宗教信仰而塑造的崇拜对象,而造像记即制造这些像的题记。

史传汉武帝时期霍去病讨伐匈奴,获匈奴金人,武帝以之为神,并置之甘泉,为佛像进入中国之始。而《后汉书》所载东汉末期丹阳人笮融大建浮屠寺,作黄金佛像,为史书明确记载首例。而今所存见,则以北朝、隋唐最盛。尤其是洛阳龙门石窟所造十万余佛像,造像记达3600余品,数量之多位于中国各大石窟之首。北宋以降,造像之风,才渐趋减弱。

从材质分类,造像可分为石像、铜像、泥像。

石像多刻于方座之上,亦有为逝者或造像之人作像者,一般男女分列。著名的龙门石窟、云冈石窟等所造之像，与一般石像采石琢成不同，均是俯就崖壁凿龛造像。记文或刻于龛侧，或刻于底座，或刻于背部。内容为记其所造之像（释迦牟尼佛像为主）及求福主事，上及皇帝陛下，下至眷属亲戚，一切众生。造像之人，少则一人一家，多则合数十上百人。其题名称谓多曰"佛弟子""清信士"等。

铜像较石像偏小，大者亦不超过一尺之高，囿于造像较小，造像之文或刻于底座，或刻于佛背，所刻文字亦较为简省。美国旧金山亚洲艺术博物馆所藏《后赵金铜坐佛》，造像记文刻在佛像底座。该造像所刻后赵建武四年（338）铭文，是目前所见中国古代纪年造像中时代最早者。

而泥像于三种中极少见到，皆因泥土不易保存而致。

除佛像外，亦见到北朝造道教老君天尊像者。而唐代因崇奉道教，该类造像所见颇丰。然而有趣的是，道教造像记文中却窜入了一些佛教内容，盖南北朝以降，释道相互影响而致记文杂糅。造像之人只管求神保佑，释道之别又有何妨。

造像不仅是价值极高的工艺美术，更具有重要的史料价值。造像题记内容所涉及的造像时间、造像人、造像动机、发愿对象等，足以成为研究当时政治、经济、社会、宗教、艺术、文化交流等方面的真实史料。

（四）石经

墓碑、墓志等属于普通纪事类石刻，上刻文字记录当时当代之事，另有将古代经典亦刻于石上，以供当世瞻仰、后世流传。自东汉熹平年间至清代乾隆年间，曾有七朝政府刊刻石经。

1.《熹平石经》

亦称《汉石经》。东汉灵帝熹平四年（175），诸儒奉诏刊定五经文字，命大书法家蔡邕等丹书碑石，尔后命工匠镌刻，至光和年间石经完工，立于太学。一般认为，汉代所置"五经"博士，所含《周易》《尚书》《鲁诗》《仪礼》《春秋》及《公羊传》，皆立于学官，唯《论语》一经为各专经所共学，不置博士。熹平石经刻成立于当时太学，即今之洛阳东南。所刻碑数，据《洛阳伽蓝记》记载及王国维等考证，当为四十八碑。之后频遭战乱，多有损毁。至东魏武定四年（546）迁于邺都，至河阳没于水中。其后至今，学人多所搜集考订，仅残存二千余字。

2.《正始石经》

又称《魏石经》《魏三体石经》等。曹魏齐王芳于正始年间所立，上刻古文、篆、隶三种字体，盖以《汉石经》仅以今文字写成，故而书以古文，然为避其文难识,而列篆、隶二体其下。所刻经书仅《尚书》《春秋》二部,《洛阳伽蓝记》载二十五碑,表里各刻一部。传为邯郸淳所书,后世学人考证得出,书石者非淳,且成于多人。后经离乱,渐次湮灭,残存文字稀少。

3.《开成石经》

历经汉末魏晋南北朝战乱纷争,以及由隶渐楷,字形分化混同等因素,社会实际用字及儒家经典文字,讹谬甚重。北魏江式延昌三年(514)上表宣帝:"世易风移,文字改变,篆形谬错,隶体失真。俗学鄙习,复加虚造,巧谈辩士,以意为疑,炫惑于时,难以厘改。"后来颜之推作《颜氏家训》亦谈到文字舛误情形。由于隋唐"开科取士"制度施行,文字的书写以及经典正字的使用成为其中的重要标准,故而贞观四年(630),唐太宗下诏:"经籍去圣久远,文字多讹谬,诏前中书侍郎颜师古考定'五经'。"后颜氏撰成《五经定本》。

至文宗时,宰相郑覃建议,依准后汉故事,与鸿学巨儒共同勘校儒家经籍,刊刻碑石,立于国子监。自太和四年(830)始,至开成二年(837)刻成。所含经数包括:《周易》《尚书》《诗经》《周礼》《仪礼》《礼记》《左传》《公羊传》《穀梁传》《孝经》《论语》《尔雅》,共十二经(清代贾汉复补刻《孟子》一书于其后),附刻张参新订《五经文字》及唐玄度《新加九经字样》二文。该石经正文以楷书刻成,题目则用隶书。碑成后,立于长安城内国子监太学讲堂两廊。七十年后的天祐年间,韩建筑新城,遂遗弃荒野。北宋哲宗元祐五年(1090),漕运使吕大忠命黎持迁至府学,即今西安碑林。然明嘉靖三十四年(1555)关中大地震,碑石倒损严重。后王尧典搜集旧文版本补缺石经残损字形,别刻于小石,后之刻工则取小石上之字补刻于原石,错讹谬甚。

4.《蜀石经》

或曰《孟蜀石经》。为五代后蜀广政七年(944),宰相毋昭裔所初立。《蜀石经》是历代石经唯一刻注者,故而其石凡千数计,历时107年而竣工。其经数始刻《周易》《尚书》《诗经》《周礼》《仪礼》《礼记》《左传》《孝经》《论语》《尔雅》共十经,宋田况补刻《公羊传》《穀梁传》二传,至皇祐元年竣工。宣和年间席贡补刻《孟子》,乾道中,晁公武又刻《古文尚书》,并著《石经考异》于石。今石经原石久佚,清代曾有发掘。

5.《北宋石经》

《北宋石经》为宋仁宗时所立,始于庆历元年(1041),毕工于嘉祐六年

(1061)。所刻经数,史言九经①而未出其目。马衡考证当为《周易》《尚书》《诗经》《周礼》《礼记》《春秋》《孝经》《论语》《孟子》。书体为篆、楷并行,石成立于汴学(国子监)。至元朝末年,石经亡佚。

6.《南宋石经》

《南宋石经》为高宗所书,绍兴十三年(1143)秦桧奏请刻于碑石。其经数为《周易》《尚书》《毛诗》《左传》《论语》《孟子》。书体为楷书,唯《论语》《孟子》以行楷书写。至淳熙四年(1177)建光尧石经阁,为补原石经未有"礼经"之阙,而搜集摹勒《礼记》中的《学记》《经解》《中庸》《儒行》《大学》五篇,合前述六经,计二百碑石。经元明两朝迁学徙院,石经频遭损残,至正德十三年(1518),置诸杭州府学。

7.《清石经》

《清石经》为乾隆五年(1740)蒋衡书写,乾隆五十六年始刻石立于国子监。其经数即十三经全部,其石数共一百九十,书体为楷书。碑题篆书"乾隆御定石经之碑"。

石经是统治阶级利用传统经典统一思想、维护封建统治的产物,也是属于正字运动的一个方面。上述七种石经均为政府立于学官,供读书人读经致仕之用。然亦有不立于学官之经,如唐天宝四年(745)玄宗御注《石台孝经》、宋熙宁五年(1072)所立《绍兴府学孝经》、绍兴十四年(1144)所立《宋高宗御书真草二体孝经》、明万历年间《国子监孝经》等。

此外,佛道经籍亦刻于石碑,供人膜拜瞻仰。佛经刻石,亦名之"经幢",经幢形制似柱而常有八棱,上盖下座,典籍如《陀罗尼经》,唐时大量刊立。道教典籍著名者,如唐刻易县龙兴观本《道德经》,为玄宗御注本。

(五) 石刻语料价值

文字学家臧克和曾言:"历代显学,属意金石者,所期无非阅世长存。造艺不朽与身名不替,功能一揆。"

汉魏晋南北朝隋唐五代时期是中国思想、宗教、文学艺术等发展最为剧烈的时期,而通过石刻类型中的碑志、造像、石经、其他纪事类铭刻、建筑物附刻等文

---

① 如清代叶名澧《北宋汴学二体石经跋》:"宋以《孟子》升经,并《论语》《孝经》为'三小经',合之六经而为九。"

献载体,该时期的诸种文化事象方能够保留下来。具体到不同类型的石刻载体,各具特色,具有不同的语言风格、用词特征。尤其是大量的专有名词和特定习语,表现出特定时代的文化特征、民族心理和社会道德价值观念。例如大量墓碑、墓志中所贮存的宗族姻亲、姓氏名号、官制科举、丧葬风俗等方面的词汇,反映了当时社会的礼仪制度、伦理观念、民俗风气,可谓固化下来的历史和社会,相对于其他材质的文献载体,意义非凡。

具体到汉字方面,中古时期是汉字发展史变化最为剧烈的时期。汉字从古文字演变至今文字,并经隶至楷,楷书由成熟到定型,都是发生在这一阶段。汉碑代表了成熟汉隶的水平,汉末至魏晋则是处于隶楷转型之间,南北朝墓志文字则反映了楷字渐至成熟期的面貌,唐代墓志则标志着楷字的定型。这一演化过程中各类书体流变充满了各式各样的复杂联系。比如,北魏时期楷书已经成熟,然而当时社会又流行一种"魏碑体",字体结构呈现方形略扁的特点,笔法上既保留了汉隶波磔的特点,又融合了楷书方正平直的风貌。又如北齐北周时期的楷书用字中,也夹杂了大量的篆、隶用笔,甚至行书用字中也夹杂了篆意。唐代楷书定形,但这一时期隶书也出现了一波复兴的潮流,大量造像题记使用隶书写就,也形成了独特的面貌。

此外,根据使用场合的规定,石刻语言存在书面语体和口语语体两种区别。碑志类刻石书面语体特征明显,往往典雅、华丽,韵散相间,而买地砖、造像记等则更多呈现出口语语体特征,具有平民化语言的特点。

要之,石刻作为一种特殊的文献形式,因其时代性强、地域性强、保真性佳等一系列特点,具有其他形式的文献载体所不可取代的价值,在史学、经学、文学、文化学等众多学科中都具有极为重要的意义。

四、陶、瓦、砖文

古陶、砖、瓦文是古文字研究中重要的组成部分。但囿于这部分资料难得,较之青铜铭文、石刻碑文,陶、瓦、砖文的研究相对落后。但也正因为该类型文献是当时人们日常生活的遗迹,带有较强的随意性,故而一定程度上更能反映历史的真实。前人在对陶、瓦、砖三种材质进行整理时,往往并不加以严格区分。例如,《历代陶文研究资料选刊》的出版说明中所定义的"陶文"就包含了砖文、瓦当文字,而书中所收录的研究著述中,还包括了《浙江砖录》《砖文考略》等砖文专著,以及《秦汉瓦图记》《汉甘泉瓦记》等瓦当文字著作。又如,《中国砖文大字典》在砖文之外,亦收录了包括上起商周、下迄南北朝的陶文和瓦文。然本书根据三种材质的不同特点,分述如下。

(一) 陶文

制陶是人类文明的重要进程——第一次利用天然物,按照人类的意志而新创的物品。一般是以黏土为胎,经过高温烧制而成。据《墨子》记载:"舜耕于历山,陶于河滨,渔于雷泽,灰于常阳,尧得之服泽之阳,立为天子。""陶于河滨"是指在殷商之前,舜就带领先民在湘江一带开始了制陶手工活动。又,《吕氏春秋》载"昆吾作陶",昆吾是颛顼后人,传说为夏王烧制了第一批陶器,甚至说屋瓦也是他发明的。按照人类进化程序,陶器之兴,固当在青铜之前。从河北省阳原县泥河湾地区发现的陶片来看,制陶可追溯到旧石器时代晚期,距今已有11700多年的历史。然陶器之易作,较青铜类器物更为普遍,故而在青铜大兴的时代,陶器依然是社会常用器物。

陶文是指古代日用陶器上凿刻、铸印的文字。一个世纪以来,陆续在仰韶、大汶口、龙山、良渚、大溪、马家窑等文化遗址中出土了不少带有刻划符号的陶器。关于这些刻划、彩绘符号,目前学界认识尚未完全统一。郭沫若、于省吾、陈炜湛等一致认为半坡陶文是中国文字的起源。约始于公元前4300年的大汶口文化遗址出土的陶文,学界较多认同为文字。而能够被学界一致确定为文字的,当属1960年山东莒县出土的龙山文化灰陶尊上的陶文。

从尚不能定论为文字或刻符的半坡陶符,到良渚文化及大汶口文化陶文,再到龙山文化的陶文,然后是二里头、河北藁城台西陶文,最后是殷墟出土陶文,形成一个古文字形体及载体的演进序列。理论上而言,在古文字演进序列中,陶是木刻资料之外最理想的书写文字的材质。因其取材较为方便,质软易于刻划,故而可以说,在未发现更早的木刻文字的情况下,陶文是目前已知早于甲骨文、金文、简帛文等的最早的文字。

据初步统计,黄河、长江流域所出土的新石器时代遗址、商周遗址与其他地区古遗址共发掘陶文2073个,部分地域遗址出土的零星陶文虽未统计在内(因未公布等原因)[1],但这部分应当为数不多。殷商之前的出土陶文(有学者称之

---

[1] 石峡遗址上层、福建武平、台湾凤鼻头及香港等地遗址所出陶文尚未可知,故未计算在内。

为"史前陶文"),大都于单个器物上出现一至两文,且大都出现于器物的口沿部位。大部分陶文为陶器烧制之前或石范过程中就已刻划好,烧前所刻。划痕较为均匀流畅,而极少量烧后所刻的陶文,则笔划粗细不一。

从上述统计数字看,春秋之前的陶器文字发掘较少,战国秦汉时期陶文最多,也最具史料价值。也正因如此,《辞海》释"陶文"为:"战国时代陶器上的文字。一般只有几个字,大都是印文。内容为人名、官名、地名、工名、吉祥语和制造年月等……"实际上,有学者提出狭义上的陶文应当指从新石器时代陶器的刻画符号开始,直到殷商甲骨文出现之前的这一时期,因出土的该时期的资料中,陶文是社会流行的主要的文字形式。而商代甲骨文、金文之后,陶文又降至次要的带有辅助性的书写形式,并且一直持续到东汉时期。所以陶文的历史应当是目前所能确定的几乎经历汉字书体发展史全部演进过程的材质。也正因此,我们在表述"陶文"一词时,无法说出陶文的整体特征,而且还会在其前面加以时代限定。

陶文书写方式(砖文、瓦文也有类似特点),主流是刻款,但同时也有印款和用毛笔直接书写的情况。刻款即在烧制前或烧制过程中刻划上去的文字。一般而言,单件陶器上所刻划的字数较少,大都是较短的工匠题记。到了战国陶文,则较流行印款,其与封泥有类似之处,即用印模钤盖的方式。这时的单篇陶文字数依然不多,但因总体数量较大,故而特征相对明显,如大部分字形偏旁结构和笔画均已达到较高的定型化水平,当然也不排除部分字形偏旁结构位移及笔画随意增减等情形。另外,个别陶文字形仍为大篆,通假字和异体字也比较多,诸如此类。这也比较符合当时社会实际用字情况。

陶文不仅是汉字发展史研究中弥足珍贵的资料,也是研究古代手工业、官制、姓名、地理沿革等方面的宝贵资料。或以为虽然《史记》等史籍能够较为真实地反映历史,但这类典籍仍不足以全面呈现当时物质生产和社会生活方面的状况,这也正好可以体现出陶文的价值。战国秦汉时期的陶文较为丰富,正可弥补此时社会日常生活文献较缺乏的状况。举一浅显例证。秦国咸阳宫出土的陶器上经常会出现"咸阳成申""咸邑如倾"等字样,咸阳(邑)为咸阳府名,"成申""如倾"等是工匠名,可以表明此为咸阳府所属作坊之器。此外,有些工匠名前标明了里居之名,如"咸芮里喜"等,则说明此为民营制陶作坊之器。由此可见,当时手工业生产已出现公办和民营两种。再如,秦汉陶文中"咸亭""河亭""陕亭"等戳记,则说明当时城内所设"亭"应为私营的手工业管理机构,且该机构在当时遍布整个国家,这就纠正了长期以来所认为的"亭"是秦汉时期行政区划的片面观点。

最早收藏、著录陶文的是清同治年间的金石学家陈介祺,陈氏收藏颇丰,其编撰的《簠斋藏陶》相传四千余纸,陈氏另著《簠斋论陶》,而真正付梓出版的,唯刘鹗辑《铁云藏陶》、日本太田寿太郎辑《梦庵藏陶》及周季木辑《季木藏陶》等少数几种,其中以季木藏陶最富。

(二) 瓦文

《荀子·性恶》言:"夫陶人埏埴而生瓦。""陶"与"瓦"古代多混而称之,常以瓦代指古代陶制器物的总称。本文所谈"瓦",区别于日用陶器,专指用泥土烧制而成的,常用于铺屋顶用的拱、平或半圆筒形状的建筑材料。瓦的使用早于砖。在中国西周初期就已开始使用瓦这种建筑材料了,陕西客省庄文化遗址中就出土了部分瓦片。到春秋战国时期,瓦的制作和使用迅速推广,按照用途已经有了板瓦和筒瓦的类别之分。

瓦文是刻印于瓦上的文字。很大程度上,瓦文起到一种装饰的作用。出现位置上,一种是板瓦、筒瓦上的文字,一种专指瓦当上的文字,今所见历代瓦文主要集中于后面一种。与陶文书写方式稍有不同,瓦文"书写"形式大致可分两类:一是戳印文字,即以印章文字钤盖于瓦上,一般情况下一瓦一印,然亦发现一瓦两印或多印者,瓦的凹、凸两面均可戳印;一种是拍印(或衬印)满瓦体内面的装饰性文字,一般整瓦印满一字,也有少数整瓦印满两字的情形。

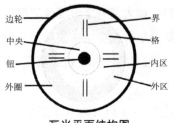

瓦当平面结构图

瓦当即筒瓦的顶端部分,也就是筒瓦头部下垂的那部分,故而俗称筒瓦头。其上多刻印图案或文字,作为装饰之用。瓦当平面形状分圆形瓦当(见上图①)和半圆形瓦当②两种。在中国建筑历史上,瓦与

---

① 瓦当边缘一般都有一圈高起的边棱,称之"边轮"。有些半圆瓦当边缘无边轮,则称之为缘。大多数圆瓦当的当面中部都有同心圆凸线,圆内空间称为中央,其中心点称为"当心",当心有乳状凸饰者,称为"钮"。近边轮处有凸线圆圈者,称外圈。靠近中央的部位称内区,其外围部位称外区。瓦当中多见以双道或单道凸直线将"当面"分作四等份,其凸线称为"界",各等份的空间称为"格"。

② 西周瓦当基本为半圆形,东汉时期被弃不用。春秋战国始见圆形瓦当,秦汉时期成为主流,至今沿用。

瓦当的发明有着划时代的意义。位于筒瓦顶端部分的瓦当,不仅可以保护屋檐椽头避免遭受日晒雨浸,延长建筑物的寿命,而且因瓦当上附着的图案或文字的构形纹样,又能起到装饰和美化的效果。实用与美观相结合,瓦当这一文字载体的意义便凸显出来了。

根据目前考古发现,秦代之前的瓦当文字极少见到。瓦文大量出现于秦朝西汉,尤其是西汉时期,蔚然勃兴,也最具特色。但东汉以降,瓦当文字便呈锐减之势。故而作为文字载体的瓦文主要行用时代大致可以认定为秦两汉时期。西汉文字瓦当内容极为丰富,包括宫室房屋陵寝宅院文字,纪年纪事之类文字,以及吉祥祷祝用词等。以西汉都城长安及三辅地区的宫殿和官署所出土的瓦当为例,上面所刻印文字多署以某宫、某署名称,比如"上林"文字瓦当只能用于上林苑,而"骀汤万年"则说明此为建章宫骀荡殿所有,"宗正官当"则宗正署专用,不一而足。吉祥颂语瓦文(见下图),有如"长安未央""千秋万岁""长生无极"等。此外,大量独具时代和地方特色的瓦文也不时出现,如"单于天降""单于和亲"等文字说明此为北方匈奴所用。书体选择方面,多以篆文为主,亦兼有隶书出现。字体较为纤细。

到南北朝时期,瓦当纹饰与文字均发生了变化,云纹图案已经简化变形,并逐渐消失。而文字瓦当则一般为四字,当面画成九界格,读法与汉代旋读法也不尽相同,多用上下右左或上下左右的直读方法,更合于古代货币文字读法。不过,总体来看,魏晋隋唐以至明清,文字瓦当较不为常见。

瓦文是当时人们思想观念的直接反映,比如"当王天命""长生未央"等瓦文,就包含了浓厚的天命论色彩。同时,可据瓦文考证当时手工业及宫室居

西安西郊汉代建筑遗址出土瓦当(《考古》1957 年第 6 期)

寝等社会现状,如长期悬而未决的秦国蕲年宫确切地址,随着凤翔"蕲年宫当"瓦文的发掘而得以解决,同时还据之分析得出西汉时期仍然沿用蕲年宫这一史实,其文字学、考古学价值不言自明。实际上,早在北宋时期,秦汉瓦当便已然受到人们的关注。对于瓦当的著录和考证也自此开始。譬如王辟之《渑水燕谈录》、黄伯思《东观馀论·古瓦辨条》都提到过的"羽阳千岁"瓦当,宋元金石学家就根据陈仓(今陕西宝鸡)秦代"羽阳千岁"瓦当,证明秦羽阳宫确在宝鸡界。清

代以降金石学发达,瓦当著录也不断出现,如毕沅《秦汉瓦当图》(一卷)、罗振玉《秦汉文字瓦当》等。

(三) 砖文

在中国,砖的产生虽稍晚于瓦,但二者自古便结下不解之缘。"瓦"字本义,最早指泥土烧制的纺锤。《诗经·小雅·斯干》:"乃生女子……载弄之瓦。"毛传:"瓦,纺砖也。"而《说苑·杂言篇》曰:"子不闻和氏之璧乎?价重千金,然以之间纺,曾不如瓦砖。"此则纺锤用瓦砖之证。然本文所述作为文字载体的砖瓦,为黏土烧制而成,且主要用于建筑行业,只是形制上,砖多为长方形或方形,其与瓦之间有着明显的区别。

20世纪70年代,陕西扶风县云塘地区张家村南西周灰窖出土了一块砖,这也是迄今为止中国发现的最早的砖。此外,山东省邹城市也有春秋晚期砖块出土,直接推翻了之前所认为的砖出于战国时代的旧说。可以推测,至迟春秋时代,砖的行用已然较为普遍。而在一些战国贵族墓葬中,出现了铺地花纹砖以及带有较大图案的空心砖。此外,这一时期直接越过了生产红砖的阶段而出现了青砖、青灰砖。有学者认为,该形制的出现,实际上是为了适应当时刻写砖文的需要而所处的一种准备阶段。

秦汉时期,制砖业发展迅速,铭文砖、画像砖在秦代开始出现。秦朝的砖主要分为铺地砖和空心砖两种:铺地砖常饰有太阳、米格、平行线等纹路,空心砖则多模印几何纹饰,或用阴线刻划龙凤纹。砖的形状不仅有方形砖,还有子母砖、五棱砖、曲尺形砖、楔形砖等,而砖文此时也大量涌现,且多为戳印的"玺印式"。

砖文,也称砖铭,是刻划或模印于砖上的文字。砖文的书写方式分作三类:一是用字模压印,即泥胚在烧制之前,先在木制的范铸内刻上文字,然后纳入字模,压印成砖状;一是用尖锐工具在砖上刻划;一是用毛笔书写于砖之平面上,以墨者为多。早期砖文大多为模印,秦咸阳宫遗址的有铭砖可为代表。此时砖瓦上可常见"都昌""右司空系""大匠"等戳记,《汉书·百官公卿》言"(宗正)属官有都司空令丞",而咸阳宫遗址左、右司空等陶文的大量出现,可以证明左右司空当为主管砖瓦生产之职。此外,"大匠""宫水"等名称仅见于秦朝建立后新建宫室,故而有学者推测这些都是秦始皇为应付阿房宫和秦始皇陵等浩大的工程而临时设置的。

西汉前期,区别于体积较大的空心砖,体型较小的"小型砖"也开始出现。之前一直流行的"玺印式"砖文,在汉武帝之后开始出现新的刻写风格。东汉的制砖工艺更为发达,砖上有铭且有纪年的情况大量存在,以各种神话传说为题材的画像砖及古语砖也大量出现。下图是汉代的"东井灭火"砖,在画像的两侧有"东井灭火"四字。

东汉是汉字书体演变较为复杂和关键的阶段:古隶完全转变为成熟的今隶,并成为社会正体,西汉章草逐渐向汉魏之际的今草过渡,今草又导致了行书的出现,而日用行书和正体隶书的相互作用,又孕育了楷体的种子。之所以能够对文字形体演变

汉代"东井灭火"砖

做如此总结,有赖汉代实物资料佐证。其中,砖文书体、字形结构和笔画系统起了极为重要的作用。也正因社会用字趋简和便捷的要求,砖文呈现出独特的时代色彩。

南北朝之后,砖文渐渐走向衰落。从艺术性上来看,后世砖文其价值已然无法比肩于前述几个时代。

与青铜器铭文和碑刻文字不同,陶、砖、瓦文均直接来源于处在社会底层的工匠之手,因而这类材质贮存的文字多多少少带上了当时社会的思想观念和价值取向,对于古代社会的思想、文化、书法美术、历史、民俗等各个方面的研究,均具有重要的价值。

比如书法方面。砖文的书法艺术别具一格,尤其是字模印铸砖文,蕴含砖石特有的质朴厚重及字模压印的精心设计。砖文也是后世书法家和篆刻家钟爱的独特形式和取法的重要材料。晚清篆刻大师吴昌硕所刻"道在瓦甓"之印,便是他从砖文艺术中汲取灵感的绝妙典范。

关于砖文的著录最早见于宋代。赵明诚《金石录》就著录西汉砖文一条,洪适《隶续》也收砖文五件。到清代金石学大兴,涌现出大量的砖文著述。陆增祥《八琼室金石补正》收录砖文百七十种,陆心源《千甓亭古砖图释》收砖文一千三百余件,其他如《百砖考》《百甓斋古砖录》《砖文考略》等,均具有较高的学术价值。

五、货币文

"币"字,《说文解字》释为"帛也",本为缯帛之名,古人以束帛为祭祀或赠送宾客的礼物,因车马玉帛等皆可作为聘享之礼,故而统称之为币。货币的历史大致经过了三个阶段:自然物商品货币、金属称量货币和金属铸币。像贝壳、龟壳、玉石、兽骨,以及牲畜、粮食、布帛等,并非专门制造发行用以流通的一般等价物,可称之为自然物商品货币。金属称量货币阶段即在特定形态金属铸币之前,按照金属的重量进行交易的时期,这一时段大致为商末西周时期。而金属铸币则是自发的从商品界中分离出来,固定充当一般等价物的特殊商品,其出现的年代,大致应该在西周至春秋这一时段。

古货币的著录,南朝梁代已然出现。比如《隋书·经籍志》曾著录过刘潜《泉图记》三卷和顾烜《钱谱》一卷,惜均亡佚。唐宋亦有若干部货币著作。据载,唐人著货币书三种,五代一种,宋代十种,传世者仅《永乐大典》所收南宋洪遵《泉志》一书,是书录存旧说,考校谨严,具有重要的史学价值。有清一代,货币学达到高峰。著录货币数量较多、考校谨严的,如倪模撰《古今钱略》、李佐贤撰《古泉汇》及李佐贤与鲍康合编的《续泉汇》等几部。古币最易仿制,故前人著述中,往往难免误收赝品,需要小心求证。

(一)中国古代货币种类

按照形制和材质,可将中国古代货币分为贝币、布币、刀币、圜(圆)钱、金银铸币和纸币等。

1. 贝币

考古发掘显示,我国新石器时代的文化遗址中极少出土贝,即使有少量出土,也难以判定究竟是否为货贝①。而河南陕县七里铺商代遗址(有学者认为是夏代或商代早期之前)发掘出的一枚骨贝,直接证明此时贝的使用已经较为普遍,所以会产生仿制的贝。而确定为商代早期文化遗址的郑州二里岗、河北邯郸等地,则发掘出数量较多的贝。之后的商代遗址出土贝已经成为习以为常的事情。最常见的是学名为"货贝"的海贝,其背部有人工穿孔。同

楚国青铜贝

---

① 有学者以为贝形似女性生殖器,反映了原始社会母系氏族公社时期的风俗。

时,流行用青铜制成贝的形状,作为贝币通行。而甲骨文、金文中也有大量关于贝的记载,如《戍嗣子鼎》:"王商(赏)戍嗣子贝廿朋。"从专门的单位"朋",足见贝在商代已经被普遍用作货币。

不仅如此,商代中晚期遗址还出现了许多简陋的墓葬或殉葬奴隶也使用贝随葬的现象。而到了西周墓葬中,又发现了大量殉葬动物(狗等)的颈部、眼部等部位有贝陪葬的情况。这类现象的出现,究竟是贝在殷商后期、西周时已经普遍作为实物货币使用,还是贝在此时又退回到装饰品的地位,甚至是并不珍贵的装饰品?学者意见多倾向后者。能够明确的是,西周恭王以后的金文中,关于贝的记述逐渐减少,到东周时期开始出现金属铸币,这时期大量出土的贝和陶、骨、石等仿制贝显然与货币无关了。

商周贝币影响深远。战国中原地区大型墓葬出土的铜贝,有些施以鎏金,外形呈薄片型,但中间仍带有齿条缝隙,保持了贝币的基本特征。而此时楚国则通行用青铜制成外形似瓜子的青铜贝币,俗称蚁鼻钱或鬼脸钱①。与同时代的齐、晋等地的布币、刀币铸以阳文汉字相反,楚国的这种贝币上所铸的文字皆为阴文,也是目前所见战国货币中唯一为阴文的类型。

据统计,楚铜贝上的文字有七种:

正是因为商代大量使用货贝进行交换,故而与交换、财物等相关的一些汉字往往从"贝",如:货、價(价)、贵、财、费、贿等。然而以贝作为贮存文字的载体,实物资料并不多见。

公元前221年,秦始皇统一六国,之后将贝币及下文将要讲述的布币、刀币全部废除。

2. 布币

布币即所谓古代"铲币",当来源于农业生产中的铲形工具。商周时期,青铜农具中的斧、斤、钱、镈等较为常见,在人们的生产生活中可以和其他物品

---

① 宋代洪遵《泉志》:"此钱上狭下广。背平,面凸,有文如刻镂,又类字,也谓之蚁鼻钱。"盖青铜贝币上铸阴文,仿佛鬼脸,故称鬼脸钱,又似蚂蚁爬在鼻子上,故又称之为蚁鼻钱。而"蚁鼻"又喻轻小,如晋葛洪《抱朴子·论仙》:"以蚁鼻之缺捐无价之淳钩(剑名)",故蚁鼻钱即小钱。其他还有"猿头币""虵壳""骷髅牌""瓜子金""拉拉子"等名称。

进行交换,久而久之,演变成一般的等价物。西周昭王时期《霱卣》载"夷伯宾贝布"、《霱尊》载"夷伯宾用贝布",就是证明。约至西周后期,专职的流通货币"布"单独从金属农具中分离出来,成为专门的价值尺度,同时布币开始铸刻文字。得名为"布",或因布字与镈字相通①,如《诗经·周颂》:"命我众人:庤乃钱镈,奄观铚艾。"然旧时或以为因战国之前曾使用布帛作为交换媒介,加之相关文献记载(如《诗经·氓》:"氓之蚩蚩,抱布贸丝。"等),故致认为布币得名于布帛之布。

先秦铸造布币的国家和地区主要以三晋、燕国和楚国东北部为主。布币的形制经过了由空首到平首、由耸肩到平肩再到圆肩、由尖足到方足再到圆足、由无孔到有孔等诸多变化。这里首先可大致分为空首布和平首布两类。空首即布币头部中空呈銎状,是模仿农具铲而来。古代铲土的农具需要配以"把儿",而为了能够把"把儿"和青铜铲头组装起来,需要把安"把儿"的地方,做成空心的方锥形,货币学上称为"銎"。相对的,平首布即无銎而扁平的布币,出现于战国中后期,钱体大都轻薄小巧,是由空首布简化而来。根据足部形制不同,可以分为弧足、尖足、方足、圆足、桥足。若从裆部形状划分,则可分为平(方)裆、尖裆、圆裆等。而根据肩部形状又可分为平肩、斜肩、耸肩、圆肩。试举例如下。

1:平肩弧足空首布"高";2:斜肩弧足空首布"武安";3:耸肩尖足空首布"甘丹";
4:耸肩尖足平首布"大阴";5:平肩方足平首布"安阳";6:圆足布(圆肩圆首)"离石";
7:三孔布"宋子";8:桥足布(布釿②)"晋半釿"(倒书);9:"当釿"10:锐角布"洮百涅"

后来的新莽改制,第三次币制改革曾铸行过布货十品,所谓小布一百、幺布二百、幼布三百……,第四次币制改革时,又铸以货布。

---

① "布"字,《说文解字·巾部》:"从巾,父声。"而"镈"字声符"尃",从"甫"得声,"甫"之声符亦为"父",故而"布""镈"音近得以通假。亦有学者以为布币源自农具"钱"。
② 因这类布币上都带有釿字而得名为布釿。

3. 刀币

刀币又名刀化(货),由刀首、刀身、刀柄及刀环四部分组成,柄端有环,凸背凹刃。《周礼·考工记》中说:"筑氏为削,长尺博寸,合六而成规。"说的就是将 6 枚刀币首尾相衔,可组成一个圆环。从其形制可以看出,刀币是由商周时期的青铜削演变而来。最初的刀币与青铜削十分接近,外形厚重,部分仍带有刀口,完全成熟后的刀币则在刃部增加了"郭"(外廓)。不同地域所铸刀币,外形也各具特色。根据外形特征,刀币可大致分为尖首刀、针首刀、直刀、匽刀(明刀)、齐刀、齐境燕式刀六类。刀币的主要通行地区为燕、齐、赵、中山及环渤海地区的少数民族聚居区,恰与中原地区流行的布币相区别。此外,各国之间也存在仿制的铸币,也就是常说的刀币合流现象,下举数例中后两例就属于这种情况。

新莽布货十品之"壮布七百"

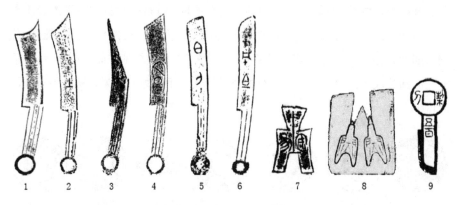

1:齐刀"齐之法化"①;2:燕国尖首刀"上";3:燕国截首刀"六";4:明刀②;5:赵国刀币"白人";6:中山国刀币"成白";7:燕国仿赵国耸肩方足平首"安阳"布;8:中山国仿赵国"閖"字布石面范;9:新莽契刀"契刀五百"。

随着军事攻伐、商业贸易以及币制形态的相互影响,刀布流通地区由原来的互相独立到渐渐影响,出现交叉和混合地区。春秋晚期晋国频繁攻打鲜虞,赵氏布币曾一度流通到鲜虞境内。战国中期,燕、赵、中山等国因互相毗邻,三国货币可相互流通。到战国晚期,赵灭中山后,整个燕赵之地刀布合流。然而尽管如

---

① 部分学者认为"法化"应改为"大刀"。
② 明刀得名之由,是因此类刀币上面,均铸有"𠂆"(明)字。

此,在一些地区,刀与布的地位并不均等,譬如燕、中山两国所使用的布币,其受重视程度远不及刀币。但在一定程度上,刀布合流促进了后来的币制统一。王莽第一次币制改革时,就曾合刀币与圆钱而铸行"契刀"(上图9)"错刀"等币种。

4. 圜钱、圆钱

一般地,钱体呈圆形,中央有圆形孔者,称之圜钱,亦曰环钱,后来出现中央为方形孔者,亦称为圜钱,后改称为圆钱,即俗语所谓"孔方兄"。圆钱是圜钱的进一步发展,或许是受到传统文化中天圆地方宇宙观的影响而出现的。货币学界或以圆钱总括二者,或以圜钱总括二者。本文暂将二者分开讲述。

圜(圆)钱是先秦四大铸币系统之一。圜(圆)钱的由来,历史上存在不同的说法。或以为圜(圆)钱取象于玉璧,《尔雅·释器》所谓:"肉倍好谓之璧,好倍肉谓之瑗,肉好若一谓之环。"①或以为起源于商周时期的生产工具纺轮。

圜钱最先由魏国铸行,还是从三晋开始,学界观点不一。商鞅变法之后,秦国亦开始铸行圜钱,并逐步演化为圆钱。秦国圜(圆)钱以"朱""两"为货币单位。而齐国圜钱名为"賹化",意即一枚"賹化"等价于一枚齐"法化"。此外,战国后期的齐、燕等国均曾铸行过方孔圆钱。到了秦始皇统一并简化币制后,圆形方孔的圆钱成为封建社会历代通行的货币形式。下举数图例为春秋战国时期的圜(圆)钱。

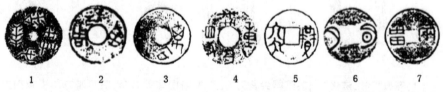

1:魏国"共屯赤金";2:两周圜钱"西周";3:赵国圜钱"离石";4:秦国圜钱"珠重一两十四";5:齐国圆钱"賹六化";6:燕国圆钱"明化";7:秦国圆钱"两甾"。

两千多年的封建社会,圆钱成为社会通行的币制。然而时代不同,圆钱也有不同的变化。金银铜铁各种金属均可成为铸行圆钱的材质,质量大小各朝各代均有不同制度,就连圆钱的名称也经历了不同的变化。《汉书·食货志》载:"莽即真,以为书'刘'字有金刀,乃罢错刀、契刀及五铢钱。"故以"泉"字代"钱"。三国孙吴、唐五代等时期亦曾使用"泉"字。又因货币如泉水一样流通不息,加之中

---

① "好"指的是璧环中的穿孔,"肉"指的是穿孔至外郭之间的实体部分。

国文人附庸风雅,以"泉"较"钱"少去了"铜臭味",故而称钱作"泉"沿用至今。

唐高祖武德四年(621)废除五铢钱,铸行"开元通宝"币,在中国币制史上,开创了一种新的货币体制。通宝币制与五铢钱的区别在于币文的内容是由年号加"通宝"两部分构成,前者表示新的纪元,后者则表示通行宝货,这就意味着圆钱体制不再以重量为名,而是以年号或国号命名。这种币文结构模式成为唐以后历代封建王朝圆钱的标准。

此外,圆钱币文读法分为两种:顺读(上下右左)和旋读(上右下左)。如果读错,则会直接影响对圆钱铸行年代的判定。

5. 金银铸币

金银以其本身的物理特性,春秋战国时期成为当时的"上币"。在贝、布、刀币及圜(圆)钱之外,南方的楚国曾流行过版状和饼状的黄金铸币,是此时唯一通行黄金铸币的地区,一般称之为金版。最为常见的是不规则的长方形和方形,圆形饼状铸币较为少见。金版币文发现六七种,内容多为地名,如"郢爰""陈爰""卢金"等。中国已知最早银币也出土于楚国。

目前所见最早的原始黄金货币——楚国"郢爰"。"爰"为货币质量单位。根据需要将金版或金饼切割成零星小块,称量使用。

6. 纸币

伴随活字印刷术的出现和发展,北宋前期出现了世界上最早的纸币"交子"。"交子"系四川方言,取其交合、合券取钱之意。自此之后,元明清各代均印纸币行用。

(二) 货币文字特点

先秦货币文字丰富多彩,与同期的金文、陶文等风格迥异。不同地区之间的货币文风格差异明显,大都率意铸刻于钱范之上(多为阳文),故而很难将先秦时期的货币文字归入某一类型古文字书体。下文从书体和结构两方面简要分析一下货币文字的特征。

首先,书体方面。

空首布币文是已知最早的货币文字。币文多为单字,记数、干支、专名等都是币文的常见内容,亦存在两字币文,多为地名。空首布文字古朴,形体酷似刀锋刻字的反向凸现,亦存在修为圆弧形的线条。三晋两周地区曾流行平首布、刀币和圜钱等。韩国布币文字瘦劲,异体较严重;赵国布币文线条多屈曲,刀币文形体偏长,直笔和弧笔结体连贯;而魏国货币文字大小不一,繁简多样,字数也可多达六七字,文字线条相对较粗,结体较为呆滞。此时的齐国刀币文字工整谨严,线条较为瘦劲,其圆钱字体较长,与小篆相类,文字列于方孔左右。北方燕国刀币文字线条屈曲,字体古朴苍劲,尤以其"明刀"上所铸"明"字为著。而此时南方楚地因其政治、经济实力提升,文化方面也想要独具一格。楚国青铜贝币、爰金等均是特色货币,铸刻文字的方式多为阴文,字体或与整饬的金文相类,或与修长的篆文相类,规整有序。

战国时期的秦地,本初通行圜钱,币文受大篆影响,线条圆转,币文按顺时针环圆孔排列。后来圜钱演变为圆钱。秦始皇统一币制后,圆形方孔圆钱更是成为历代通行的币制。秦国圆钱币文受小篆影响,线条方折、古朴、浑厚。王莽托古改制后,货币种类异常丰富,但仍以篆文为主,只是篆法或为小篆,或为悬针篆,字形修长,线条弯曲规整。甚至到南北朝隋代,货币文字仍常采用古文字形体铸刻,其中受秦朝小篆影响最深。

三国两晋时期,货币文字中隶书笔法的币文逐渐增多,如蜀国"太平百钱",以隶书笔法为主,但仍杂以篆意。此时社会实际用字中,篆、隶、楷相杂糅的情况确不止一见,货币文正与之相合。

至唐代高祖铸行"开元通宝",废除沿用数百年之久的秦系篆体币文字体,而将楷书纳入币文铸刻。实际上自十六国时期即已出现隶书币文融入楷书意味的币文。到了南唐时期,又出现了一种新的隶篆、篆楷对钱的铸刻风格。所谓对钱,即分别采用两种书体、其他形制方面均相同的两枚圆钱。宋太宗淳化年间所铸"淳化元宝"为楷、行、草三体御书币,由皇帝书写币文,将行、草书体纳入币文,皆为首创。

其次,币文的结构。

铸刻货币时,由于官私不同、环境差异和材质不同,币文形体结构往往会发生许多变化。初期铸币上的文字,只是充当特定的记号。然囿于币形差异,币文省笔、位移等现象严重,构形随意性大,颇具俗体特征。其中,先秦货币文字在构形结体上常常使用合文、借用、传形的方式。

合文就是几个汉字拼合成一个形体,但仍然表示多个音节。合文在甲骨文、金文中习见,货币文字亦较为常用,比如齐之"六字刀"面文中有一字作"厎",有学者认为该字当为合文,读为"度刀",义即合乎法度之刀。

构件相互借用也是货币文的一个重要特征。由于常刻大量地名,货币文构形系统存在高频字符过于集中的特点,比如"口""又""工"等,也正因其构件数量的特点,先秦货币文自身并不是自足的文字系统①。囿于货币制作工序、刻面空间②,货币文字借用现象尤为明显。借用就是一个字中的几个构件,或相邻两字的构件因位置接近而共用的情况,如"寧"字即作"𡧜"形,下半部分"皿"构件的末笔与"丂"构件的首笔合而为一。再如"陽"字货币文或作"𨹈",其构件"阜"的三个横笔与右边"昜"字最后三笔共用。可以看出,借用实际上为汉字简化提供了一种手段。

而何谓"传形"?《古钱大辞典拾遗·总论》说:"传,转也。在右之字转于左、在左之字转于右……"《古钱小辞典》更解释道:"面文互易,且均反书,也称传形,如钱文一字反书,或字的一部分反书,则称某字或某字的部分传形。"

上述货币文字构形中的种种现象,体现出货币文记号作用的实质,然而简洁的文字形体却增大了今天识别的难度。又因铸范者多为民间匠人,货币文字便呈现出较强的随意性。但也正是因为这种随意性,货币文成为我们探究当时社会民间用字的宝贵资料,同时也在汉字形体发展史上起到了重要的推动作用。

赵国晚期圆足布,上铸"晋阳"二字,"阳"字反书,即为传形。

六、玺印文

印,在绝大多数国家和地区都曾出现过。目前已知世界最早的印,出现于近东地区,也就是现在的伊朗、伊拉克等地,比如叙利亚北部新石器遗址约前 5200 年至前 5100 年的二十多个印记,以及伊朗西部前 5000 年前所流行的纽扣印等。中国印的起源,可追溯到新石器时代的陶拍(用以在陶器上印出花纹的模子),但严格意义上的印——考虑其本体、功能、权威等因素,只能追溯到西周中晚期的一些遗址中③。故而中国的印相比世

---

① 李圃《甲骨文字学》拆分得甲骨文构件 378 个,张再兴《西周金文文字系统论》统计金文构件 404 个,而陶霞波《先秦货币文构形无理性趋向研究》则拆分货币文得到构件 217 个。
② 最初制作货币使用泥范浇铸,往往一范一币,用完即弃,致文字形体绝无雷同。后来的铜范虽然坚固耐用,但因铸币的大规模需求,工匠制作模范时,往往无视币文的构形意义,而仅看成一种记号,故致货币文字的随意性非常大。
③ 20 世纪 30 年代在安阳殷墟遗址中出土过三件铜印,然学界推论可能来自于上层堆积物中,并未确认为殷商之物。

界最早的印,晚出4000年以上。然而,由于取材、造型、纹饰、文字等蕴含了丰富的内涵,玺印足以成为研究古代社会、历史、文化艺术的重要手段,故而玺印也常被誉为中国艺术与文化精神的代表。

从世界印史来看,印的材质主要是玉石与金属两类。根据不同矿种、地区,可以将玉石分为不同种类,而不同时代各类玉的珍贵程度也不尽相同。金属制印以铜为主,银、金、铅、钢、铁次之。玉石、金属之外,木材、骨角、陶土亦是制作玺印的重要材料。而具体到印的形制,主要有钤盖印、滚筒印、圣甲虫印、戒指印和组合模具印五种。钤盖印是最常用的种类,历史已在7000年之上。钤盖印的用法就是将有印文的印面向下按捺即可出现印记。滚筒印正好与钤盖印相反,印文铸刻在圆柱形印面上,使用时,向一个方向滚动圆筒印面即可。圣甲虫印则是古埃及印的特有种类,外形似甲虫,背部隆起,刻有甲虫身体的各部分。这类印多为私人物品,不仅用作印信,而且可以作为饰品,一定程度上还被赋予魔力

滚筒印演示

的含义。戒指印最早也出现于古埃及。它是将印嵌入金属戒指中,整体外形仍似戒指。组合模具印则是因其需要一整套印具才可完成。相对而言,中国古代玺印出现时间较晚,未有滚筒印和圣甲虫印的发掘,戒指印在中国出现的时间也非常晚,清末民国初年方大量行用。然而,世界其他文明中的印趋于衰微之后,中国玺印仍然保持着生命力和鲜明的特点,故而在世界印史上具有非凡的意义。

(一) 中国玺印简史

根据不同时代玺印的特色,可大致将中国玺印的历史分作三段:先秦时期的古玺、秦汉魏晋南北朝的印章以及隋唐至清代的印章。

1. 先秦古玺

先秦时期,印章称作玺,人们习称古玺。古文玺字作"帣",为象形字。上部"↑"当为其鼻钮,下部"ⅲ"则象征印面图案或文字。因古玺多以陶土、青铜为主,故又出现了"鈢""坏"两种写法。古玺萌芽于商周时期,其功能大概为钤印陶器而已。而到了"礼崩乐坏"的春秋战国时期,一方面,人与人之间毫无信义可言,另一方面,商业贸易也出现了较高程度的提升,故而具有信用凭证功能的古玺,迅速发展起来。现存古玺遗物,也大都为战国时期。

根据印文内容和功能，可将古玺分为官玺和私玺①。官玺材质有铜、玉、陶三种，三者使用阶层并无等级差别。此外，《汉旧仪》还记载："秦以前民皆佩绶、金、玉、银、铜、犀、象为方寸玺，各服所好。"说明此时玺的选材非常广泛。印体外形上，官玺分正方、长方、圆形三类，私玺又增以椭圆、心形、花瓣形等。古玺无论官、私，因需要钤盖在封泥上，故而必须有一个可以把握的钮。钮的样式也各具特色，可成为古玺的重要标识。常见有鼻钮、坛钮、橛钮、圆筒钮、人形钮、兽钮等。鼻钮即玺印背部有可以用来系绶的环，坛钮则是指背面似台阶隆起，状似祭坛，橛钮则是指钮高似短木。古玺多为印面铸刻汉字，也存在背面或侧面刻字的情形。铜玺多为阳文（朱文）铸造，而玉玺、琉璃玺等则多为阴文（白文）凿刻。战国古玺印文字体多为古文，与战国铜器铭文用字多有相合。

2. 秦汉魏晋南北朝印章

秦统一六国后，罢除战国时期各国行用的古玺，战国玺中形形色色的钮类样式、印体形状、文字形体等得到了统一。秦朝专门在"少府"设置"符节令丞"，用以监管玺印，并明确规定皇帝称玺，取材以玉，皇帝之外则均称印，出土玺印中最早有"印"字样者，也出于秦代（先秦印信多称为"玺节"）。《说文解字·印部》注："印：执政所持信也。"但"印"字形体最早见于甲骨文，写作 ，象以手按住使人跪下，为按抑义的本字。故学者多以"印""抑"古为一字，后"印信"义乃借"印"字为之，《说文》反"印"为"归"，俗从手，大抵为后出分化字，以别于印信字。

秦官印形制方面，一律采用阴文，印文四字，多者损之，少者增"印"或"之印"补齐，印面使用"田"界格，印制方寸约2.3厘米—2.5厘米等。根据《史记·秦始皇本纪》记载："始皇推终始五德之传，以为周得火德，秦代周德……数以六为纪……"五行之水、数字之六在古人观念中，均为阴性②，四字印文亦为阴性。不仅如此，秦印亦存在二字印，即所谓半印。印文字数的二、四与阴文、"田"字界格等均可看出，秦印制与五德迷信密切相关，并非单纯出于实用目的。此外，秦印制还规定令、长等正职官印署官名，令、长二字可省，而副职"丞"衔称不省。

---

① 官玺包括官名玺（印文内容为官名）和官署玺（印文内容为机构和官署名），私玺分为氏名玺、成语玺（箴言玺、吉语玺）和肖形玺。成语玺即印文铸刻有箴言和吉祥用语的古玺，肖形玺则是印文为图像、纹饰而非文字的古玺，此二种与氏名玺不同，基本不具备玺印"信"的功能，而多用作装饰和配饰。

② 如唐代司马贞《史记索隐》："水主阴，阴刑杀，故急法刻削，以合五德之数。"《周易》阳爻为九、阴爻则称六。

在书体方面,由于秦朝"书同文"政策,秦印亦使用新的小篆体,即以"摹印篆"入印,有别于战国时期秦国的籀文。由于秦朝国祚较短,其统一的印制也存在使用不规范之处。例如,有遗址出土过阳文秦印,秦印中也存在少部分并无界格的情形。因为界格的使用,秦代玺印的读法呈现多样化。先秦玺印读法自上而下、从左往右,但秦朝印文左行、右行均可,或斜交叉读,或先分上下两行再左右分别读,不一而足。

汉代的官印制度沿袭了秦朝,但又有所发展,最为突出的就是官印制度有了严格的等级,这些差别也体现了社会阶层的差别。帝后玺、诸侯王玺印、百官印章,林林总总,等级森严。比如依秦制而作的皇帝"乘舆六玺",象征着君权威严,由于政策放宽,诸侯王及王太后也可称玺,但质地、钮式、印绶均有不同,应劭《汉官仪》曾说:"绶者,有所承受也,所以别尊卑,彰有德也。"另外,玺印颜色也受到很大重视。汉代官印制度还有一个较大的变化,即武帝时期依据五行观念中汉为土德的观点,而将印文字数由四字变为五字,官职名称不足四字者,以"印章""之印章"①等补足。此外,武帝元狩四年(前119)曾明令官秩比二百石以下印为半通,半通即通用官印之一半,从武帝诏书可看出此类印信多为职位较低官员所佩,半通印也成为汉官印系统中极具特色的种类。新莽时期虽对官印制度多加改革,但均昙花一现,东汉建立后,官印制度基本一依西汉旧制,且直接影响到魏晋南北朝时期的官印制度。

而官印随葬也成为汉印制度的一大特色。据考古发掘,西汉实用官印随葬限于帝、后、皇太后、太皇太后及特别重要的宠臣。其他王、侯印则不可随葬。至东汉时期,政策稍加放宽,死者后人可仿照生前官印新做随葬印。或依实用官印镌刻,或前加"故"字,或官名后加姓,如鸟虫篆的"緁伃妾娟"印,"妾"为谦称,"娟"为"緁伃"之名。

魏晋南北朝时期,战争不断,政权交替频繁,民族交流融合盛况空前。这一时段的官印制度也较为复杂,但整体而言仍沿袭了汉代官印制度。

秦汉私印多追随官印潮流,形制相仿。分类上与前代无别,有姓名印、成语印和肖形印等,虽是战国私玺余绪,但艺术成就颇高。而到魏晋南北朝时期,连

---

① 除"印""章"外,也有称"印信""信印"的,新莽时期此类用法颇为常见,如"高鲔之印信""杜嵩之信印"。

年战乱使得私印几近消亡,唐宋经济恢复之后,私印才渐渐重回人们的视线。

3. 隋唐至清代印章

隋代之后的印章制度与秦汉印制相比,变化较大。

首先,印文书体有了新的变化,如隋代出现"蟠条印",即以薄铜片盘曲成印文再焊于印面上,由于其印文盘曲,文字笔画任意重叠折绕,逐渐发展成为唐、宋、元时代常用的官印九叠文。

其次,印制方面,纸张的普及结束了简帛时代,故而钤印封泥也被钤朱时代终结。为追求醒目,印泥多用红色,印文类型也由秦汉时代常用的阴文而转为阳文。同时,由于印体加大,官印由佩带而变为匣装,置之衙署。此外,隋代之后,官印也有了刻款的习惯,印背或刻造印时间,或刻楷书印文。

再次,新出众多印章名称。《新唐书》载,武则天恶"玺""死"音近,而将"玺"皆改作宝,至中宗即位,又复名为玺,玄宗开元六年(718),又复名为宝。唐代还出现了"宝……记""朱记"等印章术语。至宋代又出现了在纸币"交子"上所盖的官印,名之"合同"印,此外还出现了专门为私人收藏书画典籍而制的"图书""图籍"章。到了元朝时期,因蒙古、色目人等多不识汉文,故较多使用宋代已经出现的名"押"或"花押"的印章符号,以代替汉文署名,又称"元押"。明代仍沿用前代名称,皇帝之印称"宝",一般官印则称"关防"[1],明末李自成为避家讳(其父李印),改以"符""契""记""信"等字代之。清朝沿袭前代,故而印章名称极为丰富,皇帝印章称"宝",官印则称"印""章""印信""关防""条记""图记""钤记"等,而在民间又有"戳记""手戳"(今天民间俗称"戳子")之称。

私印方面,隋唐遗印虽然不多,但唐代开始出现的鉴藏印却成为一大特色,影响后世。而随着宋元经济文化的繁荣,私印重又蓬勃起来,显然印章"信"的功能重又得到时人的认同。尤其是寿数短促的元代,所遗存私印的数量仅次于战国秦汉,其品类之多,也是其他时代无可比拟的。囿于篇幅,不赘。

(二) 封泥

中国玺印的历史按照用印方式的不同,可分为封泥时代和钤朱时代。

封泥,又称泥封。古代钤印于泥,以之封缄而起到信验作用。封泥起于先

---

[1] 关防:明代出现长方形"关防"的官印。清代正规官用方形印称"印",临时派出的官员用长方形印称"关防",方形公印用朱红色印泥,关防则用紫红色水,故一般又称紫花大印。

秦,自春秋战国时代开始的千余年间,玺印所具有的凭验作用主要就是通过封泥体现出来的,二者互为表里。至南北朝时期之后,随着纸张的普及使用,人们将印记钤于纸上,封泥时代结束,钤朱时代开始。

封泥使用的方法大致为:将需要保存或传递的物品捆绑或盛以革囊,在结扎或封口处用泥团封护,并用印章钤印于泥上。一般地,封泥主要用于封护文书和封护货物两类。然而封泥不易保存,目前所发现的最早的封泥,可追溯到战国时期。1986—1987年间,湖北包山楚墓发掘出十多枚封泥,其中的几枚尚完好地保存着当时的封缄形态。

1903年,罗振玉在《郑厂所藏封泥》序中提到:"古封泥于金石学诸品中最晚出,无专书纪录之,玉以为此物有数益焉:可考见古代官制以补史乘之佚,一也;可考证古文字,有裨六书,二也;刻画精善,可考见古艺术,三也。"罗氏所言"最为晚出",可追溯到咸丰二年(1852)刘喜海的《长安获古编》及同治三年(1864)赵之谦的《补寰宇访碑录》,之后刘鹗《铁云藏封泥》及前述罗振玉《郑厂所藏封泥》则开专书研究封泥的先例。钤印于封泥上的大量汉字形体,成为汉字发展史的重要研究资料,而封泥文字所记载的内容,则补充、订正了古代官制和地理等方面的研究结论。

又由于封泥和印章互为表里,故而可以利用封泥解决古代印制的许多问题。比如官印颁发权限的问题。汉初官印遗存较少,但是通过比对汉初封泥,可推论当时诸侯王国权力较大,官印多出于自制,至景帝、武帝时期情况才得以改观。又如《汉书》所载武帝太初元年(前104)改官印为五字,前人多持异议,但通过大量封泥的研究,确证武帝改制实有其事。

(三)玺印文字特点及价值

中国玺印多以文字入印,作为文字载体之一,古今沿用。其中篆文是玺印文字最常用的书体。殷商西周时期的玺印和封泥遗存甚少,学界意见不一,故而难以窥测其貌。

战国时期,各国玺印未有统一定制,入印书体也各具特色,多以六国古文来指称。这类文字风格很不统一,与所属国铜器、简帛文字风格较近,与秦系文字相去甚远,对后来影响中国玺印历史较深的缪篆,影响并不大。

战国晚期秦系玺印用字以摹印篆为主。这种篆体与秦朝小篆不同,也不同于后来的缪篆,暂且以秦书"八体"的"摹印"来命名。摹印篆是在篆文基本笔法的基础上,为迎合印面有限空间,并参照其他秦系字体而成。摹印篆直接影响到缪篆体的形成。

新莽"六书"有"缪篆",《说文解字》云"所以摹印也"。所谓缪篆,极有可能来源于秦摹印篆,但又同时吸取了汉隶中的某些笔法。缪篆线条平滑,结体屈曲。缪篆印文不仅填满整个印面空隙,而且美观匀称,故而成为两汉魏晋南北朝印章的主要书体。需要注意的是,对缪篆的探讨一直未有定论,这也成为古文字学及印学史的难点之一。

鸟虫篆虽常见于青铜器物之上,却少用于玺印文字,虽列于秦书"八体",但秦印中未能一见。自西汉初年,鸟虫篆入私印开始日渐成熟,很大程度上也应当属于美化修饰之用。

东汉私印时见悬针篆,字体结构上部紧密,下部疏朗,并篆引竖笔下垂。至魏晋时期所见颇多,但仍少见官印之上。

蟠条篆是隋唐五代官印常见篆体,由于官印盛以匣中,面积增大,为配合印面,而将篆文字体变得圆融饱满,屈曲环绕。在此基础上,发展出后来的九叠文(或曰九叠篆)。九叠文较蟠条篆线条更为迂回弯曲,即使只有一笔的字也可以填满整个印面,而且笔法更加规整。然而元代之后的九叠文缺乏生气,后人贬损"如死蚓"。至明清时期,又出现了一些无法归类的篆体印文,可笼统归入杂篆一类。这类杂篆多为时人随意杜撰,价值不高。

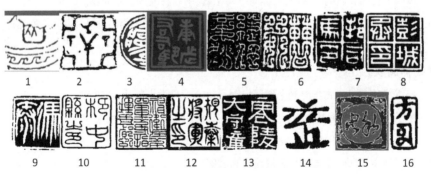

1 殷墟出土陶片钤印文字;2 殷墟铜印"亚禽氏(可能为族徽)";3、4 六国古文"藏室(二合玺左半部分)""庚都右司马";5、6 鸟虫篆"缍仔妾婿""曹媜";7 摹印篆"邦司马印";8 缪篆"彭城丞印";9 悬针篆"冯泰";10 蟠条篆"柳中县之印";11 九叠文"神卫左第四军第二指挥第五都记";12 明清杂篆(或称"柳叶篆")"规奏将军之印";13 隶书"零陵太守章";14、15 草书押"大吉""私印(或释为'私记')";16 上汉字下八思巴文押"方记"。

由于印文讲究线条和笔画的美观古雅,故而今文字入印并不常见,偶见篆体带有隶书意味者,当为兼顾美观和实用而制成。今所见隶书入印最早当属江苏出土的东晋"零陵太守章"。楷书入印亦非常见,最早用例当为陕西所出土的北朝晚期"独孤信印",元代押印可谓使用楷书较为成功者。而行书、草书入印更非同寻常。元代押印中多见两体一印情形,或上楷下草,或上行下草,或上隶下草。无论如何,今文字入印确非古代玺印文字主流。

以上是对古代玺印文字书体所作的简单总结。玺印文字之所以使用如此众多风格迥异的书体,皆源出实用目的,并基于布局结构。总体而言,玺印文字异体呈现出以下几种模式:简省、增笔、变形、位移、合文等。这不仅是囿于玺印形制而做的变通,也是篆文退出日常交际用字之前,社会实际用字不规范现象在玺印文字异体中的反映,而这些异体也在一定程度上影响到后来的汉字字形结构走向。

【研究提示】

1. 甲骨文、金文、秦刻石篆文有哪些相同的社会意义?他们对汉字的命运会产生何种影响?
2. 战国时代大量出现古玺的因素有哪些?玺印文字有何特点及价值?
3. 按照时间顺序排列古文字阶段的汉字载体种类,讲述诸种文字类型是在何种生成环境中生长和成熟的,并探讨书体与书写工具、书写材质的关系问题。
4. 青铜器的铸造方式共有哪几种?具体的工序流程如何?器物的种类又可分作哪几种?

【延伸阅读】

1. 容庚、张维持《考古学专刊·殷周青铜器通论》,科学出版社,1958年。
2. 杨泓《中国古代兵器论丛》,文物出版社,1980年。
3. 罗福颐编《古玺印概论》,文物出版社,1981年。
4. 千家驹、郭彦岗《中国货币发展简史和表解》,人民出版社,1982年。
5. 萧清《中国古代货币史》,人民出版社,1984年。
6. 丁福保编《历代古钱图说》,上海书店,1986年。
7. 王镛、李淼编《中国古代砖文》,知识出版社,1990年。
8. 戈父编著《古代瓦当》,中国书店,1997年。
9. 殷荪编著《中国砖铭》,江苏美术出版社,1998年。

10. 小鹿编著《古代玺印》,中国书店,1998年。
11. 唐石父主编《中国古钱币》,上海古籍出版社,2001年。
12. 申云艳《中国古代瓦当研究》,社科院博士学位论文,2002年。
13. 孙慰祖《封泥:发现与研究》,上海书店出版社,2002年。
14. 叶其峰《古玺印通论》,紫禁城出版社,2003年。
15. 陆和九《中国金石学讲义》,北京图书馆出版社,2003年。
16. 赵超《古代石刻》,文物出版社,2003年。
17. 沈奇喜《货币文字书法艺术考》,《江西师范大学学报》,2005(6)。
18. 林乾良、孙喆编著《世界印文化概说》,浙江古籍出版社,2006年。
19. 向中华《青铜的历史》,新世界出版社,2006年。
20. 赵超《石刻古文字》,文物出版社,2006年。
21. 韩建业、王浩编著《中国古代钱币》,北京大学出版社,2007年。
22. 汪庆正《钱币学与碑帖文献学》,上海人民出版社,2008年。
23. 马承源《中国古代青铜器》,上海人民出版社,2008年。
24. 〔韩〕李俊宪《战国秦汉货币文字研究》,山东大学博士学位论文,2008年。
25. 刘伟《齐国陶文的研究》,山东大学硕士学位论文,2008年。
26. 白冰《中国金文学史》,学林出版社,2009年。
27. 马衡《中国金石学概论》,时代文艺出版社,2009年。
28. 毛远明《碑刻文献学通论》,中华书局,2009年。
29. 徐正磊《殷商与西周陶文研究》,安徽大学硕士学位论文,2010年。
30. 高明《古陶文汇编》,中华书局,1990年。
31. 高明、葛英会编著《古陶文字徵》,中华书局,1991年。
32. 张颔编纂《古币文编》,中华书局,1986年。
33. 吴幼潜编《封泥汇编》,上海古籍书店,1984年。
34. 姚孝遂主编《中国文字学史》,吉林教育出版社,1995年。

第三节 竹帛及简帛学

墨子曾言:"吾非与之并世同时,亲闻其声,见其色也,以其所书于竹帛、镂于金石、琢于盘盂,传遗后世子孙者知之。"书于竹帛,即在简牍和绢帛上书写文字。甲骨文、金文中,册、典等字取形于若干竹简木牍用绳编在一起,《尚书·多士》亦载:"惟殷先人,有册有典。"均可证明纸张发明之前的古代中国,日常书写工具是以毛笔写于简牍之上。即使在甲骨文和金文大量出现的殷商时期,简牍业已成为最常用书写工具,只不过较甲骨、青铜、碑石等更加不易保存,故而商周春秋时期的简牍至今未能有所出土。

实际上,竹简、木牍、绢帛是三种不同的材质。"简:牒也""牍:书版也"(《说文解字》),简和牍是两种不同的材质,之所以称竹简,是因为大多数简为竹制,当然也存在木制简,而牍则主要为木制。古代北方地区曾大量出土竹简,或可说明古代中国北方亦多产竹,其时环境与今天大不相同。亦有学者以为木牍的流行当在公元前后,应是竹简之代替品。而所谓帛,即白色的生绢,《说文解字·帛部》:"帛:缯也。"因中国蚕桑丝织业起源较早,故而用绢帛作为书写材质当不会太晚。王国维即认为:"帛书之古见于载籍者,亦不甚后于简牍。……以帛写书,至迟亦当在周季。"由此,本节将简牍合并,再与帛书分述。

整个20世纪的学术,很大程度上是依托于大量的考古发掘。大批战国秦汉魏晋简帛的出土,将中国历史、社会、文化等诸方面的研究带入前所未有的新局面。经过几代学人共同努力,一门新的学科——简帛学终于建立起来,成为与甲骨学、敦煌学等相媲美的国际性显学。

一、书殉笔葬与简帛学

百年来所发掘的简帛近22万件,总字量达700万,这对于古代历史、社会、文化等方方面面的研究无疑具有非凡的意义。何以有如此庞大的发掘?《后汉书·周磐传》曾记载:"编二尺四寸简,写《尧典》一篇,并刀笔各一,以置棺前。"考古发掘也证实汉代丧葬中,以书籍及刀笔工具陪葬极为常见,可以看出汉代的这种书殉笔葬已然成为一种习俗。实际上,在汉代之前书殉笔葬就已屡见不鲜了。比如诸多战国墓葬中,大批的竹简、帛书以及刀笔墨等实物,足以证明当时的公私制书和藏书之风旺盛,而书殉笔葬已然成为一种象征或者身份。后来秦始皇焚书坑儒,颁布"挟书令",私人藏书被禁止,后来汉武帝时期将此罪行去除,拥有书籍重新成为门第身份的标志,汉代墓葬中能够大量出土书籍刀笔等,也就不足为奇了。

从1901年尼雅、楼兰简发现至今,百年已过,经过几代人筚路蓝缕,简帛学迅速发展壮大,并臻至成熟。顾名思义,简帛学,即以竹简、木牍、帛书为研究对象的学科。然而对这一学科的相关问题,至今学界仍未达成一致见解。

首先是名称问题。作为一门享誉世界的显学,至今仍未形成一个公认的通名。日本则一般称为"木简学",国内则习惯性地称为"简牍学",后来又提出"简帛学"或"竹简帛书学",不一而足。由于帛书与简牍材质差别明显,而古代又常常混竹简、木牍而无别,如《汉书》既已称之"竹帛",故而命名为"简帛学"当更为合理。

其次是时间问题。汉、晋时代既已出土简牍,且有学者置身其中,但作为一门学科则是20世纪的事情。然而究竟是20世纪前半叶已经成熟,还是正在起步发展中,抑或是已然独立于考古学之外,众说纷纭。不过从简帛的系统发掘、整治和研究方法以及研究成果来看,可以说,简帛学已经建立起来。

再次是学科的性质问题。学界公认简帛学是一门具有边缘性质的交叉学科,它与考古学、文献学密不可分,也与语言文字学有着密切的关系,同时也与人类学、民俗学等学科有着千丝万缕的联系。但不同学者,具体定义亦不相同。如有学者坚持将简帛研究与简帛学分开,简帛研究是简帛本身的整理研究,而简帛学则是一门运用多学科,如考古、语言文字、文献等的手段方法,来发掘、整理、保存、探研简帛,并探究简帛时代的历史、社会、文化等各方面的交叉学科。

总之,面对初步建立起来的简帛学,相关的基本理念问题,还存在纷争,冀后续研究不断完善和充实。

二、简牍

钱存训指出:"古代文字之刻于甲骨、金石,印于陶泥者,皆不能称之为'书'。书籍的起源,当追溯至竹简木牍,编以书绳,聚简成篇,如同今日的书籍册叶一般。在纸发明以前,竹木不仅是最普遍的书写材料,且在中国历史上,其被采用的时间亦较诸其他材料为长久。甚至在纸发明以后数百年间,竹简木牍仍继续用作书写。"

1. 发掘简况

简牍出现时间,虽未有更早实物发掘,然而甲骨文、金文、《尚书》《诗经》中简、册、典等文字的记载,足以证明简牍出现时间不晚于殷商时期。而对于简牍的发掘和认识,实际上自西汉年间就已开始。史载西汉有过四次简牍的发现与整理,最早一次为惠帝、文帝之间济南伏生所获先秦简牍《尚书》二十九篇,而武帝末年鲁恭王坏孔宅所发现的"孔壁遗书"影响最大。人们把孔子后人汉代孔安国整理的《尚书》称为《古文尚书》,以别于今文《尚书》。汉代影响深远的今古文之争,正源于此。而孔安国其人则理应成为史上整理简牍的第一人。而西晋武帝太康年间发现的"汲冢竹书",与前述"孔壁遗书"可谓中国历史上最重要的两次简牍发现,意义重大。此后,南朝、北宋时期均有不少简牍发现。然而绝大多数古代出土简牍仅见于文献记载,实物已经亡佚。实际上,真正大规模、有目的的简牍发掘和研究则是近代以来之事。

近代简牍的出土与古代社会偶见不同,多为有目的的、专业性的发掘。而20世纪初叶大批简牍的发掘,则是与外国的一批"探险家"分不开的。第一个来中国发掘简牍的是英籍匈牙利人斯坦因,他曾三次到中国西部及中亚地区探险考察。1901年,他第一次来中国,在尼雅遗址发掘出近五十支晋代木简,而后来的两次敦煌探险发掘更为丰富,总计发掘敦煌汉简九百余支。与斯坦因第一次发现简牍仅相隔月余,瑞典学者斯文·赫定发现了古楼兰遗址,并出土晋代木简百二十余支。到1930年,斯文·赫定与中国科学家组成"西北科学考察团",其中瑞典考古学家福克·贝格曼发现了约万枚的居延汉简①。

中华人民共和国成立之后,对简牍的发掘和研究,在数量和质量上都有了长足的进步。

首先是战国简牍的出土,尤其是湖南、湖北等地出土的楚简。发掘较多者有:1987年湖北荆门包山楚简448枚;1993年荆门郭店楚简804枚;1994年上海博物馆前后两次购得1200多支战国楚简;同年河南新蔡出土楚简1300余枚;2008年清华大学收藏校友所捐2388枚战国竹简。百年间楚简出土近1.1万枚。

其次是秦代简牍。秦简出土较晚。数量较大者,如:1975年湖北云梦睡虎地秦简1155枚;1986年甘肃天水放马滩秦简464枚;而2002年湖南龙山里耶出土的3.6万枚简牍,数量尤巨。总计秦简约4万枚。

再次是汉代简牍。汉简是简牍发掘中数量最多、跨度最长的。著名者有:1972年湖南长沙马王堆汉墓竹简1078支;1973年甘肃居延新出汉简19920枚;

---

① 王国维、罗振玉曾合作研究居延汉简,撰《流沙坠简》一书,书名实因"居延"古称"流沙泽",如《尚书·禹贡》有"余波入于流沙"之句。

1974年山东临沂银雀山汉简5000余支;1990年甘肃敦煌悬泉置遗址出土简牍18790枚。百年间汉简出土近7.6万枚,主要集中于甘肃、湖北、山东等地。

最后是魏晋简牍。最著名的当属1996年长沙走马楼三国吴简136729枚。

百年来出土的战国至魏晋简牍,总共近26.5万枚,涉及17个省、自治区、直辖市。

2. 内容与史料价值

与前述甲骨文、金文不同,简牍是真正意义上具有书籍性质的载体。简牍所见大量古代典籍,尤其是亡佚古籍的发掘,比如"孔壁遗书"出土的《尚书》《礼记》《论语》等十数部古籍,以及"汲冢竹书"出土的《穆天子传》《纪年》《易经》等,使得曾经中断的历史文化得以续接。据统计,百年来简牍所见先秦古籍百零六种。这些古籍的出土,解决了许多重大的难题,如《老子》《左传》《尉缭子》《孙子兵法》《孙膑兵法》等书的真伪问题,对于丰富古代文化遗产,辑佚、校正传世文献,具有重要的价值。

简牍涉及的第二大内容为文书。文书即公私往来书信、契约、宗卷等。根据性质和用途的不同,可大致分为诏书、法律文书、病书、府书、应书、爰书、报书等。如《居延汉简甲乙编》第332·16简:"□子雍于上闻也,二千石长官纲纪人伦。"学者考证为汉武帝举贤良文学诏书,正与《汉书·武帝纪》载"今或至阖郡而不荐一人,是化不下究、而积行之君子雍于上闻也。二千石官长纪纲人伦,将何以佐朕……"相吻合。

书籍、文书之外,简牍内容还涉及大量历谱、遣策、通行证等。遣策就是随葬品的清单,古代丧葬风俗中,送给死者的物品"赗",写于方上,将方连成一册,故称"遣策(册)"。

不论典籍、文书,还是历谱、遣策,简牍作为地下出土的第一手资料,在大量传世文献多为宋元之后翻刻、传刻的情形下,其在史料记载的原始性和准确性方面,具有无可比拟的巨大价值。对于大量墓葬出土的简牍而言,由于多为私人著述,并未受到官方因素的左右,故而为我们研究古代社会历史文化、风土礼俗等,提供了真实、丰富、翔实的素材。比如,简牍中大量的文书涉及上层建筑中的政治制度、法律制度、军事制度。涵盖了政治体制中的地方官制、官吏俸禄、任免情况、赐爵制度、户籍与养老制度等,律法中的法律哲学、官民法律意识、律令的承继与创设、法律的执行情况等,以及军事中的烽燧制度、屯戍体系、兵役制度、邮传制度等。此外,还涉及经济中的赋役制度、屯田问题、土地制度、商品物价、经济管理、社会廪给等。成为继甲骨文、金文之后,在制度文化上的全面升华与积淀。简牍不仅记录了当时的物质生产、精神生活,还反映着当时的思想观念及民族心理,简牍的史料价值,终究是同时代其他出土材料所无法企及的。

3. 形制与汉字体态

古代北方地区亦多产竹,故而南北均常见竹简,而西北地区则常用杨柳木类制作木牍。简牍制作较为不易。对竹简来说,一般都要剥去外表青皮,然后用火烘干,是谓"杀青"。最后以线锤编组成册。而使用过的旧简,也可用刀削去旧字,再行书写,此为"削衣"。而具体到牍,王充《论衡·量知》曾言:"断木为椠,析之为板,力加刮削,乃成奏牍。"

而原初表示书籍单位的词语也与简牍有关。一枚简为简;数枚简用绳子编在一起,则称为册或策;而长篇文字内容成为一个单位的,是谓篇;至于卷,大都认为是针对帛书、纸书而言,但亦有学者推求简册如竹帘可以舒展,故称卷。从籍、簿、笺、签、笏、札、检、椠等从竹、木字形上,都可反映出简牍这一材料确为先秦常用。

一般地,历代简牍遵循长简书写重要典籍、短简书写次要之书的规定。经典之外,一般著作木简常为二尺四寸。木牍方面,汉制长度由五寸至二尺不等,汉以后的日用木牍则定标准为一尺。简牍宽度则未有明确记载,除少量较宽木牍外,一般不超过2厘米。大多数情况下,每简直书一行,然亦存在二行以上或正背皆书者,每行字数更无定数。简牍所用字体,亦根据时代不同和场合不同而有所差异。蔡邕在《独断》中指出,重要文件以篆文书写,次要者或以隶书写成。尽管魏晋之际楷书已然流行,然而到南北朝末年一些政府册命文书却仍用篆文书写。钱存训曾初步统计,楚简均为篆体写就,秦简则以隶书为主,汉简篆隶兼具、以隶为多。

上述简牍形制,对汉字的形体演变产生了重要影响。由于简牍是与甲骨文、金文同时代的最早的书写资料,其直行书写及自右至左的排列顺序和阅读顺序也渊源于此。虽然未能发现战国之前简牍,但目前所见到的大量战国秦汉简牍,仍然有力地说明了汉字在古今形体演变过程中因书写材质的不同而产生的重要变化。

由于简牍本身作为书写材质略显粗糙,并不适宜硬笔书写,而毛笔柔软的特性恰好与简牍相应。虽然简牍形制各朝有不同规定,但一般简牍大致为20厘米长、1—2厘米宽的规格。用毛笔在如此细长的简牍上书写,对古人而言,无疑是相当局促的。成语"学富五车""汗牛充栋"正说明简牍成书体积之重。为了减轻其体积和重量,只能缩小简的宽度、长度和厚度,以及在细窄的简牍上尽量书写更多的文字。如何在细窄的简牍上书写更多的文字,唯一的办法只能是将字形尽量向左右横展,体态变得愈加扁平,如此则直接影响到隶书笔形的波磔以及字形的扁平。

不仅如此,简牍时代也正是汉字形体古今演变和今文字两大书体剧烈演变的时期。六国文字至秦而统于小篆,秦系文字中古隶亦早已萌芽,西汉篆隶递变,至东汉而今隶成熟,同时草书、行书、楷书相继产生或萌芽,至六朝则楷书大行,此后汉字书体演化进程定于楷书一宗,再无新变。又由于简牍文字遍布全国许多地区,使得我们可以直接窥见共时层面的汉字实际使用情况。如战国文字地区与地区之间所存在的巨大差异,甚至同一地区之间的文字也有诸多不同:偏旁构件较不固定;假借现象十分普遍……所以从这一方面来看,简牍所贮存的古今文字形体,足以成为研究汉字发展史的宝贵资料。

三、帛书

帛,又称缣帛,是丝织物的总称。以丝织品作为书写材质,故称帛书,又称缯书(缯亦是古代对丝织品的总称)或素书(丝帛多为白色)。

中国是世界上最早发明养蚕丝织的国家,神话传说如伏羲氏、黄帝元妃嫘祖等养蚕织丝,考古发掘如新石器时期遗址出土的蚕茧、丝织品及纺轮工具,以及甲骨文中常见的"桑""蚕""丝""帛"等字,均为明证。然此时的蚕丝乃制作衣物之用,将丝帛用为书写材质,至今难以定论。但《晏子》外篇"著之于帛,申之以策"、《论语·卫灵公》"子张书诸绅"(绅为丝织物),足以说明至迟春秋时代,已经出现将文字书写在缣帛上的做法了。而到了战国时期,记载帛书的文献资料丰富起来。然而此时的缣帛因为价格昂贵,并不能为一般人所使用①。约至汉代,帛书方较普遍为人使用,随着价格更为低廉的纸张问世,帛书使用逐渐减

---

① 古文献有丰富记载,如《汉书·高帝纪》:"书帛射城上。"《苏武传》:"天子射上林中,得雁,足有系帛书。"乐府诗《饮马长城窟行》:"呼儿烹鲤鱼,中有尺素书。"

少,但依旧行用于当时社会,直至唐朝也仍有人书于丝帛,甚至有人专门制作写字用的帛进行出售。

帛书实物资料的发掘当可追溯到斯坦因第二次探险时。他曾在敦煌发现两封帛书信件,分别约9厘米、15厘米长。信为地方官员所写,为公元1世纪物品。信文中提到了通信的困难。斯坦因还在附近发现了另外一块属于1世纪的帛书,为未着色之素帛,上书二十八字。

而帛书实物年代最早者,当为1942年9月在长沙一处叫作子弹库的地方被盗墓人发掘的楚帛书。完整帛书一件,折做八摺,置于长22厘米—23厘米的竹笈内,还有不少残缯断片。

帛书上写有墨书文字近千文,四周还用朱、绛、青三种颜色画出许多神怪图像。帛书出土后,在国内辗转倒卖,最后落入收藏家蔡季襄手中。蔡氏考证并撰成《晚周缯书考证》,于1945年春印行。次年蔡氏将帛书出售,经由美国人柯强之手流入美国兜售,今存于美国赛克勒美术馆,而留在中国的仅剩一片残缯。

而帛书实物出土最为丰富者,要数位于湖南长沙的马王堆汉墓帛书(马王堆汉墓因其出土了完好的西汉女尸而享誉世界)。1972年、1973年马王堆1、3号汉墓相继出土了大量帛书、帛画。帛书高度大致有两种:48厘米左右和24厘米左右,即整幅帛书和半幅帛书横放直写。整幅帛书折叠成长方形,而半幅者则卷在竹木条上。值得一提的是,有些帛书为了书写方便,而制成类似竹简书写的样式,先用墨笔或朱笔画好上下栏,然后用朱砂画出直行格。此外,帛书与简牍不同,经常出现一副缣帛上书写好几种帛书,且前后两种帛书之间并无明显分隔的情况。

马王堆帛书《天文气象杂占》局部

马王堆帛书非一人一时写成,因正处于篆隶递变的重要阶段,故而使用书体非常丰富。部分帛书可明显分清书体。例如,《阴阳五行》甲篇使用篆隶过渡时期的书体,以篆文结构为主,但具有一定程度的隶书意味。又如,《春秋事语》用古隶写就,因不避刘邦讳,故大致为秦末汉初。再如,《周易·系辞》则用较为规整的汉隶写成,古隶意味大为减弱。

与简牍相比,帛书因质地轻、薄,更易于存放和携带。又因其表面洁白平整,更容易吸收墨汁，字体更加清晰。而帛书幅面宽广可适用于大幅绘画书写之用。此外，缣帛纤维的伸张力，遇水膨胀性等因素，也使帛书的使用寿命更为长久。然而缣帛毕竟是贵重的丝织品，其取材和适用范围，远不及竹简木牍。故而帛书用途，大都只用于书信往来。也正是因为简帛的局限性，催生了更为便捷和廉价的纸张作为书写的主要材质。故而在帛书历史的前半段，它与简牍共生，在其后半时段，则与纸书并行。然其自身的特点，使得缣帛终究未能成为书籍载体的主流。

四、简帛制度

自有书籍以来，我国的古籍制度大致经历了三个发展阶段，即简帛、纸张、印刷三个时代。简帛时期大致为殷商至魏晋的两千多年。所以，简牍帛书是我国真正意义上最早的古籍，简帛制度也是我国古籍制度的源头，它的出现对后世中国古籍制度产生了极为深远的影响。

无论简牍是否早于帛书，纸张大量行用之前，简牍是最常用的汉字书写载体。简牍的形制决定了汉字书写心理。因简牍大都为狭细的长条，编连为一书后，为便于书写和阅读，自然就形成了自上而下、自右而左的行文方向。而纸张发明之后，不时出现更为方便的自左而右的行文方向，如此则再也不必顾虑自右而左因墨汁未干而必须撩衣的不便状况。然而因为简帛制度历时长达两千年，自右而左的行文模式和习惯已根深蒂固，一直延续到20世纪。

一些简帛使用的专名也沿用下来。如"册"字构意为若干枚简牍编连成一个独立的篇幅，印刷时代虽不需像简牍一样编连起来，但仍然将相对独立的篇幅称之为册。又因为简册编连长度有限，故而将较大的内容篇幅称之为"编"，这一说法沿用至今。而"卷"字则是因缣帛柔软不易收藏整理，故而将一端固定于卷轴之上。纸张发明之后也沿用了卷轴之制，今天所说的"卷"虽不需要依卷轴卷起，但用它来指称较大的篇幅为一卷，却来源于简帛制度。

而简帛所形成的封面、护页（扉页）、目录、页码、天头、地脚、网格等一系列书籍结构和模式，也一直影响到今天的书籍编纂和印刷。

【研究提示】

1. 考察简牍、帛书的制作方式及形制，并举例谈谈其对汉字形体演变带来的影响。

2. 了解简帛文献的主要内容及史料价值,梳理简帛学这一学科的形成过程、基本性质、研究范畴等内容。
3. 从出土地域、数量、文献时代、文字类型等方面整理历史上简牍帛书的发掘简况。

【延伸阅读】

1. 李均明、刘军《简牍文书学》,广西教育出版社,1999年。
2. 沈颂金《二十世纪简帛学研究》,学苑出版社,2003年。
3. 钱存训《书于竹帛——中国古代的文字记录》,上海世纪出版集团,2004年。
4. 李零《简帛古书与学术源流》,生活·读书·新知三联书店,2004年。
5. 骈宇骞、段书安编著《二十世纪出土简帛综述》,文物出版社,2006年。
6. 〔日〕富谷至《木简竹简述说的古代中国——书写材料的文化史》,刘恒武译,人民出版社,2007年。
7. 赵超《简牍帛书发现与研究》,福建人民出版社,2007年。
8. 郑有国编著《中国简牍学综论》,华东师范大学出版社,2008年。
9. 臧克和《简帛与学术》,大象出版社,2010年。
10. 李宝通、黄兆宏主编《简牍学教程》,甘肃人民出版社,2011年。
11. 李均明、刘国忠、刘光胜、邬文玲《当代中国简帛学研究(1949—2009)》,中国社会科学出版社,2011年。

第四节 纸及敦煌学

一、纸

1. 古纸出土

长久以来,中国人虽以四大发明引以为豪,然至今也未能确定纸张出现的具体年代。但20世纪后半叶的几次考古发掘所出土的古纸,为我们了解造纸技术及相关知识提供了一些帮助。较为著名的有如下几次:

> 1957年陕西西安灞桥出土古纸八十余张,当不晚于汉武帝时期;
> 1973年甘肃汉代金关遗址出土两片古纸,一为宣帝时期,一不晚于

哀帝；

1978年陕西扶风太白乡出土中颜纸，属西汉中期；

1979年甘肃敦煌马圈湾汉屯戍遗址出土的5件8片古纸，不晚于新莽时期；

1986年甘肃天水放马滩出土纸质地图一幅，当在文帝、景帝之世。

1990年至1992年，敦煌甜水井汉代悬泉置遗址出土了多达460余片的残纸文书，其中有汉武帝至汉成帝时期纪年文书。

1998年玉门关维修时在小方盘城废墟出土西汉麻纸残片，其中一块存有20余字，当属成帝时期。

实际上，中国古纸的发现可追溯到1901年，当时瑞典探险家斯文·赫定在楼兰遗址发现了东汉末年纸，而到了1933年则发现了早于东汉的古纸。当时的中国瑞典联合考察团成员黄文弼，在罗布泊汉代烽燧遗址发掘出长10厘米、宽4厘米的一方古纸残片，但不久惨遭战乱而化为灰烬。据考，该古纸属于西汉时期。

小方盘城出土
西汉麻纸残片

然而更令人欣喜的是，两则旁证材料或可说明古纸的年代更早。其一是1935年长沙出土了一件战国木质漆马，涂有黏性物质，上覆衬纸。其二为1975年出土的睡虎地秦简《日书》中有一"纸"字："乃煮贲屦以纸，即止矣。"

以上发掘均可证明，东汉蔡伦造纸说确实应该改为蔡伦改进了造纸术。对这些有确定年代的西汉古纸的探测可知，它们均为麻纸，且均为浇纸法所造。这种造纸法与东汉蔡伦发明的抄纸法造纸术有极为显著的差别。通过上面残存的极少的文字[1]可知，早期古纸的主要用途未必是书写。也正是这一原因，许多学者质疑西汉古纸并非真正意义上的纸张，而仅是作为包装或装饰之用，其上文字也多是随意而为。故而将包装用纸改良为书写用纸，并大批量生产、大规模普及使用，确应归功于东汉蔡伦。

---

[1] 西汉古纸发掘近六百片，然有字者却不过十数片。早期古纸属汉武、昭帝时期者，大都质地粗劣，遗存少量文字中，出现墨书药名，可大致推测当为包裹药物用纸。

2. 名义演变及由简到纸

纸在古代从字形到概念所指，均有一个演变过程。魏张揖《古今字诂》云："纸，今帋也，其字从巾。古之素帛，依书长短，随事裁绢，枚数重沓，即名幡纸，此形声也，字从糸。……蔡伦以故布捣作纸，故字从巾。是其声虽同，糸巾则殊，不得言古纸为今帋也。"又，《后汉书·蔡伦传》载："自古书契多编以竹简，其用缣帛者谓之为纸。"明确说明在蔡伦改进造纸技术前，用于书写的类似缣帛一类的丝织品称作纸，而蔡伦以树皮、旧布"造意"出来的书写材料，后人称名为"帋"。后来为避免"纸""帋"混淆，故而将本指轻薄丝织书写材料的"素帛"或"纸素"，用"素"字指称，至魏晋又称名为"绢"，而用本来为丝织物之"纸"字，指称后起蔡伦"帋"①。如此，《说文解字·系部》"纸，絮一苫也""絮，敝绵也"（段注谓早期纸当以丝絮为原料），便豁然通释。而上述出土西汉古纸，其使用浇纸法制作、未必专门用于书写等特点，也便得到了合理的解释。

笼统而言，蔡伦改进造纸术使得纸张开始普及使用，但作为书写材料的纸张究竟何时取代了简牍却并未有明确的结论。

针对不同种类的文本、文书形式，纸张普及的程度是存在差别的。一般认为，东汉末期普通书籍、书信等单纯承载文字信息的文本形式，就已经大量转换为使用纸张了。然而簿籍、诏书、其他行政文书等形式的文本，则简、纸各有分工，并且由纸代简经历了较长的演化过程。

从20世纪初楼兰遗址出土的竹简及残纸可大致推断，魏晋时期的行政公文正处于简牍向纸张过渡的时期，或者说简牍与纸并用的时期。二者使用于何种场合，从出土的簿籍资料推测，具有文档功能的可以逐件追加的书写材料，多以简牍为主，而在某一时段需要将这些资料汇总整理时，逐渐转用纸作为书写材料。此外，从遗址中所发现的习字用废纸，可以推知此时的纸张并非贵重、稀有之物。

而皇帝诏书由简变纸，最早可追溯到三国时代。如《三国志·吴书·陆凯传》注引《江表传》："臣拜纸诏，伏读一周，不觉气结于胸，而涕泣雨集也。"此为吴主孙皓公元266年用纸。然从传世文献记载，此时常用诏书仍以"版"诏为主。至西晋时期，纸质诏书才大量行用。可以看出，作为具有固定格式和形式的

---

① 梁顾野王《玉篇》："纸，支氏切，蔡伦作也。""帋，支尔切，亦作纸。"

公文类文本形式,因为行政等外在因素的制约,纸张向书写材质过渡的进程较为缓慢。

至东晋元兴三年(404),桓玄称帝,下令以纸代简:"古无纸,故用简,非主于敬也。今诸用简者,皆以黄纸代之。"至此,简帛时代结束。

3. 纸的社会意义

相对于简帛而言,纸的出现确实是人类社会的一大进步。《后汉书·蔡伦传》记载:"自古书契多编以竹简,其用缣帛者谓之为纸,缣贵而简重,并不便于人。伦乃造意,用树肤、麻头及敝布鱼网以为纸。元兴元年奏上之,帝善其能,自是莫不从用焉,故天下咸称'蔡侯纸'。"

竹简作为书写材质主宰,自殷商始沿用不下千五百年,帛书始用年代虽不可考,但亦不下千年,但具体到社会实用层面,二者均具有致命的弱点:简牍虽然取材容易,但过于笨重;缣帛虽然轻便易携带,但量少价高,难以普及社会。而纸的出现,消除了以往简帛等书写材质的局限和障碍。最早述及简纸转换的晋傅咸《纸赋》曾言:"既作契以代绳兮,又造纸以当策。夫其为物,厥美可珍,廉方有则,体洁性真,含章蕴藻,实好斯文,取彼之淑,以为此新,揽之则舒,舍之则卷,可屈可伸,能幽能显。"

魏晋时期,纸张进入官府公文写作领域。然而东晋开始,官员奏章开始用黄颜色的纸,而给王公上书则用白纸,实际上已经显示出等级差别。至宋朝则规定:"皇帝诏敕纸高一尺三寸,长一尺……余官、私纸高长不得至此。"(《庆元条法事类》)同时,颁发给任命官员的"告身"(委任状),使用大、中、小三种绫装裱的绫纸,以区分官员品级高低。到了明代,政府曾颁布"天下诸司文移纸式",即公文用纸的幅面大小需按照衙门品级裁制,若有"不如式者",则"罪之"。后来清朝的册封文书用纸,也体现了这种等级差别。如同掌握和使用文字一样,纸的使用除了工具性特点外,也被赋予了一种身份和权威。

对于古代书籍制度而言,纸的使用和普及起到了一种过渡性的作用。简帛时代,由于帛书柔软,故而使用时需要将一端固定在卷轴上。纸张大量用于书写之后,也沿袭了简帛的卷轴制度。伴随着印刷术的产生,行用千年的卷轴制度也逐渐被折叠式的册页制式所取代。此外,4世纪至7世纪的古纸宽度大致和敦煌木牍高度相符,纸上的行格线与单条简牍的宽度一致,均说明纸的制式受到了简牍的影响。

对于汉字发展史而言,纸的出现也起到了至为关键的影响。

一种新的书写材质出现,势必对其所使用的文字在构形上产生特定的影响,而汉字书体发展很大程度上也与书写材质的物理属性有关。上文提到,纸的出现消除了简帛自身对文字书写带来的障碍和局限,从而保证了汉字能够最大限度地顺应书写高效而又便捷的要求。于是,原本为了适应在细长窄狭的简牍上书写更多文字而出现的文字构形——隶书结体,无需再两侧横向延展、上下趋向扁平。此外,简牍多为一简一行的格式,而纸张由于幅面较宽广,故特别需要字与字之间形成明显的界限和区别。于是在这种要求下,方正平直为特点的楷书应势而出。当然,楷书的出现还与汉末草书笔法、家具变革以及执笔方式等众多因素息息相关,兹不赘。

二、敦煌学

1930年,陈寅恪在为历史学家陈垣撰成的《敦煌劫馀录》作序说:"一时代之学问,必有其新材料与新问题。取用此材料,以研求问题,则为此时代学术之新潮流。……敦煌学者,今日世界学术之新潮流也。自发现以来20余年间,东起日本,西迄英法,诸国学人各就其治学范围,先后咸有所贡献。"由是,敦煌学与甲骨学、简帛学、明清档案学等共誉为中国近代新史料的四大发现,中国学术史蔚然形成了四种全新的学科。而民间也流传着一种说法,将敦煌学与甲骨学、红学并称为清末以来汉学中的三大显学。

1. 敦煌学

何谓敦煌学?随着考古发掘以及研究领域的拓宽,敦煌学所指实际上包含了敦煌地区的石窟艺术、各种文书、简帛残纸,以及敦煌、敦煌周边、长城、烽燧、寺塔等各种考古遗迹。从研究的大致范围可以看出,敦煌学有别于甲骨学、简帛学等,它涉及的领域非常广,文史哲、经济、法律、社会、艺术、科技等无所不包。然其本身难以划归成单一系统、有内在规律的学科,任何一门学科也无法将其包容。故而经过一个世纪的发展,敦煌学与相关学科互相交融、渗透,共同成长。譬如敦煌简帛研究这一领域的归类。简帛本身属于简帛学,然而敦煌简帛又属于敦煌学,其他遗书、艺术、史地研究等也均带有这一特点。

日本学者池田温曾将敦煌学百年的研究历程分作四个阶段:草创期,20世纪初至20年代的探险、发掘和初步整理、介绍;生长期,20年代至40年代初各国对各自获得敦煌资料的研究;确立期,40年代中至70年代,敦煌艺术研究所成立、斯坦因所获敦煌文献微缩胶片拍摄完成,导引了之后的总括性研究;发展期,80年代敦煌吐鲁番学会成立,有力促进了敦煌学全面研究。而敦煌吐鲁番学会的成立,也使得近年来广义上的"敦煌学"一词每每被"敦煌吐鲁番学"所代替,从而拓展了敦煌学的研究范围。

其中,日本学者在敦煌学领域中的贡献尤为突出。1981年,日本学者藤枝晃在南开大学举办的敦煌学讲习班上,提到过一句话:"敦煌在中国,敦煌学在日本。"①敦煌学一词就是由日本学者石滨纯太郎于1925年首次使用的,而在之后近一个世纪里,日本学者的敦煌学研究,涉及范围极广,影响波及全世界。例如,橘瑞超对敦煌写经400余轴进行的分类编目、矢吹庆辉等人对古佚佛典和伪经的研究、榎一雄对斯坦因获敦煌文献微缩拍摄工作的推动,诸如此类的工作无疑为敦煌学在世界范围内的勃兴而起到了重要的作用。

敦煌纸卷是其中一类重要的研究对象。这批纸质文献多为魏晋至北宋800余年间的经卷、文书和画卷,总数逾五万件。涉及内容甚广,除大量佛教经籍外,还贮存了大量儒学经典、诸子、史籍、诗词小说及各种公私文书等,还包括大量藏文、梵文、粟特文、波斯文、回鹘文等文字写成的资料。从时间来看,这些遗书大致为西夏入侵时封藏于此。

2. 敦煌简史

敦煌,一座代表古代中国西部文明的城市,自古以来就是一座历史文化名城。敦煌地理位置特殊,位于欧亚大陆中心,是古代丝绸之路上的重要枢纽。早在原始社会末期,战败的三苗人就在这里扎根繁衍,春秋时期,称瓜州。

汉武帝时期,张骞出使西域,联络月氏等抗击匈奴,后来霍去病大败河西匈奴势力,为彻底阻断匈奴与西羌的联系,元鼎六年(前111),将十一年前设置的酒泉、武威二郡,分拆置敦煌、张掖二郡,并设阳关和玉门关。从此,丝绸之路的畅通得到了保障,中外贸易交通逐渐繁荣。到东汉时期,匈奴又进犯西域,经过窦固、班超等名将的努力,一次次击退了匈奴,一度中断的丝绸之路,再次通畅。

---

① 有调查指出,这句话本为南开大学吴廷璆教授呼吁年轻人改变"敦煌在中国,敦煌学在外国"的现状而提出的,后来在主持藤枝晃讲演时,为了突出日本敦煌学成就,而改为"敦煌在中国,敦煌学在日本"。

东晋建立之后，北方出现"五胡""十六国"分割、混战的局面。河西地区先后建立起前、后、南、西、北凉国，前凉改敦煌为沙州，西凉则置为国都。前凉、西凉、北凉在统治河西地区时，政治清明、经济繁荣、人民安居乐业，儒学及教育得到很好的发展，故而敦煌成为这一时期的文化中心。

到十六国时期，由于中原连年混战，河西则相对稳定，故而中原百姓大量迁入河西地区避难，同时带来了先进的文化和科技，其中佛教也空前兴盛。前秦建元二年(366)，有位乐尊和尚首开石窟供佛，举世闻名的莫高窟从此拉开序幕。此后的千百年间，莫高窟开窟造佛，代代绵延。

隋朝终结了四分五裂的南北朝时期，并将大批南朝的贵族士人远徙敦煌充边，从而又将南方的文化礼俗带到敦煌。而隋文帝又信仰佛教，在莫高窟开窟77个。隋炀帝于大业五年(609)西巡时，在张掖举办了国际贸易大会，参加国家地区达27个。

唐代敦煌继续繁荣，莫高窟开窟数量多达1000余窟，至今仍存有232窟。安史之乱后，吐蕃王朝乘机占领了河西地区达70余年，终因吐蕃统治无道而被民众推翻。

到11世纪初，党项族逐渐强大，将河西收归旗下，于1038年建立西夏王朝，由于统治者政策开明，此时的敦煌文化艺术得到了较快发展，而"敦煌遗书"也正是在西夏统治敦煌时期被封存于莫高窟之内的。后来西夏被元朝攻灭，元朝统治者连年西征讨伐，敦煌成为必经之地，经济文化一度得到了迅速发展。然而明朝时期，吐鲁番占领敦煌，明朝统治者将关西平民迁徙到关内，敦煌被迫废弃达两百年，直到清朝才逐渐收复。

3. 敦煌遗书的发现及流失

有一句俗语："成也萧何，败也萧何!"有一篇散文《道士塔》："这是一个巨大的民族悲剧，王道士只是这出悲剧中错步上前的小丑。"有一声长叹："敦煌者，吾国学术之伤心史也。"

……

这就是敦煌遗书。

八国联军攻破北京的1900年，小道士王圆箓在敦煌偶然间发现了莫高窟"藏经洞"，敦煌遗书历经千年尘封，终于又重见天日。而正是王道士的无意发现，使得敦煌学蔚然显世，但也正是他的愚昧，导致敦煌文物流失世界各地。王道士发现藏经洞后虽然筹集了一些资金,将藏经洞的流沙清理出来,并且对洞窟进行了修复,但是他毕竟胆小无知,在最初的几年中,他不断地将弥足珍贵的佛经写卷和绢画,送给官员乡绅,以打点财路,为敦煌和自己谋取前程。这些官员中,就有著名的金石学家叶昌炽,然而叶氏或以为经卷甚少,并未珍视①。更有甚者,如20世纪40年代张大千两度敦煌之行临摹壁画,为一睹壁画早期真容,张氏先剥去表层后期壁画,次剥去中间时代壁画,最后呈现的是最底层的早期壁画。然而更糟糕的事情不止如此。当中国学者如罗振玉等从伯希和手中了解到敦煌遗书出土时,上书清朝政府加以保护,但却没能说服腐败无能的清廷。直到宣统二年(1910),清政府才专门派人将敦煌遗书运往京城。途中,官绅士子用尽办法骗取用以行贿,而护送士兵懈怠渎职,没有任何防护措施,一路任其雨打水浸,甚至因路上遗失惨重而将经卷一扯为二,最后只剩下不足五分之一的残卷。

而早在1907年来西部探险的斯坦因仅用了四个马蹄银就换取了王圆箓的信任,运走了大量的汉、藏、梵、回鹘、粟特、于阗文写本、卷轴及美术珍品。据统计,斯坦因将约7000卷藏于英国图书馆中,至今保存完好。第二年,精通汉语的法国考古学家伯希和,以500两银子攫取了藏经洞内的精华,其价值远在斯坦因所得之上。然而伯希和的这次翻检选择,将本来已经搞乱的卷帙包裹悉数打散,敦煌写卷再也无法复原。伯希和所得3000余卷,藏于巴黎国立图书馆。其他国家中,如俄(俄国亚洲民族研究所藏约10000卷)、日(日本人所获400余卷)等国探险者也陆续从敦煌掠取了大量珍贵的文物。而中国北京图书馆仅残存9871卷,另有2000卷敦煌遗书散落于十数个国家的约三十个机构及私人手中。这些敦煌文物,至今还完好无损地保存在各自国家的文博场馆中,且一直成为推动世界敦煌学研究的有力推手。

20世纪五六十年代以来,英、法等国陆续将所藏敦煌写卷拍摄缩微胶卷,并且将清晰图版公布,编印成《英藏敦煌文献》《法藏敦煌文献》《俄藏敦煌文献》等著作,世界各地大型图书馆均有收藏,国人不需费尽周章,便可近距离共享各国所藏敦煌宝藏。

---

① 传闻叶氏曾建议由政府出资保护敦煌宝藏,然而因为经费不足而作罢。实际上史料并无相关记载,或为尊者讳尔。

4. 敦煌文献的价值

敦煌文献之所以称为宝藏，就是因为其珍贵的文献价值。通过这些遗书，可以探究到当时社会生活的方方面面。

比如语言文字方面，多达五万件的文献资料，不仅记录了当时活生生的、但今天已经消亡无考的各种语言文字，比如粟特语、于阗语，就连今天存世的其他语言文献，诸如藏文、梵文等，也无法与敦煌贮藏所媲美。

而历史上曾经存在过的思想、信仰等也可以从敦煌文献中窥测一二。比如"三阶教"，这是隋唐时兴起的教团组织。由于主张不膜拜佛像，认为众生即是真佛，与当时佛教理论很不协调，因此受到政府及其他教派的不断攻击，最终灭亡。传世文献少有记录，幸而敦煌遗书保存了大量有关资料，让今天的人们可以感受到历史上存在过的"三阶教"的观点、学说。

顾颉刚曾经提出过"层累的古史观"，也就是说时代愈后，传说的古史期愈长，中心人物也就愈放愈大。在资料不够充分的情况下，历史往往就是胜利者所书写的历史，很多对胜利者不利、但真实的历史往往被屏蔽和掩盖。所以敦煌文献的出土，一定程度上揭露了胜利者作伪的历史。比如后来佛教历史基本上是由南宗禅所书写，而敦煌资料的发掘，让我们看到了禅宗中许多附会、虚假的历史。

再如，写卷中曾发现的希伯来文《旧约》数章及《历代法宝记》所提到的佛教批判的摩尼和耶稣故事，均说明当时中国曾出现过摩尼教、天主教及与佛教之间竞争的局面。这也就要求我们对待历史要将视野放宽。

最后，也是传世文献所不容易见到的，即敦煌文献贮存的当时的日常文化现象。大量敦煌文献出自下层官吏、僧徒和普通百姓手中，这类文献所记录的并非经典，而是与日常生活息息相关的各种资料，这类资料让今天的人们可以直观地看到当时人们的日常生活状态。比如敦煌文献中所见的大量"杂抄"（或名"随身宝""益智书"）类卷册，这类册子或为时人吟诗作赋时应急用的集锦，或为上流社会交际中用到的基本礼仪。这就可以说明，尽管隋唐科举制兴盛，但日常礼仪和才情素养却得不到培养，只能靠随身携带小册子现学现用。

【研究提示】

1. 品读余秋雨的《道士塔》，考察敦煌遗书的发现、流失、保存等方面的情况，共同感受敦煌宝藏的思想文化史价值。
2. 思考纸张的出现带来的社会意义，并谈谈纸张对汉字发展史产生了哪些重要影响。
3. 造纸术被誉为中国"四大发明"之一，考察古代造纸技术的发展演变，尤需注意由绢帛到纸张的演变过程，并从中探悉中国书籍制度的演进历程。

【延伸阅读】

1. 潘吉星《中国造纸技术史稿》，文物出版社，1979 年。
2. 林家平、宁强、罗华庆《中国敦煌学史》，北京语言学院出版社，1992 年。
3. 刘进宝《敦煌学通论》，甘肃教育出版社，2002 年。
4. 荣新江《敦煌学新论》，甘肃教育出版社，2002 年。
5. 姜亮夫《敦煌学概论》，见《姜亮夫全集》，云南人民出版社，2002 年。
6. 李并成主编《敦煌学教程》，商务印书馆，2007 年。
7. 〔日〕池田温《敦煌文书的世界》，张铭心、郝轶君译，中华书局，2007 年。
8. 杜石然等编著《中国科学技术史稿》，北京大学出版社，2012 年。

第三章
美学元素

符号性、工具性之外,汉字本身还具有丰富的美学元素。汉字不仅构形巧妙,形态优美,极富艺术表现力,而且内涵丰富,蕴含了中华民族的哲思和情感,体现出独特的审美意识和价值取向。

从形式来看,自甲骨文至今天的楷书,汉字书体经历了漫长而又复杂多样的演变过程,金文、大小篆、古今隶、草书、行书,其间夹杂各种艺术变体,如鸟虫书、蝌蚪文等,或庄重,或柔美,或圆润,或方折,形态各异,姿态万千,呈现出独特的艺术风格。

从性质来看,汉字是一种表意性质体系的文字,无论是由线条构成的古文字,还是演变为由笔画构成的今文字,表意性贯穿于汉字发展史始终。东晋女书法家卫铄《笔阵图》曾言:"横"如千里阵云,"点"似高山坠石,"撇"如陆断犀象之角,"竖"如万岁枯藤,"捺"如崩浪奔雷,"努"如百钧弩发,"钩"如劲弩筋节。显然,汉字书法艺术的形象性特征,是与汉字表意特征所分不开的。

"、"米芾书　　　"丿"沈周书　　　"弋"王铎书

然而需要注意的是,汉字象形与书法艺术的形象性,性质迥然有别。象形是汉字的"造字方法"之一,根据事物的外形特征描摹而来,其所"创造"的字具有较稳定的规范字形。然而书法的形象性特征则是将书写的汉字与特定的艺术形象联系起来,赋予个人的情感倾向和审美判断,是一种可以根据要求加以变化的

动态艺术。

最后,从构形上看,汉字构件的组合方式虽极为多样,但都讲究结构的均衡和对称。早在甲骨文、金文时期,人们就已经注意到这一点。而小篆对结构上美感的追求则达到了非常高的程度,许多原本结构不对称的字形,经过小篆加工改造,变成了对称结构,比如"非"字金文形体作"❏",经过小篆改造后则左右对称作"❏"。对称结构的字形自不待言,即便包孕结构或其他结构,汉字构形也总能以最符合力学原则和视觉审美心理的方式呈现。

第一节 书法

汉字形体的演变,直接作用于书法艺术,推动着书法艺术不断发展。而书法亦与社会、民族、文化密切相关,它的发展演变,又会对汉字系统产生重要影响。

(一) 文字与书法的关系

文字是书法得以产生的基础,而书法又是文字书写的一种艺术表现形式。二者关系密切,但又性质分明。其最大的不同点在于,文字是一种交际工具,工具性和实用性是其最重要的特征,而书法则是一种艺术,带有极强的美学特征和艺术色彩。基于工具性特征,文字要求具有较强的稳定性,并且需要有规范的形体,在一定时空场合中,可以适应全社会的交际需要。相对地,由于追求艺术美感,书法往往体现出独具一格的创新性,不落俗套、出奇制胜、个性色彩成为书法者追求的目标。

广义上,任何文字均可以成为书法艺术产生的土壤,以前人们认为只有方块汉字才能产生书法艺术的观念是不对的。虽然不能与中国书法所具有的丰富的精神文化内涵相比,但拼音文字也讲究书写的美感与韵味。比如在印刷术传入之前,希腊字母、拉丁字母等均有相应的种类繁多的各种手写体,并且在古代欧洲、中亚等地,将字母进行加工和变形,可以用在各种艺术作品中,比如将《圣经》《古兰经》等经典文献中的字句书写或制作到丝织物上,就是当时重要的装饰品。

然而汉字在书法艺术发展中的作用,是其他文字所不能比拟的。任何民族的文字,只要融入了汉字文化因素,就会孕育出该民族的书法艺术。这一点在属于汉字文化圈中的国家那里尤为明显。然而,中国书法之所以能在世界各民族书写艺术当中独树一帜,皆因其所依托的汉字构形特点。汉字是中国书法艺术的载体,书法蕴藏于汉字的形体之中,并且与汉字的构造和发展规律密不可分。

相对于拼音文字的二三十个字母,汉字形体的基本构成单位——笔画虽然只有六种,然而其合成的构件则多达六百余个①。从排列组合方式上来看,拼音字母只有横向组合,而汉字构件的组合方式极为多样,包括左右、上下、包孕等十数种。众多因素②的共同作用形成了汉字丰富多样的视觉形象。除此之外,汉字数量丰富的异体,构件位置可以根据要求变换挪移,笔画也可以增减伸缩等,均是促使中国书法繁荣的重要因素。

(二)汉字起源与书法产生

"朱书陶扁壶"原件与描图

大致而言,汉字书写方式有两种:写和刻。甲骨文是用刀在甲骨上契刻的文字形体,属于"刻"的方式,而同时期的典籍则是用毛笔书写在简册上的,可谓真正意义上的"写"。实际上,从仰韶文化等遗址出土的彩陶纹饰可以推断,用于涂画的类似刷子的用具,极有可能早于文字产生。随着制笔、制墨技术水平的提高,以及先民在涂画纹饰的过程中,逐渐掌握了用笔方法,在公元前两千年前,真正用毛笔书写的文字出现了,山西襄汾陶寺出土的朱书陶扁壶可资为证。李学勤推测该器物上的文字是用毫端粗大而柔软的毛笔写成,平面、凸面均有字。凸面文字为"文",其四笔笔顺应与今天书写习惯一致,且是以右手写成,上面的左笔短劲刚直,右笔用了一点捺力,从而中段粗于末端,下面左笔偏长而提起,以致下截弯细,右笔使力更匀,收笔显出了毫锋。

而"刻"写文字中较早体现出书法色彩的当属山东邹平丁公陶文和江苏高邮龙虬庄陶文。二者年代大致相当,在前两千年左右。二者的共同特点是,使用连笔把一些线条连刻,绵延回转。龙虬庄陶文部分文字还带有"衍画"——饰笔,如"朱尤"二字作"朱尤",最下一横即是饰笔。而从刻写方式和布局来看,当

---

① 傅永和《汉字部件的数量及字形》(《语文建设》1991 年 12 期)一文统计出汉字的基本构件共 648 个。
② 其中,使用柔软而富有弹性的毛笔蘸墨书写,是中国书法得以繁荣的重要的因素。通过毛笔的提按、顿挫、缓急的节奏而产生优美的韵律,汉字书写方得以成为书法艺术。

时人已经考虑到在刻画成文时应有的艺术要求,并对刻写一定形状的陶片有着相当丰富的经验,能在径寸之间随兴发挥。

由此,书法的若干因素,在前两千年前后的时间里,已然非常明显。简言之,中国书法当是伴随汉字的产生而出现的。

(三)书体演变与书法繁荣

汉字是中国书法艺术产生的直接源头和唯一载体。从甲骨文、金文、篆文到隶书、草书、行书、楷书,书体的每一次演化,都为书法提供了进一步发展的基本条件。

1. 甲骨文

甲骨文是中国已知最早的成体系的文字,汉字的方块结构就是由甲骨文来奠基的。在殷商甲骨文时代,中国书法的三个基本要素:用笔、结字、章法,已然出现。郭沫若曾在《殷契粹编》中提到:"(第1468片)刻而又刻者数行,中仅一行盖精美整齐,余则歪剌几不能成字。然此歪剌者中,却间有二三字,与精美整齐者之一行相同。盖精美整齐者乃善书旁刻者之范本,而歪剌不能成字者乃学书学刻之摩伎也。刻鹄不成,为师范者从容捉刀助之,故间有二三字合乎规矩、师弟二人蔼然相对之态。情如目前。"这一结论明确说明,将汉字书写得整齐美观的观念,甲骨文时代既已出现。而且根据卜辞可知,这一时期也已经出现了专门的甲骨文书写者。学者在此基础上,将甲骨文的书法风格大致划分为五期①:

(1)雄伟期:自盘庚至武丁(盘庚之侄、小乙之子)百二十九年时间,书法风格雄浑有力,大字气势磅礴,小字秀丽端庄,起笔圆润,收笔则较尖。

(2)谨饬期:自祖庚至祖甲(二人均为武丁子)四十年,书风谨饬工整,变化不大,虽有意承袭前期雄伟之风,但已不可同日而语,更显凝重静穆。

(3)颓靡期:自廪辛至庚丁(二人均为祖甲子)十二年,书风每况愈下,较为颓靡草率,不仅全无章法,颠倒错讹亦甚多。

(4)劲峭期:自武乙至太丁(二人分别为庚丁子、孙)七年,太丁是位中兴君主,书法风格直追武丁时代雄浑景象,线条虽较纤细,但却刚劲峭拔,粗犷多姿。

---

① 郭沫若在《殷契粹编·自序》中说:"卜辞契于龟骨,其契之精而字之美,每令吾辈数千载后人神往。文字作风且因人因世而异,大抵武丁之世,字多雄伟,帝乙之世,文咸秀丽……固亦间有草率急就者,多见于廪辛、康丁之世,然虽潦倒而多姿,且亦自成其一格……足知存世契文,实为一代法书,而书之契之者,乃殷世之钟、王、颜、柳也。"而沃兴华在《上古书法图说》中则概括为奇肆型、劲峭型、雄浑型、委婉型、疏放型五种风格特征。

(5) 严正期:自帝乙至帝辛(二人分别为太丁子、孙,帝辛即商纣王)七十年,虽然社会疲敝动荡,然而书法风格却较为严谨规整,大字豪放,小字隽秀,虽不能与前一期的刚劲峭拔相比,但亦不与社会颓敝之风相同。

概括来看,甲骨文结体大致以长方字形为主,结构上疏下密,左右较为对称均衡,整篇卜辞用字,大小错落相间,灵活多变。

由此,甲骨文时代,书法中的雄浑、劲峭、圆润等美学范畴已然出现,加上特定的烧灼、契刻程式,行款也呈现出对称均衡之姿,辅以朱、墨涂填,甲骨文字"书写"已然上升为一门艺术。

2. 金文

根据青铜器纹饰及铭文风格的不同,郭沫若在《两周金文辞大系》中将殷商时期的金文书法,划分为滥觞期与勃古期。其中,勃古期的时间又延至西周初年的昭王时代(之后是开放期和新式期)。不过,由于商代单篇铭文字数往往较少,大都只有一二字,且多与相关图案配合在一起,文字的用笔和结构大都经过修饰加工,象形程度较高。这一情况到了西周金文中逐渐发生了变化。线条化、规范化成为西周金文的主要特点。

总体来看,由于铭文是由浇铸方式制成,商周金文书法与甲骨文书法相比,更显雄浑厚重、规整严谨。尤其是线条化、结体特征和章法风格方面,金文书法显示出了独特的书风,对后世书法发展产生了重要影响。

(1) 线条化

裘锡圭在《文字学概要》中说:"西周金文形体演变的主要趋势是线条化、平直化。商代晚期和西周初期金文的字形,象形程度仍然比较高,弯弯曲曲的线条很多,笔道有粗有细,并且还包含不少根本不能算作笔道的呈方、圆等形的团块,书写起来很费事。为了改变这种情况,就需要使文字线条化,平直化。线条化指粗笔变细,方形、圆形的团块为线条所代替等现象,如'天''王''火'。平直化指曲折象形的线条被拉平,不相连的线条被连成一笔等现象,如'佳''马''贝''自'。经过这些变化,文字的象形程度显著降低,书写起来就比较方便了。"

线条化的趋势,说明了商周时人,尤其是周人意识到线条曲折之美,原本图画式的构形,以及简率的直线条构形,被曲线加以改造。这一改造所带来的变化的、运动的美感,突出了实用文字的审美价值,文字的象形装饰性被书写方面的审美所取代,字形组合呈现出一种连贯、均衡、极富张力的意蕴。

(2) 仪式化

金文字体之所以呈现出结体端庄、稳重大气的特点,是与青铜器特殊的使用场合分不开的。青铜礼乐器多用于战争、祭祀等庄重场合,是权利、身份和地位的象征,上铸金文往往明言传之后代,"子子孙孙永宝用"。所以,使用场合的庄严郑重,铭铸方式及工序的复杂,使得金文形体刻意追求理想的书写效果,不能过于简率、潦草,无论是在线条匀称方面,还是在行文间距、所占空间位置方面,均具有一定的规范性和仪式性。而这其中,作为沟通媒介,同时兼具美化修饰功能的金文,受到了高度重视,便具有了神圣其事、庄严稳重的风格。

(3) 规整化

宗白华在《中国书法中的美学思想》一文中说:"中国古代商周铭文里所表现的章法美,令人相信仓颉四目窥见了宇宙的神奇,获得自然界最深妙的形式的秘密。"章法和布局方面,金文逐步规整化。与甲骨文相比,金文行文主要是自上而下、自右而左排列,各行间距相同,首尾基本保持平行,整体布局呈现方形,这一点尤其体现在西周长篇铭文上。显然,这种布局和章法确属有意为之。

商周金文,尤其是西周时期金文在线条、字形、章法等方面所追求的程式化、规范化,推动了汉字书风在形式美上的发展倾向。在这个过程中,线条式样和书写方法渐趋稳定规范。进入春秋时期,对汉字书写的形式美的追求达到了非常高的程度。

3. 篆文

广义上,甲骨文、金文均可包含在篆文中,但本节所谈篆文专指狭义上的大小篆。《说文解字》"篆,引书也",一语点明篆文的用笔特征,即拉伸、屈曲线条而形成的书体。不仅如此,"篆、引"还要求篆文书体线条粗细相同,排列间距相等,空间位置组合匀称。上文提到,商周时人已经意识到文字书写可产生艺术审美的效用,故而金文中简率朴素、平直方折、不够圆转的线条,便用屈曲、粗细均等的线条取而代之。例如构件"口",金文形体多作不规则的圆形,篆文加以改造后,不规则的圆形变成棱角磨平的方形,或将两侧竖线条延伸出来(如金文"商""𦥑"二字,篆文字形作"商""𦥑"),简单明快被绵连竖长取代,符号美和书写美的信息更为强化。

大篆书体工整规范,又不失厚重庄严。相较金文,大篆形体结构相对稳固,笔顺、笔数等均较为稳定,线条的排列组合更趋严密。其实物代表为石鼓文。它是大篆向小篆的过渡性书体,并且代表了秦朝统一全国之前秦国的标志性文字。石鼓文用笔起止均为藏锋,形体圆中寓方,上密下疏,转折处竖画内收而下行时逐步向下舒展,凝重稳健,庄严规整,雄浑古朴。石鼓文被誉为"书家第一法则",成为历代书家练习篆文的重要范本,在书法史上有着承前启后的作用。

在秦朝一统之前,小篆已然出现,小篆是在大篆的基础上发展而来。其与大篆之间虽无截然的界限,但却独具不同的风格。同大篆相比,小篆线条化、规整化程度更强。用笔上,小篆线条更显细瘦,线条粗细更为均匀,方折笔形完全被圆润笔形代替。结体上,小篆更显圆长,左右对称更为工整均衡,上密下疏更为明朗。布局上,章法更显严谨整肃。书法艺术伴随汉字产生以来,历经早期汉字、甲骨文、金文、大篆、六国文书风的积淀,至小篆达到了古文字书写形式美的极致。秦朝的李斯和赵高,也正是因为其善书小篆而地位愈高。值得一提的是,李斯所书写的几方秦代刻石,也是书学史上将书家姓名载入书法作品中的最早用例。

进入西汉,虽然小篆作为官方正体的地位没有改变,但由于隶书的勃兴,使得这一时期的篆文发生了较大变化。以隶入篆、篆隶杂糅,此时已经不再是严格意义上的"篆"了。到了东汉,这一趋势愈演愈烈,尤其是各种篆法的使用(如"垂露篆""悬针篆"等),使原本实用性较强的篆文,已然成为徒具装饰作用的艺术品。至唐代楷、行、草书大为盛行,在此背景下,篆文掀起了一股微弱的复古之风。尤以李阳冰为代表。他取法秦代小篆,稍加变形,字体趋方,线条均匀,圆淳瘦劲。他还刊定许慎《说文解字》为二十卷,不仅对原书释义说解刊削,而且对原本篆法加以改造。此后,《说文解字》原本渐渐消失。

然而,从篆文的发展历程也可以得知如下一点,即任何事物只要追求过度典雅,势必就会走向呆板和机械。当秦始皇颁布"书同文"政策用小篆一统天下文字时,小篆的官方地位得到最大保障。作为一种官方规范书体,小篆在书写风格上,越来越固化,谨严和守成严重打击了小篆书家的创作个性,书写风格的求新求异渐成死穴。艺术性逐渐被刻板和僵化所取代。在此情形下,一种超越古文字书写风格的新书体——秦隶,便以其活泼自由、草率急就而冲破了小篆的樊篱,大量行用开来。

4. 楚竹书

楚文化在中华文明史上独具一格,战国时代楚地所使用的文字,就是其重要的代表。然而由于楚国简牍实物资料距今重新发现不过数十年，故而书学史上鲜见楚文字的身影。本节暂以楚竹书代称战国时代楚地文字。

不可否认的是，作为一种成熟的手书墨迹，楚竹书是迄今为止中国发现的最早的成体系的简牍书墨迹，在书学史上的意义尤为重要。

首先，它承续了甲骨文锋颖的尖利纤露和金文的曲线张力。楚竹书用笔爽利，落笔露锋，绝少藏头护尾，所谓"锐末丰中"。同时，由于使用毛笔书写，故而曲线张力更大，线条内部也增加了很多提按的变化。

其次，楚竹书用笔与晋国盟书、秦国简牍遥相呼应。晋系文字与楚文字南北呼应，虽然地域文化迥异，然而风格却极为接近，比如鸟虫篆风格、"锐末丰中"、字形趋于方扁、笔法提按顿挫等。

最后，一直以来，学界又将楚竹书和后来的隶变联系起来。郭沫若曾言楚文字体式简略、形态扁平，接近于后世隶书。唐兰亦以为六国文日渐草率，正是隶书的先导，时贤则不偏不倚，认为隶书确实受到楚地文字影响。

然而，楚竹书书风的最大特点还在于其浪漫写意风格。楚地文字与其他文学艺术方面相同，力求不同于周秦正统文字那种凝重、浑厚、质朴的实用性。自由、轻松、空灵、秀逸，曲线的张力和字形的敧侧，使得楚竹书成为先秦书法史上独具一格的艺术奇葩。然而在政治大一统的秦朝，楚文化的汪洋恣肆被一扫而光，代之而起的是的规范、统一的小篆。幸运的是，暴秦仅仅维持了十五年。当楚国旧地的刘邦、项羽推翻秦朝之后，文字政策上的宽松，使得楚地文字余风直接影响到趋向简约和便易的社会日常使用书体——隶书。楚竹书的美学范式也因此得以延续，成为中国书法艺术史上不可或缺的重要一环。

5. 隶书

春秋战国时代社会变革剧烈，文字也随之发生了重要变化。各诸侯国文字异形，俗体大量涌现，对西周以来的社会通用正体文字产生了巨大的冲击，文字象形性逐步解体，终于一种新的书体——隶书逐步登上汉字发展史的舞台。隶书萌芽于春秋末战国初，是在大篆草写体的基础上逐步产生的。小篆统一六国文字也对隶书的最终成熟起到了一定的作用。汉字从篆到隶，中间这一过程称之为隶变。隶变使得汉字的象形性被符号特征所取代，故而被看作古今文字的分水岭。

在社会实际交际过程中，古文字形体的象形特征，尤其是篆文的线条化越来越不适于实际需要。虽然篆文规整化、秩序化、统一化达到了较高水准，但是文字的实用性和工具性使得篆文字形结构和书写方式却被不断加以改造,隶书就是在这一改造过程中应运产生的。

隶书经过了两个发展阶段:古隶和今隶。按照成熟隶书的角度来看,古隶是处于未成熟时期的隶书。时间跨度自战国至西汉中期。虽然秦朝及西汉政府规定的官方书体是篆文,但处理一般公文及日常使用时,古隶则颇为流行。从近年来出土的四川青川战国末期木牍、甘肃天水秦简、湖北云梦睡虎地秦简、长沙马王堆汉墓帛书、山东临沂银雀山汉简等实物资料来看,古隶已然成为社会实际用字的主流。从上述出土文献也可以看出古隶结体逐渐由纵长转向正方和扁方,用笔上也由圆转变为方折,并有了疾缓轻重的变化,秦简中更是出现了笔法上的"波势"。尽管有了上述变化,但这时的隶书仍然带有较强的篆文意味,或者说篆隶相参,整体风格显得率真、稚拙而又古朴。但这一情况至西汉中期以后发生了明显变化。

从实物资料尤其是汉碑用字可以看出,西汉后期至东汉是隶书定型期。此时的隶书脱尽了古隶的篆意,完全取代了小篆而升为官方正体文字。河北定县八角廊汉墓竹简属于西汉后期文献,从笔锋藏逆、波磔使用及结体构形来看,竹简上的文字体势竟与东汉后期成熟的今隶基本一致。今天所能见到的大宗成熟汉隶资料,当属东汉墓碑。整体来看,成熟汉隶结体规整,均呈扁方。用笔上,起笔顿势下垂,收笔上挑十分明显。无论捺脚、左下方斜笔撇,抑或较长横笔,还是竖折笔,收笔均略上挑,波磔之姿尽显。相比古隶,成熟隶书的规范性大为提高。

一般认为,象形表意特征是汉字独特的审美价值所在,但是隶书用笔画将古文字这一特征尽皆去除。然正因如此,隶书恰好摆脱了所谓"具象"的束缚,为汉字书写的多样性提供了可能,从而大大丰富了汉字书法的形式之美。隶书在书法史上的意义可简要总结为三点:

(1) 结体和笔法上的承上启下。结体上,变易古文字纵势为横势,由长方体演变为扁方形,并开启了今文字定型书体——楷书结体的序曲。汉字在实际使用过程中,逐渐形成了符合汉民族文化和心理的体势,隶书是这一历程中承前启后的重要阶段,经过六百余年的发展演变,汉字最终定型为正方体势。而笔法上,篆体中没有出锋,转笔采取圆转线条的方式,故而形成了没有方折的特点,但隶书改变了篆体这一特点,新创了波折和出锋,变篆体均匀圆转形态为横向波折的方折格局。这不仅成为隶书最独特的书写风格,也影响到了后来楷、行等书法创作中的转折和出锋。

(2) 奠定了今文字最小构成单位——笔画的基础。古文字是由线条构成的,而今文字则是由笔画构成的,这也是古、今文字之间的一个重要区别。隶书以抽象的笔画代替了象形的可随意屈曲延展的线条,逐渐发展出横、竖、撇、点、折、捺等今文字的基本笔画形态。最终到楷书时期,今文字笔画系统完全成熟。笔画的出现,奠定了之后书法笔画变化的基础,使得汉字书写方式产生了质的飞跃,丰富多样的笔法变化和创新也才成为可能,这也是中国书法得以屹立于世界艺术之林的基本条件。

(3) 隶书为今文字其他书体的产生和发展开辟了道路。隶书演进过程中,实际书写时的草率化,孕育出了章草,而成熟隶书的流行,又催生出行、楷书的笔形。关于这一点,下文有述,兹不赘。

6. 草书

草书以其最具奔放活力、最能体现事物的动态美而独步于书法之林。今天书法上所言的草书,实际指的是以楷书为基础的草写体,而从文字学角度,可以作为社会交际工具使用的却是汉代章草和汉魏之际成形的今草。这里需要注意,广义上的草书泛指一种书写方式,即正体字的草率写法,任何一种正体文字在理论上都应该存在草写体,比如草篆、草隶(章草也是隶书草体的一种)等。囿于资料匮乏,并不多见。

湖北江陵张家山汉墓出土的《二年律令》(吕后二年,前186)抄写者题名"郑欵书",三字为目前所见最早隶书草写体,我们暂称之为草隶或隶草,而江苏连云港尹湾汉墓出土的西汉晚期《集赋》《神乌傅》已然是成熟的章草作品。章草由汉初隶书草写体逐渐发展而来,所以其与隶书之间存在某些近似的特征。如在体势上均取扁方,笔法的波磔也多有相通之处,但在构形原则和理据方面则存在差距。具体而言,章草简化了隶书形体中的一些复杂笔画,在整字对立区别性中不起主要作用的笔画或构件则加以省略,同时部分笔画之间或构件采用连笔的书写方式。隶书取代篆文成为社会通行书体,去掉了汉字的图画色彩和象形特征,汉字符号性大为提升。而章草在隶书基础上的新变,对汉字象形特征的弱化程度又深一步。但因为章草书写更为迅捷,且保留了隶书字形的区别性特征,故而并未妨碍实际交际。

伴随着行书的出现,章草日渐失去了其实用性上的优势,尤其是其扁平体势和仍然存在的波磔笔法,令书写速度无法与行书相比。于是魏晋之际,逐渐被新兴的另一草书字体——今草所取代。今草是在隶书纵势书写的基础上萌芽的。

为使手指与手腕书写用力更加舒适,以及更符合简牍材质的执持方式(左手持简牍,其倾斜度大致与水平面呈 30°–60°角之间),纵势书写逐渐流行开来。这一点也可以说明,今草并非完全是源于章草而生。今草将隶书及章草的波磔尽皆去除,变波磔为点画,变部分横画为点画,变折笔为圆笔,同时又吸收了行书体的笔法,书写速度大为提高。此外,在连笔方面,章草字字独立,且字内连笔并不太多,而今草大量运用连笔笔法,有时一字即可用一笔完成,有时字字之间亦用连笔相接。

王羲之《初月帖》局部

总而言之,构形之简与笔法之连,成为草书最主要的书体特征。草书虽是为了方便社会交际需要而产生,但却将书法的写意性发挥到极致。也正因如此,今草在实用性上的局限越来越大。尤其是整行内字字连带,一些具备区别性的笔画和构件被取消,或者转换为其他笔形,使得草书逐渐脱离了实际交际,从而被推上了单纯的书法领域,最终在唐代发展出汪洋恣肆的狂草。草书也成为最能表达和抒发书家情感的书体。

章草代表作如三国时吴国皇象《急就章》的松江本(参"书体流变"一章的"草书"部分),字体略带隶书笔势,字字之间互相区别,不相纠连。

怀素《自叙帖》局部

今草代表作如晋代王羲之《初①月帖》《得示帖》等。《初月帖》结体大小不一,平正长短无定,较章草已然去除隶意,虽字字之间偶有接连,然字形结构仍可识别。

狂草代表作如张旭《肚痛帖》《断千字文》、怀素《自叙帖》等。《自叙帖》几乎一笔写成,偶或不连,仍不易辨认。张旭狂草作品中字形变化更为繁复,常一笔数字,隔行之间气势不断,更难辨认,故书家言学草书以张旭最难。

7. 行书

张怀瓘《书断》卷上云:"正书之小讹,务从简易,相间流行,故谓之行书。"明代

---

① 王羲之祖父名"正",为避讳而改"正月"作"初月"。

王绂则认为:"简易参错,有真意流行乎其间。"前人所论行书,如同今天书法中的草书一样,实际指的是以楷书为基础的行书结体。而从文字学角度来看,行书在楷书之前就已经产生。传统观点认为:行书是介于楷书与草书之间的一种书体,偏于楷书者称为"行楷",偏于草书者称为"行草",这一观点实际上有待完善。

书法上有所谓"四体"之说:篆、隶、草、楷,但并无行书的地位。卫恒《四体书势》对四体详加论述,独将行书附于隶书目下:"魏初,有锺、胡二家为行书法,俱学之于刘德昇,而锺氏小异,然亦各有其巧,今盛行于世。"恰好说明行书乃源于隶书而生。

实物资料显示,行书的出现确在隶书和章草之后,是东汉时期介于社会正体字(隶书)和草写体(草书)之间的新书体。东汉后期,虽然隶书仍是社会正体文字,章草也仍然具有书写上较为迅捷的优势,然而由于隶书纵势书写的日渐流行,以及今草逐渐萌芽,章草和隶书的波磔逐渐成为阻碍社会实际交际的障碍。于是,在这一背景下,一种变通的新书体——行书逐渐形成。行书本称作"行押书",原当由画行签押发展而来。行书在结体上,较草书更为方整;构形上,也改进了草书省减笔画和牵丝连笔的弊端;而在笔法上,又脱去了隶书的隶意,故而最切于实用。正是在行书和隶书的共同影响下,今文字最终定型为楷书书体。实际上,汉末至魏晋之交,隶书、章草、行书、今草、楷书等数种书体通行于世,交相作用,互为影响,每一种书体对于其他书体的萌芽、产生、发展或消亡,都产生了不同程度的影响,书体之间也并非单线式的发展演变。

在连年割据战乱、社会风气崇尚自由及纸张大量行用等诸多因素的作用下,行书发展至东晋王羲之、王献之父子达到了最高峰。王羲之"增损古法、裁成新体",王献之"尽变右军之法而独辟门户",脱尽了汉魏行书所存留的隶意。

世传王羲之《兰亭序》天下行书第一、唐代颜真卿《祭侄稿》为第二,还有第三、四、五等。然而仔细推究可以发现,这些书迹均无法用纯粹意义上的行书书体来定义。行书大都与楷、草相间,在用笔上灵活地借用了楷、草、篆、隶的笔法,故而"书无定形而体势多变"就成为对魏晋行书书风特征的描绘,大而言之,则是对行书书风的总结。

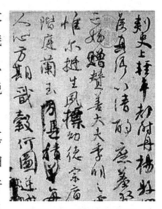

颜真卿《祭侄稿》局部

唐代怀仁《集王字〈圣教序〉》，搜罗王羲之书法作品中的标准行书形体，使之成为行书书法定本，将书体的规范性与书法的艺术性结合起来，对唐代及之后的行书产生了深远的影响。然而程式化的行书已然不是书法艺术，故而对真正的书法家而言，尤其是唐宋时代的几位书法大家，其行书作品直接承继的是魏晋时期并无定法而姿态迥异的行书，而非固定化的"集字"。

8. 楷书

楷书萌芽于东汉末年，产生于魏晋，成熟于南北朝隋代，定型于唐代，沿用至今天。在其产生发展过程中，有三个因素产生了重要的作用：首先就是隶书、章草、今草等诸多书体对楷书笔法及结体特征的影响；其次是东汉所改进的造纸术，使得纸张在两晋时代逐渐取代简牍成为更实用的书写材质；再次就是家具变革所带来的执笔及书写等方式的变化。这几大要素的综合影响，促成了楷书的成熟与繁荣。然而也正是因为这几大因素至今并未再有新的显著变化，故而楷书一直沿用至今，并未能变生新的书体。

初期的楷书，仍然残留部分隶书笔意，结体略宽。三国魏钟繇所写楷书，如《宣示表》《荐季直表》等，结体宽扁，横长竖短，古朴厚重，虽隶意略存，但楷法大备。至东晋王羲之，不仅行书天下第一，其楷书也尽去汉隶遗意。王氏改变古法，包括钟繇楷法，将质朴古拙而又略带隶意的初期楷书，变为内蕴劲健古雅、外貌妍丽姿媚的晋楷。经过王氏父子的努力，晋楷终于成为楷书书法史上的第一座高峰。

隋唐天下一统后，楷书南北合流，统一、规范的楷书才得以正式出现。此时楷书的八种基本笔画已经确立，笔势、笔顺也基本确定。伴随初唐虞世南、欧阳询、褚遂良，中唐颜真卿，晚唐柳公权等诸书家的书法创作，以及对楷字规范所做的努力，兼具艺术性与规范性的唐楷最终定型。历史上，再无其他时代可与唐代书家在汉字发展史上的意义相媲美。在这一过程中，唐代科举取士催生了字样学的繁荣，而字样学的繁荣又作用于楷书的定型，使得有唐一代书写正确、规范、优美的楷书成为求取功名的必要条件，也为后代楷法及科考提供了范式。不仅如此，唐代较为先进的印刷术，也在很大程度上对楷书形体的规整化、稳固性产生了重要影响。

这里，我们需要了解一下楷书的另一个高峰——魏碑。

魏碑①,是指北魏时期的铭刻书迹,如碑刻、摩崖、造像记、墓志、塔铭等,因其楷书书体独具一格,故称"魏碑"或"北碑体""魏体""北体"等。北魏是鲜卑族拓跋部建立的政权,独特的民族性格,以及统治者倡导汉化政策、大力弘扬佛教,使得这一时期的楷书特点尤为鲜明。书法史上虽将魏碑归为楷书,但实际上二者存在一定程度的不同。概括而言,主要差别在于前者带有较强的隶意②,或者说魏碑综合了部分隶书和楷书的书风,形成了新的风格特征。具体来看,魏碑书体的横画带有明显右上方倾斜的隶书笔意,所谓"欲横先竖,欲竖先横";竖笔起笔方形、收笔亦不圆滑;撇笔特征是按笔收尾,与隶书较粗撇尾如出一辙;点画则多呈三角形,而标准楷书则收笔向下;折笔则外廓有角、内里圆润。整体风格雄强、朴拙,确能反映出鲜卑族民族性情和风格。

北魏太和二十年(496)《张元祖妻一弗造像记》

需要注意的是,魏碑虽较唐楷为早,但自唐代开始就已不为人所重视。受唐代帝王推重东晋二王书法的影响,唐楷达到楷书书法的高峰,致使宋代书家亦只能于行、草方面用功。而明代产生的"台阁体"日趋僵化,更无法与前人比肩。后经过清代碑学、帖学之争,直到嘉道年间,魏碑才开始受到书家重视。

(四)唐隶——书法作用于汉字发展史的个案研究

魏晋以降,汉隶在日用交际领域让位于更易于快速书写的楷体。千八百年左右的时间里,曾出现过两次短暂的复兴,学界一般以唐隶③和清隶指称。然从横向看,与当时处于主导地位的唐代楷书相比,唐隶仍大为逊色。唐代统治阶层对于书法的爱好,尤以太宗、玄宗诸帝的亲身实践,促进了唐隶短暂的繁荣,留下了大量珍贵的隶书佳作。

---

① 康有为在《广艺舟双楫》中说:"北碑莫盛于魏,莫备于魏。盖乘晋宋之末运,兼齐、梁之流风,享国既永,艺业自兴,孝文黼黻,笃好文术,润色鸿业。故太和之后,碑版尤盛,佳书妙制,率在其时。延昌正光,染被斯畅。考其体裁俊伟,笔气深厚,恢恢乎有太平之象。晋、宋禁碑,周、齐短祚,故言碑者,必称魏也。"
② 不可将魏碑看作是由隶至楷过渡性的书体。实际上,楷书在这一时期已然成熟,之所以又出现魏碑,只是在字体上有意形成的鲜明书风,并非过渡性书体。
③ 参刘元春《唐隶用字初探》,《中国文字研究》第13辑,大象出版社,2010年。

目前所见唐隶实物资料,碑刻作品数量颇丰。据初步统计,《北京图书馆藏中国历代石刻拓本汇编》①及《西安碑林全集》②收六朝至唐代隶书作品 270 余篇。大量的隶书作品为上层统治者所撰作,反映出这个时期的隶书确已不为日常交际所用。从用字角度来看,唐隶用字最为突出的特点是有意使用异体,除少量碑文字数过少或模糊不清者,其余隶书碑刻基本上都出现这一现象。从时代层次来看,唐隶与南北朝末期至隋代隶书一脉相承,故而一定程度上,也可将南北朝末期、隋代至唐代隶书统归为一个时段。

汉字发展演变过程中,异体现象逐步得到规范。进入楷书定型期的唐代,汉字规范程度不断加强。一篇楷书碑刻中,异体并现的概率越来越小。然而隶书作品中,却出现了异体迭出的局面,比例之高,绝不为楷书作品所见。从调查分析来看,多数异体的使用非偶然现象。以唐开元十五年(727)《杨孝恭碑》为例,约 50 字出现异体并现情况,列出如下:

[表格：唐《杨孝恭碑》异体字对照表]

经过对比分析可以看出,唐隶使用异体实有意用之,而楷书等石刻资料使用异体,则不具备人为的目的性。可以说,二者相同点在于都受使用者的文字水平所决定。只不过,使用者文字水平越高,唐隶使用异体则愈甚。石刻楷书用字恰好相反,使用者文字水平越高,则异体使用愈少,且愈加规范。

不仅如此,唐隶在用笔和结体上也表现出强烈的异于汉隶的特点,尤其表现在注重起笔以形成区别上。此类情形可分为两种,一为起笔缺失,一为起笔添短撇。起笔缺失情形,如天宝元年(742)《告华岳府君文》:"正直以享神,精诚以享意。""神"字作"神",有意去掉了起笔"丶"画,传世字汇《集韵·平声·真韵》

---

① 北京图书馆金石组《北京图书馆藏中国历代石刻拓本汇编》(101 卷),中州古籍出版社,1989 年。
② 高峡主编、西安碑林博物馆编纂《西安碑林全集》(200 卷),广东经济出版社、深圳海天出版社,2000 年。

始录该形体。起笔添短撇,是一个较为笼统的说法,并不是说第一笔就必须是"丿"或"一",而是从字形空间结构来讲,主要涉及左或(左上)部分为"丿"或"一"等情形。六朝末期至隋代,本应是为了在笔法上顿一下来突出表现隶书的特点,但是到了唐隶中却成为单独独立出来的"丿"笔。如贞观十三年(639)《张骚墓志》"陽"字作"陽"("南阳白水人也")、"墜"字作"墜"形("高门不墜")等。

相比而言,南北朝末期至隋代的楷书则与唐代楷书存在较为明显的差异,前者异体蜂出,后者则规整程度骤然增高,无论异体数量还是字形体态都有较为明显的不同。这也是唐隶与唐楷较为明显的区别特征之一。从这一角度来讲,南北朝末期至隋代隶书当可与唐隶合二为一,作为整体时段来分析。而隋代楷书由于与南北朝时期楷书更为吻合,而与唐代楷书区别较为明显,故而可将隋唐楷书一分为二,归隋代楷书于前代并进行整体性分析,从实物用字资料来看,更加符合实际。

唐隶之所以有意异于汉隶,其原因在于汉字发展到今文字阶段,笔画代替线条成为汉字形体的基本构成单位,在此基础上,催生出唐隶撰作者强烈的求异心理,即充分意识到笔画的重要性,利用笔画不同于古文字线条的优势,对具体单字的部分笔画,进行形态上的处理,以求形成明晰的对立区别。如横画与点画之间的变换,以"青"构件字为例,隋仁寿四年(604)《马穉继室张姜墓志》"清河东武城人也""清河太守",两处"清"字,形体分别作"清""清","、"笔"一"笔形成对立区别。可以说汉字发展到楷书成熟、定型阶段,笔画在形成对立区别作用中有着举足轻重的意义,即笔画已经是形成异体的主要区别特征。

【研究提示】

1. 文字与书法的关系如何?中国书法独步世界艺术之林,与汉字有何密切关系?
2. 中国书法难以企及晋唐,原因何在?
3. 有一种观点认为,对文字内容的强调,会对书法艺术的发展产生不利因素。你如何看待?
4. 蔡邕《笔论》:"书者,散也,欲书先散怀抱,任情恣性,然后书之。"但也有人主张书法的功能是实用。请谈谈你的看法?
5. 日、韩、越等汉字文化圈内的国家,虽然大都早已改用其他文字种类,但均因历史上汉字的传入而使得他们的文化中出现了各具特色的书法艺术,并影响至今。请搜集相关文献资料,看看汉字对域外书法的影响。

【延伸阅读】

1. ［东汉］蔡邕撰《笔论》《九势》,见［宋］陈思编著《书苑菁华》,北京图书馆出版社,2003年。
2. ［唐］张彦远《法书要录》,辽宁教育出版社,1998年。
3. ［明］郭宗昌撰《金石史》(影印知不足斋丛书本),见《丛书集成新编》第49册,新文丰出版公司,2001年。
4. ［清］康有为著,崔尔平校注《广艺舟双楫注》,上海书画出版社,2006年。
5. 董作宾《甲骨文断代研究例》,见《中国现代学术经典·董作宾卷》,河北教育出版社,1996年。
6. 宗白华《中国书法中的美学思想》,《哲学研究》,1962(1)。
7. 黄简《中国书法史的分期和体系》,见《书学论集》,上海书画出版社,1985年。
8. 冼剑民《甲骨文的书法与美学思想》,《书法研究》,1987(4)。
9. 刘正成主编《中国书法全集》,荣宝斋出版社,1993年。
10. 沃兴华《上古书法图说》,浙江美术学院出版社,1992年。
11. ［美］鲁道夫·阿恩海姆《艺术与视知觉(美学·设计·艺术教育丛书)》,滕守尧、朱疆源译,四川人民出版社,1998年。
12. 刘志基《汉字体态论》,广西教育出版社,1999年。
13. ［日］南鹤溪《文字的魅力———一个日本人眼中的汉字》,王宝平译,上海古籍出版社,2002年。
14. 王元军《六朝书法与文化》,上海书画出版社,2002年。
15. 王受之《世界平面设计史》,中国青年出版社,2002年。
16. 李学勤《中国文字与书法的孪生》,《中国书法》,2002(11)。
17. 王元军《汉代书刻文化研究》,上海书画出版社,2007年。
18. 邱振中主编《书法艺术鉴赏语言》(域外书法部分),广西师范大学出版社,2008年。
19. 罗海东、周德聪《断裂·承续·衍变——论楚简书法之三维存在》,《湖北大学学报(哲学社会科学版)》,2010(4)。
20. 刘元春《唐隶用字初探》,《中国文字研究》第13辑,大象出版社,2010年。

第二节 汉字与传统文学

章太炎将语言文字学独立为一门学科之后,传统的小学就此成为历史名词。

中国古代以文字音韵训诂为主的小学研治占据了人文研究的半壁江山。即使在中国进入现代史之后,语言文字学仍然是文史哲、考古、艺术、社会学等人文学科的基础。不仅新文学伊始就是围绕着语言文字展开并成熟的,就连新文化运动中的文学巨匠也无一不涉及语言文字研究,此时的文学与语言交叉研究蔚然勃兴。然而时至今日,语言文字学的地位一落千丈,其对人文学科的指导地位几近埋没。

本节所要探讨的是汉字与中国传统文学之间的关系问题。

中国文学之所以呈现出与众不同的面貌,与汉语文字的特点密切相关。汉字是中国传统文学的传达媒介,而这种媒介的特点,使得汉字对文学产生了极大的影响,无论形式还是内容,均呈现出不同于西方文学的独特风格。不仅文学家在文学构思和创作时得益于汉字的独特魅力,而且受众在欣赏体验作品时,也需要借助于汉字的表意性和特殊构造。

关于汉字与传统文学的关系问题,20世纪30年代开始就有学者进行了初步的论述。刘麟生首先在其《中国骈文史》中谈道:"中国文字单音只义,遂造成骈文之绝大机会,盖单音只义,易于属对。"到40年代,钱穆在《中国民族之文字与文学》一文中,也曾简要提到中国文字对于中国文学的影响。之后,越来越多的学者开始关注文字与文学之间的关系。比如叶嘉莹在《中国诗体之演进》一文中就指出中国文字的特点:"其一是单形体,其二是单音节。因为是单形体,所以宜于讲对偶,因为是单音节,所以宜于讲声律。"语言文字对文学的指导意义及所具有的基础地位,重又得以彰显。

中国是诗的国度,诗歌是中国传统文学最基本的样式,故而本节主要以诗歌作为探讨对象,来展现汉字与传统文学的重要关系。

(一)汉字与文学的意象特征[①]

比较文学理论家叶维廉在《寻求跨中西文化的共同文学规律》中提到:"西方诗歌中非常核心的隐喻的结构,在中国诗歌中只占有非常次要的位置。""中国诗是不依赖隐喻不借重象征而求物象原样兴现的。"这些论断非常明确地点出了中国文学中的意象特征,而这一特征则与汉字有着密不可分的关系。

---

① 参看詹绪佐、朱良志《汉字与中国文学的意象创造特征》,《安徽师范大学学报(哲学社会科学版)》,1990(1)。

在表音和表意两大文字体系中,汉字属于表意文字体系。一般说来,每种文字初始都是象形文字,属于表意文字体系,在漫长的历史进程中,许多民族的文字都已经表音化了,而汉字则至今仍基本保持着属于表意文字体系的基本特点。先民通过对具体物象的描摹,将反映在头脑中的形象物化为一个个汉字形体,而这些形体则传达出一定的概念和意义,这就是汉字的表意性,也是一种意象创造的过程。意象的思维方式是中华民族传统思维方式之一,在这一思维方式下创造出来的传统的文学艺术,呈现出丰富的意象特征。

以大赋和骈文用字为例,赋中常常大量使用同一构件(尤以同意符构件字为常见)或偏旁的字,这些字的排列使用,往往容易引起读者具体的意象,比如枚乘《七发》"孔鸟、鹍鹄、鹓鶵、鵾鹊"及"㴔瀄菁蓼,蔓草芳苓"两句,乃吴客描绘从景夷台游玩后在虞怀宫宴饮所看到的周围的优美景色——鸟类珍禽、水清草盛、花茂枝繁,反映出一种无比奢华的物质生活享受。又如司马相如《上林赋》:"崇山矗矗,龍嵸崔巍;深林巨木,崭岩参嵯。"以夸耀的笔调描写了汉天子上林苑的壮丽,将山势陡峭危绝、险要高峻的面貌铺陈出来。上引两例均是用排列相同偏旁汉字的方式,以引起读者丰富的想象,将作者所要表达的意境更加强烈的表现出来。从中可以看出,中国文字的象形表意特征铸成了文学中一种独特的审美效果,这种现象在其他体裁作品中也都有不同程度的体现,大赋不过是其极端、集中的表现而已。

又,《诗经》是中国最早的诗歌总集,比兴手法的运用,将诗歌的意境美淋漓尽致地展现出来。朱熹说:"比者,以彼物比此物也。""兴者,先言他物以引起所咏之词也。"比就是譬喻,是对人或物加以形象地比喻;"兴"就是起兴,是借助其他事物作为诗歌发端,以引起所要歌咏的内容。毫无疑问,许多抽象的意义都是通过具体可感的字形来表现的,或者说是来比况的。虽然汉字本身不是图画,尤其是今文字已然脱去了图画性,但抽象化、符号化的汉字依然可以直接调动读者的意象体悟能力。人们常说的中国文学具有一种"借物写心"或"索物以托情"的表达方式,相对于汉字而言,即不需要再造新字就可以在原字字形的基础上加以引申,形成一种具象形态组合的模糊指向性,如此,便可以表达丰富的抽象意义,中国文学中的意象特征便愈加明显。由此我们看到,文学的意象特征与汉字表意性确实存在密切的关系。

(二) 汉字与文学的欣赏体验

在对诗歌等文学形式进行欣赏体验时,汉字的表意性起到了很重要的作用。西方学者多认为中国古典文学尤其是诗歌中极富形象性的原因,即在于诗歌所使用的具有表意性的汉字。实际上这一观点并不完全正确。尤其是我们知道"诗歌是语言的艺术",往往在吟咏传唱过程中,诗歌的艺术美感与情感就能直观体现出来,与诗歌是否用汉字书写出来,似乎关联不大。但是也应当承认,借助汉字,尤其是其表意特性,诗歌的艺术魅力往往会得到强化,这对读者欣赏诗歌而言可以带来更广阔的想象空间。

20世纪欧美意象派诗歌认为,中国诗歌是组合的图画,完全浸润在意象之中,是纯粹的意象组合。以"春"字为例,其领军人物——埃兹拉·庞德(Ezra Pound)就认为:"春"字就是"太阳低伏在草木茁壮成长的枝干之下",这样的汉字所体现出来的意境,就如同一幅图画,可以让诗人、读者读诗入画,意境优美,艺术魅力更强。实际上,庞德等人的这种"汉字诗学"论是经不起推敲的,因为成熟的汉字早已摆脱了图画性,不能直接表现事物的物象。虽然庞德等人的观点有误,但是这一提法却点出了汉字的表意性特点与中国传统文学的关系问题。即以"春"字为例,《说文解字·艸部》小篆形体作"萅",释为:"推也。从艸,从日,艸春时生也。屯声。"并非庞德所认为的"太阳低伏在草木茁壮成长的枝干之下"。而由春天万物复苏、草木发芽,古代的学者、诗人们联想到了女子内心产生的情愫,是之谓"怀春"。如《诗经·豳风·七月》:"女心伤悲。"汉郑玄笺:"春,女感阳气而思男,秋,士感阴气而思女,是其物化,所以悲也。"《淮南子·缪称训》亦云:"春女思,秋士悲,而知物化矣。"但如果不借助对汉字的理解和想象,中国诗歌的这种意境,则是无法感知和体悟的。

然而,诗歌毕竟还是语言的艺术,比如《诗经》中大量叠音词的运用,从本质上来说,只是记录了语言中的一些音节。《文心雕龙·物色》曾言:"诗人感物,联类不穷。流连万象之际,沉吟视听之区。写气图貌,既随物之婉转;属采附声,亦与心而徘徊。故'灼灼'状桃花之鲜,'依依'尽杨柳之貌,'杲杲'为日出之容,'瀌瀌'拟雨雪之状,'喈喈'逐黄鸟之声,'喓喓'学草虫之韵。"不论是拟形,还是拟声,大量叠音词的使用,将诗歌所反映的景色环境、思想情感等,直观、形象、具体地展示出来,带给人生动的联想并产生全方位的感官享受。这些词语在先秦时期是口语中的常用词,然而语言文字是不断发展变化的,特别是几千年后的语言文字已然不同于先秦,当我们再来欣赏《诗经》时,如何能引起我们对艺术审美的感知和体验?这就需要借助汉字作为媒介进行沟通。我们知道,汉字不仅是记录语言的符号,其自身就是一套符号系统,这一系统是以表意性为基础的,当采用表意的汉字记录下来古老的诗歌之后,汉字的偏旁或表意成分就能够有助于将这些诗歌的形象和意境呈现在我们脑海中。

比如"喈喈"一词,本为鸟鸣拟声之词,现代人已然不再使用,其上古音为[keikei],现代读音演变为[tɕietɕie],和原本的鸟鸣声相去甚远。然而由于其叠音的搭配,以及所从意符"口"、声符"皆"的提示,我们仍能感受到"喈喈"一词所形容的鸟鸣声优美悦耳。

而韩愈《陆浑山火》中的诗句:"……虎熊麋猪逮猴猿。水龙鼍龟鱼与鼋,鸦鸱雕鹰雉鹄鹇。燖炰煨爊孰飞奔……"单凭听觉作用,今天的人们已很难正确理解句子的意义,然而通过具体的汉字形体(尽管其中的部分汉字业已不再常用)的意象特征,读者足可以产生丰富的联想,将诗文所要表达的意境感知出来。今人在欣赏这些佳作时,文字上所带来的视觉感受,无疑可以强化这一情感体验。

所以,汉字的形体无疑会帮助读者感受和体验到诗作中所要表达的意境和情感。悠远的传统文学作品,历千年而传至今天,很多时候也只能通过汉字的构形分析来领会和把握,足见汉字对文学作品的欣赏和体悟起到了重要的作用。

(三)汉字对传统文学形式的影响

国学大师黄侃说:"中国语言以单音为根,一音之发,必表一完整之意,与西人之为复语种族不同。其间有二音者,必本于胡语,如珊瑚之类是也。"汉字是音节文字,而不是音素文字。汉语从形式上可以划分的最小语言单位就是音节,所以一个汉字对应一个音节,易于进行音与义的灵活组合。而汉语文字的这一基本特征,为中国传统文学的独特形式提供了可能。

首先是句子的工整。

中国传统文学的体裁历来讲究工整的对偶,这也是中国文学创作中常用的修辞方式。一般而言,它讲究字数的相等、结构的相似及内容的关联。

古典诗歌中,单篇作品的句子大都长短整齐。比如先秦时代的诗歌中,《诗经》以四言为主,虽间或杂有二言直至九言的各种句式,但杂言句式所占比例很低。《楚辞》中的句式以六言为主(加上"兮""也"等字为七言,三、五、七、八、

九、十言兼有,除三言句穿插文间,绝大多数句式比《诗经》四言为主的句式长),六言句成三个音步一个间歇,廖序东曾指出:"句子倒数第三个字用一个虚字,就构成了这种短长、短长的节奏。"汉代以后,在辞赋、颂、赞、诔、箴、铭等特殊的韵文文体中,四言使用仍较为普遍。这样的韵文又称为骈文,"骈"字义指两马并排驾车,故而"骈文"指的是诗句之间两两对应的对偶句法特征。骈文又称"四六",而"四六"之名仅是其偶句之中单句句法常规的总结。近体诗的句子整齐自不待言。而后来的词、曲等体裁的诗作,虽具有不同程度的灵活性,然诗句之间两两对应的对偶句法特征仍然存在。所以,在此基础上形成的传统文学,自然也就具有工整对称的特征。

然而这里所说的"句子工整",指的是每一句诗文中有同样数量的字,而非同样数量的词。比如《诗经》开篇之《关雎》:

关关/雎鸠,
在/河/之/洲。
窈窕/淑/女,
君子/好/逑。

斜线所划分开的是独立的词,有复音节的,有单音节的,从每句中词的个数来讲,分别为2、4、3、3,若以词为单位而论很明显是不工整的,但若以字为单位,则外观形式显现出非常工整的四言格式。古代汉语以单音节词为主,所谓单音词就意味着单字即词,而上述提到的"四言""六言"或"五言""七言",其单位均是指字而非指词。单个音节和字是一致的,而和词却不完全一致。如此,一个汉字对应独立的音节和意义,并且可以用单独的方块汉字形体来书写,中国诗歌形制才得以同音节、音步完全统一起来。所以,这样的语言文字系统所创造出来的文学便具有了工整对称的特点。

与汉语不同,拼音文字以词为单位,以此为基础的文学作品,是不容易形成句子工整的特点的。这一点可以从中外文翻译中明显看出。最容易拿来比较的诗作是唐代李绅《悯农二首》其二:

锄禾日当午,　　When crops are worked at noon,
汗滴禾下土。　　It is sweat that moistens the soil.
谁知盘中餐,　　Who stops to think before a bowl of food,

粒粒皆辛苦。　　　That every grain comes only through long toil.

右面是在内容准确和形式对称工整方面较接近原诗的译作,选自张廷琛、魏博思在《唐诗一百首》中的翻译。从形体来说,汉字被称作"方块"字,汉字无论笔画构件多少,单字总是占据大小均等的方块,而单个形体对应的是一音一义,对中国文学来讲,容易适合形成整齐划一的形式美(这里并没有否认文学中存在整散相间的错综美感)。而以词为基本单位的拼音文字,其基本单位的组合方式往往并没有空间上的规定和限制,致使所构成的单词长短不一、字母多寡相异,且无法在字母组合中改变其形体大小,非均衡块体的特点无法使其达到形式上的工整。两相对比,中国传统诗歌的对称工整的特点,只能是在一字一音一义的汉字基础上才能出现,而拼音文字并不具备这样的特点,故而是不易写出句子工整对称的诗作的。

汉字影响传统文学形式的第二点是格律化,尤其是平仄和对仗两方面。

格律是指诗、赋、词、曲等关于字数、句数、对偶、平仄、押韵等方面的格式和规则,格律的四要素分别为:用韵、平仄、对仗、字数。① 唐代近体诗格律要求非常严格,白居易《编集拙诗成一十五卷因题卷末戏赠元九李二十》诗曾言:"每被老元偷格律,苦教短李伏歌行。"相比之下,古体诗、新诗等则没有严格的格律规定。然而广义上的格律则不仅指中国传统的近体诗,即使外国诗歌也各有特定的格律。

平仄和对仗是近体诗中最重要的两个特点。平、仄是古代汉语声调的两个大类,古代汉语声调有四:平、上、去、入。"平"就是平声,剩下的"上""去""入"就是仄声②。先秦汉魏诗歌用字的平仄并无固定限制,但齐梁之后所出现的格律诗(包括律诗和绝句),对平仄的要求相当严格,特定位置上的平仄用字绝不可用错。

---

① 格律源自音乐,在音乐散佚后,研究者总结古诗歌的共同规律,便形成了今天看到的格律。
② 明释真空的《玉钥匙歌诀》曰:"平声平道莫低昂,上声高呼猛烈强,去声分明哀远道,入声短促急收藏。"清人李渔在《闲情偶记·慎用上声》中则提到:"物有雌雄,字亦有雌雄。平、去、入三声以及阴字,乃字与声之雄伏者也。上声及阳字,乃字与声之雌伏者也。此理不明,难于制曲。初学填词者,每犯抑、扬倒置之病。其故何居?正为上声之字入曲低,而入白反高耳。词人之能度曲者,世间颇少。其握管捻髭之际,大约口内吟哦,皆同说话。每遇此字,即作高声。且上声之字,出口最亮,入耳极清。因其高而且清,清而且亮,自然得意疾书,孰知唱曲之道与此相反,念来高者唱出反低,此文人妙曲利于案头而不利于场上之通病也。"

语言中的词汇是非常丰富的,而汉字形体数量有限,即使经过了数千年的发展,还是不能很好地解决字词对应矛盾,于是就出现了一个形体可以代表多个词,亦即一字多音问题。字义不同,平仄也就只能各归其读。比如"乘"字,《广韵》有二读:一为"食陵切,平蒸,船";一为"实证切,去证,船"。以今音拼合当分别作[chéng]、[shèng]。读[chéng]者多用为动词,义项有驾驭、凭借、乘坐等。读[shèng]者多用为车马等名词,又衍生出作量词之用。试看下述两句:

谷暗千旗出①,山鸣万乘来。(宋之问《扈从登封途中作》)
良人玉勒乘骢马,侍女金盘鲙鲤鱼。(王维《洛阳女儿行》)

按照格律,"山鸣万乘来"应为"平平仄仄平","良人玉勒乘骢马"应为"平平仄仄平平仄","万乘"之"乘"为车马之义,读去声,而后一"乘"字则是动词乘坐,读平声,故而是合于格律的。所以今人在欣赏古诗词时,要特别注意区分一字多音时的平仄,否则很容易误判诗句是否合律。

从这一意义上说,一字多音不仅为缓解不断增长的词汇量与有限汉字形体的矛盾,提供了不得已而为之的办法,同时也为古典诗词平仄用字提供了有利条件,即在作诗出现"拗句"②时,可用一字多音现象来"拗救"。还是以上面提到的"乘"字为例,王维另外一首诗作《送朝集使归郡》中有一句"玉乘迎大客,金节送诸侯。"按照格律,上句当为"仄平平仄仄",然此处"乘"字为"车"义,故本应该读去声(实证切),为解决这一矛盾,诗人就取了"乘"的另外一个平声音读(食陵切),但意义使用的仍是车乘义,如此,便可使平仄协调。

格律要素中第二个与汉字关系密切的便是对仗。

对仗的意思是指古典诗词的词句相对偶,即在一联诗中上下句相同位置上③的字要属于同一类。王力在《龙虫并雕斋文集·语言与文字》中曾说:"对仗,就是名词对名词,动词对动词,形容词对形容词,数量词对数量词,虚词对虚

---

① "出"字今为平声,但古韵当为仄声,《平水韵》载:去声四寘、入声四质。
② 格律诗中不合常规平仄格律的句子叫拗句。出现拗句,一般应采取补救的办法,即在本句或对句的适当位置上改变其他字的平仄安排。如"红颜弃轩冕",第三字按格律应使用平声字,但却使用了仄声字,于是就把第四字本应仄声而改用平之字。又如"雨中草色绿堪染,水上桃花红欲燃",上句第五字本该平声而用了仄声,就把下句第五字的仄声改为使用平声字。拗句经过拗救,就算合律。否则,会出现犯孤平、失黏等毛病。做格律诗旧有"一三五不论,二四六分明"的口诀,这只是一般的说法。因为在五言格律诗中的第三字和七言格律诗中的第五字的平仄,有的是不能轻易更动的。
③ 清沈德潜《说诗晬语》卷下又提出:"对仗固须工整,而亦有一联中本句自为对偶者。"

词。"由于同类或对立概念的词语处于相对应的位置,所以会出现相互映衬的效果,使语句更具韵味,词语表现力更强。比如杜甫《绝句》四首之三有一句:"两个黄鹂鸣翠柳,一行白鹭上青天。"将句中词语单独拆开来看,朴实简单,并非华丽辞藻。但该句对仗工整:"两个"对"一行","黄鹂"对"白鹭","鸣"对"上","翠柳"对"青天"。两相映照,近景翠柳黄鹂,衬托远处青天白鹭,黄鹂鸣啭栖止相和,群鹭列队天上飞翔,有动有静,色彩鲜明。然若无工整的对仗,实难以质朴简洁的用词达到这一效果。

在对仗中,有两类特殊情形是非汉字所不能解决的,这就是"偏对"和"借对"。如果上下两句诗句在句型、词性、词类等方面完全相同,这样的对仗被称为"工对"或"严对"。其中,古人对名词分类要求非常高,因此不仅要求名词和名词在词性上相对,甚至还需要名词所属的小范围类别相对。工对对诗人掌握词类和平仄的要求很高,但同时也在一定程度上束缚了诗人的创作才华,故而古人在作诗时又形成了一种较为自由的"宽对"形式。"宽对"的结构对应不甚严格,词类大致相对,对名词具体分类也不作要求。而下文要谈到的"偏对"和"借对"都属于"宽对"的范畴。

偏对是指上下两句相应位置上本应严格工对的词语,在内部语义构成或语法结构上并不能完全对应的一种对仗。《文镜秘府论》曾举南朝梁柳恽《捣衣》之"亭皋木叶下,陇首秋云飞"为例,"木叶"与"秋云"虽非严格的工对,但诗句文采却毫不逊色。举两个更为明显的例子。

春仗过鲸沼,云旗出凤城。(沈佺期《昆明池侍宴应制》)
几年遭鹏鸟,独泣向麒麟。(杜甫《寄李白》)

"春仗"是帝王春日行幸的仪仗,"云旗"是画有熊虎图案的大旗,二者是为工对。但是"鲸沼"对"凤城","鹏鸟"对"麒麟",若不加细审,似文从字顺、对仗工整。然而仔细分析,两处对仗均非工对。"鲸"则是海中巨大的鱼类,"沼"是池沼,与之相对的"凤城",则应当离析为凤凰之"凤"和都邑之"城",然而实际上,"凤城"是双音节词,是对京都的美称,故而"鲸沼"与"凤城"在词性和意义上确非工对。同样,杜甫《寄李白》诗中的"鹏鸟""麒麟"也存在偏对的问题。"鹏"是传说中似鸮之鸟。"鸟"是鸟类,"鸟"与"鹏"之间是一种属种关系,或者说是"共名"和"类名"的关系,而"麒麟"则是一个单纯词。当然,古人观念中常将传说中的"凤凰""麒麟"等看作为各一雄一雌的并列关系,但在本诗中,"鹏鸟"与"麒麟"之间确实不是工整的对仗。

虽然对仗不工整,但这一现象却大量存在,且并未影响到诗句的文采,原因就在于汉字在其中发挥着作用。一方面,一个汉字在书写时是一个独立的形体单位,这一观念已深入人心,即使复音词写成几个汉字后,汉字使用者受到心理因素作用,多不会关注到究竟是一个词还是多个词。另一方面,"鹏""鸟"均属鸟部字,"麒""麟"亦均从鹿构件,从字形给欣赏者的视觉冲击来看,并未感觉到诗文对仗不工。不仅如此,这两句诗文,也成为文学史上的佳句。

再来看借对。《汉语大词典》将借对分为两类:

(1)借音为对。即以一句中某字的同音字与另一句中的字相对。如唐孟浩然《裴司士员司户见寻》诗:"厨人具鸡黍,稚子摘杨梅。""杨"音同"羊",借以与"鸡"相对。又如唐刘禹锡《陋室铭》:"谈笑有鸿儒,往来无白丁。""鸿"音同"红",借以与"白"相对。(2)借义为对。即一句中的某字有两个以上的意义,诗中用的是甲义,而借其乙义或丙义与另一句中的字相对。如唐杜甫《曲江》诗之二:"酒债寻常行处有,人生七十古来稀。"诗中"寻常"义为平常,但古时八尺为寻,倍寻为常。此即以其长度单位义与数字"七"、"十"相对。又如唐李商隐《令狐八拾遗绹见招送裴十四归华州》诗:"汉苑风烟催客梦,云台洞穴接郊扉。"诗中"汉"为朝代名,但"汉"又有星汉之义,此即借以与"云"相对。

正是由于同音字与多义字在汉字中极为寻常,故而诗文中的借对特别常见。再各看一组用例。借音例:

野鹤清晨出,山精白日藏。(杜甫《陪郑广文游何将军山林》)
日边清梦断,镜里朱颜改。(秦观《千秋岁》)

"清晨"对"白日","清梦"对"朱颜",表颜色的"白""朱",其对仗之"清"本应为颜色词,故两句实对仗不工。然而与"清"具有同音关系的"青"恰好是颜色词,故而诗人利用"清""青"的同音关系,以同音之"青"与对句之"白""朱"构成对仗。

借义例:

驷马留孤馆,双鱼赠故人。(宋之问《答李司户夔》)

眼穿常讶双鱼断,耳热何辞数爵频。(韩愈《酒中留上襄阳李相公》)

汉乐府古题《饮马长城窟行》有句:"客从远方来,遗我双鲤鱼。呼儿烹鲤鱼,中有尺素书。"意即客人送给主人的一封书信是写于素帛并置于鲤鱼形状的木盒中,自此"双鱼""双鲤"等作为典故代称书信,便常常用于文学作品中。上述两例诗句中出现的"双鱼"均是书信之义,然而与之相对的对句词语一为"驷马"、一为"数爵","驷马"指驾一车之四马,"数爵"意为一杯接一杯地喝酒,故而两组词语之间并不工整,但却仍然给人以一种辞工意美的感觉,这就是汉字在诗文借义中所起到的作用。前一例句中,"双鱼"为书信,但为与"驷马"形式上对仗工整,故而借"双鱼"拆分为两个汉字之后的表面意思——两条鱼来与四匹马相对。后一例句中,"爵"本指古代酒器,其对句对应位置上的"鱼"本是动物,故而巧用古代可以与"爵"相通的"雀"①字,亦即使用"爵"的假借义"雀"来和"鱼"对仗,如此方合于格律。

由此来看,基于汉字的形体结构以及在此基础上的美学元素,中国传统文学才会形成如此优美的外观和形式,而汉字的固有特点被创造性地运用到文学创作中去的时候,又会反过来成为古代文学家们一种自觉的审美追求,从而推动着文学本身的运动和发展。

(四)几种特殊的文学样式及修辞方式

基于汉字固有特点,中国传统文学逐渐形成了一些特殊的样式。

1. 对联

对联的学名叫楹联,俗称对子。相传中国最早的对联出自五代后蜀后主孟昶之时,据说他在寝门桃符板上题词:"新年纳余庆,佳节号长春。"谓文"题桃符",当是我国第一副对联。自此开始,对联作为一种习俗走入千家万户,成为中华民族优秀传统文化的重要组成部分。2005年,国务院把楹联习俗列为第一批国家非物质文化遗产名录②。

对联对格律的要求异常严格,主要包含六个要素,又称"六相":字数相等、

---

① 《逸周书·时训》:"寒露之日,鸿雁来宾,又五日,爵入大水化为蛤。"《孟子·离娄上》:"故为渊驱鱼者,獭也;为丛驱爵者,鹯也。"《汉书·王莽传上》:"凤皇来仪,神爵降集。"

② 相关评定:"楹联习俗源于我国古代汉语的对偶现象,西晋时期(290年左右),出现合律讲究的对句,可视为其形成的重要标志。在一千七百余年的历史传衍过程中,楹联与骈赋、律诗等传统文体形式互相影响、借鉴,历北宋、明、清三次重要发展时期,形式日益多样,文化积淀逐渐丰厚。楹联有偶语、俪辞、联语等通称,以'对联'称之,则肇始于明代。"

词性相同、结构相称、节奏相应、内容相关、平仄相谐。对联习俗主要包括：春联、婚联、寿联、挽联等，从名称就可以看出各自所使用的主要场合。春联是时效性最强、也是使用最广泛的，种类较多，如门心、框对、横披、春条、斗方等。

旧时作对联，往往会有相关的参考书籍或"随身宝"，一般为写诗作词而编写的声韵册子也可以作为对联参考书。比如著名的《笠翁对韵》。这是明末清初的戏曲学家李渔（号笠翁）仿照《声律启蒙》写的一本韵书，主要是训练儿童应对和掌握声韵格律。该书编写方式以平水韵三十个韵部为目，把常见的韵字都组织进了韵语，这些韵语又都是富有文采的符合格律的对子。一般格式为单字对、双字对、三字对、五字对、七字对到十一字对，是书词藻丰富、优美，声韵协调，典故众多。例如"一东"韵：

> 天对地，雨对风。
> 大陆对长空。
> 山花对海树，赤日对苍穹。
> 雷隐隐，雾蒙蒙。
> 日下对天中。
> 风高秋月白，雨霁晚霞红。
> 牛女二星河左右，参商两曜斗西东。
> 十月塞边，飒飒寒霜惊戍旅；三冬江上，漫漫朔雪冷渔翁。

> 河对汉，绿对红。
> 雨伯对雷公。
> 烟楼对雪洞，月殿对天宫。
> 云叆叇，日曈曚。
> 腊屐对渔蓬。
> 过天星似箭，吐魄月如弓。
> 驿旅客逢梅子雨，池亭人挹荷花风。
> 茅店村前，皓月坠林鸡唱韵；板桥路上，青霜锁道马行踪。

> 山对海，华对嵩。
> 四岳对三公。

宫花对禁柳,塞雁对江龙。

清暑殿,广寒宫。

拾翠对题红。

庄周梦化蝶,吕望兆飞熊。

北牖当风停夏扇,南帘曝日省冬烘。

鹤舞楼头,玉笛弄残仙子月;凤翔台上,紫箫吹断美人风。

对联较其他文学形式与汉字关系更为密切,因其不仅要书写成文字,而且需要以优美的书法艺术书写,悬挂或镌刻在其他建筑物或器物上,起到艺术装饰的作用。汉字恰好具备了拼音文字所不具备的一些实现整齐对称的特质,比如汉字以个体方块形式存在,在书写中占据相等的空间位置,横、竖书写都可以形成整齐的对称特征,等等。而从对联"六相"的角度来讲,只有汉字这一文字体系能做到各要素的相应相谐,并且能产生独特的艺术审美。

当然,对联之所以成为文学中极致的样式,也是与中华民族传统的思维方式息息相关的。对联之核心在于对仗,对仗则讲究相对相谐,这与我们传统的偶对思维和阴阳二元观念一脉相承。这种世界观及民族心理,为对联的出现及繁荣提供了哲学及心理上的依据。

2. 联边

"联边"究竟可不可以算作一种修辞方式,至今尚存争议。这里,我们只从汉字构形的角度谈谈"联边"的定义及意义。

联边指的是三个或三个以上(一说两个或两个以上)偏旁相同的字连用或互相对应,以达到特殊的表达效果。由于密集排列或相互呼应,这些偏旁所带有的表意特征愈发突显,读者在欣赏时更容易产生形象上的联想。例如,杜甫《曲江陪郑八丈南史饮》:"雀啄江头黄柳花,鵁鶄鸂鶒满晴沙。"以及前面提到的韩愈《陆浑山火》诗句中描写鸟类、动物的字所具有的特征,类聚在一起后,形成了强烈的视觉效果,让人产生目触其景、身临其境之感。

上述"联边"定义中所提到的"连用"和"互相对应"实际是两种形式。前者即横写格式下相同偏旁的字依句子结构依次相邻排列。而实际文学创作中,我们发现还有一种纵向联边,即在各句的开头、中间或结尾的一处或更多处,纵向使用具有联边关系的字。试看谢灵运《从斤竹涧越岭溪行》诗中的两句:

苹萍泛沉深,
　　　菰蒲冒清浅。

苹、萍、菰、蒲,均从"艹"符,泛、沉、深、清、浅,则均从"水",诗人有意使用联边的技巧,展示出构思的巧妙,同时在表意方面,也能附带引起许多联想,形象感倍增。当然,有些联边的使用则完全是为了追求一种文字游戏上的审美情趣。比如褚人获《坚瓠补集》中就记载了一则故事,有人出了一则上联:"宦官寄宿穷家,寒窗寂寞。"应对者提出可否让一个"宀"旁的"丶"画变换一下,于是对出下联为:"冢宰安宁富宅,宇宙宽宏。"

也正是因为这种特殊的技巧,早在南北朝时期,刘勰就在《文心雕龙·练字》篇中提到:"联边者,半字同文者也。状貌山川,古今咸用,施于常文,则龃龉为瑕,如不获免,可至三接,三接之外,其字林乎!"因此,他提出用字要:"一避诡异,二省联边,三权重出,四调单复。"这一观点影响深远,如陈望道在《修辞学发凡》中就采用了刘勰的说法,主张"省联边"。

但无论如何,作为一种文学创作技巧,只有汉字形体才具有构成如此美感和情趣的元素。

3. 回文与回文诗

回文是一种修辞手法,某些诗词字句,回环往复读之均能成诵。回文诗就是按一定法则将字词排列成文,回环往复都能诵读的诗,又称"回文体"。南朝齐王融《春游回文诗》:"池莲照晓月,幔锦拂朝风。"回复读之则为"风朝拂锦幔,月晓照莲池。"回文诗是纯粹的形式艺术,其形式变化无穷,非常活泼,只要循着规律读,都能形成优美的诗篇。刘勰《文心雕龙·明诗》曾说:"回文所兴,则《道原》为始。联句共韵,则柏梁余制。"然而《道原》已佚。目前来看,最早的回文诗当属西晋初年苏伯玉妻所作《盘中诗》。而前秦窦滔妻苏蕙所作《璇玑图》则成为回文诗登峰造极之作(宋代严羽《沧浪诗话》、陈望道《修辞学发凡》等认为《璇玑图》是回文诗之始)。试抄录如下:

琴清流楚激弦商秦曲发声悲摧藏音和咏思惟空堂心忧增慕怀惨伤仁
芳廊东步阶西游王姿淑窈窕伯邵南周风兴自后妃荒经离所怀叹嗟智
兰休桃林阴翳桑怀归思广河女卫郑楚樊厉节中闱淫遐旷路伤中情怀
凋翔飞燕巢双鸠土逫逯路遐志咏歌长叹不能奋飞妄清帏房君无家德

茂流泉情水激扬眷顾其人硕兴齐商双发歌我衮衣想华饰容朗镜明圣
熙长君思悲好仇旧蕤葳粲翠荣曜流华观冶容为谁感英曜珠光纷葩虞
阳愁叹发容摧伤乡悲情我感伤情徵官羽同声相追所多思感谁为荣唐
春方殊离仁君荣身苦惟艰生患多殷忧缠情将如何钦苍誓穹终笃志贞
墙禽心滨均深身加怀忧是婴藻文繁虎龙宁自感思岑形茕城荣明庭妙
面伯改汉物日我愁思何漫漫荣曜华雕顾孜孜伤情幽未犹倾苟难闱显
殊在者之品润乎兼苦艰是丁丽状观饰容侧君在时岩在炎在不受乱华
意诚感步育漫集悴我生何冤充颜曜绣衣梦想劳形峻慎盛戒义消作重
感故昵飘施愆昳少章时桑诗端无终始诗仁颜贞寒嵯深兴后姬源人荣
故遗亲飘生思愆精徵盛翳风比平始璇情贤丧物岁峨虑渐孽班祸谗章
新旧闻离天罪辜神恨昭感兴作苏心玑明别改知识深微至婴女因奸臣
霜废远微地积何退微业孟鹿丽氏诗图显行华终凋渊察大赵婕所佞贤
冰故离隔德怨因幽元倾宣鸣辞理兴义怨士容始松重远伐氏好恃凶惟
齐君殊乔贵其备旷悼思伤怀日往感年衰念是旧愆涯祸用飞辞姿害圣
洁子我木平根尝远叹永感悲思忧远劳情谁为独居经在昭燕辇极我配
志惟同谁均难苦离戚戚情哀慕岁殊叹时贱女怀叹网防青实汉骄忠英
清新衾阴匀寻辛凤知我者谁世异浮奇倾鄙贱何如罗萌青生成盈贞皇
纯贞志一专所当麟沙流颓逝异浮沉华英翳曜潜阳林西昭景薄榆桑伦
望微精感通明神龙驰若然倏逝惟时年殊白日西移光滋愚谗漫顽凶匹
谁云浮寄身轻飞昭亏不盈无倏必盛有衰无日不陂流蒙谦退休孝慈离
思辉光伤粲殊文德离忠体一违心意志殊愤激何施电疑危远家和雍飘
想群离散妾孤遗怀仪容仰俯荣华丽饰身将与谁为逝容节敦贞淑思浮
怀悲哀声殊乖分圣贤何情忧感惟哀志节上通神祇推持所贞记自恭江
所春伤应翔雁归皇辞成者作体下遗蔚菲采者无差生从是敬孝为基湘
亲刚柔有女为贱人房幽处己悯微身长路悲旷感生民梁山殊塞隔河津

《璇玑图》不仅可回环往复,更可上下颠倒、斜读、交互读。据统计,目前共可读出七千九百五十八首诗。虽然回文诗酷似文字游戏,但却正好展示出汉语文字的基本特征给传统文学所带来的影响。此外,从回文诗中也颇能看出创作者遣词造句的能力。民间传说,苏东坡、苏小妹、秦观相互唱和作叠字回文诗三首,传为佳话。

4. 离合诗

离合诗,即在一首诗词中,拆分多个汉字的偏旁以合成新字,若干合成后的新字,形成特定的人名、物名或特殊短语等。明代吴讷《文体明辨序说》将离合诗分做四类:"其一,离一字偏旁为两句,而四句凑合为一字,如'鲁国孔融文举''思杨容姬难堪''何敬容''闲居有乐''悲客他方'是也。其二,亦离一字偏旁为两句,而六句凑合为一字,如'别'字诗是也。其三,离一字偏旁于一句之首尾,而首尾相续为一字,如'松间斟'、《饮岩泉》、'砌思步'是也。其四,不离偏旁,但以一物二字离于一句之首尾,而首尾相属为一物,如县名、药名离合是也。"离合诗同回文诗一样,是纯粹的形式艺术诗歌样式,虽然多半带有文字游戏的色彩,但同时也寄托了创作者的情感思想。

唐代王叡《炙毂子录·序乐府》认为:"离合诗,起汉孔融,离合其字以成文。"孔融所作离合诗名为《离合作郡姓名字诗》,全文如下:

渔父屈节,水潜匿方,与峕进止,出行施张。吕公矶钓,阖口渭旁,九域有圣,无土不王。好是正直,女回于匡,海外有㒰,隼逝鹰扬。六翮将奋,羽仪未彰,蚋龙之蛰,俾也可忘。玟璇隐曜,美玉韬光。无名无誉,放言深藏,按辔安行,谁谓路长。

二十二个四字格小句,可分成六组,离合之后为"鲁国孔融文举"。根据标出的句号,每一整句可合成一个字,因"文"字为独体字,故仅需分而不用合。仅以合成的"鲁"字为例。"渔父屈节,水潜匿方"一句,"渔"字遭"水潜"之后便剩下"鱼"。"与峕进止,出行施张"一句,"峕"字为"时"的异体,该字上半部分"㞢"(外形似"出"字),"出行"之后剩下的是"日"字。"鱼""日"相合之后便得"鲁"字。再看"海外有㒰,隼逝鹰扬"一句,"㒰"为"截"字的异体,汉碑常见,诗句又以"隼"代"佳",因此可离析为"乚"("孔"字右半边)。这首诗歌是今所见最早的离合诗作,离合方式颇似猜谜。南朝萧巡所作《离合诗赠尚书令何敬容诗》使用了另一种离合方式,该诗全文如下:

伎能本无取,支叶复单贫。
柯条谬承日,木石岂知晨。
狗马诚难尽,犬羊非易驯。
觳觫既不似,学步孰极真。

寔由糸朝典,是曰蠹彝伦。

俗化于兹鄙,人涂自此分。

这是一首嘲讽当时宰相何敬容的诗作。诗歌表面意思就带有明显的贬义色彩。离合方式上,请注意每一小句的第一个字。

【研究提示】

1. 有一种观点认为:中国是诗歌的国度,而诗歌是语言的艺术,与汉字的关系不大! 你是否认同? 如果不是,汉字在其中到底起了什么样的作用?
2. 楹联是对仗文学的极致,它的特点有哪些? 楹联文化能在中华文化中繁荣兴盛,主要的因素有哪些(从语言和哲学两个层面思考)?

【延伸阅读】

1. [清]车万育撰《声律启蒙》,中国书店出版社,2012年。
2. [清]李渔撰,滑淑荣注《〈笠翁对韵〉笺注》,北京工业大学出版社,1992年。
3. [清]沈德潜撰,王宏林笺注《说诗晬语笺注》,人民文学出版社,2013年。
4. 刘麟生《中国骈文史》,东方出版社,1996年。
5. 钱穆《中国民族之文字与文学》,见《中国文学论丛》,生活·读书·新知三联书店,2002年。
6. 叶维廉《寻求跨中西文化的共同文学规律——叶维廉比较文学论文选》(温儒敏、李细尧编),北京大学出版社,1987年。
7. 詹绪佐、朱良志《汉字与中国文学的意象创造特征》,《安徽师范大学学报(哲学社会科学版)》,1990(1)。
8. 朱积孝解读《古中国的魔方——绘图回文诗奇观》,中州古籍出版社,1990年。
9. 何九盈、胡双宝、张猛主编《中国汉字文化大观》,北京大学出版社,1995年。
10. 侯印、林春增编著《中国文字游戏大百科》,山东人民出版社,2004年。
11. 林成滔《字里乾坤》,中国档案出版社,2004年。
12. 叶嘉莹《迦陵论诗丛稿》,中华书局,2005年。

第三节 文字游戏

文字游戏,古人视之雕虫,今人用为贬义。然究竟何为"文字游戏",目前学界并未给出明确的定义。一般地,纯粹借助汉字形义关系构成的注重形式美,具有欣赏、愉悦价值的特定的消遣或者表达方式即可称作文字游戏。按照这一观点,上节谈到的几种特殊的文学样式和修辞手法,比如回文和联边等,如果一味强调形式而忽略内容,单纯用作消遣、玩赏,就变成了文字游戏的性质。似乎文学艺术与文字游戏之间是以思想内容,或者说立意、境界作为区分的,然而又有谁能断定谜语及拆字等不具备一定的思想内容或者说格调不高呢?实际上,文学艺术与文字游戏存在本质上的差别:文学以文字作为其中一种载体,是在文字的基础上创作的,强调的是文学创作及作品,而文字游戏则是将文字作为探讨对象,重点是对文字本体形音义之间的分析。

古往今来,中华文化宝库中,文字游戏早已稳稳占据了一席之地。虽名之"游戏",但不可以游戏轻之。优秀的文字游戏作品,不仅历久不衰,更可显示出高深的文化功底以及浓厚的艺术魅力。舞文弄墨,虽然今天来看常用为贬义词,但却是古人乐于修习的事情。在用字、遣词、造句方面的讲求和深究,是促成文字游戏兴盛的一个重要因素。

然而需要注意的是,这里所谈到的文字游戏主要是指以汉字为基础的文字游戏。实际上,其他文字也存在相应的文字游戏。得克萨斯大学人类学和语言学教授 Joel Sherzer 在 *Speech Play and Verbal Art*(得克萨斯大学出版社,2002)一书中根据语言学观点,将与文字有关的游戏和艺术分做话语游戏和言语艺术两大类。其中话语游戏包括语言游戏(play languages)、双关(puns)、笑话(jokes)、格言(proverbs)、谜语(riddles)等,言语艺术(Verbal Art)则包括文字游戏(狭义)及修辞格(figures of speech)等。各类别还可以继续细分下去。本节主要讲述与汉字本体有关的测字、谜语、艺术字三方面的内容。

(一) 测字

测字是中国传统的占法,是一种方术。北齐颜之推《颜氏家训·书证》:"潘陆诸子《离合诗》《赋》,《拭卜》《破字经》及鲍昭《谜字》,皆取会流俗,不足以形声论之也。"赵曦明注:"破字,即今之拆字也。"所谓"破字"①,即测字之别称,亦

---

① "破字"一词在古汉语中还另有所指,即用本字来改读古书中的假借字,是注疏或训诂时的一种方法。《诗经·鲁颂·泮水》:"狄彼东南。"郑玄笺:"狄当作剔。"唐孔颖达疏:"毛('毛诗')无破字之理,《瞻卬》传以狄为远,则北狄亦为远矣。"郭沫若《中国古代社会研究》第四篇三:"《诗经》上所说的'君子万年,景命有仆;其仆维何,釐尔士女;釐尔士女,从以孙子',可知所谓'仆'字正是奴隶的本字,用不着古经学家破字去解释了。"

即破解文字,主要是指拆分字形而言,通过加减汉字笔画、拆开偏旁或打乱字体结构的方式,加以附会,推算吉凶。当然,传统的测字方法,不止拆分字形一种,还有通过声音、意义等途径进行占断的方法,所以宋人称之"相字"较"破字"更佳。

广义上说,测字这种形式并不是隋唐出现的,实际上汉代文献中就记载过"字梦""字谶"等形式。《汉书·艺文志》云:"众占非一,而梦为大。"利用梦境进行卜筮成为众占之首。"字梦"即古人将视之为神秘的做梦与文字相联系,推原过往,预测未来。最早记载字梦的例子是《史记·五帝本纪》集解引《帝王世纪》云:"黄帝梦大风吹天下之尘垢皆去,又梦人执千钧之弩,驱羊万群。帝寤而叹曰:'风为号令,执政者也。垢去土,后在也。天下岂有姓风名后者哉?夫千钧之弩,异力者也。驱羊万群,能牧民为善者也。天下岂有姓力名牧者哉?'于是依二占而求之,得风后于海隅,登以为相;得力牧于大泽,进以为将。"黄帝梦中风吹垢解为"后"字,即是字梦。

字梦之外,又有"字谶"。之所以名之以"谶",实际上是与汉代谶纬之学大盛有关。"谶纬"是汉代流行的神学迷信。"谶"是巫师或方士制作的一种隐语或预言,作为吉凶的符验或征兆。"纬"指方士化的儒生编集起来附会儒家经典的各种著作,纬书是古代辅助经典文献的重要资料。汉刘熙《释名·释典艺》:"纬:围也。反复围绕,以成经也。"《后汉书·方术传上·廖扶》:"专精经典,尤明天文、谶纬、风角、推步之术。"清俞正燮《癸巳类稿·纬书论》:"纬者,古史书也。纬如后世灵台候、省寺案牍①,先儒所采以辅证经义者,皆淳古之文,他或不逮也。"

熟谙三国历史的人都知道一首著名的童谣,这首童谣首见于《后汉书·五行志一》:"献帝践阼之初,京都童谣曰:'千里草,何青青。十日卜,不得生。'"这实际上就是用字谶的方式,暗示董卓自下摩上、以臣凌君,虽然一开始暴盛当权,但最终会败亡的命运。

再如《三国志·魏书·文帝纪》注引《献帝传》载李伏表魏王曰:"《易运期》又曰:鬼在山,禾女连,王天下。"曹操死后不久,李伏引"鬼在山,禾女连"("魏"字异体)的说法证明曹魏必将代汉,就是明显的字谶。故而依借汉字制造谶纬

---

① "灵台"是古时帝王观察天文星象、妖祥灾异的建筑,隋唐开始亦指称学宫。"候"即"谶候""候簿",载有谶语的书。"省寺"是古代朝廷"省""寺"两类官署的并称,亦泛指中央政府官署。"案牍"就是官府文书。

来推知命运未来的方式,就可以称作字谶。

测字在宋代时就已经成为一种独立的算命活动,并达到了专门化的程度。一般而言,求测者随意书写一个汉字,专门的测字者(或曰术士)就根据所呈现的字形进行离析解说,占断凶吉。故而汉字形体对于测字而言,只是一种工具,一种供术士拆析解说并达到推测事情结果的途径。这一时期史载众多有名的测字大家,谢石、朱安国、汪龙、张九万……等等。

经过元明时期的持续发展,至清代测字术达到了集大成的高度。不仅测字大家代不乏人,而且在测字理论方面,达到了新的高峰。程省《测字秘牒》、周亮工《字触》及《古今图书集成·拆字部汇考》三部专书,不仅总结了测字方法,还对测字与中国文化诸多方面的关系进行了梳理,并汇存了大量古代测字实例,是针对古代测字术所作的理论性总结。

测字术之所以在中国极为兴盛,主要有三个原因:一是汉字构型系统;二是文字崇拜观念;三是迷信思想盛行。

相比其他语言文字种类,没有哪一种能够像汉语文字一样,产生出独特的以文字符号作为对象的占算方法。毫无疑问,没有汉字构形作为依托,测字术无从谈起。汉字的表意性为测字的出现和发展奠定了基础。作为古代六艺之一的"书",是儒家要求儒生必须掌握的一种基本技能,这种技能的训练,使得字形拆分和说解在社会习俗中得以常态化。正如《说文解字·叙》中所批评的"马头人为长""人持十为斗""虫者屈中""苛人受钱"等,若此者甚众。久之,无论符合"六书"还是乖离"六书",析字便成为测字所使用的基本方法。之所以说"乖离",是因为在测字中,术士往往根据需要对汉字字形进行毫无理据的离析和综合,这就直接误导了社会对汉字构形理据的认识。直到今天,在汉字教学中仍然存在着不当的任意说解汉字形体的教学方式,一定程度上可能会提高学生对汉字的认读效率,然而其负面影响也是遗患无穷的。

其次,文字崇拜也是测字术得以兴盛的重要因素。自文字诞生之日起,对文字的敬重便随之而生,各种关于文字产生的神话传说不绝如缕。例如,《淮南子·本经训》云:"昔者苍颉作书而天雨粟,鬼夜哭;伯益作井,而龙登玄云,神栖昆仑。能愈多而德愈薄矣。故周鼎著倕,使衔其指,以明大巧之不可为也。"虽然这是说明奇巧之事不能做,即老子所谓的"绝圣去智",但同时也反映出古人所认识到的文字的功能和意义。文字功能及造作之人不断被神化,这种夸饰的惊天地、泣鬼神的巨大威力,逐渐渗透到民间。在阶级社会中,文字逐渐被统治阶层掌握,历代统治者为了维护政治统治进行过各种正字运动,加上民间所奉行的"敬惜字纸"等观念的推波助澜,在东方文明中便形成了浓重的文字崇拜观念。正因如此,人们才会相信透过文字可以通达神明,进而推动了测字术的不断演进。

当然,测字之术得以产生并流延至今,关键还在于传统的迷信观念。星占、卜巫、风水、命相、神鬼等思想和行为,与测字一起,共同为人类文明中所未知的世界和残酷的现实,提供着另外一种阐释,另外一种慰藉。一定程度上,对拥有数千年文明史的中华民族而言,这种阐释和慰藉能够产生某些积极的作用。但其负面影响亦不可小觑。甚至在当今信息技术背景下又出现了新的名目,如"计算机测字"等,正足以说明传统的测字及相关迷信思想在中华民族的思想观念中根深蒂固。

(二) 谜语

"谜"字从言迷声,迷者,惑也。南朝梁刘勰《文心雕龙·谐隐》云:"昔楚庄齐威,性好隐语。至东方曼倩,尤巧辞述。但谬辞诋戏,无益规补。自魏代已来,颇非俳优,而君子嘲讔①,化为谜语。谜也者,回互其辞,使昏迷也。"谜语前身为隐语,文献载有大量先秦汉魏时期用例,如《左传·宣公十二年》记载了楚国攻伐萧国时,萧国大夫还无社和楚国大夫申叔展之间的一段著名的隐语对话:"还无社与司马卯言,号申叔展。叔展曰:'有麦曲乎?'曰:'无。''有山鞠穷乎?'曰:'无。''河鱼腹疾②奈何?'曰:'目于眢井而拯之。''若为茅绖③,哭井则已。'"

史载两位大夫虽交善,但因各为其主,故两军阵前,不便直说,只能以隐语相喻。申叔展通过两个词汇"麦曲"和"山鞠穷"(都是可以御湿之物),暗示让还无社在战斗时往湿地泥中躲避,但还无社最初不明。于是申叔展又以"河鱼腹疾"暗示往低下之处躲逃,还无社方恍然大悟。还无社于是告诉对方,若对方见到一口枯井就可以搭救自己。申叔展又嘱咐他,在井边挂一草绳作为标记,若有人在井前哭泣,则说明申叔展来救他了。金代王若虚认为:"杜氏以茅绖哭井为叔展

---

① 刘勰解释说:"讔者,隐也;遁辞以隐意,谲譬以指事也。""遁辞"指不愿以真意告诉他人时,用来搪塞的话,"谲"是变相地、带有欺骗性地,"譬"即譬如、打比方。
② 腹疾的隐称,因鱼腐烂是从腹中开始而得名,大略指腹泻。
③ 古代用麻做的丧带,在头为首绖,在腰为腰绖。

教无社。以文势观之,殆是无社教叔展也。"(《湛南遗老集》卷之二《五经辨惑(下)》)

由实用功能的隐语逐渐发展出作为文字游戏的"谜语"。一般而言,谜语就是暗射事物或文字等供人猜测的隐语。《世说新语·捷悟第十一》曾记载了数则曹操与杨修的谜语故事,为世人熟知。引述如下:

> 杨德祖为魏公主簿,时作相国门,始构榱桷,魏武自出看,使人题门作"活"字,便去。杨见,即令坏之。既竟,曰:"'门'中'活','阔'字,王正嫌门大也。"

汉魏晋"辞"字形体实物用例,自左至右依次为:汉《乙瑛碑》《西岳华山庙碑》《杨著碑》、魏《东武侯王基碑》、晋《任城太守孙夫人碑》

> 人饷魏武一杯酪,魏武啖少许,盖头上提"合"字以示众,众莫能解。次至杨修,修便啖,曰:"公教人啖一口也,复何疑?"
>
> 魏武尝过曹娥碑下,杨修从。碑背上见题作"黄绢幼妇,外孙齑臼"八字,魏武谓修曰:"解不?"答曰:"解。"魏武曰:"卿未可言,待我思之。"行三十里,魏武乃曰:"吾已得。"令修别记所知。修曰:"黄绢,色丝也,于字为'绝';幼妇,少女也,于字为'妙';外孙,女子也,于字为'好';齑臼,受辛也,于字为'辞';所谓'绝妙好辞'也。"魏武亦记之,与修同,乃叹曰:"我才不及卿,乃觉三十里。"

谜语的大量流传,逐渐渗透到其他文学艺术层面。前面提到的"离合诗",从某种程度上说也是一种文字游戏。离合诗在六朝大量出现,文人名士均引之为乐,孔融、潘岳、谢灵运、鲍照等诸文豪均有佳作传世。不仅离合汉字偏旁构件,还将比喻、象征等制谜方法融汇其中,对后世字谜产生了积极影响。

隋唐以降,谜语逐渐渗透到社会各阶层日常生活的方方面面,各种童谣歌赋、符瑞图谶、碑额书题、印章绘画、小说笔记、酒令暗语中,都可以看到谜语留下的种种痕迹。与测字术一样,宋元时代①,谜语的编著与创作也成为一门专门的

---

① 宋代还出现了一种"拆白道字"的文字游戏,即把一个字拆开,使成一句话。如宋黄庭坚《两同心》词:"你共人女边着子,争知我门里挑心!"拆开的字合并起来是"好""闷"两字。《水浒传》第六十一回亦云:"不则一身好花绣,更兼吹的、弹的、唱的、舞的、拆白道字、顶真续麻,无有不能、无有不会。"可以看出,所谓拆白道字,其实质也是一种谜语。

技艺,能够操持这一职业的人,也颇能获得社会的尊重。直到今天,谜语仍然是人们非常喜爱的艺术形式。

从形式上讲,谜语由两部分构成:谜面和谜底。谜面是指猜谜语时,说出来或写出来供人做猜测线索的话或文字,谜底则是猜测的最终答案。一则谜语的编制有时会运用多种方法,朱承平在其《细说字谜》一书中总结谜面的编创方法大致有十五类,分别是:笔画拆零拼合、笔画伸展延缩、形体近似描绘、字形横转反仄、部位变移错动、面底包容指示、半体再现离弃、偏旁损益隐形、偏旁联系组合、半体弃取构合、偏旁同形暗指、同义替代换说、典型事物代表、事理常情推断、图像直观描绘。也有学者总结为:合成、包含、增损、离合、会意、象形、谐音、顺口溜诗等。可以看出,不管分类如何,谜语制作规律均离不开汉字的构形及音义特点。而要破解谜语,除了部分需要依托于文化背景及历史知识外,更多地需要综合利用汉字形体(笔画、结构、位置)及音义之间的各种关系。故而谜语在古代又常常被称作"字谜"。

"字谜"一词出现于南朝,如鲍照《字谜诗》之一:"二形一体,四支八头,四八一八,飞泉仰流。"钱振伦注:"井字。按:四八一八,合则五八,五八,四十也。"故确切而言,字谜当是以字为谜底的谜语,属于谜语的一种(广义则可以混同)。然若论及与汉字的关系,字谜之外的其他种类谜语也大都难脱与汉字方方面面的联系。

古代民谣俗谚、文学作品及各类艺术作品中,谜语都是一个重要的组成部分。以清代曹雪芹所撰《红楼梦》为例,是书之所以能有如此高的艺术成就,谜语等技巧的纯熟运用功不可没。

《红楼梦》一书出现的有姓名的形象逾四百人,重要角色均有相关判词。判词是部分主要人物结局的一种隐讳的总结,这种总结从另外一个角度来看,大都具有谜语的性质。比如王熙凤的判词:"凡鸟偏从末世来,都知爱慕此生才。一从二令三人木,哭向金陵事更哀。"判词通过拆分"鳳"("凤"之繁体,正可拆为"凡鳥"二字)字,说明王熙凤之才生不逢时,当然也带有一丝贬损之意,后面的"一从二令三人木"一句,进一步预示了其命运最终走向("人木"为"休")。再如作者利用双关法所赋予的人物的名字,每一个名字均可以像解析谜面一样,得到谜底的同时,也能揭示人物的性格命运。如第一回中出现过一些人物:甄士隐(真事隐)、贾雨村(假语村言、假语存)、娇杏(侥幸)、英莲(应怜)、霍启(祸起)、冯渊(逢冤)等,括号中的词是这些人物名字的谐音,这些谐音是人物形象性格命运的写照,若不通过名字发音的联想,则很难洞悉作者的缜密思维。

总之,从谜语的发展历史来看,谜语是适应社会生活的需要而产生的艺术形式,而且渗入到传统文化的各个方面。滤去各种时代背景,谜语的本质则自然显现出来。其实质是一种智力思维的活动,这种活动,不仅可以增长知识、启发智力、锻炼思维的敏捷、增强推理联想能力,而且可以丰富娱乐生活,使用得当则能收到较佳的教育效果。当然,社会上还存在着以之为"雕虫小技"的观念,甚至在历史上曾经有过批评谜语的一段时期。所以,要达到上述较佳的效果,必须要在制谜时做到雅俗共赏。清代小说家李汝珍曾在《镜花缘》中提出:"大凡做谜,自应贴切为主;因其贴切,所以易打①。就如清潭月影,遥遥相映,谁人不见?那难猜的,不是失之浮泛,就是过于晦阙。即如此刻有人脚趾暗动,此唯自己明白,别人何得而知。所以灯谜不显豁,不贴切的谓之'脚趾动'最妙。"在制谜花样不断增多、猜谜难度不断增强的背景下,为了达到雅俗共赏的效果,明代人开始创设谜格。谜格,就是要猜谜的人,按照规定的格式,把谜底字的位置、读音、偏旁进行一番加工处理以扣合谜面。明末扬州马仓山首创了《广陵十八格》后,历代谜格不断有所创新,韩振轩曾著《增广隐格释略》,共计四百零七格(其中存在大量重复以及被淘汰的死格)。谜格的使用虽然为制谜者提供了便易,但却限制了猜谜者的思路,又因狭义的"字谜"较少使用谜格,故而到今天为止,谜格基本退出了历史舞台。

(三) 美术字

美术字②就是有图案意味或装饰意味的字体,它是一种运用装饰手法美化文字的书写艺术。一般而言,美术字能从汉字构形、表意特征出发,对汉字的笔画和结构作合理的变形装饰。美术字一般要求较为规整准确,并易于辨认,同时还要醒目、张扬,遵循一定的形式美。

---

① 猜谜语又叫"打谜语",之所以称作"打"字,据说是因为古代猜谜又被称作"打虎",比如《醒世姻缘传》第五十八回:"相于廷道:'脱不了咱两个人,怎行令?咱打虎罢。我说你打,你说我打,咱一递一个家说。'"之后逐渐演变为搭配"谜语"一词的动词,如《红楼梦》第五一回:"这难为你猜。纹儿的是'水向石边流出冷',打一古人名。"

② 又有"艺术字"一说。然而专业术语的艺术字的定义是:经过专业的字体设计师艺术加工的汉字变形字体。所以对于电脑中的一些具有固定装饰效果的字体体系,就被冠以"艺术字体"。但从本质上来说,美术字和艺术字只是名称的不同,其实质都是图案意味或装饰意味的字体变形。

一般而言的美术字主要包括中文美术字和国际通用的阿拉伯数码字及英文字母美术字。依据文字书体演变,这里将中文美术字划分为古今两个阶段:古典美术字和近代美术字。近代美术字是印刷术产生之后以宋体字为基础的美术字;古典美术字则是以古文字构形为基础的美术字。近代美术字可大致分为宋体、黑体、变体三大类。其中,宋体和黑体是"基础美术字"。宋体字是伴随雕版印刷而产生的,之所以名"宋体",也是因为印刷术在宋代大兴的缘故。宋体字分宋体与仿宋体两种:宋体字形方正,横平竖直;仿宋体字形苗条,粗细匀称、横斜竖直,起笔收笔均有顿角。黑体字笔画较粗,方头方尾,横平竖直,厚重醒目,常用于标题的书写。而变体美术字是在基础美术字上面加以创造和变化,形成新的式样。随着信息技术的发展,各种新式变体美术字可以借由电脑程序大量创造。

古典美术字在中国萌芽时间甚早。新石器时代的陶器或岩壁上的刻绘符号,便是汉字装饰美化的原始萌芽。这些符号的划痕和结体大都较为均衡和规整,并显现出一定的节奏感。虽然对判定这一时期出土资料上的符号是否为文字还存在争论,但从陶器实物造型、刻绘部位选择、刻绘工具的使用等情况来综合判定,这些刻绘符号具有一定程度的装饰美化作用,对中国美术字的萌芽产生了重要作用。

　　　　　　　　　商代兽皮纹饰与虎形徽号铜戈
半坡出土鹿纹陶盆

殷商时期汉字已经具有完整的体系,所以可以判定为美术字者尚未早于商代。青铜器是今天所见商代汉字的重要载体,青铜器的造型纹饰艺术,给上铸金文带来了不同于甲骨文的独特面貌,尤其是金文形体的美化和修饰。大量徽号字符(或称"图形文字""徽号文字")即是明证。容庚《金文编》附录未释徽号字符610个(重文866文),正文收录已释字符约140余文,二者约占是书收单字的25%。这类徽号字符受青铜器造型和纹饰影响很深,在形象特征、表现角度、装饰手法上具有极大的相通性。更进一步讲,这时的文字与纹饰之间相互影响、互相渗透,并互相转化,在文字的应用功能与艺术的美化装饰方面达到了高度的统一。

进入春秋战国,社会环境和政治力量的变化,奠定了美术字大规模勃兴的基础。郭沫若就曾在《青铜时代·周代彝铭进化观》一文中指出:"东周而后,书史之性质变而为文饰,如钟镈之铭多韵语,以规整之款式镂刻于器表,其字体亦多作波磔而有意求工……凡此均为审美意识之下所施之文饰也,其效用与花纹同。中国以文字为艺术品之习尚,当自此始。"巨大的社会变革使人们的文字美化观念发生了重要的变化。其中,鸟虫书的出现为中国古代美术字发展史增添了浓厚的一笔。大量青铜兵戈器物及礼器上都有鸟虫书迹的遗存。"书体流变"一章中曾对鸟虫书做过较为详细的介绍,可参看。这里需要注意两点:

一是鸟虫书的出现除了社会环境的变化,尤其是楚地政治经济文化的独树一帜这些因素之外,也应该看到其对商周金文美化修饰作用的传承,从这一意义上讲,鸟虫书的出现是金文美化修饰作用的结晶。

二是虽然鸟形、虫形图案符号占有较大比重,但其他动物形象也普遍存在龙、鱼之形。而且部分字形是多种动物形体的复合体。

随着秦朝的一统天下,鸟虫书也走到了它的尽头。然而鸟虫书独具一格的灵动和艺术魅力,为后世留下了宝贵的遗产,比如汉代出现的一些鸟虫书铜壶作品、六朝隋唐时期的飞白鸟书等,都受到了先秦鸟虫书的影响。

1981年内蒙古包头市召湾汉墓群47号墓中出土的"单于和亲"瓦当

进入汉代,虽然夸张铺陈的鸟虫书被规整的秦代小篆统一,然而汉字美化修饰的功能却被传承了下来。我们可以以汉代著名的瓦当文字为例。瓦当的出现是古代建筑与绘画等艺术形式相互作用的结果,《说文解字》释"瑄(当)"为"华饰也",即瓦当是用于建筑的具有装饰作用的物品。为了体现出殿宇、苑囿等建筑的气派和华丽,瓦当上多刻以吉祥文辞,且多使用篆法,并对文字形体进行夸张变形和美化修饰。

无论鸟虫书还是瓦当文字(篆法作品),均是篆文形体基础之上的夸饰和美化。小篆是古文字的殿军,篆体的美术字也就成为古典美术字的终结。古典美术字尤其是篆文美术字对后来的绘画、印章、书法、刻碑等艺术形式均产生了重要影响。不赘。

【研究提示】

1. 举例说明文字游戏与文学艺术的区别,并试举所留意到的身边汉字中蕴含的文字游戏元素。
2. 简述测字术在中国的发展演变,探究其兴盛之因。
3. 谜面与谜底的关系有哪几种?了解字谜的编制方法,并尝试独立编制一些字谜。
4. 翻阅上古岩画资料,一方面将岩画中的人、动物、工具等形象与甲骨文、金文等古文字形体进行对比,寻找有何相近之处,另一方面请从艺术的角度谈谈古典美术字的衍生。
5. 欣赏下面几例有趣的文字游戏,试析他们的名目以及所表示的含义。

【延伸阅读】

1. 中国美术全集编辑委员会编《中国美术全集》,人民美术出版社等,1988 年。
2. 詹绪佐、朱良志《中国古代测字术》,四川大学出版社,1993 年。
3. 李明君《中国美术字史图说》,人民美术出版社,1997 年。
4. 曹锦炎《鸟虫书通考》,上海书画出版社,1999 年。
5. 侯印、林春增编著《中国文字游戏大百科》,山东人民出版社,2004 年。
6. 朱承平《细说字谜》,岳麓书社,2005 年。

第四节　取名文化

从本质上说，名字只是一个代号，名字与其所代表的客体之间没有必然的联系。然而在人类历史进程中，名字除了工具性之外，还附带了很多其他的社会属性。我们在"避讳"一节中还会谈到汉语取名的规范问题。不管是人类自己的姓名，还是人类对事物所做的命名，均能反映出一个社会、一个民族所具有的文化特质。这主要是因为，我们可以从世界上各地为命名所举行的习俗仪式看出，人名对人类社会而言尤为重要，也最能反映一个地域和种族的文化。在我们所熟知的中国古代男子冠礼、女子笄礼中，刚刚成年的男女被赋予"字"，以避其名，同时也意味着可以成家立业，这一仪式在日本等国家和地区还有遗存。在非洲大陆，人们往往把名字与命运、尊严看作是紧密相关的。婴儿出生几天后要为其举行庄严的取名仪式①，有了名字的小孩才能成为这个家族的成员。

然而，作为一种称谓，名字毕竟属于语言层面，但将汉语取名置于汉语文字背景下，名字就与汉字发生了密切的关系，这也是与拼音文字所不同的一点。

（一）欧美日韩取名概览

随着生产力的发展和人类语言的进化，原始先民逐渐学会使用代号来称呼和区分不同的人。姓氏的出现，也是因为生产关系的演进，不同家族或部族逐渐学会使用不同的代号作为本族特殊标记，并代代相传，久之便形成了姓氏。而随着历史的变迁，不同国家、地域和种族，逐渐形成了各自的取名风俗和习惯。

以使用英语的欧美国家和地区为例，英语作为一种独立的语言起源较晚，英美等国家建国较晚，历史较短，其取名文化也相对较近。由于这些国家大都以信奉天主教或基督教为主，故而《圣经》对取名制度的影响尤为重要。但也正是由于《圣经》的影响，这些国家依据《圣经》择用宗姓及起名文化的渊源，则时代愈显晚出了。

从姓氏来讲，欧美国家和地区与中国十分不同，由于他们的文化渊源时代晚出，且更重视人的个性，故而其姓氏千奇百怪，有依据祖上职业或先辈名字而生

---

① 在仪式上，人们通常会向屋顶倒一罐水，一名最年长的妇女将婴儿置于水流下任其啼哭，在哭声中大家送上礼物以示祝贺。而后有当地德高望重的长者给婴儿起名字。取名之后人们还要敬神祭祖，并将孩子抱到祖父的坟前认祖。

的姓氏,有以各种生物而生的姓氏(如 Wolf),也有因生理上的特点或缺陷而形成的姓氏(如 Short),甚至包括很多中国人认为不吉利的一些词而出现的姓氏(如 Poison)。

而关于名,在信奉天主教或基督教的地区,一般婴儿出生后,都会到教堂受洗礼,洗礼仪式中会正式给孩子取名,所以称为"洗名"(Baptismal name)或"教名"(Christian name)。因为这是除了姓之外的每个人的特命之名,所以也称"命名"(Given name),又因通常位于名字的最前,故又名"首名"(First name)。而教名和姓之间,许多人还会有其他的名,即所谓"中间名"(Middle name),这是因为在取名时,意见不统一,或者是出于对某(几)位已故亲友或名人的尊敬,故而罗列多个名字。但在称呼时,首名外的其他名则很少被提及。而书写姓名时,则常常将首名外的其他名用缩写字母的方式代替,甚至直接省略。需要注意的是,西方人取名用词,最初同汉语取名一样,也应是意有所指,但后来却逐渐定型化,取名所用的词本义渐失或不再为人所了解。

而在汉字文化圈的各个国家中,姓名文化则呈现出与西方不同的特点,他们无一例外地受到了汉文化的深刻影响。

早期的日本人没有姓,只有名。后来出现了氏和姓。氏是古代日本的政治组织,每个氏都会以朝廷职务或管辖地方作为自己的"氏名",而"姓"则是赐予氏的类似爵位的称号,以表示等级差别。到了公元 9 至 10 世纪,在氏、姓之外,又出现了氏族分离出的家族的称号——苗字。所以古代贵族的姓名一般都比较长,但普通百姓和皇帝(日本天皇的名称作"御名"或"讳")则是没有姓的。后来氏、姓、苗字逐渐合为一体,成为新的姓。但直到明治维新以后,日本的普通国民才正式有了姓。

一般地,婴儿出生后第 7 天举行起名仪式,他们称之为"命名"。日本人所取的名,受汉文化影响很深,比如伦理道德、吉祥喜庆等方面的词,也成为日本人取名的首选。此外,日本人常以"子""美""香"等给女子取名,而以"助""郎"等为男孩子命名,虽然有些呆板,但是反映了本族人的寄托与理想。相比中国人起名的洪亮大气,日本的名字则显得淡雅平和。

近几十年来,日本人往往会根据政府颁布的《人名用汉字别表》[①]取名。有

[①] 1951 年 5 月日本公布了一份《人名用汉字别表》,1981 年公布的《常用汉字表》对人名用字作了增订,继而被视作《人名用汉字表(2)》,之后又多次修订,至 2017 年共计为 863 个汉字。

人曾做过小范围调查,汉字的笔画及意义(或使人引起的丰富想象)是当今日本人取名时所最为关注的。不仅富于象征性、意义深刻的字受到青睐,就连笔画繁难的人名用字,如取名"颯羅""燿琉"等,但只要能令人印象深刻,也会成为日本人取名字的首选汉字。现今日本人取名时逐渐突破传统,汉字笔画数量多少和发音响亮程度越来越成为日本人取名用字的首要考虑因素,而不管这样的取名用字是否合乎常规。

但是由于日本人的姓以两个汉字为最多,三字次之,一字最末。故而在姓名分辨上具有较大的困难。同时,日名汉译和日名汉音存在很大的矛盾。比如有些繁体字在中日两国的简化字中存在形体差异,读音也不尽相同,这就给日本人姓名与汉语汉字的对译带来了诸多问题。

而近邻朝鲜半岛最早借用汉字作为其官方文字("汉字的传播"部分有述),即使后来有了谚文,有些事物还是用汉字表示。在取名文化方面,更与中国传统的汉语取名艺术一脉相承,不仅在人名结构上具有一致性,而且在按辈分取名等方面也极为相似。如姓前名后、名分单双等。韩国姓氏分两类:一部分源于中国,如卢、闵等;一部分则是土生土长的,如李①、金、朴等。辈分用字则早已由先祖或贤人取好写入家谱,家族中人按字排辈、长幼有序。一部分韩国人在取韩文名字时即有了相对应的汉字②。在取名用字上,韩国人名特点鲜明。

首先,儒家文化在其取名习俗中占有非常重要的地位。儒家文化中的仁、义、礼、智、信、孝、善等观念和相关用字,均成为韩国人取名用字的首选。久之,"四书五经"就成为他们搜寻合适人名用字的重要途径。韩国重男轻女的思想在起名中也有具体的体现。一般而言,男性名字中需含一个表示辈分的字(或称为行列字),而女子则不用。

其次,虽然韩汉取名都讲究阴阳五行和生辰八字(韩国八字称为四柱),如在名字中要加入金、木、水、火、土等构件的字,但是中国人取名是因"算命"时五行有所缺失,故而在名字中加以补足,而韩国人往往是在行列字中使用"五行"

---

① 即使同为李姓,但其具体所属也有约400多种,且每种李姓均含义不同,包含着祖籍与历史内涵。所以韩国陌生人初次见面,往往会将地方名和姓氏一起介绍,以便有可能碰到同一宗族的远亲而拉近距离。
② 仅有韩文名字而没有汉字名的韩国人,在转译中文名时可能会遇到麻烦。比如韩语名作"金银星"的人,"金""银"二字对译尚问题不大,但"星"字韩汉发音不同,若不了解汉字之人,有可能初次翻译成"鳖"(韩语中"星""鳖"同音)。

构件的字,并且使用行列字的基准往往是按照五行相生法——金、木、水、火、土在名字中间或结尾,代代轮流使用,意寓子孙繁荣昌盛。同时,韩国人也迷信于名字必定与八字相合,从而根据生辰八字需要而加以补益,然后起名字用以规范。

最后,近几十年来,虽然中韩两国汉语取名都体现出强烈的时代色彩,但是在择字上却仍然有明显的不同。韩国人取名用字,往往依据权威汉字字典,择用所收录的意义美好的字,如"洙""珉""玹"等。但这些字在今天的汉语文字生活中,已经不再常用,甚至成为历史,故而中国人取名时往往不会用到这些字,这也就造成了中韩人名在形式上的明显差异。而20世纪中叶以后,以韩语取名者大增,但以汉字(繁体)起名者仍大量存在。以汉字起名,首先会考虑汉语里的内涵,然后再译成韩语,也就催生了算"名"先生的职业,或称为"起名家"。

虽然各民族、各地域取名用字风俗各有不同,但在取名择字时择用各种典故,且反映出美好的愿望和追求却都是一致的。通过比较可以看出,汉字文化圈中的国家和地区,取名之所以呈现出独特之处,是与汉字的使用传统分不开的。

(二) 取名的心理及文化因素

弗洛伊德认为:"一个人的名字是其人格的重要成分,甚至是其灵魂的一部分。"[①]大多数情况下,自己的名字往往是由长辈或贤人取名,而非自己本人的意愿。既然是别人(尤其是父母祖辈等)取名,必定会包含他人的思想意愿。尤其在中国父母那里,孩子的名字就成为父母"一厢情愿"的典型。如重男轻女的意识下就会给女儿取名"招弟""连弟"等。而父母未竟之理想也会用子女名字弥补。但更多情况下,子女名字包含了父母对子女的祝福和期望,如"龙""麟""聪"……

总体而言,取名的心理因素包含如下四点:

1. 趋吉避凶

吉凶观念在原始先民那里就已经有非常明显的表征了。相传夏商周三代分别有三部易学书籍,是所谓"三易",今仅存《周易》一书。《周易》本身占筮用书的性质,使其成为古今中国人取名的源泉。据初步统计[②],古人的命名取自《周易》的数量最多。尤其是在宋代理学昌盛之后,理学家对《周易》的注疏中包含

---

① Mechal Sobel. *The World They Made together*: *Black and White Values in Eighteenth-Century Virginia*. Princeton, New Jersey: Princeton University Press, 1989.

② 马新钦、白海溶《以〈易〉取名的数理统计与文化透视》,《周易研究》,2005(3)。

了他们对宇宙和人生的见解,使得《周易》一书成为了巨大的名字资源库。而从取名择字最集中的一些卦爻辞中,可以清晰地看出古人取名时趋吉避凶的心理。其中取名自乾、坤两卦者达到四分之一,加上其他渐、复、观、震、豫、谦、泰、革、履、鼎、中孚、晋、升、大有等共16卦,成为取名最常用的卦,约占五分之四。而屯、讼、否、蛊、剥、坎、损、未济、小过、离、姤等28卦则几乎无人问津。不仅如此,一些有名的古代建筑及帝王年号,也常自《周易》取名,如大观园、颐和园、大明宫、交泰宫、坤宁宫等,年号如乾元、贞观、乾亨、弘光等。

趋吉避凶观念还有一个非常明显的表征就是取"贱名"。贱名亦即粗俗卑下的名字。在医学还不发达的社会,很多疑难杂症及突发事故给人的生命带来了严重威胁。于是,家长往往希望能够通过取一个合适的名字来保佑子女平安健康,久之便形成了"贱名好养活""贱名图长寿"等观念。这在其他国家和地区的文化中也能见到。但随着时代的发展,使用取"贱名"的方式越来越少了。

2. 崇德、广业

自儒家思想被统治阶级加以利用,成为社会主流思想之后,整个民族基本上就按照儒家所提出的行为规范和处事方式行事,而我们的取名也自然常受到儒家思想影响,呈现出独特的观念和心理。

何谓崇德?崇德,是一种对道德的热衷、尊重和敬畏。崇德是整个儒家伦理思想的情感基础。在儒家看来,人和动物的区别也就在于人是具有道德感的,《孟子》所谓"无恻隐之心,非人也;无羞恶之心,非人也;无辞让之心,非人也;无是非之心,非人也。"《周易·系辞上》:"夫《易》,圣人所以崇德而广业也。"儒家主张经世致用,故而修身正德也是为了最终的"广业",因为只有有德之人才能够得道多助,建立丰功伟业,所谓"名垂千古""留名青史",若无德之人,只能是"臭名昭著""声名狼藉"。在这一价值观的影响下,人们的追求就可以超越小我,成就崇高的德行和人生价值,走上"修身、齐家、治国、平天下"——这条古代知识分子公认的最理想的人生道路。而要实现这一理想,取一个合适的名字则显得极为重要,因为名字是与人的荣辱成败紧紧相连的,故有"名副其实""有名无实"之语。古往今来,体现这一思想的名字随处可见——光祖、耀宗、国忠……然而实际上,人名和人之命运断然无关,否则"昌宗""邦昌""宗昌"这样极富寓意且气派响亮的好名字,前面冠之以"张"姓后,怎会和世人不齿的历史人物关联来呢?

3. 富于韵味

修辞学中有一个细微的分支——人名修辞学①,即研究取名修辞现象的学问,称其为学问,也就意味着取名实际上是一种日常生活中的修辞活动。一般而言,男子的名字或洪亮阳刚,或斯文儒雅,女子的名字或悦耳动听,或婉约气质,不管采用何种字调,最终要顺畅清晰。要达到这样的要求,并非易事,不仅要求声、韵、调搭配合理,还要注意不可引起不当的谐音联想。

汉语是一种兼具音乐性韵律的语言,其四声抑扬顿挫。正因为每一个汉字都可以读出字调,所以在取名时对字调的选择就需要格外考究,若不根据音理学来取名字,往往会闹出笑话,又或者只会平淡无奇。

据统计,日常生活中前400个高频字中,属于第一、二声的字要少于第三、四声的字,然而在对人名最后一字的字调进行分析时,结果正好相反,相关数据说明,人们在取名时对于最后一字的字调是有选择性的。具体来说,古汉语中的平声字在普通话中一般是第一、二声,他们的特点是高亢、响亮,而古汉语的仄声字多演变为今天的第三、四声,其特点是低沉、下收。大部分中国人在姓名最后一字的音节选择时,往往选取那些发音高昂的升调,显得积极向上,令人印象深刻。当然这里还要考虑方言方音等地域差异及原名、笔名或改名等问题。

4. 超凡脱俗

名字的核心功能就是代号,且是用以区别此物不同于他物的代号。所以,人们在取名时,往往特别留意名字的区别性,不落俗套,标新立异,便成为人们取名时重点考虑的一个因素。

取名时求古、求雅就是一个重要的表现。有时候,人们甚至从古代典籍搜罗出已经死掉的词汇和生僻字作为取名用字的来源。这就恰好反映出在取名用字过程中避免雷同和避免缺乏个性的心理。尽管力求避免重名,古往今来名字相同者不可胜数。这一情况之所以一直存在,实际上说明了名字并不是人身份特征的唯一参数,且每个人都是在一个有限的范围内进行社会活动,所以重名现象也并未妨碍社会交际。为了避免平庸或重名,各种取名方式层出不穷。例如谐音法,将姓名组合起来之后所发出的读音正好是固定的词或短语。比如一位姓何的人,若要谐音"合理",则可以取名"何理"。然而第二人再想谐音"合理",则

---

① 相关内容参邓国栋《汉语人名字调的修辞艺术》,《修辞学习》,1998(5)。

必然避开,另择新字,或许就会找到"何鲤"。为何使用"鲤鱼"之"鲤",自然是因为"鲤鱼可以跳龙门",用意颇佳。若还有第三人想要谐音"合理",则可以取为"何李"("桃李不言,下自成蹊"),若其母恰好姓"李",则更能显出匠心独运。

需要注意的是,不同时代的"新""异"是有不同内涵的。张书岩曾在《姓名·汉字·规范》中调查了一个群体的单名现象。归因为简单便捷的近三分之二,而认为不俗气的也超过了五分之二。于此可见,取名简单通俗,会更迎合大众,方便交际,正好体现出取名的经济性。然而在中华人民共和国成立之初的普通百姓看来,取单名却是百分之百高雅不俗的事情。由于唐代双名大兴,宋代家谱兴盛,此后千余年时间中双名成为社会的主流,我们从保存传统习俗尚佳的台湾地区和韩国等地就可以看出这一点。然而中华人民共和国成立后,传统的家族观念变淡,家谱中的按字论辈排份,越来越不受人们的重视,加之受到名人取单名的影响,社会上自然会兴起取单名之势。

以上分析可以看出,名字的确不只是一个符号,它还附着了很多社会属性和人的心理因素,现代社会尤其如此。有时候为了能脱颖而出,就需要从社会、文化、心理各个角度来取一个认可度比较高的名字。当年的美孚石油公司,曾经启用包括心理学、语言学、社会学、统计学等多领域专家在内的研究团队,调查分析了 55 个国家的语言和一般群众的心理状况,历时六年,投入高达 140 多万美元的经费,为其汽油商标取名为"埃克森美孚"(Exxon Mobil)。足见取一个恰切的名字,在社会交际中确实具有非常重要的意义。

(三) 取名用字的构形学例析

汉语属于孤立语,其语素单位具有单音节的特点,缺少严格意义上的形态变化,词语的组合受语法约束较少。由于汉字形体最小的构成单位笔画及由笔画构成的构件,具有明显的表意性特征,汉语取名用字在组合上便有了极大的自由度,并且可以体现出外在的形式美和内在的理性意义。

以古人取字制度为例,婴儿出生 3 个月后,一般由父亲取名,待男性长到十八岁或二十岁(不同时代划分不同)举行冠礼时取字,女子则长到十五岁行笄礼时取字。字,又称表字,虽然《颜氏家训》称"古者名以正体,字以表德",但根据《礼记·檀弓上》记载,成年之后的人们需要受到社会的尊重,故而婴儿时所取之名只供长辈和自己称呼(自称其名表示谦逊),而成年时另取之"字"才是在社会上与别人交往时使用的。然而正是有了这一联系,古人取字便具有了特殊的含义,影响至今。

一般来说,古人取字方法无外乎下述几种:

1)"字"与"名"意义相同或相近。比如三国时期的诸葛亮,字孔("孔"即程度非常高)明,"亮""明"义同。再如其侄诸葛恪,字元逊,"恪""逊"皆为谦恭,"元"为始为首。

2)"字"与"名"意义相反或相对。如吕蒙,字子①明,"蒙"为不明,"蒙"与"明"意义相反。又如诸葛诞,字公休,"诞"为始而"休"为止,意义相对。

3)"字"与"名"具有某种关联。比如关羽之子关兴,字安国,"兴"意为兴起兴盛,含有兴邦之意,故而取字"安国"正得以相辅。此外,赵云,字子龙,为何取字为"龙",实际上是取自《周易·乾卦·文言》:"同声相应,同气相求。水流湿,火就燥。云从龙,风从虎。圣人作而万物睹。"意为云乃由龙所升,风为由虎所起。

4)"字"与"名"同类相及。例如孔子的儿子孔鲤,字伯鱼,据《史记·孔子世家》《孔子家语》等文献记载,孔鲤诞生时,鲁昭公赐给孔子一尾鲤鱼,孔子便以"鲤"作儿子之名,而以"伯鱼"为字,以彰纪念。又如一生清寒贫苦的唐代诗人孟郊,字东野,名与字之间便属同类相及。

5)"字"与"名"相合,追慕古人。《史记·司马相如列传》:"司马相如者,蜀郡成都人也,字长卿。少时好读书,学击剑,故其亲名之曰犬子。相如既学,慕蔺相如之为人,更名相如。"战国时代赵国的蔺相如,是一位著名的政治家、外交家,大智大勇,流芳后世,他官至上卿,居众卿之长,司马相如渴望像蔺相如那样建功立业、青史垂名,故而自名"相如",自字"长卿"。此外,司马相如"少时好读书,学击剑",恰好春秋末期齐国人孙武,亦字长卿,故而可以推知,其名"相如"与其字"长卿",确暗含了追慕古人之意。又如北齐文学大家颜之推,字介,乃追慕晋国贤臣介子推(又名介之推,后人尊为介子)而得名。

6)"字"为"名"的拆字。明代散文家刘侗,字同人,"同人"即"侗"字形体两构件的拆分。又如明初御史中丞兼赞大臣章溢,字三益,"三益"即"溢"字形体两构件的拆分。再如清代诗人、戏曲家舒位,字立人,同样是采用构件拆分的方式取字。

---

① 古人于字之前使用伯(孟)、仲、叔、季表示家中兄弟长幼之序,如孙策,字伯符,其弟孙权,字仲谋。而字前加子、公、文、士等字则是表示对男子的尊称和美称,如周瑜,字公瑾,刘禅,字公嗣。

7) 按照排行次序取字。古人一般使用"孟(伯)、仲、叔、季"①来为子女取字,如东汉末年群雄之一、吴国奠基人孙坚,便给自己的两个儿子孙策、孙权分别取字为伯符、仲谋。"孟""伯"均为长子用字,一说兄弟三人时使用"孟、仲、季",四人以上时则使用"伯、仲、叔、季",一说长子若为妾生便字之以"孟",若为妻生则字之以"伯"(排行顺序则按照出生先后顺序,不分嫡庶)②。

第六种取字方式与汉字构形联系更多,其他六种方式则与训诂或语源上的关系更为密切,但无论采用何种方式,其中的选词择字均具有深刻的内涵和寓意。

而人类为动植物命名时,往往会采取"因类加旁"的构形方式。"因类"就是凭借事物种类,"加旁"就是添加偏旁。例如《诗经》中著名的《硕鼠》篇所抨击的"硕鼠"(当政者),孔颖达正义:"《释诂》文。《释兽》于'鼠属'有鼫鼠。孙炎曰:'五技鼠。'郭璞曰:'大鼠,头似兔,尾有毛,青黄色,好在田中食粟豆,关西呼鼩鼠。'舍人、樊光同引此诗,以硕鼠为彼五技之鼠也。"《尔雅》"鼫鼠"之"鼫",与《诗经》"硕鼠"之"硕"相通,而之所以使用"鼫"字,实际就是采取"因类加旁"。这类因类加旁字能够起到明显的修饰作用。此外,《本草纲目》云:"鼢小居田,而鼫大居山也。""鼢鼠"之"鼢"也是通过"因类加旁"的方式而择取的名字。又如魏代张揖《广雅》收录的"鷝鸠"。"鸠"是鸠鸽类鸟的泛称,《说文解字·鸟部》:"鸠:鹘鸠也。"《诗经·召南·鹊巢》:"维鸠居之。"而"鷝"字则不可单独使用。《集韵·魂韵》:"鷝,鸟名,《博雅》:'鹘鵃;鷝鸠也。'或省。"清王念孙《广雅疏证》:"鷝鸠即斑鸠,字或作鷝,鸠之大者也。""斑鸠"之作"鷝鸠",即因类加旁而成。

再如,"同体会意"(亦称"复文会意""同文会意""对文会意""叠体字")也是取名方式较常见的一种。尤其以人名为常见,即用姓氏的同体会意字作为其名用字,如石磊、金鑫、林木森等。汉字中以同体会意方式构成的字数量巨大,有"二体""三体""四体"等,其中"三体"会意字又常被称作"品"字结构,如垚、晶、轟、众、森、聶、焱、犇、卉、鱻……不胜枚举,极具表意性。"三者为众",使用同体会意不仅可以表示为数众多、程度增强等意思,而且显示出一种以表现性手法传

---

① 先秦时,"孟(伯)、仲、叔、季"也冠于未婚女子姓前,用以区别先后次序,如"孟姜"即指姜家的大女儿。此外,为了对年长男子表示尊敬,也可以用排行代替称名,如《礼记·檀弓上》记载:"幼名,冠字,五十以伯仲。"东汉班固《白虎通·姓名》曰:"五十乃称伯仲者,五十知天命,思虑定也,能顺四时长幼之序,故以伯仲号之。"

② 例如,孔子的长兄是父亲叔梁纥的妾所生,故而字之"孟皮";孔子本人是叔梁纥的妾所生,是整个家庭的第二个儿子,故而字"仲尼";孔子的长子孔鲤是孔子的妻所生,故而字曰"伯鱼"。

达事物动感的审美化思路,极富表现力。

【研究提示】

1. 牢固掌握古人取"字"的几种方式。本科生刚刚成年,倘有名无"字",请尝试运用古人取"字"方法,为自己取若干个"字"。
2. 调查身边同学名字的来历和内涵,从中总结父辈、同龄人取名择字的思想观念和心理因素。
3. 结合"文字游戏"一节,以清代曹雪芹所撰《红楼梦》为例,分组讨论作品中使用到的文字游戏的形式和种类,同时总结作者对人物命名的技巧和方法,从中体会文字游戏、取名择字与汉字之间密不可分的关系。

【延伸阅读】

1. 吴泽顺《古人名和字意义关系初探》,《吉首大学学报(社会科学版)》,1985(1)。
2. 宋开玉《〈周易〉与古人的名和字》,《周易研究》,1996(1)。
3. 胡文彬《〈红楼梦〉与中国姓名文化》,《红楼梦学刊》,1997(3)。
4. 刘绍恒《汉字与人名》,《文史杂志》,1998(2)。
5. 邓国栋《汉语人名字调的修辞艺术》,《修辞学习》,1998(5)。
6. 王泉根《中国人名文化》,团结出版社,2000年。
7. 冉苒《取名与心理》,贵州人民出版社,2000年。
8. 马新钦、白海溶《以〈易〉取名的数理统计与文化透视》,《周易研究》,2005(3)。
9. 余建达编著《取名文化探论》,云南美术出版社,2008年。
10. 潘蕾《中国人的"字"与日本人的「字あざな」》,《日语学习与研究》,2009(5)。
11. 《中国上下五千年》编委会编撰《大中国上下五千年:中国取名文化》,外文出版社,2010年。

第四章
文字与政治

自文字产生之日起,文字的整理与规范就相伴而生。《说文解字·叙》云:"盖文字者,经艺之本,王政之始,前人所以垂后,后人所以识古,故曰:'本立而道生,知天下之至赜而不可乱也。'"故此,规范文字便成为历代政府为维护统治政策而常常使用的手段。《尚书·多士》篇记载周公训话曰:"惟尔知,惟殷先人有册有典,殷革夏命。"明确说明商代已经具备了较完备的文献系统。所以,按照逻辑推论,这类档案文献应该是由整理过的、规范过的汉字记录的,因不经过整理规范的汉字,是无法通行于社会实际生活的。文献明确记载的汉字整理和规范,当始自西周中晚期,此后正字运动便随着汉字的发展而持续进行。不仅如此,有些时代的汉字整理和规范甚至成为全社会关注的事件,与日常生活息息相关。本章所要探讨的就是汉字的整理和规范,以及与之联系密切的政治权力与专制统治。

第一节 书同文

谈到"书同文",大都会想到秦始皇的书同文字政策,也正是因为秦朝统一文字的历史意义,使得"书同文"这一术语常常成为后人对汉字整理与规范的代称。然而书同文字的政策和活动早在先秦时期就已出现,之后,历朝历代均有不同的文字政策。本节按时间顺序,列举中国历史上存在过的汉字整理和规范活动。

(一)先秦

早在西周春秋时期,就已经出现了"书同文"的记载,如《礼记·中庸》:"今天下车同轨、书同文、行同伦。"《管子·君臣》亦记载："书同名,车同轨,此至正也。"这里的"书同文",不论是字形统一,还是书体统一,均是文字规范的一部分。而《论语·子路》记载的"名不正,则言不顺",亦体现出规范文字的思想观念。但实际正字的措施如何,目前只能通过相关文献加以推测。

首先是周宣王时代编撰的被誉为字书之祖的《史籀篇》。《汉书·艺文志》载《史籀》十五篇,注云："周宣王时,太史作大篆十五篇。"《说文解字·叙》亦记载："宣王太史籀,著大篆十五篇,与古文或异。"《史籀篇》是中国历史上最早的教学童识字的课本,原书四字一句,以韵语编成。既然是教科书,书中所收录文字,就必然会经过一定程度的正字规范。然该书已佚,只能从内容取之于该书的《仓颉》等书窥测一下《史籀篇》的大致面貌。亦有学者或以为太史为秦国太史,宣王即为桓王,或以"籀"非人名,无论事实如何,无可置疑的是,《史籀篇》为当时文字的统一规范,尤其是大篆的推广产生了积极的作用。

其次是周代外史"掌达书名于四方"、輶轩使九岁谕书名。《周礼·春官》记载："外史掌书外令,掌四方之志,掌三皇五帝之书,掌达书名于四方。"郑玄注："古曰名,今曰字。使四方知书之文字,得能读之。"《周礼·秋官·大行人》记载輶轩使："七岁属象胥,谕言语,协辞命。九岁属瞽史,谕书名,听声音。""谕言语"即教习言语、推广雅言,"谕书名"为规范文字书写。

另外,有学者推测在商鞅变法之后,秦国势力不断向外扩张,扩张的同时也在推行着自己的文化,而秦系文字的推广也成为其中的重要方面。这一点从被兼并的地域在兼并前后所使用的文字形体相互比较就可以看出。

上述几点是我们根据文献记载进行的推测,也是已知较早的"书同文"运动。历史上影响最大的"书同文",当属秦朝建立后统一文字①的措施。

(二) 秦朝

《史记·秦始皇本纪》载："(始皇二十六年)收天下兵,聚之咸阳,销以为钟鐻,金人十二,重各千石,置廷宫中。一法度、衡石②、丈尺,车同轨,书同文字。"

---

① [唐]张守节《史记正义》"同文书"云："六国制令不同,今令同之。"有学者考论《礼记》《管子》等书中的"书同文"皆指统一礼乐制度。另外,汉时人对李斯所作《仓颉篇》等书已失其读,因其多古字,似乎也说明李斯的《仓颉篇》并非是统一后的小篆文字。凡此种种,以待将来。

② "衡石"泛指称重量的器物。衡,秤。石,古代重量单位,一百二十斤为一石。《礼记·月令》："(仲春之月)日夜分则同度量,均衡石,角斗甬,正权概。"《管子·七法》："尺寸也,绳墨也,规矩也,衡石也,斗斛也,角量也,谓之法。"

而《说文解字·叙》的说解更为详细:"秦始皇帝初兼天下,丞相李斯乃奏同之。罢其不与秦文合者。斯作《仓颉篇》,中车府令赵高作《爰历篇》,太史令胡毋敬作《博学篇》,皆取史籀大篆,或颇省改,所谓小篆者也。"

从史籍记载可以推知,秦朝统一后进行的文字规范措施主要包含三个方面[①]:一是将六国文字中"不与秦文合者",即与秦国文字不一致的六国文取消,代之以小篆;二是秦国所颁行的小篆,从大篆取源,并且进行了许多加工和整理,所谓"或颇省改";三是颁布了《仓颉篇》等文字形体规范的标准文件。从出土的里耶秦简官文书 8-461 号木方的记录可以看出,有些规定已细致到个别字的写法和用法。这些书同文字政策的实施,对社会用字混乱的现象确实起到了一定程度的遏制作用。还需要注意的是,李斯等人的省改籀文,并非凭空,实际上在战国时期的秦系文字中,就已经看到大篆向小篆字体过渡的痕迹。

然而秦朝"书同文"政策并不止于小篆。从秦国及秦朝竹简文书中可以看出,社会实际用字还存在一种较篆文更适于交际的书体——秦隶(或曰古隶),且其出现时间并不晚于小篆。秦隶的使用和推广,实际上也是秦朝"书同文"政策的一个方面。文献记载可资为证。《汉书·艺文志》:"是时始造隶书矣,起于官狱多事。苟趋省易,施之于徒隶也。"又如《说文解字·叙》载:"是时秦烧灭经书,涤除旧典,大发吏卒,兴成役。官狱职务繁,初有隶书,以趣约易。"

较之小篆繁复屈曲的线条,秦隶更为简便易书,故而成为秦代官吏日常办公用书体。既然如此,也就说明秦隶在秦朝时候成为官方许可的合法文字,这一点从发掘的大量秦简可以看出。而后世将隶书的出现归功于程邈,无论记载是否属实,均可约略推知,秦隶在发展过程中也是经过了整理和规范的。否则,社会简体用字很难行用于当时社会日常生活。此外,秦始皇以法家思想治国,法家思想中适时变化的观念,也使得秦始皇能够顺应历史潮流而允许更为简易的隶书流行。

此外,秦代还设有专门培养从事文书事务人员的"学室"。在其中学习的"史子"通过包括文字读写在内的考试之后可擢用为官吏。这一点可以从湖北云梦睡虎地秦简等资料探知。而这些举措也成为秦朝文字规范的一个方面。

[①] 也有学者总结为"正字形"和"正字用"两方面,前者即废除与秦系文字不合的字形写法,后者即改用与秦文用字习惯相同的通假字。

秦朝的"书同文"政策影响极为深远。

首先,统一文字主要针对当时社会"文字异形"的现状而提出,统一的文字形体也是演变自西周王室正统文字。从李斯所撰的泰山、峄山、会稽、琅琊台等刻石,以及当时的秦权量诏版,我们可以窥测到秦代小篆规整的面貌。而在小篆政令颁行之后,大量区域性的异体字被废除,六国文字异形纷繁的状况得到了极大的改观,社会用字更进一步整齐简易。同时,书同文字也使得不同地域的人们交际更加便捷,对民族融合也产生了积极的促进作用。

其次,"书同文"更深层的意义在于为后世政府的文字政策提供了有价值的参照。尽管秦朝国祚短促,但它毕竟是已知的第一次由政府直接行政干预的大规模文字统一运动。虽然有着极强的政治目的,但是其对待秦隶的态度,是顺应了文字发展规律的。相对于恶劣的焚书坑儒而言,"书同文"无疑具有一定程度的进步意义。郭沫若在《古代文字之辩证的发展》中就曾说:"为了提高工作效率,而有意识地采用了隶法,这是秦始皇帝的杰出处。但也应该看到:这是社会发展的力量比帝王强,民间所流行的书法逼得上层统治者不得不屈尊就教。是草篆的冲击力把正规的篆书冲下了舞台,而形成为隶书的时代,秦始皇的杰出处就是他顺应了历史潮流,他跟着时代的进步而一同进步了。"由篆书到隶书,形体结构和基本单位都趋于简约,汉字适应了社会发展的需求,对后世的文字制度和政策提供了有价值的借鉴。可以看出,文字的整理和规范不但要符合汉字发展的规律,也要适应社会实际的需要。

然因秦朝二世而终,其暴政及连年征伐,使得书同文字的目标并未能完全实现。秦刻石上所存留的诸多异体字,以及阜阳汉简中《仓颉篇》存在的大量假借字等,均体现了秦朝"书同文"的不彻底性。

不仅如此,秦朝施行的文字制度在积极意义之外,还表现出一定程度的保守性。由于秦国偏居西方,长久以来形成的"尚首功而轻仁义"的传统使得秦国统治者往往对传统文化实行极端的政策,非秦皆去,非秦皆毁,在文字上也是"罢其不与秦文合者"。尽管当时六国社会用字混乱,但并不能否定六国文中先进的合理的成分。然而文字发展中的这些进步因素,却被秦朝统治者一股脑儿废除了。

之所以首先以小篆统一六国文字,而不采用社会上已经较常使用的古隶,原因也在于此。关于这一点,郭沫若、裘锡圭等人曾指出,秦统一前,隶书以其简略易写的特点,已被广泛地接受,尤其在重实尚简的秦国,其取代篆文的趋势是必然的,而秦将篆文定为规范字体,并在不得已的情况下,才将隶书作为应付繁忙的官狱事务的权宜字体处理,表现了其保守落后的一面。由此可见,隶书在秦代已动摇了小篆的统治地位,至秦二世而亡,隶书迅速取代了小篆的地位。在继秦而立的西汉,隶书逐渐上升为正式的规范书体。因而,秦王朝实际上是以隶书统一了全国文字。

(三) 两汉

西汉时期汉字规范的重要内容是对规范字样标准的纂辑。汉初《仓颉篇》仍是学童识字的课本,其后相继出现了类似的字书。《汉书·艺文志》云:"武帝时司马相如作《凡将篇》,无复字。元帝时黄门令史游作《急就篇》,成帝时将作大匠李长作《元尚篇》,皆《仓颉》中正字也,《凡将》则颇有出矣。"文献记载宣帝时期,曾由中央政府征召著名学者,于石渠阁探论《仓颉篇》中古字的"正读问题"。至孝平帝时期,又征召天下百余学者说解文字于未央宫,黄门侍郎扬雄采以作《训纂篇》,并改易《仓颉篇》重复之字。东汉和帝时郎中贾鲂又续作《滂熹篇》,不一而足。

东汉时期的正字活动主要分作两个方面:篆体标准和隶书正体地位的确立。篆体字以许慎所作《说文解字》为标准。两汉学术史最重要的事件莫过于经今古文之争,尤其是西汉末年,刘歆首倡古文经学,导致经学研究异常热烈。故此,东汉章帝建初四年(79),召开了白虎观会议。该会议会聚今古文经学的大师和学者,评议五经异同,形成了《白虎通义》。之后,两派学术相互争斗、又互相渗透。在此背景下,为了规范文字以正确解释经典,"五经无双"著称的许慎撰成《说文解字》。《说文解字》之作,以小篆为字头,说解汉字形、音、义,对社会用字当中异体大量存在、字形说解穿凿附会的现象起到了较好的规范作用。

东汉后期党锢之祸爆发,经学研究严重滑坡,私学兴盛,异说纷呈。尽管《说文解字》在统一古文经学方面起到过积极的作用,但毕竟隶书早已超越小篆而成为社会的主体用字。加上实际用字中草、行书体的行用,致使经籍无定本,人人自为其说,以至于穿凿附会、向壁虚造、混乱非常。于是,汉灵帝熹平年间,大书法家蔡邕等人上书请求正定五经文字,并由蔡邕书写,最终于熹平四年(175)刻石立于洛阳太学门外,以此作为规范用字的标准,即后世所谓"熹平石经"。熹平石经达到了很高的规范程度,一般社会用字中的异体现象,在石经中都有了明晰的区别,有时还会具体到非常细微的笔画层面。

然而,东汉末年政治黑暗、人心不古,致使石经的规范作用收效甚微。石经今虽佚失,但它成为后世刻经于碑的滥觞,三体石经、开成石经、蜀石经、清石经等规范标准,皆是沿着熹平石经开创的道路发展而来。

(四)魏晋南北朝

魏晋南北朝虽仅三百余年,然而却是历史上政权更迭最为频繁的时期,所出现的大小朝代多达三十余个。虽然战争连年不断,割据兼并及民族融合也从未停止,但思想文化领域却异彩纷呈:玄学兴起,佛道勃兴,希腊-波斯文明渗透影响……而正字运动也不例外,成就了数项功绩。

一是魏三体石经的刊刻。三国魏齐王芳正始二年(241)三体石经(又称"正始石经")刻成,与熹平石经同立于太学。三体石经以古文、小篆和汉隶三种书体写刻,其内容主要是《尚书》《春秋》,部分《左传》《论语》《急就篇》,以及其他出处不明的残石(学界或以之为试刻文字)。石经刻成后,对当时经典校正及实际用字产生了积极的作用①。三体石经所贮存的三种书体,在汉字发展史和书法史上均具有重要的价值。然自永嘉丧乱始,连年战乱、兵燹,石碑损毁严重,流传至今者,仅数块残石。

二是政府创制新字。历代统治者新造汉字形体不在少数,如三国吴主孙休就分别为四个儿子新造了名和字(伯霍,字莔;仲霪,字羿;叔龆,字显;季寇,字㚄),然而大批量的造字,当属北魏太武帝拓跋焘时期所造千余新字。由于北魏为少数民族统治政权,所以在对待社会用字方面,北魏统治者也想通过一定的政治手段,达到维护其所自认的"正统"地位的目的。《魏书·世祖太武帝纪》载:"(始光)二年……初造新字千余,诏曰:'在昔帝轩,创制造物,乃命仓颉因鸟兽之迹以立文字。自兹以降,随时改作,故篆隶草楷,并行于世。然经历久远,传习多失其真,故令文体错谬,会义不惬,非所以示轨则于来世也。孔子曰:"名不正则事不成",此之谓矣。今制定文字,世所用者,颁下远近,永为楷式。'"这段记载所涉及的史实,尤其是"初造新字千余",本应成为历史上极其重要的大事,然而史籍著录鲜见,历代字书亦不加收录,似乎说明北魏统治者所自居的"正统"

---

① 《魏书·列传术艺》:"又建'三字石经'于汉碑之西,其文蔚炳,三体复宣。校之《说文》,篆隶大同,而古字少异。"又《刘芳传》:"昔汉世造'三字石经'于太学,学者文字不正,多往质焉。"

文化,并未得到社会的认可。尤其是在本来就"多失其真,故令文体错谬,会义不惬"的实际用字基础上,新造千余字形,无疑对当时的社会用字徒添纷扰。

三是编纂字书。自秦汉《尔雅》《方言》《说文解字》《释名》之后,魏晋南北朝时期,涌现出大量语文工具书,这里统称为字书。下文将意义尤重者择要列出。

首先是三国魏张揖依《尔雅》体例编撰《广雅》(寓意增广《尔雅》,张氏另著《古今字诂》),由于其取材范围广,被誉为第一部百科词典。

其次是晋代吕忱撰《字林》。该书体例依《说文解字》,典籍中异文奇字《说文解字》未备者,《字林》择而收之。虽然以隶书为主,然并不违背篆意,且能注意到社会用字中的俗体、简体,堪与《说文解字》比肩,成为至隋唐时期仍居重要位置的权威字书。

再次是北魏江式编撰《古今文字》。《魏书·江式传》曾言:"世易风移,文字改变,篆形谬错,隶体失真。俗学鄙习,复加虚巧,谈辩之士,又以意说,炫惑于时,难以厘改。"于是江式广罗篆、隶、异、俗、古籀、奇字,撰成一部释义及标音俱全的实用字书。江氏广罗群书收录字形、音、义,推源析流,区分通语、方言等,对当时社会用字起到了很好的规范作用。该书体例虽取法《说文解字》,但在诸多方面都有超越。

然而价值最大的当属南朝梁顾野王的《玉篇》。顾野王顺应时代和社会用字要求,编成了第一部楷书字汇。该书也是第一部按汉字形体结构分部编排的字书。《玉篇》的重要特点在于首出反切,见形知音,并且将《说文解字》等解释依次罗列,并且列举大量例证,对后世字书编纂产生了积极而又深远的影响。然而,这部重要的字汇在流传中,历经唐代孙强增字、宋代陈彭年、丘雍等人重修刊削,今所见《玉篇》(或名《大广益会玉篇》)早已面目全非。我们从日本所存原本《玉篇》残卷就可以看到,《玉篇》原本之史料、资料价值的确非比寻常,只可惜早已损毁大半。

(五)隋唐五代

隋唐科举制度的创设和兴盛,为正字运动的勃兴提供了重要条件。在正字运动的大背景下,产生了一门重要的显学——字样学(下节专门有述)。整体来看,这一时段的"书同文"大致体现在以下几个方面:

一是颜氏家族在正字运动中的积极作用。临沂琅琊颜氏家族在南北朝至隋唐时代,是首屈一指的名门望族,颜真卿《草篆帖》中曾说:"自南朝以来,上祖多以草隶篆籀为当代所称。"

北朝至隋的颜之推精于字学,著《急就章注》《笔墨法》各一卷,其最著名的著作是一部家庭教育典范《颜氏家训》,由于其中论及语言文字之学(《书证》《音辞》等部分),成为后世研究南北朝隋代社会用字的重要参照。该书提出的理念至今为人称道。如文章著述使用正字,又如"尤择微相影响者行之",再如普通文书尺牍"幸不违俗"可用俗体,等等。其孙颜师古以文学著称,所著有《汉书注》、五经定本及《匡谬正俗》等(后者利用音读订正了许多谬误,从而推出同音假借之说,极具价值)。而颜之推玄孙颜元孙在唐代正字运动史上也具有重要的地位。颜元孙撰《干禄字书》一卷,"干禄"意为谋求官位仕禄,该书以平上去入编次,区分社会用字正、通、俗,是"为字"类字样学专书的典范。后来由其侄子——书法家颜真卿出任湖州刺史时书写刻石。

颜氏家族不仅在书法上名家辈出,在学术上也多可匹称硕儒大家,就连家风品格上也超迈常人①。又因中华民族根深蒂固的崇圣心理,使得颜氏家族在汉字发展史,尤其是楷字规范史上产生了不可磨灭的影响。

二是字样标准的编撰和颁行。除了上一点提到的《干禄字书》外,最重要的措施就是刊刻开成石经(又称唐石经)。唐文宗太和年间,郑覃、唐玄度等人建议将唐初贾公彦、孔颖达等人订正的儒学经典刻石立于太学。于是太和四年(830)始,由艾居晦、陈玠等人将十二经(无《孟子》)楷书于石,历时七年,至开成二年(837)碑成立于长安国子监。除十二经外,国子司业张参参以《说文解字》《字林》等书,撰成《五经文字》②三卷,存字头3250个,唐玄度仿《五经文字》体例,又撰《新加九经字样》,存字头422个,同刻附于十二经之末,现藏西安碑林。这也是历代刊刻石经中保存较为完好者。开成石经的意义和价值,不仅在于保存了唐代官方刊定的儒学经典原貌,而且其刊刻字形采用的是当时官方用字标准,成为与字样专书相媲美的字样标准。

此外,宋初郭忠恕编撰的《佩觿》成为南北朝至五代时期汉字规范的小结。作者在书中提到:"佩觿者,得立言于小学者也。"意为该书通过分析字形结构、纠正传

---

① 孔子弟子中的颜回即其先祖。另外,在安史之乱中,颜氏宗族所表现出的忠义,也令人感佩。
② 是书成书年代,据张参《五经文字·序例》推知,为大历十年(775)夏始,十一年夏成。书成首书屋壁,元和十四年(819)郑余庆、太和年间(827—835)祭酒齐皞、太常博士韦公肃再书于木。开成石经刻成后,《五经文字》同《新加九经字样》刻附于十二经之末。乾符三年(876)毛诗博士孙自牧以家本重校勘定。

写讹误及误读读音,以进行启蒙教学,从而成为当时科考规范字形的标准。

三是正字的社会参与。主要体现在民间所编撰的大量字样专书方面。《干禄字书》因由颜真卿书于石,故得以传世,然而大部分的"为字"类字样书却湮没不传。这一点可从敦煌发掘的《群书新定字样》《正名要录》等残卷可以推知。以《正名要录》为例,是书"序"中提到:"其字一依《说文解字》、石经、《字林》等书,或杂两体者,咸注云正,兼云二同。或出《字诂》今文,并《字林》隐表,其余字书堪采择者,咸注通用。其有字书不载,久共传行者,乃云相承共用。"对待社会用字实际中的异体纷呈,是书分作"正""同""相承用""通用"等四个字级。从敦煌字韵书所征引的字样类文献来看,这类湮没不传的字样书,当为数不少。相关内容,下节有述,不赘。

总体来看,南北朝隋唐时期的"书同文",在祖述经典文献与关照社会用字实际方面,均成绩斐然,尤其是能够意识到文字发展的一般规律,并进而将各类异体分级、分类、分层,对今天的汉字规范而言,确是很好的借鉴。

(六)宋元明清

之所以将有宋至清长达千年的时间整合为一个时期,是因为自宋代开始,中国文字载体进入印刷时代,印刷术的高度发达,对汉字整理和规范产生了深远的影响。印刷术虽起于隋唐,但直到北宋毕昇发明活字印刷术,才使得书籍印刷业产生了质的飞跃。不仅如此,印刷术的发达还引发了汉字书写方式和载体的革命。宋版书价值连城,固然与版式用纸、底本择取等因素有关,但其所择用字体亦尤为重要。尤其是在宋代字学、字样学这一背景下,印刷书体与字形结构起到了重要的作用。宋人崇尚唐代书法大家欧阳询、颜真卿、柳公权等人的书法,故而在印刷书体的择用上,讲究名家楷书,将文字限制在统一的范式之下。久之,便形成了横平竖直、横细竖粗、方方四角的宋体字。宋体字与之后兴起的仿宋体一起成为中国印刷行业的规范用字,对于汉字的规范,起到了整齐划一的作用。

在这一背景下,这一时段的正字运动主要包括字样书及字书的编纂两方面。

字样书方面,宋代有王雱《字书误读》、释适之《金壶字考》等。二书均对一些常见字词的正确音读、特殊情形及常见误读加以注释。前者影响较大,直到清代仍然将是书与隋颜愍楚的《俗书证误》、唐颜元孙的《干禄字书》合刊为《字学三种》。

至明代,焦竑编撰《俗书刊误》,是书指明一些常用字的俗体,并辨明少数古字。然其固守《说文解字》,对俗体一律排斥,实际并不可取。

清代字样专书,多为清末纂辑。一是李祕园编撰《字学七种》,该书以《五经文字》为基础,广为搜求形、音、义容易致误的字词,归讹误类别为七种。另外一部影响较高的字样书为龙启瑞、黄本骥(号虎痴)合著的《字学举隅》。该书针对社会用字实际中的近似字形加以辨释,对误用情形加以订正,由于其在编排体例、内容、收字范围、正字宗旨等各方面都优于前述著作,故而成为当时应试举子的必备用书。后来,铁珊对该书增补再版为《增广字学举隅》,该书较前者更具积极意义,尤其是对社会用字中承用已久的俗体予以承认,表现出开明的正字理念。然而部分字样书的编撰存在明显的弊病,如宋代张有《复古编》一味从古,抱残守缺,泥《说文解字》而不化。

字书方面,宋代官修韵书《广韵》《集韵》后,又分别修纂了《大广益会玉篇》《类篇》两部大型字书与之配套而行。《玉篇》原是南朝梁顾野王所编撰,经过唐代孙强增字、宋代官修增扩删削,流传至今的宋本《玉篇》已与原本大相径庭。《类篇》是王洙、胡宿、张次立、范镇等人相继修纂,历时27年,至宋英宗治平三年(1066)由司马光最后整理而成。是书分部及排列顺序一依《说文解字》,然因其厚古薄今,未能对社会实际用字给予更多关注。

与上两部字书不同,辽代僧人行均撰《龙龛手镜》(为避赵匡胤祖父名而改"镜"为"鉴")收录大量社会上的俗体、异体,在唐代字样书的基础上,辨明正、同、通、古、今、俗、误等各字级和字类。同为涉及大量社会实际用字的字汇,金人王与秘、韩孝彦等类集八家《篇》《韵》而成的《四声篇海》,亦广罗社会俗体,成一时之最。今天所使用的简化字中,就大量取自二书。然后者由于一味从俗,怪僻泛滥,对汉字的规范又产生了负面的作用。

明代字书中最为著名的当属梅膺祚《字汇》及张自烈《正字通》。前者收字三万三千余个,虽广罗异体、俗体,然收字有法可依,其体例谨严、编排合理,成为后世《正字通》《康熙字典》等字汇的借鉴。而张自烈的《正字通》,是在《字汇》的基础上拾遗补阙,为订正其讹误缺漏而作。所以在注音、释义、书证等各方面,都优于前者。

清代字书编纂里程碑式的著作当属《康熙字典》。是书由陈廷敬、张玉书等人领衔,耗时六年编撰而成。虽然带有清朝统治者的主观意识,不能做到尽美尽善,然瑕不掩瑜,它不仅是清代汉字整理和规范的成果,同时也是一部古代字书的集大成之作,为今天的工具书编纂提供了典范,在辞书学史上具有重要的价值。在字学理念上,《康熙字典》指出字典收字一方面是为汇释文字而提供工具性功能,一方面则是为规范社会用字而兼具垂范后世的楷法标准。

(七) 清末至今

在清末严重的民族危机之下,一批有识之士以各种方式探求民族图强之路。卢戆章是晚清发表文字改革方案的第一人。他在 1892 年出版的《一目了然初阶》是中国第一个切音字方案①。同时康、梁诸思想启蒙家也纷纷提出各种文字改革主张,拉开了近现代文字改革的大幕。而伴随中华民族历史演进的汉字,也自此开始遭遇着多舛的百年命运。激进者欲废除汉字、走拉丁化或拼音化道路,保守者则视之如中国第五大发明。相形之下,简化竟成了一定程度上的权宜之计。

需要注意的是,晚清的文字改革从一开始就被置于救亡图存的政治视野之下,其真正的目的是富国求强,所以西方的拼音文字就成为进步的标志,而汉字因其难写、难识、难记,被看作"实为致弱之基",改革汉字自然而然上升到民族生存和发展的高度。然而进入 20 世纪后,部分欧化主义、世界主义思想下的文字改革者愈走愈极端,他们视汉字为蛮荒时代的产物,废除汉字、采用"万国新语"的呼声也愈来愈高。与此相反,更多人则倾向于民族本位主义,尤其以国学大师章太炎、刘师培等为代表。他们非常明白:"列强欲灭其国,必先灭其文字",所以他们更强调汉字的工具性,汉字所承载的历史和文化具有不可替代的意义。于是在清朝的最后几年中,建设新的"国语"(不同于官话性质的统一的民族语言)则成为文字改革的主要目标。

然而封建社会还是在腐朽的清政府手中灭亡了。以五四运动为开端标志的现代史,一开始就将汉字简化推到了时代的风口浪尖之上。钱玄同是较早提出简化汉字的学者之一。1920 年他在《新青年》上发表了《减省汉字笔画的提议》一文。两年之后又系统提出了汉字简化方法。1923 年,胡适也撰文鼎力支持简化汉字(谓之"破体字")。

虽然汉字简化作为术语是近代的产物,然而汉字简体自古以来就是伴随正

---

① 切音包括"反切"和"拼音"两层含义。切音字最早当指世界上一切拼音字,后来专指清末民初出现的各种汉语拼音方案,故一般而言的切音字运动可定义为自 1892 年至 1911 年间的拼音字母运动。

体而与生俱来的。故而首先需要理解简化与简体、简化字与简体字的联系与区别。简体是与繁体相对应的概念,同一个汉字,形体结构相对简单的字形就是简体,而其对应的繁体变为简体的这个过程可被称为简化(即繁化的对立面)。简化字一般是指中华人民共和国成立之后推行的若干批简化汉字,习惯上也可以称之为简体字(主要是与未简化之前的繁体字相区别)。不同范畴下,同一个字形可以被划归为不同类别。

上文提到的《龙龛手镜》《四声篇海》等字书就收录了当时社会上的大量简体字形。尽管许多形体在后世的汉字规范中被划归为讹误一类,然而今天的汉字简化形体,有许多正是借这些书中古已有之的形体,有些字形结构甚至可上溯至战国楚竹书或甲骨文。由此看来,汉字趋简的走向是适应汉字工具性特征的。然而20世纪的汉字简化却不同,从一开始它就掺杂了过多的政治因素。

到20世纪30年代中期,汉字简化进入高潮。此前,各种简化标准不时出现。1935年前后,由蔡元培、邵力子、陶行知、郁达夫、郭沫若等200位当时文化教育界知名人士以及多家杂志社共同发起了手头字运动,直接使得民国教育部将汉字简化提到政府议事日程上。至8月21日民国教育部正式公布《第一批简体字表》,中华人民共和国成立后的许多简化字措施实际上就是这个表的继承。然而因为社会各界均有不同意见,次年,民国教育部又下令暂缓推行简体字,《第一批简体字表》被迫收回。随着抗日战争的爆发,20世纪上半叶的汉字简化运动就此中止[①]。

1949年10月,北京成立了中国文字改革协会(1954年改为"中国文字改革委员会"),由毛泽东、刘少奇、周恩来等领导人指导下的20世纪下半叶的文字改革开始提上议程。1951年毛泽东提出:"文字改革要走世界文字共同的拼音方向。"1958年周恩来在政协会议上作《当前文字改革的任务》的报告,规定:"当前文字改革的任务,就是简化汉字,推广普通话,制订和推行汉语拼音方案。"

自1952年开始,中国文字改革协会开始草拟简化汉字笔画和精简字数的方案。至1964年,《简化字总表》最终编印,作为文字改革的一项成果,成为简化汉字的规范。到1977年,中国文字改革委员会又推出了《第二次汉字简化方案草案》,然因此次过于求简,不适于社会用字实际,最终废止。

---

① 中国共产党在抗战时期领导的地区,还曾推行过"新文字"的运动。

80年代以来,随着中国改革开放、信息技术的发展,以及海峡两岸交流的日益繁荣,"汉字热"愈演愈烈,对汉字简化功过问题的讨论也进入到全社会的视野当中。到底是当年亲苏政策或全盘苏化的贻害?还是有识之士为保全汉字之根的无奈折中?伴随而起的还有恢复繁体字、两岸"书同文"、"汉字整形"等一系列新的争论。在历经了数千年风雨沧桑之后,在翻天覆地的百年中国历史上,汉字又遭受着多舛的命运,恰如孔子形象,视其利用价值,或奉若明珠,或弃如敝屣。

千秋功过,留与后人评说!

【研究提示】

1. 《说文解字·叙》云文字为"经艺之本""王政之始"。请谈谈汉字的兴废与中国传统的政治权力之间的关系。
2. 了解各时代汉字整理与规范的主要措施,结合相关史料,思考这些措施对汉字发展演变产生的影响?
3. 结合当下汉字的使用情况(参看各年度《中国语言生活状况报告》),针对现行汉字的整理和规范问题谈谈你的看法。
4. 简化字的简化方法可以归纳为哪几种?请举例说明?并谈谈如何看待这样的简化方法?

【延伸阅读】

1. 马衡《汉石经集存》,艺文印书馆,1976年。
2. 赵平安《试论秦国历史上的三次"书同文"》,《河北大学学报》,1994(3)。
3. 张涌泉《汉语俗字研究》,岳麓书社,1995年。
4. 范可育、王志方、丁方豪《楷字规范史略》,华东师范大学出版社,2000年。
5. 李建国《汉语规范史略》,语文出版社,2000年。
6. 王勋成《唐代铨选与文学》,中华书局,2001年。
7. 陈飞《唐代试策考述》,中华书局,2002年。
8. 刘兵《早期汉字的整理与规范》,《青海社会科学》,2003(1)。
9. 孙雍长等《秦汉时期的汉字规范》,《广州大学学报(社科版)》,2005(6)。
10. 孙雍长等《宋元明清时期的汉字规范》,《学术研究》,2006(4)。
11. 詹鄞鑫《"书同文"的历史回顾与现实问题的解决思路》,《中国文字研究》第8辑,大象出版社,2007年。

第二节　字样学

上文提到,正字运动在隋唐时代最重要的表现,就是产生了显极一时的字样之学,不仅出现了一批字样学理论著作和规范标准,还激发了社会对于汉字规范标准的关注。而之所以字样学会在隋唐时代产生,是与当时社会用字俗体的盛行分不开的。所以,我们先来看一下俗字(俗体)的概念。

(一) 俗字

俗字是与正字相对的概念。然而在古代,俗文字往往为历代统治者所不齿,但是从汉字发展史来看,俗字具有强大的生命力,而且俗字的产生,一定程度上,也是为了适应记录语言和交际的需要。作为唐代字样标准的《干禄字书》,曾将汉字分为正、通、俗字三类字级。俗者"例皆浅近,唯籍帐、文案、卷契、药方,非涉雅言,用亦无爽,倘能改革,善不可加。"明确承认了俗字的价值和地位。这一观点,同时也点明了俗字与正字的关系。

中国汉字发展史每一种书体的形成和演变,无一例外都是产生或萌芽于民间用字,笼统地说,就是俗字。俗字最开始大都不被官方承认,或直接被划归为错讹字的范畴,然而由于实际用字中,俗字往往更适宜于记录语言和社会交际,所以许多俗字愈来愈具有较高的通行性。一旦达到约定俗成的阶段时,就会被官方承认,从而演化为正字。故而正字和俗字之间并无截然的分界线,二者只存在一种选择与淘汰的关系。时过境迁之后,不仅俗字,甚至包括很多当世的正字,也会被社会所淘汰。

然而俗字并不是唐代才有,俗字的概念也不是唐代才开始出现的。实际上自汉字产生之始,汉字的趋简特征一直影响着文字形体的演变,趋简表现之一就是俗体的产生和流行。有学者认为,早在甲骨文时代就已经出现了很多俗字,比如合文的大量出现,而合文行用已久之后,再行简化,无疑属于俗字的范畴。到六朝时,在社会急剧变革的背景下,俗字大量滋生。颜之推在《颜氏家训·杂艺》中说:"晋、宋以来,多能书者。故其时俗,递相染尚,所有部帙,楷正可观,不无俗字,非为大损。至梁天监之间,斯风未变;大同之末,讹替滋生。萧子云改易字体,邵陵王颇行伪字;朝野翕然,以为楷式。"大量俗体字形的使用,一直延续到唐代,给社会用字和语言交际,带来了极大的混乱和困难,这就直接促使唐代正字工作蔚然勃兴。

这里,我们需要明白几组不同的概念。

首先,从正字法的角度来看,俗字应该被定义成一种不合法的字形。然而我们需要明白,何谓正确的"法"。近代文字阶段,论述文字的合法性,基本上是以《说文解字》"六书"为标准,合于其造字方法的就是正字。然而把俗字划为错字,显然与这一观点不符(尽管这一观点在唐代已经证实并非完全正确)。根据《说文解字》"六书"理论,我们发现,有许多社会俗体字形,其造字方法也是符合"六书"的。甚至有些当世俗体,来源于该字的古体字形,部分俗体甚至是之前某朝代官方规定的正体文字。所以,单纯将俗字判定为是或非,并不符合文字的发展规律。

其次,俗字不是简体字。文字的繁简转换,贯穿文字发展史始终。字形复杂虽然可以增加区别度,但是书写较为繁难,字形趋简虽然可以更为便捷,但同样会导致字形之间区别度的降低,不利于记录语言和社会交际。也正是这种矛盾运动,催生了大量社会俗体。然而俗体并不等于简体。我们从《干禄字书》中所规范的大量俗、正字形可以看出,大量俗体字较正体字形,笔画更为繁难。例如,许多从"艹"构件的俗字,实际上是在正字的基础上增加"艹"符而产生的。之所以有些俗字笔画更为繁难,实际上是为了增加字形的区别度。不仅如此,部分俗字的出现就是要在构形上能够更符合汉字构字理据,从而最终达到更适宜于社会实际交际的需要。

再次,俗字与异体字均属词汇学层面的概念划分。《辞海》(修订本)"俗字"条下云:"异体字的一种。旧称流行于民间的多数为简体的文字为俗字,别于正字而言。区分正和俗的标准,往往随时代而变迁。"异体字这一概念,是个老生常谈、却又从未达成一致观点的问题。实际上,两个不同的形体就应该是两个不同的字(纯文字学概念),然而之所以会出现异体字的概念,是因为传统观点往往将词汇学意义的文字,纳入到纯文字学领域的研究。综观各家观点,异体的成立,当须具备如下条件:功能相同,所记录的必须是语言中相同的词;在历史上的任何时期都可以互相替换使用。然而实际操作过程中,"在历史上的任何时期都可以互相替换使用"这一条件极难具备。俗字只是相对于正字而提出的概念,一个时代有一个时代的正字,同样俗体也具有时代性,与正字均属于共时层面的概念。同一个字形,彼时只因形近,久之讹变为某正字的俗体,但此时或与当时的正字截然分别。俗体属于异体,又别于异体。历时层面的形体差异,也包含在异体范畴之中。

以上种种,均是俗字研究中需要釐清的概念。俗文字学本身是中国文字学中重要的分支,然而由于中国文字学研究中的厚古薄今现象极为严重,致使近代俗字研究并不乐观。然而随着敦煌文献的整理和研究,俗文字学逐渐发展壮大。相关研究成果,也为当下汉字整理和规范,提供了诸多可资借鉴的宝贵经验。

(二) 字样学名义

中国文字学包含五大分支:古文字学、"说文"学、六书学、俗文字学及字样学。然而一个世纪以来,字样学于五大分支中,处于极度滞后的局面。知名学者有曾荣汾、施安昌、日人西原一幸、韩国李景远等。除此之外,致力于此项研究的专家学者屈指可数,研究内容及成果呈现出极大的不均衡性,也使得整个文字学各分支发展失衡。故而,字样学研究提上日程,首要基于整个文字学全面发展的迫切需要。

然何谓"字样"?简言之即指字形。然于古人,则专指文字形体的规范样式。例如,唐陈夷行《九经字样奏状牒文》:"其旧字样,岁月将久,画点参差,传写相承,渐致乖误。"宋欧阳修《集古录跋尾·唐干禄字样模本》:"右干禄字样模本,颜真卿书。"研究该文字形体规范样式的学问即为字样之学,尤特指一定时段内树立某种字样形体的规范写法。

同时,字样学有广、狭义之分。广义上,历代政府及民间对各时段(古文字、今文字)包括汉字、少数民族文字在内的各种文字进行的整理和研究,包括正字运动在内,都可以称为广义的字样学。而狭义的字样学,专指隋代出现、唐宋时代大兴,对楷书用字进行规范,提供字形书写标准的一门学科。也只有在唐宋时代,出现了大量标准文件和规范专书,尤以字样书为巨,如唐代颜元孙《干禄字书》、张参《五经文字》、唐玄度《新加九经字样》、宋代郭忠恕《佩觿》等,这一盛况绝不为其他时代所有。故而除做特别说明外,学界一般所提及的字样学,即指狭义字样学。

需要注意的是,或以为字样书属于字书一类,然二者存在本质区别。字样书带有"标准化"特征,仅根据需要列出部分字形用字情况,其余以类推得之,且每字仅着力于需要规范之处,故而部分字头仅列形体,释义阙注。而字书则搜罗汉字尽其可能求全求备,且注重每一单字的形、音、义阐释。

（三）分类及研究范围

根据编纂目的,可将中古出现的若干部字样书划分为两类:"为经"类和"为字"类。"为经"类字样书主要是为订正经典文献用字而编纂的,如《五经文字》《新加九经字样》等,"为字"类则主要是为了规范时要用字而编纂的,如《干禄字书》《正名要录》等。从规范书体上看,上述几部著作均是规范楷书用字,而宋代张有《复古编》则是为规范篆文用字而编纂。从规范对象来看,《干禄字书》主要是为规范异体字形而编纂,而宋代郭忠恕之《佩觿》则是专为辨别易混字形而编纂。从编纂体例来看,既有按韵编次者,亦有分部立目者。如《干禄字书》首以四声统类,每类则以韵之先后编次,而《五经文字》则是整合《说文解字》部首,重新分目编次。以收录及传承形式,则可以分为传世字样书及出土字样书。如《干禄字书》《五经文字》等,属于传世字样书,不仅刻碑行于当世,更有刻本后世流传。而《群书新定字样》《正名要录》等,未有传世资料贮存,仅存敦煌所见残纸。

字样书之外,另有大量经典著作刻碑,以提供科举士子用字法则,如唐玄宗注《石台孝经》、开成年间刊刻的《开成石经》等,亦是这一时期字样学规范标准的重要内容。

相应于广、狭二义,对字样之学进行研究的范围便存在两个层面。台湾曾荣汾在《字样学研究》中,不仅把从西周《史籀篇》以降的历代关于规范文字的活动,均称之为字样学,甚至延伸至台湾地区所编辑的《常用"国字"标准字体表》《次常用标准字体表》等,亦称之为字样之学。韩国学者李景远把现今大陆所颁布的《汉字简化方案》等文件及标准化工作也归于字样学的新一类。毋庸置疑,二人均是从广义字样学观念出发进行的归类。为了避免各种称谓或其他因素的干扰,本文仍倾向于学界多数赞同的狭义字样学观念,将研究范围尽量限定在古代,对于1949年之后的一系列规范文件,仍以"现代汉字规范"称之为宜。而从已有研究成果来看,学界对字样学的研究,亦多集中在南北朝后期至两宋这一时段。

（四）兴废原因

《颜氏家训·杂艺》云:"画虎不成,多所伤败。至为一字,唯见数点,或妄斟酌,逐便转移。尔后坟籍,略不可看。北朝丧乱之余,书迹鄙陋,加以专辄造字,猥拙甚于江南。"何以出现"伤败""猥拙"情形?造成南北朝社会用字极不规范的原因有如下几点：

一是社会历史原因。魏晋南北朝是中国历史上政权更迭最频繁的时期，官方无力顾及文字，而民族接触和融合亦导致了汉字使用发生变化。

二是汉字系统内部的原因。汉字在其历史演变过程中，一直在求简易与求区别之间寻求平衡。同时，隶变对汉字构字理据和系统的破坏，以及草、行书体的兴起，都是新兴俗字大量产生的内部因素。

三是汉字使用者的主观因素。汉字使用者在书写汉字时的审美心理，导致书写汉字时求新求异，产生大量变异俗字。

由此，隋唐一统天下之后，面对诸种因素综合影响而遗留的汉字不规范现象，迫切需要展开汉字规范工作。隋唐字样学兴起便成为一种必然。

另一方面，隋唐科举制度的兴起，也成为字样学发达的一个诱因。隋代首倡科举取士，至唐代科考已成为选拔人才的重要途径，大批寒门学士借此之由，实现政治理想和抱负。其中，对考生书法文字方面的要求尤甚。如何写得一手漂亮上乘的书法，并且用语用字合典规范，均是取士的重要标杆。官方亦顺应时代潮流，编纂大量应试的标准文件。例如，颜元孙就顺应科举取士所需而编纂了《干禄字书》（"干禄"一词义为求取功名）。

字样书"为字"类占有较大比重，随着时代隆替，文字的使用不断进行自身的调整和完善，部分字样书亦随着时代的变化而渐弃不用。以敦煌文献资料所见字样学著述为例：敦煌斯388写卷抄录《群书新定字样》《正名要录》，今皆不见后世传本；伯3693长孙讷言笺注本《切韵》、裴务齐正字本《刊谬补缺切韵》、伯2018号《唐韵》写本残页等，也发现多处征引唐代字样书的用例。由此可以窥见，字样学于唐代确是一门较为发达的显学。唐代是楷书定型完善的重要阶段，今天所使用的现代汉字即基本定型于唐代。然唐宋以降，随着字样书对社会用字的不断规范，以及印刷术的广泛应用，社会实际用字日益规整，字样学逐渐走向弱势。

（五）价值

首先，字样学研究，有利于追溯唐宋字样学原貌，进而推动汉字发展史的研究。

前文提到，字样学在唐代是一门发达的显学，上自皇帝，下到平民百姓，都致力于文字的规范化工作。然而由于字样学服务于实际用字的特殊性质，随着时代填替，大量字样书逐渐散佚殆尽，已不复得见盛况，仅从敦煌写本资料中，得以窥见唐代发达的字样学之一端。故而,今天将字样学研究提上日程,极为重要的一方面也就在于对唐代字样学复原。同时,也能使大半个世纪以来,中国文字学发展中的不均衡性得到缓解,并将对整个汉字发展史的断代研究产生重要的推动作用,从而有利于建立唐代语言文字的信息库,有利于鉴定、考订与校勘唐代文字及实物资料,有助于正确认识汉字简化的规律,也为后世整理研究汉字规范保存了大量可资借鉴的资料。而在大型语文工具书的编纂和订补方面也能起到积极的作用。

这里以"通字"为例。综观历代字书、字样书,"通字"堪称字样学专有概念。《干禄字书·叙》云:"所谓通者,相承久远,可以施表奏笺启、尺牍判状,固免诋诃。(若须作文言及选曹诠试,兼择正体用之尤佳。)"以往的研究仅关注其行用时间的长短,但经过横向对比唐代的大量碑刻文献,纵向系联南北朝隋代、五代时期的碑刻用字①,可以认为:通字的性质,并非单指行用时间的久暂,同时也指该字级行用的范围,二者中当以行用范围为先。文字发展是动态的演进过程,社会实际用字中的新增、新出字,无法以"相承久远"定性,"俗""通""正"三类字级的判定亦同此理。②

其次,字样书所引相关唐本《说文解字》资料,对宋代大徐本《说文解字》字形、结构分析及相关引文等诸多方面多所订正,所得结论具有极大的参考价值。

《说文解字》是我国第一部以六书理论系统分析字形、解释字义的字典,书中保存了大量古文字资料,集中反映了汉代学者对文字形音义的研究成果。然而,汉字隶变楷化之后,《说文解字》的小篆字头及收字数量等,已与当时社会实际用字产生差距,故而梁代顾野王《玉篇》等楷书字汇大量兴起。后又经过唐代李阳冰刊改《说文解字》等人为因素的影响,今天所见到的《说文解字》也仅仅是宋代徐铉校订过的版本,原本《说文解字》已不复得见,这对于中国文字学是一个无法估量的损失。

---

① 以《干禄字书·去声》(第561组)"軰輩:上通下正"为例。"軰"字在《说文》中"从车非声",然而在实际使用中,"非"声与其所代表的整字的读音发生脱离,社会日常书写为与整字字音更为契合,便变"非"声为"北"声。例如,北魏建义元年(528)《元悌墓志》"独出群輩者矣"作"軰"、唐圣历三年(700)《刘胡墓志》"初蹑同于伦軰"作"軰"等,考俄藏唐人卷子Ф.096号《双恩记》"经中菩萨者不同此軰"亦从"北"声。因此,《干禄字书》在"軰輩"组字的规范中,便从社会实际使用出发,降《说文》"輩"为"通字",相较于《广韵》直斥"軰"为"俗"的处理方式,体现了进步的文字规范理念。(张涌泉《汉语俗字研究》第5页亦论及本组字的迁变。)

② 参刘元春《字样学"通字"新诠——以《干禄字书》为例》,《古汉语研究》,2016(3),第57−63页。

《五经文字·序例》云:"逮《周礼·保氏》:'掌养国子以道,教之六书,谓象形、指事、会意、形声、转注、假借六者,造字之本,虽虫篆变体,古今异文,离此六者,则为谬惑矣……'《说文》体包古今,先得六书之要,有不备者,求之《字林》,其或古体难明,众情惊懵者,则以石经之余,比例为助。石经湮没,所存者寡,通以经典及《释文》相承隶省,引而伸之,不敢专也。"由此来看,字样书中官方推行的"为经"类规范标准,均祖述《说文解字》,故而其所择采《说文解字》应为当时所能见到的最可靠版本。故今天的研究正可以利用字样书所保存的《说文解字》内容,对宋代大徐本《说文解字》进行校订。同时,利用《说文解字》及其他传刻、传抄字书(如原本《玉篇》残卷、《篆隶万象名义》等)对校《五经文字》,以期能够还原《五经文字》所引文献的语境,补足前人的成果,纠正今人的误区。试以大徐本《说文解字》字形结构分析不当为例。

《说文解字·水部》:"湆:幽湿也。从水音声。"《五经文字·水部》:"湆湆:并丘及反。上从泣下月,大羹也。下从泣下日,幽深也。今《礼经》大羹相承多作下字,或传写久讹,不敢便改。"又,原本《玉篇》残卷:"湆:去及反。《仪礼》大羹湆在爨。郑玄曰:'湆:煮肉汁也。'野王案:《礼记》凡羞有湆者,不以齐也。《说文》:'湆:湿也。'《字书》欲干也。"是《五经文字》所见唐本《说文解字》湆字字形构造为"从泣下日",由反切"丘(去)及反",可知"湆"从日泣声,大徐本《说文解字》"从水音声",解构"湆"字形体构造的同时,也改变了整个字的读音。

再次,从现代汉字规范的角度来看,字样学研究的深入展开,将对汉字规范化工作起到巨大的推动作用。

从秦代"书同文"开始到今天的汉字规范,正字运动一直贯穿于整个中华民族历史发展之中。经过历代政府和民间的规范整理,包括1949年之后大陆、台湾分别施行的两套汉字政策,给汉字留下了诸多棘手而又紧迫的难题,如字形不规范、字音不统一等现象。如何更有效的让汉字服务于国家和民族的发展进步,成为摆在我们面前的一个难题。目前的研究很大程度上仅局限于在使用层面上对汉字进行修补,对于上述难题的解决则是远远不够的。

唐代是楷书发展定型的关键期,今天使用的楷体汉字,定型完备于唐代。所以今天进行汉字整理规范,就不能不追溯至唐代,而字样之学则是唐代楷字规范定型的指导和核心。关于这一点,大陆和台湾学者从20世纪80年代开始逐渐意识到,并为此付出了诸多努力。对唐代正字运动及字样学的研究,无疑可以成为今天汉字规范化的指导和借鉴。

仅以2009年教育部、国家语委历时8年研制出的《通用规范汉字表（征求意见稿）》为例。该《字表》规定："琴"字左上角"王"字最后一笔由"横"变为"提"；"唇"字的厂字头由半包围结构调整成上下结构；"亲""杂""杀"等字底部的"竖钩"改为"竖"，最后一笔由"点"改成"捺"。大量专家学者，从语言文字的约定俗成性出发，提出了不同意见。然唐代字样书中，已然明确规定了上述未调整字形的构形理据，以及社会化程度，其中也包括书法艺术上的审美原则和汉字认知心理，由此来看，今天的汉字规范化工作，确离不开对历时汉字资源的调查和梳理。

鉴古知今，唐宋时代的文字规范工作不仅对当时的文字产生了积极的作用，而且为今天的汉字规范化提供了宝贵的经验。研究字样学，最终目的就是用以指导现代汉字规范。当下网络技术迅猛发展，汉字规范问题变得日益紧迫。许多问题只有从字样书中才能找到解决的思路和方法，因为这里才是源。

【研究提示】

1. 搜集整理关于汉字"正""俗"研究的文献资料，并谈谈你对二者关系的理解。
2. 促使字样学能够在有唐一代大兴的因素有哪些？它对当时的社会用字起到了多大程度的规范作用？有无办法或途径加以核验？
3. 字样学作为唐代一门发达的显学，囿于资料埋没不传，今人所知甚少。请参考相关文献，对出土文献中的字样学史料加以统计，整理出一份出土字样学目录（包括年代、性质、内容提要、流传情况等）。

【延伸阅读】

1. [唐]颜元孙《干禄字书》，中华书局影印丛书集成初编本，1985年。
2. [唐]张参《五经文字》，中华书局影印丛书集成初编本，1985年。
3. [唐]唐玄度《新加九经字样》，中华书局影印丛书集成初编本，1985年。
4. [宋]郭忠恕《佩觿》，中华书局影印丛书集成初编本，1985年。
5. 蒋礼鸿《中国俗文字学研究导言》，见蒋礼鸿《蒋礼鸿语言文字学论丛》，浙江古籍出版社，1994年。
6. 蔡忠霖《敦煌字样书〈正名要录〉研究》，中国文化大学硕士学位论文，1982年。
7. 施安昌《唐代正字学考》，《故宫博物院院刊》，1982(3)。

8. 曾荣汾《字样学研究》,台湾学生书局,1988年。
9. 施安昌编《颜真卿书干禄字书》,紫禁城出版社,1990年。
10. 张涌泉《汉语俗字研究》,岳麓书社,1995年。
11. 王均主编《语文现代化论丛(第一辑)》,山东教育出版社,1995年。
12. 郑阿财《敦煌文献与唐代字样学》,见中国文字学会、中兴大学中国文学系《第六届中国文字学全国学术研讨会论文集》,1995年。
13. 张涌泉《敦煌俗字研究导论》,新文丰出版公司,1996年。
14. 张涌泉《敦煌俗字研究》,上海教育出版社,1996年。
15. 张金泉《敦煌遗书与字样学——兼谈唐代文字规范化工作》,《文史》总第41辑,1996年。
16. 〔韩〕李景远《隋唐字样学研究》,台湾师范大学博士学位论文,1997年。
17. 张涌泉《汉语俗字丛考》,中华书局,2000年。
18. 刘元春《隋唐石刻与唐代字样》,南方日报出版社,2010年。

第三节 武周新字

武周新字,又名武后新字、则天制字等,是唐代女主武则天为巩固其皇权统治而颁布施行的十数个汉字形体。历代统治者通过创制或更改字形而维护其统治的情况屡见不鲜,如三国时期吴国孙休为四子造字、五代十国南汉皇帝刘䶮自造"䶮"为己名等,不一而足。但由于武则天统治时期特殊的政治背景,及其特殊的制字方式,使得武周新字成为历代学人饶有兴致的一个研究点。然囿于史料记载有限以及录形失真,至今学界对武周新字的字数、形体、分期、颁行废止时间,甚至动机、评价等方面,仍未形成一致可信的观点,导致使用者陷入无所适从的境地①。

历代字韵书及有关唐史著述中,大都会提及武周新字,但对其字量、字形与

---

① 例如,王永平《武则天名讳辨识》(樊英峰主编《乾陵文化研究(三)》,三秦出版社2007)一文提到:"关于武则天创制新字的字数……今从《新唐书》《唐大诏令集》和《资治通鉴》的说法。"即认为武周新字为十二文。又如,雷家骥《武则天传》(人民出版社2008):"文水武氏家族素有以字行的习惯……'明空'也可能原是她'幼小时已被缁服'或出家感业寺时的法号……又或者……以应此佛谶或其他佛谶……""武明空原名不是名'照'或其他同音字,而是以'约'为名,以'明空'为字,并曾短暂地以字为名,最后方以'曌'字为终身之名。"

分期等的看法，出入较大。

(一) 字形与字量

宋元以来对新字字形的著录和考证，或因转载失察、或因择本不善，导致摹录字形不尽相同。下表将宋元以来保存武周新字的代表性书目、存录字形，以及具有代表性的现代学者所釐定字形简要列出：

	日	月	年	天	地	星	正	载	初	君	臣	照	授	证	圣	国	人	戴
新唐书	②	囝	秊	丙	埊	○	㠯	鳳		唐	忠	曌						㦴
资治通鉴	②	囝子	秊	丙	埊		㠯	鳳		周	忠	曌			鏊	埀	生	㦴
集韵	②	囝	秊	兩	埊	○	㠯	䡈	鳳	唐	忠	曌	稀	鏊	埀	囻	生	
类篇	②	囝	秊	兩	埊		㠯	䡈	鳳	唐	忠	曌	稀	鏊	埀		生	
通志	◯	子囝	秊	兩	埊		埀	䡈	鳳		忠	曌	稀	鏊	髻	囻		庫
续通志	②	囝子	秊	丙埊		○	埀	鳳	顧	唐	忠	曌	稀	鏊	埀	囻		㦴
宣和书谱	②	囝	秊	兩	埊	○	㠯	䡈	鳳	唐	忠	曌	螢	鏊	埀	囻	生	㦴
正字通			秊	兩	埊					靣	唐					囻	生	
董作宾①王三庆	②	卍子	秊	兩	埊		㠯㠯	䡈	鳳	唐	忠	曌	稀	鏊	埀		生	
施安昌②	②	卍子	秊	兩	埊		㠯	䡈	鳳	唐	忠	曌	稀	鏊	埀		生	
张勋燎③	②	卍子	秊	兩	埊		㠯			唐	忠	曌	螢	鏊	埀		生	
齐元涛④	②	卍子	秊	兩	埊	○	㠯	䡈	鳳	唐	忠	曌	稀	鏊	埀	囻	生	

---

① 《唐武后改字考》(《"中央研究院"历史语言研究所集刊》第34本下册,台北:中研院史语所1963,第447－476页。
② 《从院藏拓本探讨武则天造字》,《故宫博物院院刊》1983(4),第30－38页。
③ 《古文献论丛》,巴蜀书社1990,第53－119页。文中"载""初"二字未注明规范写法。
④ 《武周新字的构形学研究》,《陕西师范大学学报(哲社版)》2005(6),第78－81页。

其他大型语文工具书收字及著名学者研究结果亦各不相同,形体摹写多有失误,部分收录并未改变字形的"生""戴"字。同时我们调查石刻文献发现,武周新字异体特别多,其原因一方面在于条件所限,辗转流传致误;一方面是因新字繁琐难写,只要基本相似,并不要求必须准确无误。而"生、戴、應、册、法、幼、囝、圤、埀"及数目字等实际并无改字,武周新字实际应为17字18形,其规范形体首以董作宾摹写最为精确。

（二）分期

对于颁布、废止时间方面,至今未形成一致的意见。下面将代表性的研究成果列出。

施安昌《从院藏拓本探讨武则天造字》一文最早分武周新字为五期二十五式,并列成"武后改字及石刻文字分期表"。分期情况如下：

1) 载初元年正月(689年12月)改"日、月、年、天、地、星、正、载、初、君、臣",武则天自名"瞾",共12字,且"君"字只在国君意义上使用新字。

2) 天授元年九月(690年10月)增改"授"字。

3) 证圣年正月(694年11月)增改"证""圣"两字。

4) 证圣年四、五月间(695年5、6月间)增改"国"字。

5) 圣历元年正月(698年12月)增改"人"字,又"月"字再次改写,前次所改字字形不再使用。

至神龙元年五月(705年1月)新字不再通行,但个别还在使用。

日人藏中进《則天文字の成立とその本邦將来——"千唐志斋藏志"拓影墓志を中心にして》①一文亦分为五期,惟"国"字推断当于天册万岁元年(695)九月九日改元时制,其余与施氏同。

台湾学者王三庆《敦煌写卷中武后新字之调查研究》②一文认为：载初年间始造"照、载"等十二文；天授(690年10月以后),又造"授"字；证圣年间,又增二字；天册万岁二年,始有"国"字；圣历年间,"人"字附焉。"照"字除则天名字用新体外,率用旧体,其余十六字皆因政治目的而设,并广行于各阶层。

---

① 《和汉比较文学研究の构想》,汲古书院,1986年。
② 《汉学研究》,1986(2)。后被《中国敦煌学百年文库·语言文字卷》(二)所收录。

在此基础上,王维坤撰《武则天造字的分期》①,其五期分法同于施氏,只是第一期具体到了689年12月25日,第五期则认为颁布时间为圣历元年正月至神龙元年正月(697年12月—705年1月)。

分歧较大的是台湾学者宋建华的四期说。他在《唐代墓志铭中武后新字之调查——以〈唐代墓志铭汇编附考〉为范畴》②一文中提到:"武后颁布新字之时序,既不是常盘大定所推论的六期说,也不是王三庆先生修订后的五期说,而是先后于'载初元年''天授元年''证圣元年''圣历元年',分四期颁布过18个新字。"

我们依据对唐代石刻用字的调查研究,初步认为五期分法较为可从。五期分法中,施安昌辩论较为精审。其与诸家观点不同之处,主要体现在"国"之新字的颁行时间上。这一点是与学者所能见到的实物资料分不开的。不过,尽管施氏论证"国"字为证圣年四、五月间(695年5、6月间)增改,但毕竟所依据的资料并不十分丰富,且证圣年六、七月间(695年7、8月间)仍有多篇石刻文献并未使用"国"之新字,凡此种种,目前只能暂且认为"国"之新字始见而非颁布于此时。自此,从唐武周时期到大理国(938—1253)时期,该字从中原流传到云南的滇池、大理、剑川、姚安等地,在碑刻、绘画、题记、写经中普遍使用。不仅可以说明汉文化对云南边疆地区的影响,也能够看出作为大理国统治者的民族心理状态。

调查武周新字在敦煌写经中的使用频率,除"照"字使用率为零外,其余16个新字的使用率"平均值约为50%强",新旧字共存例"约占13%弱"。而这些写卷为武后时代者"约为50%±13",亦即武后时代的新字,并非"同时遵行"。武周新字在中原流传的时间并不长,神龙元年(705)正月二十四日武则天退位后,新字消失,少数字形后世偶见使用。

(三)构形理据

调查南北朝石刻资料之后可以看出,武周新字的部分形体在北朝时期就已出现用例。例如,日之新体意指乌居太阳之中,月之新体则似新月中有蟾蜍之形,然二者在北齐河清二年造像碑记中就已使用。而隋代开皇年间亦见"年"之新字近似形体用例。

---

① 《文博》,1998(4)。
② 《许锬辉教授七秩祝寿论文集》,万卷楼图书股份有限公司,2004年。

而有些新字本来之意当另作判定。如"曌"字本从二"日",为武则天摄政本意体现,构件从"明"者(骆宾王《为徐敬业讨武曌檄》),则暗讽武则天凶狠、恶毒。

而无论从武周新字的外形特征("𠀆"字意指千千万万,符合道符造作方式中的"复文","天、君、载、初"等符合"云篆"特征)、选字依据("三精"日月星、"三才"天地人)①、"日"字蕴含的太极图意义,还是从武则天与道教的各种关系看来,武则天造字与道符有着割舍不断的联系,可以说在形式上是借用了道符的外壳。无论新字来源如何,从构形学视角分析,武周新字采用的古文字屈曲线条,数量大都超过相应楷字的笔画数量,导致既不能保证书写速度和美观,也不符合楷字唐代成熟之后人们对汉字理据的常规理解。在构形及模式上,新字中大部分采取会意合成方式,且大都采取构字量很小的三构件以上的组合模式,与汉字构形、组合模式发展趋势相背离,最终导致新字最后的失败。

所以,在汉字规范这一问题上,必须认识到趋简、便捷、相对稳固是汉字发展的一般规律。同时汉字的发展又受制于人们的认知心理和书写心理,任何违背这一规律的政策,如妄图恢复已被历史淘汰的书写方式和构形方式,只会给社会交际带来障碍,最终只能走向失败。

(四)应用价值

由于武周新字特殊的时代背景,故而可以利用新字对相关文物资料进行年代学的判定。如王鸿宾、胡春英曾撰《关于〈风峪石经〉中的武周改字和武则天时期的佛典翻译》②《"风峪石经"初探——兼谈武则天时期佛典翻译中的译场组织》③二文,依据"风峪石经"保存的较为"齐全和准确"的武周新字,对该石刻进行了年代学考察。

再如牛达生所撰《〈无垢〉经"辛未除月索林"考——兼论此经为唐代开元印本》④,依据武周新字和唐代"印纸",论述了韩国庆州发现的《无垢》经不仅不是

---

① 施安昌《从院藏拓本探讨武则天造字》分为自然类(天、地、日、月、星、年、正)、国家类(国、君、臣、人)、年号类(载、初、证、圣、授)。
② 《武则天研究论文集》,山西古籍出版社,1998年。
③ 《文物季刊》,1999(2)。
④ 《中国历史文物》,2005(1)。1966年,韩国庆州(古新罗都城)发现《无垢》经印本,中韩学者一方面围绕此经刊印时间而推论是否早于《金刚经》成为现存的最早雕版印本,一方面考论是否为新罗印本从而探讨印刷术是否为韩国人发明。

最早的印本,且是从唐朝传入而非新罗所印。文章指出:"制字的使用,特别是在宗教文书中,并不十分严格。因此,以'制字和常字混用',定《无垢》经为新罗印本,显然是不足为据的。"并据太平兴国《大方等大集经》卷一二"天""人"字形,认为"此距武后,几近三百年矣,可见制字影响之深远"。

(五) 意义

汉字作为记录汉语的辅助交际工具,既具有自身的发展规律,也具有很强的社会约定性。武周新字违反汉字的社会约定性,违背汉字发展规律,最终导致失败。而对于武则天颁行新字的评价,一般多认为新字是武则天维护其统治而颁行,然亦存在不同看法。梅应运《敦煌石室经卷题记之研究》[①]认为:"考武周之改新字,论者以为武后欲藉改字以取信臣民,以配合其政治,此不察之论。"并推论武周改字之动机为"自大狂之表现",其成效大半"京师推行最力……若在边裔则新字见于题记,而不见于经文。"

通过武周新字可以看到,文字兴废与政治权力之间确存在一定的关涉。

首先,文字是人们进行思维和交际的基本工具,也是承载民族传统和文化的载体,是维系社会的重要纽带。社会和历史不断向前发展,文字要适应这种变化,就不能任其漫滥无稽,就必须要进行规范。文字的这种演变和规范,来自两个方面:一是文字内部演变规律的机制;二是来自人为的整理和规范。而人为的整理和规范,既包含了政治权力的强制规定,又包含了社会民间的约定俗成。

其次,无论何种方式的规范,都必须要在符合文字内部机制和规律的基础上而进行。自上而下的规定制约,必须要符合社会的用字习惯和认知心理。秦朝政府允许和推广便捷的隶书,以及唐代字样学中承认社会"通字"和俗体字形,无疑是符合文字发展规律和社会用字心理的,所以最终也是成功的。这些史实都给后世的统治者拟订文字政策提供了很好的借鉴。相反,无视社会用字实际,单凭行政命令强制推行汉字规范,只会阻碍和破坏文字的发展,给使用者带来不便,其结果只能失败。

最后,秦始皇、武则天等最高统治者所参与的汉字创制、整理和规范,为今天的人们提供了很好的经验和教训。目前信息技术的突飞猛进和国家战略的不断

---

① 《新亚书院学术年刊》第 8 册,1966 年。

刺激,使得汉字遭遇到前所未有的挑战。如何应对目前汉字的各种变化,值得每一个人深思。一定程度上,通过行政手段推广汉字规范化,将是行之有效的途径。但这种自上而下的制约和推广,必须是以符合文字内部机制和发展规律,以及社会用字习惯和认知心理为前提的。

【研究提示】

1. 比较武周新字与秦始皇"书同文"的施行背景及兴废原因,谈谈如何把握文字发展的内在规律与人为因素的关系。
2. 武周新字数量虽不多,但研究资料却不少。伴随出土文献的不断涌现及深入研究,旧有结论每被推翻,新说歧解迭出不穷。请调研相关文献,总结武周新字研究中存在的不足之处,为进一步研究提供些许裨益。

【延伸阅读】

1. 董作宾《唐武后改字考》,《"中央研究院"历史语言研究所集刊》第 34 本下册,"中央研究院"历史语言研究所,1963 年。
2. 施安昌《从院藏拓本探讨武则天造字》,《故宫博物院院刊》,1983(4)。
3. 王三庆《敦煌写卷中武后新字之调查研究》,《汉学研究》,1986(2)。
4. 邹晓丽《"曌"与"瞾"》,《人文杂志》,1988(6)。
5. 张勋燎《武周新字研究》,《古文献论丛》,巴蜀书社,1990 年。
6. 陈炜湛《帝王与文字——历代帝王对文字的态度及其影响》,见陈炜湛著《古文字趣谈》,语文出版社,1993 年。
7. 李静杰《关于武则天"新字"的几点认识》,《故宫博物院院刊》,1997(4)。
8. 王维坤《武则天造字的分期》,《文博》,1998(4)。
9. 赵文润、李玉明主编《武则天研究论文集》,山西古籍出版社,1998 年。
10. 施安昌《善本碑帖论集》,紫禁城出版社,2002 年。
11. 李君明《武则天改字浅识》,《北方论丛》,2004(6)。
12. 宋建华《唐代墓志铭中武后新字之调查——以〈唐代墓志铭汇编附考〉为范畴》,《许锬辉教授七秩祝寿论文集》,万卷楼图书股份有限公司,2004 年。
13. 齐元涛《武周新字的构形学研究》,《陕西师范大学学报(哲社版)》,2005(6)。
14. 王永平《武则天名讳辨识》,见樊英峰主编《乾陵文化研究(三)》,三秦出版社,2007 年。
15. 杨加深《来自道符的启示——武则天造字的"道"文化溯源》,《管子学刊》,2008(1)。

16. 陆锡兴《论武则天制字的几个问题》,《中国文字研究》第 14 辑,大象出版社,2011 年。
17. 刘元春《武周新字研究综述》,《中西文化交流学报》,2013(2)。

第四节 避讳

人们今天普遍使用的"避讳"一词,主要是修辞学上的一种辞格,即说话时遇有触犯忌讳的事物,不直说该事该物,而用其他的话来委婉地表述。而本节所要讲述的"避讳",主要是指古代社会中专门的礼法制度。要谈"避讳",当先从"忌讳"谈起。

何谓"忌讳"?

《周礼·春官·小史》:"若有事,则诏王之忌讳。"郑玄注引郑司农曰:"先王死日为忌,名为讳。"可见,"忌讳"本初所指为先王的死亡之日和名字。其他避忌、顾忌、禁忌等含义均为后起。故史学家陈垣在《史讳举例·序》中定义"避讳"为:"民国以前,凡文字上不得直书当代君主或所尊之名,必须用其他方法以避之,是之谓避讳。"但实际上,随着时代的发展,渐渐由对君王的避讳,发展为流行于全社会的礼制习俗,不仅包括对死者避讳,对生者、长者、尊者都要避讳。只不过能载入古代典籍的、流传至今的,大都只是避君主之讳而已。

避讳在中国起于何时,目前并无定论。董作宾在《论商人以十日为名》中曾经推测为夏朝晚期。夏代的后四位统治者为:孔甲、皋、发、履癸。孔甲也称胤甲,履癸就是桀,中间皋、发两世,称名不称神主,董氏认为当是后人传述讹失,所以他指出大概夏代的晚年,才订立以十日为神主的制度,有忌讳直称先王名号的意义。

(一) 产生原因

人名是一种代号,它的出现就是为了让他人得以有所称谓,然而为何对作为代号的名字加以避讳呢?从文献典籍记载可以看出,避讳的产生大致有以下两方面的原因:一是对死亡的恐惧和自身的保护,二是对死者的尊敬和生者的慰藉。

1. 对死亡的恐惧和自身的保护

《说文解字·心部》:"忌:憎恶也。"之所以要对先王的死亡之日和名字加以避讳,就是因为憎恶、恐惧而不直说死者其名和死日,其憎恶和恐惧的对象实际所指即为死者鬼魂。这一点在世界各地原始部落或其他民间流传下来的习俗中都能找到根据。对于知识和科技并不发达的早期先民来说，人死之后会转换成另外一种状态，也就是传统迷信所讲的鬼魂。而鬼魂对于生者而言，很多时候是有危害的，这一点从甲骨文中经常看到商王询问死去的先祖会不会对自己产生危害就可以看出。而人名在先民文化中，就是人身体之一部分，如果不小心提到死者的名字，就可能将鬼魂召回而对自己不利。

对于自身的保护这一方面，从古代的"巫蛊"就能看出。巫蛊是一种古代信仰，是一种加害仇敌的巫术，一般包括诅咒、射偶人（偶人厌胜①）和毒蛊三种。射偶人的方式是用木、土或纸做成对方的"偶"像，有时会写上对方的名字，并暗藏于某处，每天都要诅咒，或用箭射，或用针刺，认为如此可使仇人得病身亡。《史记·殷本纪》记载："帝武乙无道，为偶人，谓之'天神'。与之博，令人为行。天神不胜，乃僇辱之。为革囊，盛血，卬而射之，命曰'射天'。"史上最有名的巫蛊案当属汉武帝时期江充诬陷太子刘据一案，前后死者数万。

为了躲避死者的加害，也为了保护自身，人名的地位和意义被提升得愈来愈高，于是避讳自然而然就成了最基本的方式。

2. 对死者的尊敬和生者的慰藉

《礼记·檀弓下》云："虞而立尸，有几筵，卒哭而讳，生事毕而鬼事始已。"郑注："敬鬼神之名也。"凶礼之后，为尊敬逝者魂灵，故而需要开始避死者名讳。足见避"讳"亦出于对死者的尊敬。

又，《礼记·杂记下》载："免丧之外，行于道路，见似目瞿，闻名心瞿。"瞿，即惧，亦即对于生者而言，当见到与逝者面貌相似，或听闻名字相同时，生者会更加痛苦难过。故而避讳不仅包含了对死者的敬畏和怀念，又表现出对生者的慰藉。举一例为证。《世说新语·任诞》载："桓南郡被召作太子洗马，船泊荻渚。王大服散后已小醉，往看桓。桓为设酒，不能冷饮，频语左右：'令温酒来！'桓乃流涕呜咽，王便欲去。桓以手巾掩泪，因谓王曰：'犯我家讳，何预卿事？'"（桓南郡即桓玄，其父桓温，"温酒"犯其父讳）类似例子虽看似极端，但也正说明了避讳是全社会都要奉行的礼法习俗。

---

① 厌(yā)胜：谓能以诅咒制胜，压服人或物。《说文解字·厂部》："厭：笮也。"段玉裁注："笮者，迫也。此义今人字作壓，乃古今字之殊。"徐灏笺："厭者，猒飫本字，引申为猒足、猒恶之义。俗以厭为猒恶，别制魘为魘魅，魘足，又从厭加土为覆壓字。"

(二) 取名规范

名字虽然只是一种代号,然而由于古人将其与身体发肤联系在一起,故而具有了特殊的内涵。而在避讳文化的特殊背景下,尤其需要一些原则对取名进行规范。

首先,《礼记》多次提到:名子者,不以国,不以日月,不以隐疾,不以山川。何则?《左传》①曾言:"周人以讳事神,名,终将讳之。故以国则废名,以官则废职,以山川则废主,以畜牲则废祀,以器币则废礼。晋以僖侯废司徒,宋以武公废司空,先君献、武废二山,是以大物不可以命。"可见,不以国家、山川等专名为名的原因,就在于避免因避讳而引起麻烦,否则各种专名就要不停地更换,必然导致社会的混乱无序,不利于统治。

其次,《春秋》微言大义,饱含作者的思想情感,定公六年曾记载"季孙斯、仲孙忌帅师围郓。"《公羊传·隐公元年》解释说:"此仲孙何忌也。曷为谓之仲孙忌?讥二名,二名非礼也。"为何取名时用两个字就属于"非礼"?原来不取二名的原则也是与避讳联系在一起的。取名用一字时避讳尚不容易,若取二字为名,则难上加难。足见在避讳文化中,减少名字字数的确具有重要的意义。若按《左传》所言避讳西周既已出现,我们发现直到两晋时期,单名一直是取名制度的基本原则,若不取单名,则为非礼。故而我们看到许多历史名人均有改名的经历。比如汉代帝王的名字,今天来看均是单名,然实际情况是有三人在未有机会荣登大宝之前,均是双名,登基之后则改为了单名。

至于"非礼"的双名取代单名之制,当与南北朝动荡的社会有关。一方面社会的战乱纷争使得思想文化大放异彩,传统的避讳习俗受到了挑战;另外一方面,少数民族纷纷入主中原,其复姓双名深深影响了汉族的取名制度,尽管部分聪明的少数民族统治者汉化较深,但在被统治的社会大背景下,汉族人缴械投降,开始大量使用双名。终至隋唐时期,古老的避讳制度再也限制不住"非礼"的二名,以至于千余年后的今天,国人竟误以取单名为新法、二名则为更古礼制。

(三) 所讳种类

《礼记·曲礼上》载:"卒哭乃讳。礼,不讳嫌名,二名不偏讳。逮事父母则讳王父母,不逮事父母则不讳王父母。君所无私讳,大夫之所有公讳。《诗》

---

① 《左传·桓公六年》还提出取名时必须遵循五个原则,即:有信,有义,有象,有假,有类。

《书》不讳,临文不讳。庙中不讳。夫人之讳,虽质君之前,臣不讳也。妇讳不出门。大功、小功不讳。入竟而问禁,入国而问俗,入门而问讳。"这是较早对避讳规范做出详细说明的文献记载,涉及各种场合的避讳及避讳的一般原则。然而,避讳规范并不是一蹴而就的,历代均有各种不同的种类,其演变过程呈现出层层叠加的状态。

1. 讳逝者名

最早的避讳当是避死者之名,尤以避已故君王名讳为严苛,这不仅与先民对死亡的恐惧和对鬼神的迷信分不开,也从一个侧面反映出与维护君主专制的统治秩序需要有关。前述《礼记·曲礼下》载"卒哭而讳,生事毕而鬼事始已",亦即经过复杂的丧礼之后,避讳才正式开始。而在去世之前则是无需避讳的。比如周文王名昌,然《周诗》中经常可以看到"昌"字,足证此时不避生名。

2. 避生者名

《尚书·金縢》曾记载周武王灭商次年得了重病,于是周公旦向逝去先祖祷告,愿以自己的身体代替武王忍受病苦。其辞曰:"惟尔元孙某,遘厉疟疾。若尔三王是有丕子之责于天,以旦代某之身。"武王尚在世,故而周公用"某"字代替周武王之名,这是避生者之名较早的用例。从这一点也可以看出,避生者之名,最主要的应该是与尊敬君王有关,与避死者名讳的内涵是有区别的。而由对君主的避讳,又渐渐发展为对一切尊长的避讳,《春秋公羊传·闵公元年》云:"为尊者讳,为亲者讳,为贤者讳。"

3. 讳字

《礼记·郊特牲》云:"冠而字之,敬其名也。"古代男子成年之后,都要行冠礼,并且取字来配合其本来的名。只有尊长和自己才能称其名,他人只能称呼其字。之所以如此,是为了在社会交往中,体现出对对方的尊敬①。所以,"字"在后世又称作"表字",意为形式上、外在的代号。正因为"名"与"字"的这种称代关系,所以直到汉代,一直奉行讳名不讳字的原则。直到东汉末年,这一原则被打破,开始出现讳字的情形②。

---

① 《颜氏家训》以为"名"是用来区别彼此,"字"是用来标示德行,"名"与"字"之间必定存在着意义上的关联。
② 讳字始见于《三国志·魏书·司马朗传》:"司马朗,字伯达,河内温人也。九岁,人有道其父字者,朗曰:'慢人亲者,不敬其亲者也。'客谢之。"

4. 讳嫌名

嫌名即与姓名字音相近的字。《礼记·曲礼上》："礼不讳嫌名。"郑玄注："嫌名，谓音声相近，若禹与雨，丘与区也。"先秦避讳较轻，臣子避君、父名讳时，不讳声音相近的字。然而后世避讳规定繁苛，不仅同字避讳，字音相近（嫌名）也需避讳。如《三国志·吴书·孙权传》："（赤乌）五年春正月，立子和为太子，大赦，改禾兴为嘉兴。"又如，汉宣帝名询，改荀卿为孙卿；隋文帝以父名忠，凡官名有中字者，悉改为内；唐肃宗憎恶安禄山，改安康为汉阴、同安县为桐城、绥安县为广德、宝安县为东莞、安昌县为义昌，凡几十例①；唐李贺父名晋肃，晋、进音同，当时士大夫认为李贺不该举进士。

5. "二名"不偏讳

《礼记》所言"二名不偏讳"，即在名有两个字及以上的情况下，只有与需要避讳的人的名相同时，才不得不避讳，如果仅有一字相同（即所谓"偏"），则不需要避讳。既可以表现出对君主、尊长的尊敬，又可以缓解避讳过多、过于严苛所带来的弊病。由于"二名""非礼"，故直到晋代时，大都取用单名。然而两晋之后，"二名"大量增加，而避讳仍需遵行，故而专名被废置、更改者比比皆是，严重干扰了社会秩序的正常运行。唐太宗李世民深刻意识到这一点，故而《贞观政要》中曾记载到："今宜依据礼典，务从俭约，仰效先哲，垂法将来。其官号人名，及公私文籍，有'世'及'民'两字不连读，并不须避。"

6. 讳同构件字

无论是避名、讳字，抑或讳嫌名，均是在名字作为一种代号的基础上形成的礼法习俗。然而在封建统治者极度专权和高度自危的时代，避讳已然超出礼法范围，成为专门的反文化高压政策。其中尤以宋代为甚。宋代对帝王除讳名、讳字、讳嫌名、二名偏讳外，即使与皇帝名字具有相同构件的字，也需要避讳。如《淳熙重修文书式》记载，为避宋太祖赵匡胤名讳，除"匡"字需要避讳外，含"匡"构件的"筐""框""眶"等十八个字也必须避讳，而"胤"字需要避讳外，同音的"引""廴"及同构件的"酳"等十七个字也需要避讳。初步计算，因避赵匡胤之讳，共有三十七个字不得使用。虽然需要避讳的字有很多，但宋代统治者并未对避讳字做出明确的规定，使得百姓日常选择所讳之字极为混乱，比如讳"匡"之

---

① 此类避讳史称"憎讳"，亦即避忌恶人名讳。

字,就有"正""刊""光""兴""康""辅""纠"等数个。类似情况,在宋代其他帝王身上,也较为习见。

（四）避讳方式

笼统而言,避讳就是用他字代替需要避讳的本字,具体而言,这一替代过程主要有三种方式:改、换、变。

"改"即将所讳的名、字、姓等改为其他字,但二者之间并不需要十分紧密的联系。如上文提到《左传·桓公六年》记载"宋以武公废司空,先君献、武废二山",因武公名司空,故废司空而改为司城,"二山"本为具、敖之山,但鲁献公名具、武公名敖,故只能改为他字。而这些避讳字之间并没有必然的联系。

另外,"改"这种方式还包括更改字的读音,即将该字改读他音,以示区别。

"换"则不同,主要是指讳字与所讳之字存在某种特殊的关系,尤其是同训关系。颜之推曾在《颜氏家训·风操》篇中总结道:"凡避讳者,皆须得其同训以代换之。"从今天现存的文献考察,同训开始繁荣的时代是两汉时期。比如西汉皇帝名讳:

谥号	单名	讳字	谥号	单名	讳字
高祖	邦	国	宣帝	询	谋
惠帝	盈	满	元帝	奭	盛
文帝	恒	常	成帝	骜	骏
景帝	启	开	哀帝	欣	喜
武帝	彻	通	平帝	衎	乐
昭帝	弗	不			

名与讳字均为同训关系,这就是"换"这一方式的特点。

"变"主要是利用变体或增减笔画等方式是来达到避讳的目的,这一方法大致起于后汉魏晋时候。比如《史记·儒林列传》记述:"自鲁商瞿受《易》孔子,孔子卒,商瞿传《易》,六世至齐人田何,字子莊。"而《汉书·儒林传》在记载这段历史时,需要避明帝刘庄之讳,故而作"授齐田何子裝。"由"莊"至"裝",就是通过增加构件的方式达到避讳目的。至唐代这一方式较为多见。高宗李治下诏可用"缺其点画"(即"为字不成")的方式,代替"更换他字"的方式。于是"变"与"改""换"三种方式共同构成了丰富多彩的唐代避讳。比如避讳唐太宗李世民,

"世"字可用"代"同训替换,而民字则既可用"户""人"等替换,又可用缺笔的方式写成"⺄"形。再如"玄"字既可以"元"字同训代替,又可缺笔作"玄"。

(五)作用及影响

首先,由于避讳包含了畏惧死亡与灵魂、敬畏逝者和尊长、保护自身及他人等观念,故而在法制尚未健全的早期社会,避讳在一定程度上起到了维护社会秩序的功能。如《礼记》中就有"叔嫂不称名"的记载,即使嫂子与小叔子之间已然成为一家人,但也必须要遵守"不称名"等相关的礼法,以此作为二者身份有别的提示,这就保证了古代礼制对人行为举止的约束。

然而避讳约束行为举止的作用,渐渐被统治者利用,成为维护其政治统治的工具。尤其是到了封建社会的后期,字祸、史祸、逆书案、文字狱等泛滥猖獗,使得人人自危,给整个社会的政治、经济、文化、思想等各个方面,带来了无法弥补的损失。

其次,虽然避讳是一种文化习俗,然而由于其无视人的尊严和个性,一味集中和凸显君王及尊长的地位与身份,个体的精神自由和基本权力等要求,受到严重的摧残和压制,从而对国民的思想与观念产生了深远的影响。虽然名、字均是一种代号,必要的时候可以更换,但姓氏却与名、字不同。姓氏是家族、血缘关系的纽带。《白虎通·姓名》曰:"人所以有姓者何?所以崇恩爱,厚亲亲,远禽兽,别婚姻也。"但是在封建专制时代,个人姓氏也常常受到粗暴的对待,很多姓氏因为"犯"所谓的皇帝之讳而惨遭改姓。而普通人又受制于家讳等礼俗的困扰①。久之,虚伪压抑的社会风气便也渐渐常态化。

最后,避讳还导致了被篡改的历史真实难以复原。《礼记·曲礼上》曰:"入竟而问禁,入国而问俗,入门而问讳。"在举国皆讳、全民皆讳的古代社会,历史往往因为避讳而被篡改,旧讳新讳层层叠加,沉疴久积,难以釐改。以唐讳为例,据初步统计,唐代君主避讳用例 998 个,太宗尤巨,共 301 个。既然太宗朝政治清明,广纳言路,然而因避讳能够强化尊卑观念和秩序,故而也成为唐太宗钟爱有加的统治工具。在此背景下,唐代因避讳而修改史籍文献的情况异乎常见。然而朝代更迭之后,旧讳已去,新讳又来,但对于前代因避讳已经修改过的文本,

---

① 《青箱杂记》卷二载建隆年间御史中丞刘温叟"父名岳,终身不听乐,不游嵩华。每赴内宴,闻钧奏,回则号泣移时,曰:'若非君命,则不至是。'"。然亦有记载其私下里常常偷听音乐、哼唱歌曲。类似因避讳而做出反常举动的历史名人,不胜枚举。

需要在新讳的基础上再次回改。殊不知,改不胜改,数次朝代迁变之后,今天所见到的史籍文献,早已惨不忍"睹"。

虽然避讳弊病非常,然并非一无是处。在文献学、历史学等领域内,避讳常常成为年代断定的行之有效的旁证之一。最常被征引的例子,就是1973年长沙马王堆三号汉墓出土的帛书《老子》甲、乙二本。对二者断代的依据很多,比如抄写书体的不同。然而较具说服力的当属二本中的避讳使用。甲本"邦""国"二字并用,乙本"邦"字皆以"国"字代替,二本中"恒""常"二字并现。甲本不避汉高祖刘邦名讳,当为汉朝建立之前至少是秦代所传抄下来的。而乙本虽避刘邦名讳,但不避汉文帝刘恒名讳,故而可以确定乙本传抄年代当为汉朝建立之后、文帝登基之前。

【研究提示】

1. 材料:

> 南宋陆游《老学庵笔记》:"田登作郡,自讳其名,触者必怒。吏卒多被榜笞。于是举州皆谓'灯'为'火'。上元放灯,许人入州治游观,吏人遂书榜揭于市曰:'本州依例放火三日。'"
>
> 南宋周密《齐东野语·避讳》载:"徐积父名石,平生不用石器,遇石不践,过桥则令人负之而过。"

请谈谈避讳在中国传统文化中的作用及影响。

2. 联系历史史实,指出下列文献中的避讳情况。

1)《孟子·离娄上》:"民之归仁也,犹水之就下。"《晋书·段灼传》作:"且夫士之归仁,犹水之归下。"

2)《隋书·高祖纪》:"此儿风骨,不似代间人。"

3)《水经注·河水五》:"上乃引乐浪人王景问理水形便。"

4)《唐金仙公主碑》其妹玉真公主,初封隆昌公主,《唐书》作"崇昌公主",何也?

5) 陆游《入蜀记》卷一:"其旁有皇业寺,盖史所谓皇基寺也。"

3. 从汉、唐、宋朝中任选一个朝代,梳理该朝帝王避讳情况,整理出一份帝王避讳名表,字段包括朝代、帝号、避讳对象、避讳字、避讳方式、文献用例等。

【延伸阅读】

1. [清]周广业撰《经史避名汇考》(影印北图所藏本),北京图书馆出版社,1999 年。
2. 汪受宽《谥法研究》,上海古籍出版社,1995 年。
3. 陈垣撰《史讳举例》,上海书店出版社,1997 年。
4. 王彦坤编著《历代避讳字汇典》,中州古籍出版社,1997 年。
5. 何满子《忌讳及其他谈片》,上海古籍出版社,1998 年。
6. 王建《中国古代避讳史》,贵州人民出版社,2002 年。
7. 王新华《避讳研究》,齐鲁书社,2007 年。
8. 卞仁海《中国避讳学史》,中国社会科学出版社,2017 年。

第五节 文字狱

笼统地说,因文字的缘故而造成的罪案就是文字狱。从定义可以看出,文字狱并不完全属于汉字文化研究的范畴。实际上,从避讳的角度来看,文字狱只是避讳文化负面影响中的极端表现之一。然而 20 世纪 30 年代中期,作为思想家、革命家的鲁迅,曾翻阅相关资料,在《隔膜》等文章中总结了文字狱兴盛的相关因素,其结论至今仍带给我们很多启发。鲁迅之所以对文字狱颇感兴趣,主要是深感于当时国民政府的文化高压政策及伪满洲国打出的"王道"牌,故而会以文字狱入手,对反动、落后的统治政策给予揭露和鞭挞。

(一) 产生原因

文字狱是避讳文化的极端反映,尤其是封建社会后期的几个朝代,文字狱极度兴盛。君主集权统治下,文字最易成为统治者镇压不满情绪、取缔反抗思想、维护专制统治的手段。尤其对于清朝统治者来说,被统治的汉族人很难在思想观念上顺从少数民族的统治,故而可以对撰写明朝历史的文字严加控制,并制造几桩文字狱,堵塞视听,以儆效尤。这也是一般人所认为的文字狱产生的主要原因。

然而鲁迅在分析相关史料后,对清代文字狱大兴做了很好的总结。除我们提到的维护封建统治的原因外,鲁迅总结到:"有的是卤莽,有的是发疯,有的是乡曲迂儒,真的不识讳忌,有的则是草野愚民,实在关心皇家。而命运大概很悲惨,不是凌迟、灭族,便是立刻杀头,或者'斩监候',也仍然活不出。"而这些原因的产生则是因为"隔膜"。"隔膜"就是满族统治者与汉族被统治者之间产生了误会,而这误会主要来自汉族被统治者。按照鲁迅的观点对清朝统治者来说,汉族人就是被统治的奴才,而奴才是当以奴才身份处事的,绝不可越俎代庖。然而事实相反,很多汉族人并没有意识到清朝统治者这一思想观念,终致统治者动用文字狱这一恐怖措施。

不仅如此,鲁迅还总结到,清朝统治者不满意道学和道学家敢于怀疑、提倡讲学的风气,以及道学家妄自尊大的态度,故而有意制造文字狱趁机打击道学和道学家。除鲁迅提到的几点外,文字狱还可以警告汉族官员和读书人,不可以结党营私、朋比为奸、趋炎附势等。

(二) 演化概况

《尚书·尧典》载"诗言志,歌永言",《庄子·天下篇》亦云"诗以道志",无论表现、传达的是政治抱负还是思想情感,诗歌都被赋予了一种媒介特征,即可以将不便直言的事情,用诗歌(文字)的方式托讽寄谕。所以,周朝时期就有"采风"的习俗,即让采诗官去民间搜集民谣,以此来了解社会舆论。于此可见,中国传统文化中较为独特的以诗托讽、托物寄谕由来已久。也正因为如此,挖掘文字中反映出的"意义",往往就成为"好事者"制造事端的有效途径。故而自古以来,因文字而获罪的狱案,在中国颇为常见,成为中国文化中一道独特的景观。

以文字而罹祸的案例,最早见于先秦史官的谏言及秉笔直书。比如《左传·襄公二十五年》记载的"崔杼弑其君",齐国庄公私通崔杼妻子棠姜,被崔杼一怒之下杀死,于是"大史书曰:'崔杼弑其君。'崔子杀之。其弟嗣书而死者,二人。其弟又书,乃舍之。南史氏闻大史尽死,执简以往。闻既书矣,乃还。"因为秉笔直书历史史实,集权一身的崔杼杀害了兄弟三人,但后继者仍不乏其人,他们都具有崇高的职业操守,被后世称为良史。而正因为史官的秉笔直书,使得统治者更加畏惧史臣笔下的文字。久之,一切官员平民笔下的文字,都为封建帝王所忌讳。最典型的案例,莫过于秦始皇"焚书坑儒",影响深远。隋炀帝暴政时期发生的文字冤狱也较为残酷。后直到两宋时期,文字狱开始陡然成风到清代登峰造极。

因为两宋文字狱多与诗文有关,故而宋代专门出现了"诗狱"或"诗案"的术语。最著名的当属"乌台①诗案"。"乌台诗案"是指北宋神宗年间,因苏轼在其诗文中表达出对王安石新政的不满,而被当时新法的推行者们所敌视,并被一帮御史捉拿进监狱的案件。由于苏轼是当时文坛领袖,故而新法集团中的御史中丞李定、舒亶、何正臣等人,搜罗苏轼诗文,并恶意附会,将苏轼关押了四个月。不仅如此,因诗案受牵连的名士重臣数十人。"乌台诗案"不仅对苏轼等人产生了深刻的影响,比如苏轼的诗文创作以"乌台诗案"为界,前后具有明显的差异,而且也对此后关心政治的有良知的读书人敲响了警钟。"乌台诗案"外,"车盖亭诗案""黄庭坚碑文案"等也是较为著名的宋代文字狱案例。

到了明代,又出现了一种新的称谓——"表笺之祸"。相传,明太祖时期,每逢国家大典、皇帝生辰之时,各地官员所献上的颂扬皇帝功德的颂词,就叫表笺。这些表笺中往往含有一些影射嫌疑的文字,使得朱元璋从中挑刺,大兴文字狱。但有学者撰文②考证"表笺之祸"与朱元璋并无联系,并直言"现存有关明初文字狱案史料不宜轻信","自赵翼而后学者所论明太祖文字狱案,皆系依据弘治至万历间野史稗乘所传故事,其间抵牾百出,亦有荒诞可笑,不可视为事实"。此外,明末魏忠贤当权时期,文字狱也成为他控制舆论、打击异己的有效手段,这与南宋佞臣秦桧当权如出一辙。

清朝取代明朝后,"史狱""史案""字祸""书祸""逆书案"等新名目纷纷涌现。乾嘉时候的史学家、文学家赵翼把历代因文字而获罪的案件,统归为"文字之狱",这一提法在嘉庆时正式出现在官方文书中。至此"文字狱"这一称谓取代之前的种种名目,沿用至今。前述"史狱""史案"之"史"主要是指明朝历史,清初的几宗大的文字狱都是与写刻明朝历史有关。比如康熙二年的"庄氏明史案",就是因为刊刻明史时,没有意识到改朝换代之后,应该加以避讳,该案前后入狱者 2000 余人,被判死刑者 70 余人,亲戚眷属为奴、徙边者无数。从文字狱发生的数量和规模来看,顺、康、雍、乾,逐次递增,乾隆时期全国 20 个地区就有 125 起大型文字狱明确载入史册,地方一级较轻者亦不可胜数,其中近半数出现在苏、浙、湘、赣四个区域。东南地区经济发达,思想文化活跃,读书人喜好定盟

---

① 乌台指御史台,御史台是中央的监察机构(类似于中央监狱,故亦称"台狱")。传说汉代时御史台遍植柏树(又称"柏台"),树上常栖息很多乌鸦,故人称御史台为乌台,而御史们也被戏称为乌鸦嘴。
② 陈学霖《明太祖文字狱案考疑》,《"中央研究院"国际汉学会议论文集——历史考古组》第一册,"中央研究院",1981 年。

结社、评议朝政,且往往与朝中朋党之争遥相呼应,必然成为统治者最为担忧并严密监控的地区。

今天来看,"康乾盛世"在文化高压政策下制造的累累血案,至今遗祸人间,这些血案对国民性"沉默"特征的塑造,影响极为深远。相形之下,思想、言论的自由在今天更显难能可贵。

(三) 特征

历数古代文字狱,我们发现,其中的大多数案件为冤假错案,或者说罹罪者本意并不是与统治者有意相左。恰恰相反,正如鲁迅所言,或卤莽,或不识忌讳,或实在关心国家朝政,大部分实在是出于为了国家、朝廷和皇帝而着想,但却不幸被当权者有意罗织罪名,有时仅仅是杀一儆百而成为文字狱的牺牲品。由此看来,文字狱的本质,就是统治者以文字作品入手,根据其中的观点、倾向(或仅仅是望文生义、吹毛求疵),而定罪成狱。

有学者推论文字狱发生于两种社会情形下:一是社会发展出现重大转折,社会主流意识形态受到严重冲击的时期,尤其是新的王朝建立,统治者立足尚不稳固时,尤须控制社会舆论,比如秦朝、清初;二是朝代气数将尽或弱小朝廷统治时期,社会矛盾激化,奸佞当政,为维护其集权统治和既得利益而大搞文字狱。

实际上,秦始皇之所以实行暴政,虽与秦朝是在数百年分裂中一统起来的新王朝有关,也与秦国历史上久已形成的尚法治、重实用的传统一脉相承。而清初统治者虽然畏惧汉人反清思想,但顺治、康熙本人较为慈厚,且因刚刚建立大清,而尽量采取安抚政策,不敢急于制造大量文字狱,以避免激化矛盾。故而康熙掌权后出于杀一儆百,警告心怀异己的知识分子的目的而制造了"庄氏明史案"等大案。当然,这其中确实也存在印行者未考虑到避讳的因素。然而大半个世纪过去之后,雍正、乾隆时期社会相对稳定,经济有了较大进步,本应政治清明、文化开明,然而文字狱却突然大量出现,这只能说明雍、乾二帝已然将文字狱视作维护个人统治的必要的政治手段[①],且很多时候超出了政治目的,而将文字狱变为满足一己之私、打击报复的工具。

所以文字狱的时代性特征,尚不能一概而论。

[①] 汉学家史景迁(Jonathan D. Spence, 1936—)曾指出:雍正大兴文字狱,是想逐步取得汉族知识分子对其统治地位的认同,即满汉之间的同化,然而乾隆正好与雍正相反,他施行的文化政策,主要是维护各民族的文化特质,使各民族间的文化保持一种既竞争又合作的关系。

除了制造狱案外,文字狱还有一种表现,即利用禁书手段,遏制激进、活跃思想。历史上之所以会出现《资治通鉴》《册府元龟》《四库全书》等集成性的大型汇编,主要是统治者通过搜罗、编修著述的方式,将社会上对统治不利的书籍,加以焚毁、销禁,剩下的能够面世的著述,也是经过统治者有意识地加工、修改过的。鲁迅曾将这一点也看作康、雍、乾"文艺政策"积极的一面。实际上,大型汇编的修纂代价巨大。经籍原典被篡改的面目全非,大量优秀著述被迫焚毁,至于亡佚者,不可胜计。对于中国文化的传承而言,可谓不折不扣的伤心史。

(四)影响

文字狱使文化典籍遭到极为严重的破坏,给中国传统文化带来了巨大灾难。

每一次文字冤狱,都会伴随大批图书遭禁,许多经典文献及当世名作惨遭焚毁或亡佚。作为封建社会中重要的文化策略,禁书在各个朝代几乎均有出现。尤其是清代的禁书政策,登峰造极,即使是享誉世界的《四库全书》,也成为乾隆皇帝别有用心的手段。乾隆颁布了一系列禁书上谕和收缴的命令,以修"四库"为名,对中国传统文化进行全面清理,将不利于清朝统治者的书籍损毁或禁止,给古代文化造成了灾难性的影响(被禁毁的数量远大于"四库"总目)。鲁迅就曾指出:"于汉人的著作,无不加以取舍,所取的书……又大抵加以修改,作为定本。此外,对于'七经','二十四史',《通鉴》,文士的诗文、和尚的语录,也都不肯放过。"在禁书的阴影下,进步思想受到了严重的压抑,百姓愈加愚昧。之所以近代中国落后挨打,与文化高压政策不无关系。

同时,文字狱钳制和禁锢了思想文化的发展,造就了奴性的两面性格。

在文化高压政策下,读书人或隐忍,或妥协,良史品格被磨光,文人气节只好泯灭。章太炎就曾在《哀清史》一文中说:"士人不敢记述时事以触罗网,后虽有良史,将无所征信。"前朝死节之士、操守之臣,荡然无存。

思想的禁锢,使得读书人纷纷埋头故纸堆。梁启超曾在《清代学术概论》一书中提到:"文字狱频兴,学者渐惴惴不自安。""避触时忌,聊以自藏。"这一言论点明了文字狱与清代乾嘉学派之间的关系。乾嘉学派主要是指清代乾隆、嘉庆时期思想学术领域中出现的一个以考据为治学主要内容的学派。其治学内容是攻六经,旁及文字、音韵、训诂、校勘、金石、地理、史学、历算等。这一学派当源自汉代训诂考订之法,故又名"汉学"。又因其文风朴实简洁,重证据而少理论,又有"朴学""考据学"之称。其中涌现出大批赫赫有名的朴学大师,如戴震、段玉裁、王念孙、王引之、王鸣盛、全祖望、赵翼、钱大昕、孙星衍、阮元等。虽然乾嘉学派导源于清初顾炎武的治学方法和学术传承,然而若无文字狱的高压环境,不致有如此众多学者在乾隆时代"醉"心学术,埋首于故纸堆中。清代思想史一片空白,学者已然不敢有任何生发,足可证明这一点。

其他一部分人,或者死死抱住八股程式,不敢有半点自由想法,最终谋得科举入仕;或者隐忍苟活下来,委婉曲折地表达自己的不幸与抗争,否则也不会逼使曹雪芹写出一部辉耀千古的《红楼梦》。

借古鉴今,文字狱尚未走远,倒行逆施的文化高压,其结果只会适得其反。

【研究提示】

1. 别林斯基说:"不幸,是人生最好的一所大学。"联系曹雪芹的身世,探究《红楼梦》与文字狱的关系,并以个案举证。从中把握文士、文字与政治之间的关系,尤其是在专制社会中的境遇、地位和作用。
2. 对照教材所述文字狱的本质属性,结合当今现实,分析当下是否还存在文字狱。同时,谈谈如何警醒打着文字的旗号而进行的违背文字发展规律的政治活动和社会活动。
3. 材料:

    《左传·宣公二年》:"乙丑,赵穿攻灵公于桃园。宣子未出山而复。大史书曰:'赵盾弑其君。'以示于朝。宣子曰:'不然。'对曰:'子为正卿,亡不越竟,反不讨贼,非子而谁?'宣子曰:'乌呼,"我之怀矣,自诒伊戚",其我之谓矣!'孔子曰:'董狐,古之良史也,书法不隐。赵宣子,古之良大夫也,为法受恶。惜也,越竟乃免。'"

    谈谈古代史官的职业操守和精神传统,并对比今天的知识分子,谈谈如何继承历代良史的坚毅品格、道德情操和傲岸风骨,做一个有良知的大写的人。

【延伸阅读】

1. [宋]朋九万《乌台诗案》,见四川大学中文系唐宋文学研究室编《苏轼资料汇编》上编,中华书局,1994年。
2. 章太炎《哀清史》,见《章太炎全集》(三),上海人民出版社,1984年。
3. 梁启超撰《清代学术概论》,上海古籍出版社,1998年。
4. 鲁迅《且介亭杂文·隔膜》,人民文学出版社,1973年。
5. 原北平故宫博物院文献馆编《清代文字狱档》(增订本),上海书店出版社,2011年。

6. 周汝昌《红楼梦新证》,人民文学出版社,1976年。
7. 朱眉叔《清前期的文字狱》,《辽宁大学学报》,1979(4、5)。
8. 段熙仲、潘君昭《〈儒林外史〉和文字狱》,《社会科学辑刊》,1980(3)。
9. 孔立《清代文字狱》,中华书局,1980年。
10. 谢国桢《明末清初的学风》,人民出版社,1982年。
11. 周维衍《乾嘉学派的产生与文字狱并无因果关系》,《学术月刊》,1983(2)。
12. 王和、周舵《试论历史规律》,《历史研究》,1987(5)。
13. 王业霖《中国文字狱》,花城出版社,1990年。
14. 陈学霖《明太祖文字狱案考疑》,《明史研究论丛》第五辑,江苏古籍出版社,1991年。
15. 郭成康、林铁钧《清朝文字狱》,群众出版社,1990年。
16. 杨凤城等《千古文字狱——清代纪实》,南海出版公司,1992年。
17. 王安东、刘莲《试论清代"文字狱"的起因、特点及影响》,《东方论坛》,2003(4)。
18. 王纯《清代禁书及文字狱考略》,《图书馆理论与实践》,2004(1)。
19. 本社古籍影印室辑《清代文字狱史料汇编》,北京图书馆出版社,2007年。
20. 王智汪《论考据学与清人的精神家园》,《甘肃社会科学》,2008(3)。
21. 雷平《从经学复兴到乾嘉考据学派的形成》,《湖北大学学报(哲学社会科学版)》,2008(6)。

第五章
汉字与传统思想

汉字与思想文化的关系极为密切。特定的思想文化是后人认识和阐释汉字的必要条件。只有还原思想文化传统,才有可能正确认知汉字。无论对汉字的说解是否正确、合理,后人的阐释都是依托于某种思想文化传统之上的。可以说,汉字之所以呈现出今天的面貌,思想文化在数千年的汉字发展史上扮演着重要的角色。故而从汉字出发,亦可以洞悉中国传统思想文化中的方方面面。

这里需要明确一点,中国传统思想具有非常强的时代性,同时也具有多元互补的特点。虽然儒学思想在两千多年的封建社会中处于正统思想的地位,但是由于儒学思想与政治的相互为用,不同时代的儒学思想便具有了特定时代的内涵,而随着宗教思想的发展,儒释道诸家思想相互融合、互补、利用,使得中国传统思想文化呈现出非常强的多元互补特征。

第一节 汉字与思想史的关系问题

臧克和在《中国文字与儒学思想》[1]中提到:"中国学术思想史,实在就是一部注疏史……文字上的注疏,既作为用,也算得上就是体。"之所以如此论断,是基于中国古代文献,尤其是经部典籍庞杂的历代注疏这一事实而发。汉注唐疏、明清考据,历代儒学经生的思想,大都体现在对经典文献的宏富的注释说解当中。这也成为中西方思想家对于各自思想体系阐释和表达的明显区别。中国古

---

[1] 本章部分观点和例证参见臧克和《中国文字与儒学思想》,广西教育出版社,1996年。

代思想者往往通过对经籍的注解疏证来构建其思想体系,而西方学者虽然也对古圣先贤的经典加以阐释和注解,但这一继承方式并不是具体的,而是抽象的继承,西方古圣先哲的思想只是西方历代学者汲取灵感的源泉之一,这与中国的学术传统迥然有别。

从历代学术发展历程来看,经部典籍中先秦时代的几部重要经典,成为后世学人阐发人生理念、思辨社会问题的基本依托。大致来看,文字上的注解、疏证就是学者表达其思想观念的基本方式,同时也是其最主要的研究对象。也正是因为这一特殊的表达思想体系的方式,近两千年的中国历史逐渐形成了独特的注疏传统,而这一传统也成为学术思想演进的不竭动力。

之所以出现中西方思想体系迥然有别的形态特征,是与中国传统的语言文字之学密不可分的。张之洞《书目答问》一书中有一段话:"由小学入经学者,其经学可信;由经学入史学者,其史学可信;由经学、史学入理学者,其理学可信;以经学、史学兼词章者,其词章有用;以经学、小学兼经济者,其经济成就远大。""小学"者,即古代传统的研究语言文字的学问。古人认为:"小学"是其他学问的基础,"小学"不通,则经学不通,亦在于此。古代"六艺"中"书"这一项基本的技能,就与这里提到的"小学"密不可分。

汉语属于孤立语,它不是通过词的内部形态变化来表达语法作用,而是通过虚词和语序等成分来表达。与这一基本属性相适应,汉语形成了一种中心明确、周边互相渗透的意象的连锁存在。这一特点就为后人根据自身体验加以阐释和说解提供了必要条件。汉字至今仍保持着表意文字体系的基本特点,从发生学来讲,汉字形体所传达出的一定的概念和意义,属于一种意象创造的过程。而意象思维是中华民族传统思维方式之一,这就为后人对经籍文献做出主体性解释提供了种种可能。当然,其中也不能忽略一点,即汉语文字在演进中,形体、声音、意义等诸方面在不同时代均发生了不同的变化。我们这里暂不论"汉字超时空性"的论争,有一个事实是确凿无疑的,恰如《说文解字·叙》所言:"田畴异亩,车涂异轨,律令异法,衣冠异制,言语异声,文字异形。"又如《颜氏家训》所论:"夫九州之人,言语不同,生民已来,固常然矣?……而古语与今殊别,其间轻重清浊,犹未可晓。"时代不同、地域非一,语言文字便存在着差异,对于古人而言,尤须加以注解。尤其是汉字由古文字过渡至今文字,其间恰好经过了秦始皇焚书坑儒等毁灭性的打击,就为中国古代辉煌的注疏传统埋下了伏笔。

上述诸种因素,使得中国的学术思想体系,甚至包括历代典章制度及其他文化传统等均可以建构于注疏小学的形态中。我们可以从两汉经学的今古文之争这一中国文化史上极为重要的历史事件中窥得一二。

汉代孔安国《尚书序》:"至鲁共王,好治宫室,坏孔子旧宅,以广其居,于壁中得先人所藏古文虞、夏、商、周之书及《传》《论语》《孝经》,皆科斗文字……科斗书废已久,时人无能知者,以所闻伏生之书,考论文义,定其可知者为隶古定,更以竹简写之。"这段文献所记载的历史事件,即汉武帝末年,鲁恭王刘馀破孔子宅壁所发现的夹藏的数十篇古籍文献。其后不久,又在汉景帝第三子河间献王刘德等处,陆续发现许多战国时存留下来的儒家经典。这部分经典文献,多是为避秦始皇焚书之难而偷偷藏起来的。因是用不同于隶书的古文字写成,故而这些经书被称为古文经。古文经上的字体基本上是东方六国文字,与秦朝统一后的小篆字体有别("书体流变"一章中的"古文、奇字"部分亦有提及)。

相对于古文经,汉代时人使用当时社会常用书体(隶)所书写的经典文献,便被称为今文经。今古文之间最初是两种书体的不同,进而由于书体相异,导致理解出现歧义。最终,逐渐演化出派别对立的两个学派,即今文经学和古文经学,两派别中的学者则分别被称作今文家和古文家。起初古文经在民间流传日广,但因其未立于学官,缺少了官方意识形态的权威性,故而一些古文家便掀起了一场旷日持久的汉代经今古文之争。两个学派的对立纷争主要从西汉哀帝时期开始,其斗争的白热化则延续至东汉时期。直至郑玄起,经今古文才渐趋混于一同。

汉代的经今古文之争,虽然与书写经典所使用的书体有关,但实际争论的问题,却远超文字问题之上,涉及面甚广。不仅包括了书目非一、排列序次之异、对孔子和五经态度的差别及社会地位与影响的不同等,而且至东汉又杂入了思想、政治等领域的纷争。

众所周知,发现古文经书的时代,汉武帝在思想文化领域罢黜百家、独尊儒术,其意在于将汉初数十年以黄老之学为纲的治国方略,用儒学来扭转。然而儒学尊一的同时,其学派内部的矛盾纷争亦带来了很多新的问题,尤其是与政治相互为用导致一些硕学大儒对经典文献任意改造和解说,这就使得统治者不得不将指导思想趋于多元。在这一背景下,宣帝时期召开了"石渠阁会议","《穀梁》学"由是大盛。无论《公羊》立于学官,还是《穀梁》立于学官,官方均以今文经学为绝对主导。成帝时期,刘歆校书中秘,发现古文写成的《春秋左氏传》,并认为相较口耳相传的《公羊》《穀梁》,古文经更为可信,并于哀帝建平元年,争立古文经于学官,未果。这一事件作为汉代经今古文之争的开端,实际上并不仅是因为古文经学更注重经籍的本来面貌,也并不仅是因今文经流于妄诞、随意阐发微言大义,而是为了改变政治层面今文家思想为主导的局面,相应地为王莽进行"新政"改革做好铺垫,故而才从学术思想入手,提高古文经学的地位。

程树德《说文稽古篇》序:"班史《艺文志》所录《仓颉》以下凡十家四十五篇,无一存者。今当以许氏《说文》为最古。假《说文》以证史,其间上起黄帝,下逮两汉,逸闻古俗,胥存乎其中。"《说文解字》的作者许慎,号称"五经无双",他是汉代古文经学派的代表。许慎是古文经大儒贾逵的学生,曾潜心于古文字写成的先秦经典文献,故而其所编纂的《说文解字》以小篆书体为字头,而其对文字的说解亦体现出与今文家不同的特点。经今古文之争中,古文经倡导推源溯流,考证典籍史实,偏重名物故训,认为六经为周公旧典、先王史迹,《说文解字》这部字书便贮存了汉代古文学者对前代历史、文化的丰富考证和理解。

汉字作为表意体系的文字,其以形示义的特征,便可以在一定程度上帮助今人洞悉文字背后所附着的社会历史文化。恰如上引程树德《说文稽古篇》序中的"假《说文》以证史",研究汉字与传统思想的关系所使用的基本方法亦可以总结为"假字证史",或曰"以字考经、按经证字",亦即通过文字的构形整理与训诂说解来传达各家各派的思想观念和学说。这与"由小学入经学,由经学入史学"实异曲同工。

关于《说文解字》的重要价值,清嘉庆十四年孙星衍覆刊宋刻大徐本作序一篇,曾云:"唐虞三代五经文字毁于暴秦,而存于《说文》。《说文》不作,几于不知六义。六义不通,唐虞三代古文不可复识,五经不得其本解。《说文》未作已前,西汉诸儒得壁中古文,《书》不能读,谓之逸十六篇;《礼记》,七十子之徒所作,其释孔悝鼎铭'兴旧耆欲'及'对扬以辟之,勤大命',或多不词,此其证也。"

这段话中语词虽稍有夸大,但却道出了中国文字与中国学术思想的关系。上文我们已经指出汉字取象构形,以形示义,其所蕴涵和反映的内容与意旨,则是汉字意象背后所表达的社会历史文化事件以及相关的思想观念精神。反观中国传统的版本、目录、校雠学之所以非常发达,实因为传世文献在流传过程中常发生各种程度的误讹。不仅如此,就连孔子亦慨叹:"夏礼,吾能言之,杞不足征也;殷礼,吾能言之,宋不足征也。文献不足故也,足则吾能征之矣。"清代史学家赵翼在《后园居诗》中亦慨叹:"乃知青史上,大半亦属诬。"幸因汉字记录的义项系统较为"原生态"地保存、反映了古代思想文化和社会史实,对于本章所言及的思想层面,意义尤为显明。可以说,透过汉字,相关问题在一定程度上就可以得到相应的解决。以今古文之争为例,今文家出于各种目的而阐发经典之微言大义,其使用的方法大都为说解文字,虽然其中不乏穿凿附会、望文生义,但是投射到当时的社会背景中,我们就可以洞悉当时的社会文化、历史事实,以及在此基础上形成的思想观念和心理意识。

上述仅是汉字与传统思想关系问题的一个方面,即通过汉字分析进行传统思想的研究(本章主要是从汉字构形角度切入思想史的考察),但二者的相互关系还应当包括另外一个方面,即在思想史的关照下进行汉字分析和研究。无论哪一方面,都需要注意一些基本的理念及原则。

首先是整体会通。这一点可以用《说文解字》立部来说明。《说文解字·叙》:

> 此十四篇,五百四十部,九千三百五十三文,重一千一百六十三,解说凡十三万三千四百四十一字。其建首也,立一为端,方以类聚,物以群分;同条牵属,共理相贯;杂而不越,据形系联。引而申之,以究万原。毕终于亥,知化穷冥。

创设部首,从"一"开始,以"亥"为终;归字列次,物类群聚、条理牵贯,处处体现出整体贯通的原则。

《说文解字》开始的几个部首分别为:一、二、示、三、王……

一:惟初太极,道立于一,造分天地,化成万物。

二:高也。此古文上。

示:天垂象,见吉凶。所以示人也。从二(古文上);三垂,日月星也。

三:数名。天地人之道也。

王:天下所归往也。董仲舒曰:"古之造文者,三画而连其中谓之王。三者,天地人也。而参通之者,王也。"孔子曰:"一贯三为王。"

从许慎的释义和析形,便可以看出如此创设部首和排列次序的道理。"一"是所谓的"道",是分天地、生万物的原始;而"二(古文上)"则是高,"帝"字即归于"二"部,不仅如此,从反"二"、表示"底"意义的"二(古文下)"字也归类于该部;"示"部则是天象示人,由"二"部衍生而来;"三"乃天地人,最上者为天,"天"也并非实际的天空,而是一种虚指,即高高在上的"道",《老子》所言"一生二,二生三,三生万物";而"王"则通达天地、统治臣民、天经地义。

可以发现,《说文解字》中充斥着浓重的天人感应论及神权、君权等尊卑秩序的思想,这与东汉时代的社会背景和思想观念完全吻合。再如,通过调查可以发现,《说文解字》中大量的"言"部字可以与"心"部字相通,这一构形现象实际是存在于儒家观念中的"言为心声""诗以言志"等诗学观念的表现。不一而足。

其次是据形系联。

这里所说的"据形系联",既是字书的一种编排方式,同时也是研究汉字与传统思想的一个基本方法。

黄侃《说文略说》云:"许书列字之次第,大抵先名后事……其中又或以声音为次……又或以义同异为次……大抵次字之法,不外此三者矣。""许书列部之次第,据其《自序》,谓据形系联,徐锴因之以作部叙,大抵以形相近为次……亦有以义为次者……"虽然许书中杂以音、义为次或暂找不出联系的排列方式,但大体上看,各部之间、字头列次往往"据形系联",井然有序。

以上述提到的"王"部字为例。《说文解字》"王"部录存"王""闰""皇"三字,尽管在今天字书编纂中,三字分属于"王""门""白"三个部首,但许慎却将其统一归为"君权神授""会通天地人"的"王"字之下。

首先来看"闰"字。遍览商周甲骨文、金文纪闰月多书作"十三月",并未见"闰"字(故王国维认为闰法起于周)。然学者多以为造字造历远在殷商之上,而其时尚未有"王"之名称(这里指的是诸侯王而非天子),"闰月王居门中"为周礼之制①。因字形与之相合,故而后人多附会为说。朔历之法本是根据日月星辰运行及天象观测而定岁时节候的方法,与国家、百姓命脉息息相关,但《说文解字》却认为"闰"之构字理据②乃王居于路寝门中,将历法系于君权一端。

而"皇"字,许氏以为:"皇:大也。从自,自,始也,始皇者,三皇大君也。自,读若鼻,今俗以始生子为鼻子。"按,三皇五帝之说起于战国。皇之古训颇多,为

---

① 《说文解字·王部》:"余分之月,五岁再闰也。告朔之礼,天子居宗庙,闰月居门中。从王在门中。《周礼》曰:'闰月王居门中,终月也。'"
② 后人疑许氏之说,推测当假他字以为之,"闰"必为后起之字。或以为"门"字中间为"玉"或"壬"字。

大、为美、为光、为宏、为盛,皆一意之引申,训为君、为王者,义亦非古。大量金文用例显示,"皇"字多不从自或白,实假皇大字为之耳。故古人以大父为皇父,以大帝为皇帝。刘心源认为许氏"皇"字小篆形体择自会稽绎山刻石,李斯诒媚皇帝,故有"始皇"之说,许慎承谬。周公华锺等器皇字从自、王,为书体变异,《说文解字》小篆形体即由此而来。学者有倾向于以为皇字构形为王者著冠冕(早期为羽饰类)之形者;亦有倾向于日出土光芒照射者;还有以为从"王"(或"土")乃由"生"演化而来者;又有以下部从"王"(或"土")均为从"火"者。虽至今尚无统一的定论,但许氏之说有误,则确属无疑。

虽然许慎说解上述二字并不合理,但皆囿于当时并未见到更古资料。然其如此申说,反映出儒学思想虽然升为一尊,但渗透在其中的君权力量却起着支配性的作用。而封建君权的政治合法性以及天命观等思想观念,在汉儒对汉字的音韵训诂析形中,又得到了逐步强化。

【研究提示】

1. 中国儒学思想大致可分为几个发展阶段?请梳理每一阶段的代表人物、代表学说、理论著述及后世影响。
2. 中西方思想体系具有迥然有别的形态特征,请谈谈形成这种差别的因素有哪些?

【延伸阅读】

1. [清]皮锡瑞著,周予同注释《经学历史》,中华书局,1959年。
2. 黄侃《说文略说》,见《黄侃论学杂著——〈说文略说〉〈音略〉〈尔雅略说〉等十七种》,上海古籍出版社,1980年。
3. 章太炎《国学讲演录》,见《章太炎讲国学》,凤凰出版社,2009年。
4. 钱穆《国学概论》,商务印书馆,1997年。
5. 范文澜《群经概论》,见《民国丛书(第二编)》,上海书店,1990年。
6. 马宗霍《中国经学史》,见《民国丛书(第二编)》,上海书店,1990年。
7. 高明《中国古文字学通论》,文物出版社,1987年。
8. 柳诒徵《中国文化史》,上海古籍出版社,2001年。
9. 黄德宽等《〈说文解字〉与儒家传统——文化背景与汉字阐释例》,《江淮论坛》,1994(6)。
10. 臧克和《中国文字与儒学思想》,广西教育出版社,1996年。

11. 吴雁南、秦学颀、李禹阶主编《中国经学史》,福建人民出版社,2001年。
12. 张林川、周春健《中国学术史著作提要》,崇文书局,2005年。

第二节 传统思想影响汉字的两个层面

汉字的产生、发展、演变受到中国传统思想的作用极深。通过汉字来追索传统思想观念的源流踪迹,须注意如下两个层面:传统思想观念对汉字构字和整理的影响、传统思想直接作用于学者对汉字的阐释和解析。

一、传统思想对汉字构字和整理的影响

汉字造字之初及形体演变的理据,必定包含了古人的某些思想观念。而整理则不单是指编纂字书、石经等,也不反指整理者根据自己的观念对汉字进行的归类与整理,同时也包含了汉字在其发展演变过程中受古代思想观念的影响而发生的各种变化。试以"女""心""言"等构件所成字为例。

(一)"女"符

女性在人类历史长河中扮演着不同的社会角色,地位也代不相同。考古发掘显示,原始社会人类杂居,不知父母。后来母系氏族社会当中,女性在社会活动中较男性地位为高。殷商人尊崇先妣,常专为之祭祀供奉,可见贵族女性地位较高。但西周以降,先妣则附于先祖,说明女性整体地位日渐低落。

商代历史具备可征信的文字资料,故称信史。殷墟甲骨文"女"字或作"𠨰""𠨰"形,像一个女人跪踞在地上,双手交叉于前之状,又有少数作"𠨰"形,首部多"一"笔,像簪笄或头饰。甲骨文、金文"母"字形体多作"𠨰""𠨰",即在"女"字中加上两点,像胸前双乳,亦有不加两点者。从甲骨文、金文构形来看,"女""母"构形之所以跪踞,或因妇女活动多在室内,屈膝交手为其于室内居处之常见姿态,故取以为女性之特征,以别于"力田"之为男性特征。甲骨文"女"符用为字的偏旁时是"女"字,而用于人名合文时,则是"母"字,亦即"女"形兼女、母二义。而作女名时,"女"符亦可省略,可见"女"符主要为区别性别之用。或以"女"字跪踞之状乃俘虏或卑贱之人,或以为驯服而成乃是女子自然之态,均非

造字本义。但正是因为在奴隶、封建社会中,女子地位较男性为低,所以由"女"符构成的字也带上了强烈的社会文化背景和思想观念的烙印。

以《说文解字·女部》收字为例,《女部》共收字 238 个①,重文 13 个,新附字 7 个。有大陆学者按照意义类别来归类,大致划分为如下七种:姓氏、名字、婚育、称谓、女官、品貌、恶性。恶性实际上是将其他类别中含有贬义的字单独归类,还可以再细分作容貌丑陋、德行恶劣以及疾病、贱称等。据统计,这一类的字 60 多个,约占三分之一。

若将"娈""妥"计算在内,《说文解字》"女"部字共收 240 个②。其中褒义 48 个,贬义 58 个,中性 149 个。需要注意的是,需要注意的是,有些字是多义的,其中包括因褒贬评价不一,而兼具褒义、贬义的字。这里所列出的数据,已将同一字的褒贬义进行了分列统计。

褒义字有 48 个,占总数的 20%,与女性直接相关的比例高达 98%,显示出古人对女性整体表现持肯定的态度。这类字大都指姿容秀丽、仪态优雅、德行优良、才华横溢、娴雅有守,以及肯定女性在历史繁衍上的贡献。其中明指女性的有 13 个,约占褒义字的 27%,占"女"部字的 5%。

贬义字 58 个,占"女"部字的 24%。大多数指容貌丑陋、贪婪懒惰、嫉妒谄媚等。与女性直接相关和间接相关的比例基本持平。其中明言女性的有 7 个,约占贬义字的 12%,占"女"部字的 3%。但不是所有的贬义字都针对女性。另外,古人对女性正常生理变化没有形成正确的态度和认识,则说明当时男权社会并不能包容与理解两性中的自然现象和规律。

中性字 149 个,占"女"部字的 62%。超过三分之二的字与女性直接相关,涵盖了女性一生的发展历程,其中多半为婚育、女性所用物品、称谓、个性、反应态度等。其中明言女性的有 62 个,占 42%。

从上述数据来看,女子在男权社会中是具有特殊的角色和地位的。他们是处于被欣赏的一方,外在的容貌姣好、内在的品行贤良,是男权社会要求女性所应该具备的品质。而在褒义类的"女"部字中,有关容貌的占有绝对多数,而有

---

① 本部分参考了台湾学者周惠菁在《由〈说文〉女部见古代女性的社会地位》(玄奘大学 2005 年度学位论文)一文中的分类和统计数据。
② "娈"字为籀文,"妥"为段氏所增。段注"娈"字:"此篆在籀文为嫡,顺也,在小篆为今之恋慕。娈、恋为古今字。"

关品性的则比较稀少。但贬义类正好与之相反,亦可印证女子在男权社会中的地位和角色。

联系汉代史实我们可以发现,汉代女性的地位要比一般人所认为的高。张家山汉简《二年律令》是中国第一部保护女性权益的法律。从中我们可以看到,女性可以充当户主、继承爵位和财产等,尤其是财产继承权和家庭控制权是得到严格保护的。当然,这也与汉代孝治天下不无关系,所以我们也会看到如《孔雀东南飞》中刘兰芝的婆婆一样居于"家长"地位的母亲形象。尽管如此,儒家"三纲五常"中的"夫为妇纲""夫妇之义""男女有别"等观念也深深影响到《说文解字》对从"女"构件字的整理和阐释。汉代人主张的女子孝、贞、烈、节等观点,又恰恰说明妇女地位在汉代整体日渐式微。

仅举数例"女"符贬义字以窥一斑。

[姦]

金文《户姦罍》作"🈳🈳🈳"、《长由盉》作"🈳🈳"。《国语·周语上》:"共王遊于泾上,密康公从,有三女奔之。其母曰:必致之于王。夫兽三为羣,人三为众,女三为粲。……夫粲,美之物也。众以美物归女,而何德以堪之。"学者根据前后文意推测"女三为粲"字当作"姦"。密康公母亲所言"粲(姦)"为美物,然"姦"字字形只包含了众义,何来美义可言?而"姦"字字义又为何以众多义分析?所以,此处应是"以众美物归女"。

又,《尚书·舜典》:"寇贼姦宄。"(《史记·五帝本纪》亦作"姦"字)《庄子·徐无鬼》:"夫神者好和而恶姦。"姦就是乱,其他文献或以为兵乱于内为姦、外为宄,或以为相反。此外,"姦"同时用于"私逸"义,如《左传·庄公二年》:"夫人姜氏会齐侯于禚。书,姦也。"

[奻]

甲骨文、金文或作"🈳""🈳"之形。《说文解字·女部》曰:"奻:讼也。从二女。"《周易·睽卦》:"二女同居,其志不同行。"《周易·革卦》:"二女同居,其志不相得。"根据《说文》段注,二女相互争论曲直为"奻",罪人相互争讼是非为"䢺",两犬相吠相龁则为"狀"。

[奸]

《说文解字·戈部》:"奸:犯婬也。从女从干,干亦声。"《五经文字·女部》:

"奸:犯也。"《小尔雅·广言》:"奸:犯也。"其他文献亦多训为"犯"。戴家祥曾指出金文中"奸"字多用为褒扬义,搭配"婬"字并不合适,故而《说文解字》此处之"婬"当为后人所增。

奸字所从"干"符,是盾的象形,古代作战时拿"干"作为保护身体的用具。"干"字的"犯"义当由"盾"义引申而来,确属无疑。所以,凡抵触、违背皆有"犯"义,未必就是"犯婬"。后人加"女"为"奸",其意谓女子不能顺服。东汉班昭《女诫》云:"阴阳殊性,男女异行。阳以刚为德,阴以柔为用。男以强为贵,女以弱为美。"至《集韵》:"奸:犯淫也。"明确说明"奸"字已具有了男女不正当性行为之义。

[婬]

《说文解字·女部》:"婬:私逸也。从女㸒声。""私"当作"厶",段注:"厶:音私,姦袤①也。逸者,失也。失者,纵逸也。'婬'之今字多以'淫'代之。'淫'行而'婬'废矣。"《方言》:"婬:愓也,遊也。江沅之间谓戏为婬,或谓之愓。"汉刘向《说苑·政理》:"夺淫民之禄,以来四方之士。""淫民"一词指游乐怠惰的人,"婬"字从女,本谓贪于女色。然而后人正因"婬"字从女,所以就将对婚姻不贞不忠的女子,统称之为"婬"。实际上,秦朝时候的男女皆应禁止淫佚,但到了后代,这一原则却基本上仅适用于女性了。

[嫉]

"嫉"为《说文解字》或体,《说文解字·人部》:"倛:妬也。从人疾声。一曰毒也。嫉,倛或从女。"段注:"妬者,娼也。""《离骚》注:害贤曰'嫉',害色曰'妬'。如曰:'女无美恶,入宫见妬;士无贤不肖,入朝见嫉。'是也。浑言则不别,古亦假'疾'。"古人已明知嫉妒为男女均可具有的通病,故而形符从"亻"从"女"皆用。然而实物用字自汉碑开始,嫉妒字仅见从"女"符者行用。

[妬]

《说文解字·女部》:"妬:妇妬夫也。从女石声。"("戶""石"形、声皆近,今作"妒"者,本"戶""石"相混而来。)嫉妒心男女皆然,故亦存有男子嫉妒妻妾的"媢"字(《说文解字·女部》:"媢:夫妬妇也。")。既然夫、妇同样嫉妒,缘何只

---

① 段注:"今字作邪。"《周礼·天官·宫正》:"去其淫怠与其奇袤之民。"《经典释文》:"袤,亦作邪。"

用"女"符？极有可能是因为夫所妒者在妇,故而形符从"女"。夫权社会下,无论贞女、妒妇或是妒夫,女性均是其中的受害者,故而妒、媢同用"女"符。

可以看出,从女符贬义字中,部分造字本义虽并非与女性恶性有关,然而随着社会的发展,本义及附着在文字上的文化背景发生了改变,其造字之初的构字理据便被新的构字"理据"所代替。另有部分新生字,则是受到当时社会思想的影响而产生的。除此之外,《说文解字》"女"部字提到"夫"字的有四字：姑、娣、妒、媢,但只有"媢"字是针对男性的贬义字。而相对于"女"部,《说文解字》所立"男"部则仅收三字,其中"舅"("母之兄弟为舅,妻之父为舅")"甥"("谓我舅者,吾谓之甥")二字,是从女性角度而言的,实际也是与女性有关。

此外,大部分"女"部字可根据属性归类于"人"部、"心"部、"页"部等。之所以另立"女"部且收字众多,或可说明两点：一是男性主宰的社会,文字也为他们所掌控,故而不需要将男性单独标识出来；二是女性的确有其特定的地位和作用,故而"女"部独立为一部。于此可见传统思想对汉字构字和整理的巨大影响。

(二)"言"及"心"符

古代以心为思维器官,故沿用为脑的代称。如《孟子·告子上》："心之官则思。"《荀子·解蔽》："心者,形之君也,而神明之主也。"杨倞注："心出令以使百体,不为百体所使也。"《素问·灵兰秘典论》："心者,君主之官也,神明出焉。"所以在汉字构造中,大凡与人的思维、意识、情感等密切相关的字大都由心符构成,例如：情、意、念、愿、怀、想、忌、愚、忿、恚、怨、怒等。直到清代,人们还是将心作为思维的器官,俞正燮《癸巳类稿》卷一四《书〈人身图说〉后》就曾认为西洋人身构造与中国人不同,其脏腑经络不全,知觉以脑不以心。明晓这一点,古人所常说的"言为心声"[①]这一观念便不难理解了。而"言为心声"的说法,也反映出古人已经意识到语言与思维的关系问题了。

战国秦汉时期的大量文献,贮存了大量"言"符与"心"符相通的用例。高明曾在《中国古文字学通论》中论析过"言"及"心"符通用的例子,引述如下：

[忧訧]《诗经·大雅·大明》："天难忱斯。"《韩诗》作"天难訧斯。"

[悦說]《文选·班固〈西都赋〉》："众庶悦豫。"《荀子·礼论》："说豫

---

① [汉]扬雄《法言·问神》："故言,心声也；书,心画也。声画形,君子小人见矣。"

娩泽。"

[谩谩]《韩非子·外储说右上》:"人则比周,谩侮蔽恶以欺君。"《后汉书·隗嚣传》:"王莽慢侮天地。"

[悖誖]《说文解字·言部》:"誖:乱也,从言孛声。"又云"或从心"作"悖"。《礼记·乐记》:"有悖逆诈伪之心。"《汉书·地理志》:"誖逆亡道。"

[恝謉]《说文解字·言部》"或从言朔"作"謉","或从朔心"作"恝"。

[憸譣]《说文解字·言部》:"譣:问也,从言佥声,《周书》曰:'勿以譣人'。"今本《立政》作"勿以憸人。"段玉裁误以为"譣"为"憸"之假借字,《广韵·五十琰》"憸""譣"均训诐。《集韵·上琰》"譣,或从心"作"憸"。

[憝譀]《说文解字·心部》:"憝:怨也,从心对声。"《玉篇·言部》:"譀:怨也,或作憝。"

[愧謉]《尔雅·释言》:"愧:慙也。"《礼记·表记》:"使民有所劝勉愧耻。"《玉篇·言部》:"謉:慙耻也。"《集韵·去至》:"愧謉,《说文解字》:'慙也',或从心从言。"

类似的字例很多,诸如"憨""譀"、"恶""詻"、"懺""譏"、"忊""訂"、"懂""謹"……皆为"心""言"二形旁互为通用之证。但过去多把它们误解为假借,以"愊""诡"二字为例。《说文解字·心部》云:"愊:变也。"《言部》谓:"诡:责也。"《说文解字》训"诡"为责,乃义之引申。段玉裁则认为"愊"字多用为"诡",并以之为非。实际上,"诡"与"愊"在古文献中皆可训为"变也"。例如,《淮南子·齐俗训》:"礼乐相诡,服制相反。"《汉书·武亚子传》:"诡祸为福。"《文选·陆机〈辩亡论〉》:"古今诡趣。"李善注:"诡与愊同。"

高明并未把这类通用看作假借,关于这一点仍可再论,但上述战国秦汉大量文献所保存的言符与心符相通的例证,适与同时期儒学思想中存在的"诗以言志"相应。"诗以言志"是古代诗学理论中的核心,被儒家学者奉为圭臬。清人曾誉之"千古说诗之祖……诗之体用,尽于是矣"。

无论是上海博物馆购藏的战国楚竹书中的《孔子诗论》部分(主要内容记录的是孔子关于《诗经》的言论),还是其他古代典籍,均保存了大量"诗言志"的论断。例如,《孔子诗论》:"诗无隐志,乐无隐情,文无隐言。"(第1简)《尚书·舜典》:"诗言志,歌永言,声依永,律和声。"《左传·襄公二十七年》:"伯有将为戮矣。诗以言志,志诬其上,而公怨之,以为宾荣,其能久乎?"《毛诗序》:"诗者,志之所之也,在心为志,发言为诗。"

孔子关于《诗经》的言论中,更多的是强调诗歌的政治功能和实用功能,尤其是外交语言中可以起到赋诗言志、达政、专对等作用。而战国秦汉儒家解诗则多持"美刺"说,认为"诗言志"主要指诗歌是志向的表达,相对地,通过诗歌就可以观察一个人的志向。虽然"诗言志"的内涵发生过变化,但"诗以言志""言为心声"的这一理念却深深影响到经学家对"言"及"心"符构件字的整理上。《说文解字》所收"言"部和"心"部字往往相通,可资为证。这一文字构形现象亦可证明儒家学说中的"诗以言志""言为心声"等诗学观念历史之悠久。

从文字学角度来看,这里所说的相通用实际上就是指文字学中的异体或异构的一种。这类异体字是在原有的标志记录功能用途的字符的基础上,孳乳增添或弃用替换为标志其构字理据的字符而形成的。而之所以有此类异体的产生,很大程度上是受到了社会思想的影响。虽然"言""心"二形符相通的用例是受到了儒学思想中"诗以言志""言为心声"的影响,但是儒学思想毕竟是春秋之后才产生的,在儒学思想形成以前它也必定经过了一个孕育期,故而这一组通用例不能绝对地将其归因于儒学思想的。实际上,在西周晚期金文中就已经出现了从"心"与从"言"相通的用例。如:"雠"字《雠作文父日丁》作"𦎫"、《鬲比盨》则作"𦎫"。

高明还统计了其他形旁通用例,例如"口""言"、"音""言"、"儿""女"、"人""女"、"首""页"、"目""见"、"肉""骨"、"身""骨"、"止""足"、"止""辵"、"辵""彳"、"走""辵"、"戈""攴"。形旁通用,自甲骨文始直至楷书一直存在,但却未必都属于本书所要探讨的这一类。甲骨文中大量"辵"省作"彳""止","艸"符可省作"艸"等,当属于形体简省类。而汉字发展到楷书阶段,大量构件相近形体亦相通用,如从"彳"与从"亻"、从"衤"与从"礻"。从源头上看,这类情形更多属于混讹层面。但随着社会实际用字的深入,大量形体在当时已经得到了社会的认可,如《干禄字书》所收大量俗、通字,原本于六朝为讹误用字,至唐代则被社会所承认。

二、传统思想对汉字阐释和解析的制约

传统思想影响汉字的第二个层面是传统思想间接规定或者说制约了对汉字

的阐释和解析。这里仍以许慎及其《说文解字》为主要分析对象。许慎生活的年代，儒学早已独为一尊。作为经学大师和文字学大师，他身兼"祭酒"一职，负责当时教育政策的制定。在这一背景下他所撰述的《说文解字》势必带上了作为官方正统思想的儒学观念。我们从《说文解字·叙》中就可看出许慎的文字观和价值取向。正是在这一思想的指导下，许慎编纂出了《说文解字》一书。尽管许慎对字形、字义的分析和说解只是一家之言，并且全书存在着大量的误析误解，但却为后人认识已经失落废替的思想史提供了丰富的资料。

（一）宗法伦理观念

儒家特别讲究人与人之间的关系以及做人的道理，《论语》一书就包含了大量孔子所宣扬的为人处世的原则和方法，以及人与人之间的责任和义务等，这些理念以家庭为中心，进而上升到国家和社会层面。《论语》以外的其他经书也包含了大量关于社会的、家庭的伦理观念。例如，《周易·序卦》："有天地然后有万物，有万物然后有男女，有男女然后有夫妇，有夫妇然后有父子，有父子然后有君臣，有君臣然后有上下，有上下然后礼义有所措。"许慎撰《说文解字》时，便受到这类儒学伦理观念的影响，很多汉字的解析上都带有浓厚的儒学观念。试举"君""臣""父""妇"诸字为例。

[君]

殷墟卜辞中"君"字与"尹"字义同，周初仍然承用。根据《周易·师卦》"王三锡命""大君有命"，可知"大君"并非"王"也。金文习见"天君"，并作"天尹"，亦即"大尹"。据唐兰考证，"君"本王臣之称，而用作君臣对称则另有所起。金文多作官名人名，也有作君王之君者，如《中山王䐗方壶》："述定君臣之位。"至春秋战国之际，大夫亦称君，或当沿国君之称推衍，或当自王臣之称而来。然则《说文解字》释"君"为："君：尊也。从尹，发号，故从口。""尹"者，治也，"口"则意指发号施令，故从口。许慎以会意方式解析，虽然与儒家君臣伦理观念较为吻合，但实际上却离造字本来理据相距甚远。而且君字以"尹""口"二义理解，亦非完全词通义顺。

[臣]

古人认为，"目"在人的形态特征中，具有颇为重要的区别性。如"页""夔""首"等字，皆是以一目代表一人或一头。甲骨卜辞目字作"⊂⊃"形，而臣字则像竖目(🉐)之形。《说文解字·臣部》云："臣：牵也，事君也，象屈服之形。"其意人俯首时，眼睛的相对位置则由横变竖，所以"像屈服之形"。章太炎、郭沫若等学者依据甲骨文、金文及其他先秦文献用例，释"臣"为奴隶、奴虏之义。有以臣为"瞋(睁)"之初文，并以民族材料证明其来源于管事家奴监督生产。亦有以为臣是战俘而来，且是被缚系在一起牵致之故。另有以臣有人、身之义，为古时一目代表一头，亦即一人之故。由于臣字造字本意早已湮没，遂致各家聚讼纷纭。而许慎以"事君"来释"臣"字，显系站在君臣等级道德观念的角度而言的。

[父]

甲骨文、金文"父"字形体作"㕛""㕛"之形，为从又(手)持"丶"或"丨"之形。关于"丶"或"丨"的形象，或以"丶"为"主"字，或以"丶"为火炬之形，更有以"丨"为石斧之象形(像男子持石斧以事操作)，最终借为父母之父。而《说文解字·又部》释"父"为"矩也，家长率教者。从又举杖。"缘何"丨"形就是鞭杖或板棍？盖许慎受儒家宗法伦理观念影响，认为父即一家之主，是手持板杖教育子女之人。而刘熙《释名·释亲属》："父：甫也。始生己也。""斧，甫也。"均释之以"始"，更加强化了父亲对于子女的生育之恩。而《仪礼·士冠礼》男子之字"曰伯某甫仲叔季惟其所当"，注云："甫者，男子之美称。"先秦传世文献男子之美称多作"某父"，钟鼎文字则皆作"父"，并无作"甫"者，故而王国维认为"父"为其本字。

[妇]

甲骨文、金文"妇"字形体多作"㛮"，或无"女"符作"帚"形。前人多以"妇"为"帚"之孳乳也，并且多以为妇是举称的配偶。李学勤考释之后，认为"妇"在殷商时期均是指儿子的配偶，先秦文献中的妇也都是子妇，《尔雅·释亲》："子之妻曰妇。"《诗经·氓》笺："有舅姑为妇。"唐兰亦云："卜辞且(祖)之配曰妣(祕)，父之配曰母，妇者殆今王之配与。"殷商妇名在"妇"字下常常附有一个从女的字，或以为是私名，或以为是女氏。《左传》中亦有"妇姜"等，"妇"下之字当为族氏。《周礼·酒人》："以役世妇。""世妇"即宫卿之官，掌女宫之宿戒。而至两汉文献，《说文解字·女部》："妇：服也。从女持帚。洒扫也。"《释名·释亲属》："妇：服也。服家事也。"《白虎通义·嫁娶》："妇者，服也。服于家事，事人者也。""持帚""洒扫"是女性在当时社会所处角色与所司分工，然"服也"(声训,意为服从、服事)"事人"则是经学家从儒家宗法观念出发,对女性在家庭、社会中的地位与角色的论定。

许慎对上述四字的释析与儒家宗法伦理观念相吻合。一方面儒学思想影响了许慎等经学家对汉字的解析;另一方面这种解析同样又反作用于社会观念,对于封建社会、家庭的等级道德关系起到了很好的维护作用。

(二) 天命色彩

天命观念起源甚早。上古时期人们就开始了对神灵的信仰和祀奉。虽然"天命"这一名称为周人所定,但到周朝时期,天命观念已经发生了诸多变化。例如,周代脱离了对单一"天"或"帝"的信仰而出现了对诸神灵的信仰。再到孔子时期,天命观念又有了新的超越。比如孔子非常强调"重人事,轻鬼神""天道远,人道迩"等。之后孟子、荀子对儒学中的天命观又做出了新的消解:孟子就认为"尽心知性,知性知天""存心养性,所以事天";荀子则更加大胆地提出了"制天命而用之"的观点。而到了汉代董仲舒则将儒家天命观发展为"天人感应"说和"人副天数"之说。他认为:"天有阴阳,人亦有阴阳,天地之阴气起,而人之阴气应之而起;人之阴气起,而天之阴气亦宜应之起。其道一也。"这一观点的形成是与汉代儒学政治化相适应的,实质上就是借助于上天的权威来强化人间的权威。

而许慎在撰述《说文解字》时显然受到这一天命观念的影响。以"示"符字为例。

[示]

"示"字造字本义,诸家众说纷纭。例如(甲骨文形体有作"丁""示"):

叶玉森:上从"一",象天,从"丨"意谓恍惚有神自天而下。

胡光炜:"丁"盖象木表,所以代神,与帝同意。

郭沫若:"丁"实"上"之倒悬,其旁垂乃毛形也。

商承祚:甲骨文"祝"字或作"祝",左边示旁为加酒形,故而示当为示有事于神前,甲骨文形体或有酒或无酒。

唐兰、陈梦家:示、主、宗为一字。

丁山:示字本义是设杆祭天的象征,示、氏本为一字。

上举众说,或实据不足,或臆测过甚。

《说文解字·示部》云："示：天垂象，见吉凶。所以示人也。从二（古文上）；三垂，日月星也。观乎天文以察时变。示，神事也。"许慎在这里要传达的还是一种天人感应观，上天通过一系列星象变化，预示人间吉凶祸福，以此引起人世反躬内省，故曰"观乎天文以察时变"。但他又解释"示，神事也"，又表明了儒学所认为的天道与神事是相通的。

今学者虽均不同于许氏意见，但各说每被新说否定。

[神、魂、祇]

在兴起图腾崇拜之前，原始先民当是将人与其他动植物视作处于同一层次的。图腾崇拜渐兴之后，又逐渐兴起了祖先崇拜和对于自然神灵的崇拜。《说文解字·示部》："神：天神。引出万物者也。从示申。""神"的初文为"申"（ ），即今之"电"字，取象于自然中闪电形象，实物资料显示，周代始增"示"符作"神"。而与表示天象的"申"正好相对的人类神灵，则称之为"鬼"。《说文解字》收录"鬼"字古文形体从示符作"魂"，甲骨文中业已出现。《说文解字·鬼部》："鬼：人所归为鬼。从人，象鬼头，鬼阴气贼害，从厶。"而在"三才"系统中，地神称为"祇"，《说文解字·示部》："祇：地祇，提出万物者也。"虽然许慎对"神""祇"的解释有些牵强附会，但这种观点却无形之中强化了天神、地祇等对于万物的主宰。

在东汉"天人合一"及"天人感应"观念的影响下，神鬼之事与人世之事便具有了某种"关联"。尤其是人世中的灾祸常常被看作是上天的责罚。如果君主无道，则天降灾异示之。灾异的种类很多，天象中的日食、月食、彗星等正常现象被看作不好的预兆，农事生产中的蝗灾[①]、旱涝也被看成上天给人世的兆示。如果出现这类灾异现象，则需要从政者反躬自省、修身勤政，故而《汉书·董仲舒传》云："国家将有失道之败，而天乃先出灾害以谴告之；不知自省，又出怪异以警惧之；尚不知变，而伤败乃至。"其他从"示"符表示吉祥幸福和不幸灾祸的字，如"福""禄""祸""祟"等，也处处体现出古人的天命意识。

总而言之，在古人那里，幸与不幸，均与"神事"相关。

（三）人本思想和人文意识

《说文解字》中有一个现象值得重视，即在各部中属字排列次序上，若属字

---

① 《说文解字·虫部》："螟：虫食谷叶者，吏冥冥犯法即生螟。""蟘：虫食苗叶者，吏乞贷则生蟘。""蝥：虫食苗根者，从虫，象其形。吏抵冒取民财则蝥生。"

字义与人体部位有密切关系者,则往往次序靠前。例如言部的"语""谈""谓"等字,因与人说话这一动作有关,故得置前,而有关军政用字"谍""该""译"等,则因与人身体的联系稍远,故而置于后。这一现象说明,古人的人本思想在对汉字的整理和阐释中,具有重要的制约作用。

《说文解字·人部》:"人:天地之性最贵者也。(𠔽)此籀文,象臂胫之形。"段玉裁考证:

> (《礼记》)《礼运》曰:"人者,其天地之德,阴阳之交,鬼神之会,五行之秀气也。"又曰:"人者,天地之心也,五行之端也。食味别声被色而生者也。"按,禽兽草木皆天地所生而不得为天地之心,惟人为天地之心,故天地之生此为极贵。天地之心谓之"人",能与天地合德;果实之心亦谓之"人",能复生草木而成果实,皆至微而具全体也。"果人"之字,自宋元以前,《本草》方书,诗歌记载,无不作"人"字,自明成化重刊《本草》,乃尽改为"仁"字。

宋人王十朋集注《本草》云:"荞麦取人作饭,食之下气,盖麦之心曰人。""果仁"原作"果人","麦仁"即是"麦人"。既云"人"合天地之德,为天地万物之"心",又意谓人之贵性即在于"生"。从上述分析可以看出儒家思想中包含着可贵的人本观念。以"仁""义"二字为例。

[仁]

传世本《论语》一书中,"仁"①字出现达109次之多,孔子把"仁"作为最高的道德原则、道德标准和道德境界。阮元认为:

> "仁"字不见于虞、夏、商《书》及《诗》三《颂》、《易》卦爻辞之内,似周初有此言而尚无此字。其见于《毛诗》者,则始自《诗·国风》"洵美且仁"。再溯而上,则《小雅·四月》"先祖匪人,胡宁忍予",此"匪人""人"字实是"仁"字,即人偶之意,与《论语》"人也。夺伯氏邑"相同。盖周初但写"人"字,周官礼后始造"仁"字也。

按,《说文解字·羊部》:"羌:西戎,羊种也,从羊儿,羊亦声。南方闽蛮从虫,北方狄人从犬,东方貉人从豸,西方羌从羊,此六种也。西南僰人、僬侥从人,

---

① 《说文解字·人部》:"仁,亲也,从人从二。"许氏释"仁"取义亲昵。

盖在坤地,颇有顺理之性。唯东夷从大,大,人也;夷俗仁,仁者寿,有君子不死之国,孔子曰:道不行欲之九夷,乘桴浮于海,有以也。"又《大部》:"夷:平也,从大从弓,东方之人也。"之所以"夷"字从"大",许慎认为是因为"东夷"部族有仁厚之风,故得从"大"。而对于其他"闽""蛮""狄"等少数民族,之所以字形从"虫""犬"等,许慎则认为这些部族带有一些恶劣品性,比如狄人"淫僻"、貉人"恶德"[1],不足以与有仁德之风的民族相提并论。上述分析说明,在许慎看来,人和其他动物相区别之处,最为重要的便是德行。

此外,儒家学者往往还将自身置于整个社会和外在环境中,从而在感知相关外物的时候,也赋予了对象以人的特征和品格。比如传统观念中就将美玉赋以人的德行人格。《说文解字·玉部》:"玉:石之美,有五德:润泽以温,仁之方也;䚡理自外,可以知中,义之方也;其声舒扬,专以远闻,智之方也;不挠而折,勇之方也;锐廉而不技,絜之方也。"

[义(義)]

《说文解字·我部》:"義:己之威仪也。从我羊。"徐铉:"此与善同意。"前人或以"我"为声符(如朱骏声"从祥省,我声"),或以"羊"为声符。若从"我"得声("義""我"均为古音歌部),则"義"与其他从"我"之字,如"䳜""娥"等,均取义高大盛美,故而"義"字当取象为大羊,其所要表示的内涵为祭祀时盛大的规模仪式,并符合徐铉所认为的"与善同意"。可以看出,"義"字原初为"仪式"之"仪(儀)"字,金文《弔向簋》铭曰:"秉威義",《金文编》注:"孳乳为仪。《周礼·大司徒》注:故书仪为義。"又,《尚书大传》卷一下:"赞曰:尚考太室之義,唐为虞宾。"郑玄注:"義当为仪。仪,礼仪也。谓祭太室之礼,尧为虞宾也。"

"義"字所从"我"符,《说文解字·我部》云:"我:施身自謂也。"实际上在借为人称代词之前,"我"字本指与戈等兵器相像的仪仗用具。甲骨文、金文"我"字或作"󰀀""󰀁"之形,《甲骨文字集释》云:"契文'我'象兵器之形,以其柲似戈故与戈同,非从戈也。"何时由兵器义转换为代词?商代甲骨文既已出现借为代词的用例。而《说文解字》释"義"为"己之威仪",且将"義"字归为"我"部,其中也包含了对"己"的观照。

---

[1] 《说文解字·犬部》:"狄:赤狄也,本犬种。狄之为言淫僻也。"《豸部》"貉:北方豸种也。从豸,各声。孔子曰:貉之为言恶也。"

不仅如此，所谓"己之威仪"，实际上就是要求人的言语行为要"适宜合度"，所以《释名·释言语》解释："义：宜也。裁制事物使合宜也。"由适宜合度又可引申为法度、准则，如《左传·庄公二十三年》："朝以正班爵之义，帅长幼之序。"王引之《经义述闻》："义：读为仪。……《周官·司士》云：'正朝仪之位，辨其贵贱之等'是也。"

可以看出，在"義"字的分析中，儒家学派独特的人文意识和思想观念贯穿其中。虽然未必符合造字之初的本义，但是经学家却通过各种"改造"而找到了传输其思想观念的途径。

【研究提示】

1. 从汉字构形的角度举例说明不同阶段的儒学思想在汉字阐释中的反映。
2. 任选《说文解字》中某一个或若干个部首及属字，结合中国传统思想史的有关文献史料，进行相关的文化分析。
3. 材料

> 段玉裁《说文解字注》"家"字曰："凡古曰家人者，犹今曰人家也。家人字见《哀四年左传》《夏小正传》及《史记》《汉书》。窃谓此篆本义乃豕之居也，引申假借，以为人之居。字义之转移多如此。牢，牛之居也。引申为所以拘罪之陛牢。庸有异乎？豢豕之生子最多，故人居聚处借用其字，久而忘其字之本义，使引申之义得冒据之，盖自古而然。"
>
> "哭"字条下注曰："……献、类、犹卅字皆从犬，而移以言人。安见非哭本谓犬嗥而移以言人也？凡造字之本意，有不可得者，如秃之从禾，用字之本义，亦有不可知者，如家之从豕，哭之从犬。愚以为家入豕部，从豕宀；哭入犬部，从犬吅，皆会意，而移以言人。"

如何看待段玉裁的这两段文字？若段氏解说不正确，请分析造成这种失误的原因是什么？

【延伸阅读】

1. 梁启超《论中国学术思想变迁之大势》，见《饮冰室合集·文集》之七，中华书局，1989年。
2. 陈梦家《古文字中之商周祭祀》，《燕京学报》第19期，1936年。

3. 吕澂《中国佛学源流略讲》,中华书局,1979年。
4. 方授楚《墨学源流》,上海书店,1989年。
5. 刘蔚华、赵宗正主编《中国儒家学术思想史》,山东教育出版社,1996年。
6. 马积高《荀学源流》,上海古籍出版社,2000年。
7. 徐复、宋文民《说文五百四十部首正解》,江苏古籍出版社,2003年。
8. 周裕锴《中国古代阐释学研究》,上海人民出版社,2003年。
9. 胡孚琛、吕锡琛《道学通论:道家·道教·丹道》(增订版),社会科学文献出版社,2004年。
10. 周惠菁《由〈说文〉女部见古代女性的社会地位》,玄奘大学硕士学位论文,2005年。

第三节　从汉字构形切入思想史研究

早在《说文解字》之前,人们对汉字的解析已然带上了当时社会思想观念的烙印。虽然囿于社会背景和历史条件,这种解析并不一定符合造字之初的本来面目,但却是汉字发展史上重要的一环,不仅对于我们认识和补苴汉字源流演变的各个环节具有重要的意义,而且更为重要的是能让我们洞悉汉字形体演变中所传达出来的思想观念,补缀思想观念嬗变过程中业已中断的中间环节。儒家思想主张入世,而辅佐圣明之君达到太平盛世,所谓"文治武功"可谓其入世观念的最高境界。本节试对"武"字加以分析,以窥斑见豹。

《说文解字·戈部》:"武:楚庄王曰:'夫武,定功戢兵,故止戈为武。'"按《说文解字》之说乃引楚庄王之语。《左传·宣公十二年》:"潘党曰:'……臣闻克敌必示子孙,以无忘武功。'楚子曰:'非尔所知也。夫文,止戈为武。……夫武,禁暴、戢兵、保大、定功、安民、和众、丰财者也。'"这里的"武"字从"止"从"戈",楚庄王意谓能平息战乱,停止使用武器,才是真正的武功。《后汉书·光武帝纪》曾言:"退功臣而进文吏,戢弓矢而散马牛,虽道未方古,斯亦止戈之武焉。"《说文解字注》:"于文止戈为武,是仓颉所造古文也。只取定功戢兵者,以合于止戈之义也。"《左传》这一记载对"武"字形义的分析,也就成为"武"字在汉字发展史及思想史上的一段公案。后来的经学家说文解字,援引儒家经典要籍,将"武"解析为"止戈",会其意"息战",但这一解释在宋代之后便常被学者诟病不已,其附会字形以就经义,近乎成了代表。

宋代郑樵首先怀疑"止戈为武"之说,以为"止"乃"亡"之讹,从亡得声。清代朴学大师俞樾《儿笘录》云:"在仓颉造字时,则但以为足止字。而无此展转相生之义也。乃谓武字从止为取止戈之意,岂得其本义哉。"

显然,《左传》时代解析"武"字分作两部分:构形上,从戈从止为六书中的"会意";字义上,"戈"构件意谓战争、攻伐、用兵,而"止"构件则表达制止、停止,综合而言就是要制止攻战、禁暴戢兵。这种解释非常符合儒家"仁"的思想观念,故而后世一直被儒家所标榜,许多君王的名号或谥号便以"武"字为优选。虽然这种浓厚的思想观念可慰人心,但它却不符合造字时代的本来面貌。要辨明"武"之本义,需要从下述几个角度分析。

第一,"止"构件在先秦时代,其本身已然具有"止息""中止"和"行止""适之"两个意义。用例分别如下:

《诗经·鲁颂·泮水》:"鲁侯戾止,言观其旂。"毛传:"止:至也。"《诗经·商颂·玄鸟》:"邦畿千里,维民所止。"郑玄笺:"止:犹居也。"《诗经·秦风·黄鸟》:"交交黄鸟,止于桑。"

《周易·象传》:"时止则止,时行则行。"《诗经·小雅·甫田》:"攸介攸止,烝我髦士。"《诗经·鄘风·相鼠》:"人而无止,不死何俟。"

第二,这里谈到的"适之"之"之"与"行止"之"止",在古文字构形上有明显的联系。止字古文字构形或作"𝐀""𝐁""𝐂",而"之"字古文字构形多作"𝐃""𝐄""𝐅","之"较"止",多出了位于字体结构之下的构件"一"。"之"字先秦常常作为"适""往"之义使用,例如《尔雅·释诂上》:"之:往也。"《小尔雅·广诂》:"之:适也。"《诗经·鄘风·载驰》:"百尔所思,不如我所之。"《孟子·滕文公上》:"滕文公为世子,将之楚,过宋而见孟子。"又,罗振玉《增订殷墟书契考释》:"按卜辞从止从一,人所之也。《尔雅·释诂》:'之:往也。'当为'之'之初谊。"出土文献正可印证传世文献。

第三,从"之"之古文字构形,可以联想到构件相近但组合位置不同的"正"字。其甲骨文形体多作"𝐆""𝐇""𝐈"等,学者推测甲骨文"正"字上部之圈(金文多为实心)或象国邑之形,或像城郭所从之墙围。"正"与"止"的联系,不仅在于字形上,其实古籍文献常见"正"字用于"征伐"义,如《诗经·商颂·玄鸟》:"古帝命武、汤,正域彼四方。"《墨子·明鬼下》:"天下失议,诸侯力正。"孙诒让《墨子间诂》:"毕沅云:'正:同征。'"可以看出,"正"字为"征"之初文。而"征"又与"文治武功"之"武"紧密联系。

第四,"之""正"主体性的构件"止"完全相同,其取象本源于人或动物之"趾"(脚)①,是故"之"自具有"往""适"之义,而"正"则具有"停止""终止"之义。如《诗经·邶风·终风序》:"见侮慢而不能正也。"郑玄笺:"正:犹止也。"《孟子·公孙丑上》:"必有事焉而勿正。"

第五,谈到"正"字具有"停止、终止"之义,从甲骨文中亦可以找到佐证。甲骨文、金文有类似的形体: ，学者或以为即"正(征)"字,此像圈住人(或动物)双脚的一种东西。总之,"正(征)"既具有"往""之"的意义,还具有"停止""终止"的意义。这也就不难理解古训当中"正"训作"射的""目标"(例如《小尔雅·广器》:"鹄中者谓之正。正方二尺。")的用法。这实际上也是一种通过射仪对人进行匡正,即所谓"止人"的做法。

由此回溯,"止"字最初本就具有"终止"和"行止"之义,这一现象在古汉语中常常见到,郭璞以降学者多以"反训"(一字兼具正反二义,可分为正反、美恶、施受同辞三类)以指。所以,"止""正"等一字同时兼具相反的二义是正常现象②。

明了"止"兼具"终止"和"行之"义,"武"字从止从戈,自然也包含了终止用兵和征伐起兵二义。后者实物为证:甲骨文、金文有从行从止从戈的形体( )。征伐者行于道路,故从"行",止则表示行进,征伐者必持武器,戈即武器。征伐示威,操戈行于道路,便是"武"。

至此,尚不能说"武"字之义完全明了。因为在远古时期,"武"还具有另外的重要用法,即与"舞"实为同体(学者认为在有汉字分化标志之前,汉语中"巫""舞""武"三者均只有一个词)。

《说文解字·舛部》:"舞:乐也。从舛无声。用足相背。翌:古文舞。从羽

---

① 《说文解字·止部》:"止,下基也。象草木出有址,故以止为足。"徐灏注笺:"凡从止之字,其义皆为足趾。……考阮氏《钟鼎款识·父丁卣》有足迹,文作止,正象足趾之形……三趾者,与手之列多略不过三同例。"
② 臧克和云:在有汉语文字分化标志之前,古汉语中"之"(适)、"止"(驻)二边,皆只用一"正"字。这从原始思维逻辑层面上来看,是说反先含有正,言"止"(驻)必先预设省"之"(往),否定命题总预先假设省肯定命题,否则亦无所谓"止"(驻)也。由此合于古老的辩证关系思考。

亡。""舞"字从"舛","舛"即两足相对。而"武"字从"止"者,"止"亦足也,从"戈"像手执干戚。《说文解字·巫部》:"巫:祝也,女能事无形、以舞降神者也,象人两袖舞形。与工同意,古者巫咸初作巫。"早期的巫术活动,基本上需要以相应的"舞"的形式体现出来。

传世文献保存了这一联系。《释名·释言语》:"武:舞也。征伐动行如物鼓舞也。"《周礼·地官·乡大夫》:"以乡射之礼五物询众庶。一曰和,二曰容,三曰主皮,四曰和容,五曰兴舞。"(贾公彦疏:"物:事也。")《论语·八佾》引作"兴武"。《左传·庄公十年》:"以蔡侯献舞归。"《榖梁传》作"献武"。《诗经·周颂·维清序》:"《维清》,奏象舞也。"郑笺云:"象舞,象用兵时刺伐之舞,武王制焉。"蔡邕《独断》:"《维清》,奏象武之所歌也。"①

所以,我们大致可以将"武"字梳理如下:早期社会,"武"(舞)是具有仪式功能的,即在巫术活动中用"武"(舞)的形式达到一定的目的,这种目的或许就包括了"止戈"(终止用兵)。而在另外一个义项系统中,"武"实实在在地具有了"征伐兴兵"和"终止用兵"的双重意义。然而儒学思想语境下,"武"字"终止用兵"之义被人为地放大,并被赋予了非常强烈而又积极的情感价值和道德标准,"以武偃兵""文治武功"便成为儒家思想的重要观念。

通过上面的一系列分析,我们可以看出,《左传》的记载虽然不完全符合造字时代的本来面貌,但这一训释的确保留了古训当中的一面。不仅如此,这一训释还体现出当时的社会思想。因为在春秋战国时期,连年的混战使得整个社会反战意识越来越强烈,典籍如《司马法·仁本》记载:"杀人安人,杀之可也;攻其国,爱其民,攻之可也;以战止战,虽战可也。"《商君书·画策》亦载:"故以战去战,虽战可也;以杀去杀,虽杀可也;以刑去刑,虽重刑可也。"用战争停止战争的思想,才使得《左传》贮存的对"武"字的分析获得了生命力。故而《说文解字》沿袭《左传》,也同时体现出当时儒家的"仁"的思想观念。直到宋代有学者开始质疑《左传》和《说文解字》的解析。但在将《说文解字》这一解释不断诟病的同时,却又有些偏颇。实际上,我们也可以这样理解,许慎分析"止戈为武"说明的是

---

① 朱熹《集传》:"此亦祀文王之诗。"陈奂《传疏》:"象,文王乐。象文王之武功曰象,象武王之武功曰武。象有舞,故云象舞。"吴闿生《会通》:"此篇盖以合象舞之节也。其意则重在'文王之典'一句。"姚际恒《通论》:"象者,象武王之武功也。…《墨子》曰:'武王因先王之乐,命曰象武。'董子曰:'武王作象乐,'则象自属武诗而不可混入《维清》之诗明矣。"陈子展《直解》:"《维清》,祀文王奏象武之所歌。"(《维清》是《周颂》三十一篇中唯一的"象舞"的诗。一章,五句。)

字形,而"夫武定功戢兵"则指的是以武力戢乱息兵,未必就是与"止戈为武"连训在一起。所以,有学者直言:先儒之误,在误以"止戈"二字解作戢兵,知此二者,则"武"字之义一说自明矣。

从汉字构形切入对思想史的研究,非今人所发明,但通过对"止戈为武"的考论,我们发现在具体操作层面,尤须注意要考虑历时层次,否则"假字证史""以字考经"只会混淆视听而已。例如儒家以孝悌为立身之本,如何做才称得上是孝?《礼记》有句话讲得非常形象:"父母怒不悦,而挞之流血,不敢疾怨,起敬起孝。"而作为儒家经生的许慎,在《说文解字》中解析一家之主的"父"字时,便不免带上了那个时代的文化背景和他自己的儒学观念。手里拿着杖板教育子女,这就是许慎观念中的为人"父"的形象,我们今天来研读《说文解字》时,就需要从著者的时代及其观念出发来解读。

而更有甚者过分夸大了汉字构字的历史文化背景及时空属性。如曾有文章称:美国人有一种习惯,即点烟至第三人,须将火柴熄灭,再重新划燃,中国早就有这种习惯,繁体"灾"字的形象是"三人合一火",意谓点烟三人就会有灾。是为不祥,故常以为忌讳。如此不顾汉语汉字实际、随意附会的言论和做法,在今天的学术研究及教学中仍然大行其道,故而在今后汉字与传统思想文化的研究中尤须注意汉字的历史层次,这也是汉字阐释和解析的基本原则。

【研究提示】

1. 汉代儒学虽是对先秦儒学的继承和发展,但是二者却有很大的差别。其中,先秦儒学倡导的人文主义精神和"民本"思想,在汉代儒学中或者被消除,或者体现为"君权神授"。相比而言,汉代儒学增加了"天人感应""君权神授"和"三纲五常"的理论以及"大一统"思想,并且融合了阴阳家、黄老之学及法家的一些思想观念。请以汉字为探讨对象,寻绎先秦儒学思想向汉代儒学思想转变的线索。
2. 分组搜集整理历代对"仁""义""中庸"的注疏,通过前人的阐释,探讨三者在不同历史时代的内涵变化。
3. 汉字古今演变中发生了各种各样的形体变化,一部分属于讹变。虽然讹变对汉字构形产生了各种影响,但若从文化学的角度而言,讹变的字形也受到了当时社会政治、哲学、思想等人类思想意识的影响。请举例印证这一观点。

【延伸阅读】

1. 吕思勉《先秦学术概论》,《民国丛书(第四编)》,上海书店,1990年。
2. 王伯祥、周振甫《中国学术思想演进史》,《民国丛书(第二编)》,上海书店,1990年。
3. 顾颉刚《汉代学术史略》,《民国丛书(第二编)》,上海书店,1990年。
4. 夏渌《孔子与中庸无关说》,《武汉大学学报》,1994(3)。
5. 臧克和《中国文字与儒学思想》,广西教育出版社,1996年。
6. 尹黎云《汉字字源系统研究》,中国人民大学出版社,1998年。
7. 张素凤《古汉字结构变化研究》,中华书局,2008年。
8. 郑慧生《汉字结构中的上古史信息》,《寻根》,2009(5)。
9. 王立军等《汉字的文化解读》,商务印书馆,2012年。

第六章
汉字与思维

思维与人类的关系极为密切。倘无思维，人类社会便不能称之为人类社会。思维与文化、社会相互影响、相互作用。人类思维反映于文化的各个方面、各个领域，从文学艺术、语言文字到科学技术的一切方面，人类思维留下了深深的烙印，对文化各要素起到了明显的制约作用。同时，文化又反作用于思维，特定民族的文化促使了本民族思维方式的形成、发展和演变。然学术界从未停止过对"思维"这一概念的本质和内涵的探讨。一般认为：思维是对客观事物间接的概括的反映，它反映事物的本质属性和事物间规律性的联系。所谓本质属性，就是一类事物特有的属性，所谓规律性的联系就是必然的联系。①

一个民族或地区在长期的历史发展中所形成的思维活动的形式，就是思维方式。通俗的解释即看待事物的角度。思维方式是相对定型化了的显现出来的社会理性活动的思维结构，是社会智力、智慧和智能水平的整体凝聚。陈新夏等《思维学引论》认为："思维方式主要由知识、观念、方法、智力、情感、意志、语言、习惯等八大要素组成。""正是这些要素各自的特征及其结构，规定着思维方式的性质、类型和特征，产生思维方式的差异。"②根据不同的角度、标准、特点和理解，可以分出无数种类。

汉字的产生、演变等一系列环节都体现出中国人独特的思维方式，而在思维科学的探究中，汉字无疑又作为一种重要的工具和手段，产生了积极的作用。

---

① 邓铸《思维的本质与定义新论》，《徐州师范大学学报（哲社版）》，2010(4)。
② 湖南人民出版社，1988年。

第一节　不同文字体系与思维、认知方式差异的一致性

不同文化背景的人看待事物的角度不同,亦即思维方式存在很大的不同。

一般认为,西方字母文字起源于古代腓尼基人创造的字母文字[①]。腓尼基文字源于"西奈字母"[②],有22个辅音字母。后来的希腊字母,便在改造腓尼基文字的基础上发明了最早的有元音的字母。后来的罗马人又在希腊字母的基础上,略加改动而演化出拉丁字母。不论是腓尼基人的辅音-音素文字,还是希腊人的元音-音素文字,都是使用字母表达音素的文字体系。从公元前1500年原始西奈字母突破当时盛行的两大文字体系——楔形文字和埃及象形文字开始,字母文字便伴随着古代人对语音特征的分析和归纳,而逐渐成熟。西方人的理性思维与字母文字的创制和发展相互影响、相互促进,相得益彰。

不同文字体系与各自思维方式的差异性是具有一致性的,正如王力曾说:我们要表现西方人那样的思想,就要用西方人那样的长句。似乎可以为中西文字的差异与中西语言及思维方式的差异具有一致性这一事实作一注脚。与汉字体系相应的中国人思维方式在下述方面具有与西方思维方式不同的特点。

(一)"天人合一"的模式

"天人合一"既是一种思想观念,同时也是一种思维方式。"天人合一"是中国哲学中关于天人关系、物我关系的一种观点,包括诸多层面。在老庄道家那里,自然界并不是作为认识的对象而存在,而是转化为人的内部存在,故《庄子·齐物论》说:"天地与我并生,万物与我为一。"而在战国之后的儒学思想中,则认为"天"有意志,人事是天意的体现;天意能支配人事,人事能感动天意,由此两者合为一体。战国时子思、孟子首先明确提出这种理论[③],汉儒董仲舒继承

[①] 腓尼基文字是西部闪米特人的后代所创造的。闪米特是中东印欧人的语言和文化的一个分支。闪米特语族包括古代的阿卡德语、亚述语和巴比伦语,以及现代的阿拉伯语、阿姆哈拉语、亚拉姆语、希伯来语和马耳他语等。

[②] 原始西奈字母是受埃及象形文字影响而出现的字母系统。虽然这一辅音音素字母属于象形文字,但是它只记音,与古汉字中以形示意的性质并不相同。后来的阿拉伯语、希伯来语、希腊语和拉丁语字母表等均由其演化而来。

[③] 《中庸》说:"天命之谓性,率性之谓道,修道之谓教。"《孟子·尽心上》说:"尽其心者,知其性也。知其性,则知天矣。"

此说,发展为"天人感应"论①。到了宋明理学那里,程颐说:"安有知人道而不知天道者乎?道一也,岂人道自是一道,天道自是一道?……天地人只一道也,才通其一,则余皆通。"(《二程语录》十八)不管具体侧重如何,古人的这种天人合一思想,可以说是两千余年中国人思维的基本模式,中国人的宇宙观、价值观、人生观均立于其上。而这种主客观的统一,人与自然合一意义上的主体思维方式,对汉字产生了重要影响。这种表现最为明显的是将指称人身体的部位、行为、性质、特征的字,用于指称人之外的其他事物,或者将指称外物的字用以指人。

德国文化哲学创始人卡西尔在其《人论》中认为,在原始人的观念中,动、植物和人是处于同一个层次的,原始人并不认为自己处在自然等级中独一无二的地位上。然而后来的西方思想逐渐形成了与东方宇宙观中不分内外物我的情况。西方思维的历史中总有主体与客体的对立斗争,视外在的自然为人的对立物,不断去探索,才有真正近代自然科学的产生。

(二) 重形象而少抽象

形象思维是指人们利用头脑中的具体形象(表象)来解决问题。形象性、非逻辑性、粗略性和想象性是其主要特征。中国人的思维中便带有极强的形象思维特征。《周易·系辞下》说:"易者,象也。"早期汉字取象于世间万物,象形意味较浓,后来虽逐渐变成形声字为主导的表意文字,但其形体示意的功能仍然较强。而西方拼音文字直接以形体记音,与其所记录的语言中的词并无形体上的必然联系,故而抽象性较高,与汉字直观性较重的情况明显不同。

以计数的汉字与欧美数字词为例。

"一""二""三""亖(四)",甲骨文时代就书作按照数目多寡而构成的线段组合。《说文解字·一部》:"一:惟初太始,道立于一,造分天地,化成万物。"段注:"一之形于六书为指事。"徐灏笺:"造字之初,先有数而后有文。一二三亖,画如其数,是为指事,亦为象事也。"古文字一至四横画表示数字一至四,是原始记数符号。

"十""廿(廿)""卅(卅)""卌",《说文解字·十部》:"十:数之具也。一为东西,丨为南北,则四方中央备矣。"于省吾《甲骨文字释林》:"'十'字初形本为

---

① 董仲舒《春秋繁露·深察名号》:"事应顺于名,名应顺于天,天人之际,合而为一。"《春秋繁露·天副人数》:"天以终岁之数成人之身,故小节三百六十六,副日数也。大节十二分,副月数也。内有五脏,副五行数也。外有四肢,副四时数也。"

直画,继而中间加肥,后则加点为饰,又由点孳化为小横。数至十复反为一,但既已进位,恐其与'一'混,故直书之。""廿(廿)""卅(丗)""卌",《说文解字》分别解释:"二十并也""三十并也""四十并也"。

而从汉语的数词结构来讲,两类单音节数词中,"一""二""三""四""五""六""七""八""九""十"置于"十""百""千""万""亿"之前表示相乘,置于其后则意为相加,亦可前后同时出现,十分直观,一目了然。

而英文、法文等文字体系下,不论口语还是书面语,其认读相对要困难得多。比如法文数词中,七十(soixante-dix)等于六十加十,八十(quatre-vingts)等于四个二十,九十(quatre-vingt-dix)等于四个二十加十,九十九(quatre-vingt-dix-neuf)等于四个二十加十加九,不一而足。

与形象思维密切相关,中国人在面临新事物、新现象和新问题时,往往能迅速理解并作出判断,这种思维活动往往带有很大的经验成分,即人们往往通过日常生活经验进行思维,并用直觉直接作出判断。

同时,相比理性思辨,中国传统思维往往把带有体验的直觉思维作为首要选择,也就是说在不借助概念、判断、推理这类逻辑形式的条件下,甚至亦不需借助经验思维,而通过主体的直觉思维进行感知、理解和判断。我们从道家思想中的经由"以明""见独""坐忘"而获得"真知",佛教观念中的"顿悟""明心见性"(六祖惠能),儒学主张中的"尽心""知性"(孟子)、"格物致知"(程朱理学),都可以看出这一特点。

但由于知识经验不足,直觉和经验主导下的思维往往具有片面性。在这一思维主导下,中国传统思维讲究内省、重视类比。相比之下,西方人更重视理性分析,更具严密性和科学性。

(三) 整体(性)把握突出

中国人的思维方式中有带有较强的整体性思维特征。《易传》云:"易有太极,是生两仪,两仪生四象,四象生八卦。"整体性思维即重在对事物的整体性把握和普遍联系,前面提到的"天人合一"便是整体性思维的根本出发点,而形象思维也适合整体性把握。由此,中国人往往重归纳而少演绎,长于综合而短于分析。相比之下,西方的逻辑思维本身就是一种分析思维模式,这种思维遵循严密的逻辑规律而作出正确答案或求得合理的结论。他们在考虑问题的时候不像中国人那样喜欢追求折衷与和谐,而是更喜欢从一个整体中把事物分离出来,对事物的本质特性进行逻辑分析。

以汉字字典编排为例。刘志基《部首意义三论》①云:"汉字的意义,通常系于汉字部首。"部首即根据汉字形体偏旁所分的门类,一般而言,同部字中,字形简单、排在首位的字头,即被确立为部首字。《说文解字·叙》:"此十四篇,五百四十部,九千三百五十三文,重一千一百六十三,解说凡十三万三千四百四十一字。其建首也,立一为端。方以类聚,物以群分。同牵条属,共理相贯。杂而不越,据形系联。引而申之,以究万原。毕终于亥,知化穷冥。"段玉裁于"一部"末注:"凡部之先后,以形之相近为次。凡每部中字之先后,以义之相引为次。《颜氏家训》所谓櫽栝有条例也。《说文解字》每部自首至尾,次第井井,如一篇文字。如一而元,'元,始也',始而后有天。天莫大焉,故次至丕,而吏之从一终焉是也。"从部首据形系联,到部中字以义之相引为次,《说文解字》540部构成了一个较为严密、完整的编排系统,而这一编排理念则是在整体性思维模式的影响下产生的。作为第一部楷书字典的南朝梁代顾野王《玉篇》,也是如此,其采用的依然是基于小篆构形系统得出的《说文解字》部首编排体例。

比较而言,拼音文字的辞书编纂则严格按照字母排列先后次序,部中词的排次亦是由第二个字母的先后次序为准,依此类推。于此可见,西方拼音文字体系与西方分析思维方式相得益彰。

(四) 朴素的辩证观念

受整体性思维的影响,中国人善于把握统一事物的两个对立面。中国人的辩证思维包含多个层次,比如《道德经》:"祸兮,福之所倚;福兮,祸之所伏。""天下皆知美之为美,斯恶已;皆知善之为善,斯不善已。故有无相生,难易相成,长短相形,高下相倾,音声相和,前后相随。"这里所体现出的就是矛盾论的观点,即认为万事万物都是由对立面构成的矛盾统一体,没有矛盾就没有事物本身。又如儒家学说中的中庸之道(或曰"中和"观念),即无过无不及,叩其两端而用中。再如《周易·系辞上》:"一阴一阳之谓道。"《周易·泰卦》:"无平不陂,无往不复。"而由辩证观念又生发出循环往复、周而复始的圜道观或称之为循环论。故此,中国人做事并不常走极端。相比之下,西方人更倾向于逻辑思维,他们更喜欢把事物分离出来加以逻辑分析,并不喜欢折中与调和,故而西方人长于

---

① 《辞书研究》,1998(2)。

演绎、分析,在这种思维方式的主导下对待客观世界的认识和界定便会与中国人存在巨大的差别。

汉字体系处处体现了古人的朴素的辩证思维。最明显的莫过于汉字中大量反形字的存在。有上即有下,反正则为乏(亞),厷者子之倒,匕者是人转,倒予便为幻,孑孓两相反。只不过,经过几千年文字形体演变,今所见反形字实际并不如古文字中常见。

又如汉字中存在大量"反训"(正反同源)的情形。

"乱"字,《说文解字·乙部》:"乱:治也。"杨树达《积微居小学述林》:"余谓字当从爪从又,爪又皆谓手也。䙲从爪、从又者,人以一手持丝,又一手持互以收之,丝易乱,以互收之,则有条不紊,故字训治训理也。"而《尚书·汤誓》:"非台小子,敢行称乱。"则训为叛乱,《左传·庄公十年》:"吾视其辙乱,望其旗靡,故逐之。"又训为杂乱无条理。

"幸"字,《说文解字·夭部》:"夰:吉而免凶也。从屰从夭,夭死之事,故死谓之不夰。"核诸甲骨文,"幸"字原初为桎梏之形,所指为古人所用的一种刑具,故而"幸"字训为祸福之祸。若得脱却凶幸,则为幸福,一正一反,辩证思维。

相比之下,拼音文字并不刻意体现这种朴素的辩证思维,他们更倾向于使用严谨和精确的规则,尽管有时候这种规则显得极其复杂。法语专家曾指出:"印欧系语言中的名词、形容词要分性别和单复数,要变格;动词要表示时和态,要分别人称。以拼音文字中的佼佼者法语为例,它素以语音优美,文字准确严谨著称于世。法语常用动词中不规则动词较多,如表示'是、有、来、去、知道、愿意、能够'等概念的常用不规则动词,一个动词就要背一份变位表,一个动词就要区别上百种差别细微的形体。可见,法文的严谨和精确性往往寄寓于它复杂的规则之中。这种文字体系,充分体现了西方人的思维模式,也就是重在逻辑分析。"[1]

上文仅列举了中西思维方式差异的几个较为突出的方面,除此之外,中西方思维方式上的差异还有诸多表现。同时需要注意的是,本节所说的差异只是相对而言,中西思维方式存在差异性的同时,又有许多相通之处。不一一详述。

---

[1] 李秀琴《从中西文字体系看汉字文化与中国人的思维方式》,《中国哲学史》,1998(4)。

【研究提示】

1. 中国人思维方式有何不同于西方人的特质？试从汉字构形学角度举例说明。
2. 由于西方传统的心理学将知觉和思维分成互不联系的两个领域，故而传统的哲学、心理学、语言学等常常否认或忽略文字与思维的直接的、深刻的联系。针对下面列举的三则史料，请谈谈你的看法。

  1950年斯大林在《马克思主义和语言学问题》中说："语言是同思维直接联系的，它把人的思维活动的结果，认识活动的成果用词和句中词的组合记载下来，巩固起来，这样就使人类社会中的思想交流成为可能的了。""不论人的头脑中会产生什么样的思想，以及这些思想什么时候产生，它们只有在语言材料的基础上，在语言的词和句的基础上才能产生和存在。没有语言材料，没有语言的'自然物质'的赤裸裸的思想是不存在的。"（《斯大林文集（1934—1952）》，人民出版社，1985年版）

  唐兰《论马克思主义理论与中国文字改革基本问题》："文字用它自己的形体来表达人的思维活动，认识活动。当人们写一个文字的时候，目的在写它的思想而不仅为的是写语言；当人们看文字的时候，也只是看它所包含的内容，不一定把它当作语言；只有把它读出来的时候，才把文字转化为语言。"（《中国语文》，1956年第1期）

  吕叔湘《谈语言和文字》："文字必须通过语言才能表达意义；一个形体必须同一定的语音有联系，能读出来，才成为文字。如果一个形体能够不通过语音的联系，直接表达意义，那就是图画，不是文字。"（《文字改革》，1964年第1期）

【延伸阅读】

1. 〔德〕恩斯特·卡西尔《人论》，甘阳译，上海译文出版社，1986年。
2. 〔瑞士〕皮亚杰《发生认识论原理》，范祖珠译，商务印书馆，1990年。
3. 〔德〕威廉·冯·洪堡特《论人类语言结构的差异及其对人类精神发展的影响》，姚小平译，商务印书馆，1997年。
4. 〔美〕约翰·贝斯特《认知心理学》，黄希庭主译，中国轻工业出版社，2000年。
5. 〔美〕罗杰·M.基辛《当代文化人类学概要》，北晨编译，浙江人民出版社，1986年。
6. 陈新夏、郑维川、张保生《思维学引论》，湖南人民出版社，1986年。
7. 张岱年、成中英等《中国思维偏向》，中国社会科学出版社，1991年。
8. 黄珉珉主编《现代心理学全书》，中国社会出版社，1991年。

9. 曹日昌主编《普通心理学》,人民教育出版社,1992年。
10. 李秀琴《从中西文字体系看汉字文化与中国人的思维方式》,《中国哲学史》,1998(4)。
11. 何兹全《中国古代社会》,北京师范大学出版社,2001年。
12. 连淑能《论中西思维方式》,《外语与外语教学》,2002(2)。
13. 李志岭《汉字、欧洲字母文字与中西思维方式的关系》,《外语教学》,2002(3)。
14. 曹念明主编《文字哲学——关于一般文字学基本原理的思考》,巴蜀书社,2006年。

第二节　汉字对思维及思维科学的作用

在分析这一问题之前,先来看一下语言与思维的关系问题。

（一）语言与思维的关系

关于语言(言语)与思维的关系问题,曾出现过各种不同的论断,如思维决定语言论、语言决定思维论、思维与语言同一论、语言与思维相互作用论等。

语言决定思维论中最典型的说法便是萨丕尔-沃尔夫假说(Sapir-Whorf Hypothesis)。假说从语言编码出发,认为所有高层次的思维都倚赖于语言,即语言决定思维、信念和态度等(被称作语言决定论)。而由于世界上的语言千差万别,不同语言基础上的人对世界的感受和体验亦不相同(被称作语言相对论)。语言决定思维论强调了语言对思维的塑造作用,但是后人对这一观点的批判一直没有停止过。从语言中的词汇、语法或第二语言习得等方面,均可看出这一观点的局限性。

与语言决定思维的观点相反,苏联心理学家、"文化-历史"理论的创始人维果斯基(Lev Vygotsky)在《思维与语言》中认为不能把言语思维分解为彼此孤立的元素——思维与言语,同时也不能把思维与言语等同起来。他曾经对类人猿和人类婴幼儿的思维与有声语言发展过程做过实验,提出了思维先于有声语言、思维决定语言的论断。而瑞士心理学家、发生认识论创始人让·皮亚杰(Jean Piaget)虽然晚年也承认了语言与思维是平行发展、相互作用的,但这并没有改变他所坚持的思维决定语言论,即思维发展是语言发展的基础,语言是认知或思维能力发展的标志之一,语言对思维发展的影响只是一个必要而非充分条件。

在思维与语言同一论方面,较有代表性的是法国哲学家、知觉现象学创始人梅洛·庞蒂（Maurice Merleau-Ponty）的学说。他认为思维是一种表达，但思维并不能完全与表达等同，它只是一种后起的、特殊的表达形态——言语表达，它植根于原初的表达形态——身体表达。在言语表达这个层面上，思维与言语表达是同一的，是同一现象的两个方面。

上述几种论断均有其合理性，但又未能完全获得支持。实际上，语言和思维属于两种不完全等同的心理现象，一般而言，思维先于语言，但并不是说语言就源于思维，两者都是源自对客观世界的认知和实践活动。同时，语言和思维又相互作用、互相影响。

（二）汉字认知规律研究

当代脑神经生理心理学的研究表明，人的大脑两半球具有不同的信息加工处理系统，对于不同的对象，会表现出特定的认知机能。最初研究认为，人脑左半球在语言文字、符号、逻辑思维和抽象思维等方面有更为发达的机能，而右半球则以空间形象、音乐、直觉思维等机能为上。然而随着研究的深入，人们发现，右半球善于加工较低能量的信息，表现出前语言优势，而左半球更适合加工具有高分辨率的信息，在字的分类上，左视野右半球更适合加工具体字，而左半球则更多地加工抽象字，并且左脑对汉字的加工时程稍晚于右脑，且形音义的加工是交错进行的[1]。

在字形复杂性方面，张武田等在实验之后，得出如下结论：短时记忆容量应考虑到字形复杂性，一般说来，笔画在 13 画以上的字比 4 画以下的短时记忆容量显著小，同时不能忽视汉字短时记忆中的语音转换问题。喻柏林等研究认为：无论是常用字还是非常用字，反应时都随笔画数的增多而加长，但这种变化不是线性的，而是阶梯式上升，即在笔画数相差较少的某几个范围内，反应时的变化不是很显著。

在汉字结构方式认知方面，不论将汉字结构方式划分为多少种基本类型，汉字都呈现出不同于拼音文字一维线性排列的二维空间排列。喻柏林等研究认为，汉字结构方式的识别中，上下切分要比左右切分难，符合左右优势效应（左右维量上的对称要比上下维量中的对称更突出[2]，在听觉通道上所获认知左-

---

[1] 参冯丽萍《汉字认知规律研究综述》，《世界汉语教学》，1998(3)。
[2] Corballis, M. C. and Beale, I. L., *The Ambivalent Mind: The Neuropsychology of Left and Right*, Nelson-Hall, Chicago, 1983.

右空间码对上-下空间码具有优势①)。

关于汉字信息提取方面,回忆性同一判断中,汉字信息的提取以形似最容易,音近和意同较难,但两者差别不显著。加工字义比加工字形、字音更复杂,在回忆条件下,语音作用明显提高。

具体到汉字的语义加工方面,对形声字义符的表征与加工的研究虽然并不多,但目前一些研究成果仍然揭示了相关规律。比如形声字的义符对汉语字词的语义特征提取有促进或干扰作用,但这种作用是局部的,只表现在与其上属类概念语义相关的定义特征上。

总之,汉字认知研究,要综合汉语文字学、认知心理学、认知语言学、计算语言学、包括脑神经功能思维科学等相关学科,要在汉字结构形体学领域开展多学科交叉研究。

(三) 汉字是思维科学研究的重要手段

在中国思维科学的建立和发展过程中,汉字所起的作用非常重要。首先,因为任何的学习活动,都会对学习者本身的认知结构产生一定程度的影响,尤其是对常常被认为难读、难写、难记的汉字而言,更是如此。其次,汉字在记录汉语这一功用之外,本身还是一套独特而又复杂的符号系统,这一符号系统具有自身的发展演变规律,而学习者学习汉字的过程本身就是一种形成概念并掌握概念,进而认知客观世界的过程。故而通过对汉字的识、读、写、记等活动来调查人们思维的发展变化是极为有效的方法。

实验心理学研究发现,汉字在下述方面对人们的思维能力产生着重要的影响。

首先是综合能力方面。臧克和认为:"汉字的认知特征,是结构整体性感知。就功能层次而言,汉字形体标记区别音义,是基于结构整体的规定。结构成分之间相互依存,相互规定,离开了结构整体联系,部件成分的功能则是无法实现的。"②汉字以笔画书成,笔画集中、结构紧凑,形成一个个整体,具有很强的直观性。很多时候汉字反映于人脑中的是整体性的视觉形象,尤其是对于心智并不成熟的婴幼儿和少儿来讲,汉字对于他们而言,就是由若干线段构成的可认知的图形。至于从汉字构形分析进行分解、识别,对于他们而言是很难实现的。故

---

① Nicoletti R. et al. Why are *left-right spatial codes easier to form than above-below ones*?, Perception and Psychophysics, 1988(43).
② 臧克和《结构的整体性——汉字与视知觉》,《语言文字应用》,2006(3).

而相对于分析能力而言,学习汉字有助于提升人们的综合能力。

其次是形象思维方面。毋庸置疑,学习汉字对人们的形象思维的发展具有非常重要的意义。研究表明,汉字字形学习水平的高低优劣,与学习者的字形分解组合的视觉表象操作水平具有十分密切的关系。字形学习水平优良者,其表象操作水平,即有关形象思维操作水平也相应优良。汉字本身是一套表意文字性质的体系,该体系中的大部分汉字是以形示意的。尽管今天的汉字已经离造字之初的本来面目相去甚远,且文字体系构成模式也发生了非常大的变化,抽象的程度越来越高,但是汉字本身所存留的较强的形象性,诉诸学习者的视知觉以生动可感的各种形象,并不断刺激其产生丰富的想象和联想,是故人们的形象思维便得以逐步发展。而之所以中国的古典文学及其他艺术繁荣灿烂,也与中国人善于形象思维不无关系。

最后是类比推理方面。早在先秦时代,古人就常常使用类比推理这一思维模式,比如《诗经》创作手法中的比兴,就是通过一种类比手段,将抒情与写景融合在一起,达到特殊的艺术效果。又如《论语·述而》:"不愤不启,不悱不发。举一隅不以三隅反,则不复也。"举一反三、举一知十、察己知人、察今知古,均包含了类比推理的思维模式。对于汉字而言,亦可对人们类比推理的形成产生积极的推动。由于汉字见形知义,无论是何种方式所造的字,其构形中的示意因素经过社会约定俗成,便具有了逻辑思维的功能,亦即能够依此类推一系列字形符号所体示的构意。这一点与中国人在分析问题、认识世界时往往重视经验的作用可谓一脉相通。

【研究提示】

1. 人类通过大脑进行思维,文字对大脑的运作产生的作用和影响,便成为研究文字与思维关系的一个重点。阅读下列三则资料,谈谈你对这一研究领域的认识。

    郭可教、史玉泉、孙国华《胼胝体大部切断病例言语功能的神经心理学研究》:"汉字是复脑文字。"(《中国神经精神疾病杂志》,1986 年第 2 期)

    郭可教《双重编码和复脑文字》:"汉字认知与大脑左右两半球均有关系。"(《汉字问题学术讨论会论文集》,语文出版社,1988 年版)

    刘景钊《汉字:沟通大脑左右两半球的桥梁》:"美国社会学家韦尔在对美国人口普查统计资料进行研究后得出结论认为,在与欧洲人、美国人的智商比较中,美籍华人具有智力优势。这是由于中国汉字的独特认知方式使大脑两半球共同参与信息加工过程的结果。中国人的智力优势实际上从一个侧面反映出汉字比西方写音文字的优越之处。"(《汉字文化》,1992 年第 3 期)

2. 调研儿童汉字习得和对外汉字教学的相关文献,探讨汉字习得与思维发展的关系。

【延伸阅读】

1. 艾伟《汉字之心理研究》,《教育杂志》第二十卷第四、五号,1928 年。
2. 艾伟《汉字问题》,中华书局,1949 年。
3. 曾性初、张履祥、王家柱《汉语的讯息分析——Ⅰ.文句中汉字笔画的省略与恢复》,《心理学报》,1965(4)。
4. 杨继本《根据结构特征对汉字数码检索法的研究》,《心理学报》,1979(3)。
5. 刘范、张增杰主编《儿童认知发展与教育》,人民教育出版社,1985 年。
6. 郭可教、高定国、高尚仁《书法负荷对儿童大脑的激活效应的实验研究》,《心理学报》,1993(4)。
7. 刘鸣《汉字学习心理学研究》,广州出版社,1994 年。
8. 肖少北、许尚侠《汉字学习对儿童思维发展影响的实验研究》,《心理科学》,2001(6)。
9. 姚淦铭《汉字心理学》(《汉字研究新视野丛书》),广西教育出版社,2001 年。
10. 韩玉昌、杨文兵、隋雷《图画与中、英文词识别加工的眼动研究》,《心理科学》,2003(3)。
11. 王建勤《外国学生汉字构形意识发展的模拟研究》,北京语言大学博士学位论文,2005 年。
12. 臧克和《结构的整体性——汉字与视知觉》,《语言文字应用》,2006(3)。
13. 徐彩华《汉字认知与汉字学习心理研究》,知识产权出版社,2010 年。

第三节　汉字构形所体现的思维方式

（一）意象思维

唐兰在《中国文字学》中形象地说道:"几万年前,旧石器时代的人类已经有了很好的绘画,这些画大抵是动物和人像,这是文字的先驱……在这个时候,有人画出一只老虎,任何人见了都会叫老虎。"古汉字被称作象形文字,先民根据老虎的模样画出老虎的形象,再由图像逐渐固化为形体符号,就形成了汉字的"虎",早期汉字被创造出来的这一过程,便包含了明显的意象思维。

何谓"意象"?

"意"者,意志、愿望、意思、见解之义。《说文解字·心部》曰:"意:志也。从心察言而知意也。"《周易·系辞上》言:"书不尽言,言不尽意。"

而"象"者,本初所指为"长鼻牙、三年一乳之大兽"(《说文解字》),后借为形象、现象,如《老子》:"惚兮恍兮,其中有象。"又演为征兆、迹象,如《周易·系辞上》:"一阖一辟谓之变,往来不穷谓之通,见乃谓之象。"韩康伯注:"兆见曰象。"

然本节所探讨之"象"却为"法象"之"象"和"意象"①之"象"。"法象"之"象",即《说文解字》"六书"之"象形",所谓"画成其物,随体诘诎""依类象形,故谓之文"。"意象"之"象",《说文解字·叙》中提到:"古者庖牺氏之王天下也,仰则观象于天,俯则观法于地,视鸟兽之文与地之宜,近取诸身,远取诸物,于是始作《易》八卦,以垂宪象。""《书》曰:'予欲观古人之象'。言必遵修旧文,而不穿凿。"

《周易》中载有大量关于"意"与"象"关系的语句,如《系辞上》:"圣人立象以尽意,设卦以尽情伪。"此"象"所指为把天地万物的形象加以象征符号化,亦即八卦及重卦。故周易卦象系统就是法象系统,"象莫大乎天地,变通莫大乎四时,悬象著明莫大乎明。"故魏王弼《周易略例·明象》曰:"夫象者,出意者也;言者,明象者也。""象生于意,故可寻象以观意。"清代刘熙载在讨论文字的产生时亦说:"圣人作《易》,立象以尽意。意,先天,书之本也。象,后天,书之用也。"(《艺概·书概》)意谓人们将主观之意通过客观之象来表现,汉字的意(内容)与象(形式)是有机一体的。所以,着眼于功能表现,汉字本就是一种符号意象或者意象符号。

1. 汉字创生

汉字是在汉民族的意象思维方式基础上创造出来的。汉字起源说法中的结绳记事、仓颉造字、刻符、原始图画、八卦、起一成文等,都体现出汉字产生与意象思维的关系。

---

① 文学及文艺理论中亦有"意象"一语。南朝刘勰《文心雕龙·神思》:"然后使玄解之宰,寻声律而定墨;独照之匠,窥意象而运斤。"即经过运思而构成的形象。

首先，结绳记事之说中，明显能体现出这种说法的，集中在代表"十"和"十"的倍数及相关概念的文字形体上。我们从商代金文中，十作"╏"、二十作"凵"、三十作"凷"、世作"凵"等便可看出。其次，颇具传奇色彩的仓颉造字说中，更是直接明言汉字是在意象思维的基础上产生的。《淮南子·本经训》说："苍颉作书，而天雨粟，鬼夜哭。"高诱注释："苍颉始视鸟迹之文造书契，则诈伪萌生，诈伪萌生则去本趋末，弃耕作之业而务锥刀之利，天知其将饿，故为雨粟。鬼恐为书文所劾，故夜哭也。"《说文解字·叙》亦云："黄帝之史仓颉，见鸟兽蹄迒之迹，知分理之可相别异也，初造书契。"暂不论传说如何夸张，只"视鸟迹之文造书契"一句，足以说明汉代人明晓早期汉字是在法"物象"的基础上产生的。最后，在原始图画与早期汉字之间，存在一个过渡性的图画文字阶段。图画文字通过大致描绘事物的轮廓或区别性特征，即可达到助记的目的。此外，八卦起源说中，有学者认为坎卦（☵）为"水"字形体来源，坤卦（☷）为"坤"字古文"巛"的由来。

理论和逻辑上来说，商代之前文字就已经产生。新石器时代陶器上贮存的刻划和彩绘符号，其意义虽至今尚未阐明，但与器物上的花纹并非同一，无疑是具有文字性质的符号。这类符号与族徽或图腾有密切的关系，也是意象思维的具体表现。

2. 汉字构形

"六书"中前四书为"造字"之法。其中，象形字、指事字为独体字，会意字和形声字则为合体字。独体字的表现方式有两种：象形字取象赋形，指事字取象比事。

取象赋形，即直接描摹物体的形象或区别性特征，而诉诸汉字构形，大部分象形字即为取象赋形类。试举《说文解字》所收数例。

彡：云气也。象形。凡气之属皆从气。（《气部》）

凵：人所以言食也。象形。凡口之属皆从口。（《口部》）

爪：丮也。覆手曰爪。象形。凡爪之属皆从爪。（《爪部》）

彐：手也。象形。三指者，手之列多略不过三也。凡又之属皆从又。（《又部》）

ナ：ナ手也。象形。凡ナ之属皆从ナ。（《ナ部》）

目：人眼。象形。重瞳子也。凡目之属皆从目。(《目部》)

羽：鸟长毛也。象形。凡羽之属皆从羽。(《羽部》)

隹：鸟之短尾总名也。象形。凡隹之属皆从隹。(《隹部》)

丫：羊角也。象形。凡丫之属皆从丫。读若乖。(《丫部》)

鳥：长尾禽总名也。象形。鸟之足似匕，从匕。凡鸟之属皆从鸟。(《鸟部》)

肉：截肉。象形。凡肉之属皆从肉。(《肉部》)

刀：兵也。象形。凡刀之属皆从刀。(《刀部》)

竹：冬生艸也。象形。下垂者，箁箬也。凡竹之属皆从竹。(《竹部》)

丌：下基也。荐物之丌。象形。凡丌之属皆从丌。读若箕同。(《丌部》)

皿：饭食之用器也。象形。与豆同意。凡皿之属皆从皿。读若猛。(《皿部》)

日：实也。太阳之精不亏。从口一。象形。凡日之属皆从日。(《日部》)

臼：舂也。古者掘地为臼，其后穿木石。象形。中，米也。凡臼之属皆从臼。(《臼部》)

瓜：㼌也。象形。凡瓜之属皆从瓜。(《瓜部》)

上引数例，均是用线条将事物外形加以描摹，即《说文解字》所谓"画成其物，随体诘诎"的方式。

然而有一些事物、现象、概念等并不容易通过"画成其物"的方式表现出来，转而使用比拟象征的方式，通过类推联想来表现该形体符号所指，这种表现方式则是取象比事。这一类别中，既包含了抽象概括性的数字和几何符号，也包括了一部分不易使用描摹物象的方式直接表现的实体性事物。试举数例。

二：地之数也。从偶一。凡二之属皆从二。(《二部》)

三：天地人之道也。从三数。凡三之属皆从三。(《三部》)

丄：高也。此古文上，指事也。凡丄之属皆从丄。(《丄部》)

丅：底也。指事。(《丄部》)

只：语已词也。从口，象气下引之形。凡只之属皆从只。(《只部》)

爻：交也。象《易》六爻头交也。凡爻之属皆从爻。(《爻部》)

芻：刈艸也。象包束艸之形。(《艸部》)

八：别也。象分别相背之形。凡八之属皆从八。(《八部》)

高：崇也。象台观高之形。从冂、口。与仓、舍同意。凡高之属皆从高。(《高部》)

寸：十分也。人手却一寸动脉，谓之寸口。从又从一。凡寸之属皆从寸。(《寸部》)

卜：灼剥龟也，象灸龟之形。一曰象龟兆之纵横也。凡卜之属皆从卜。(《卜部》)

幺：小也。象子初生之形。凡幺之属皆从幺。(《幺部》)

予：推予也。象相予之形。凡予之属皆从予。(《予部》)

上面所举"二""三""上""下""爻"属于一般的数目、方位等概括性符号。其余则多为实体性事物或现象的取象，如使用建筑物的样子(台观都比较高)来记录"高"字，用包束草的形象来表示刈草之"芻"字。而"寸"字则是在表示手的形体上加了一个指示符号，将单位的"寸"(寸口)用形象的"人手却一寸动脉"表现出来。

上述两类独体字虽然在表现内容上有所不同(赋形、比事)，但均以事物之"象"为出发点，在呈现方式上，自始至终也贯穿以"象"。

按照六书的划分，会意字与形声字均为合体字。"会意"者，《说文解字·叙》曰："比类合谊，以见指㧑。"有学者将其划分为形合、意合两类。形合即构成会意字的几个部件直接表现事物的形象，意合则是通过构件之间的意义关联共同表现所会之意。对于会意字，诸家分类多不相同，各类之间属字，也多有交叉，不易厘清。① 仍以《说文解字》所收会意字为例。

---

① 比如清王筠《说文释例》分会意字为15类，其中正例3类，变例12类。而在讲"亦声"时，又分出"会意字而兼声者"一类。裘锡圭在《文字学概要》中说："把由形符构成的字跟由义符构成的字放在同一类里是不合适的。""有些由两个以上意符构成的字，它们所用的意符究竟应该算形符还是义符，是两可的。""会意字数量既多，情况也很复杂……这六类并没有一个完全统一的分类标准，这样分类只是一种权宜的办法。"

祭：祭祀也。从示，以手持肉。(《示部》)

及：逮也。从又从人。(《又部》)

莫：日且冥也。从日在茻中。(《茻部》)

分：别也。从八从刀，刀以分别物也。(《八部》)

兵：械也。从廾持斤，并力之皃。(《廾部》)

竝：併也。从二立。凡竝之属皆从竝。(《竝部》)

承：奉也。受也。从手从卪从廾。(《手部》)

好：美也。从女、子。(《女部》)

引：开弓也。从弓、丨。(《弓部》)

炙：炮肉也。从肉在火上。凡炙之属皆从炙。(《炙部》)

蠱：腹中蟲也。《春秋传》曰："皿蟲为蠱。"晦淫之所生也。臬桀死之鬼亦为蠱。从蟲从皿。皿，物之用也。(《蠱部》)

男：丈夫也。从田从力。言男用力于田也。凡男之属皆从男。(《男部》)(按，甲骨文力像耒形。)

卅：三十并也。古文省。凡卅之属皆从卅。(《卅部》)

屯：难也。象艸木之初生。屯然而难。从屮贯一。一，地也。尾曲。《易》曰："屯：刚柔始交而难生。"(《屮部》)

孙：子之子曰孙。从子从系。系，续也。(《系部》)

各构件按照一定的布局，通过构件形体传达出来的意义组合成会意字，可视为形合字，如"祭"字"从示，以手持肉"。这种形合字类似于画面组合，但毕竟文字不同于图画，大部分汉字在古今形体演变中，图画色彩早已淡化模糊，然而即使如此，相关构件仍然能够通过象形因素传达出一定的意象，借由意象思维而认识和把握该会意字。与"祭"字形合的方式不同，"卅""孙"等字采用的则是意合方式。"卅"为"三十并也"，"孙"为"子系"，金文"孙"字从"幺""糸"，二者皆古文字"丝"字，有连绵不绝之意。不论意合还是形合，会意字也是借由意象思维的方式而创造出来的。

合体字中的另外一大类为形声字。

形声字的声符①是同语言的声音形式相关联的,在文字的层面上则反映了以语言、概念的形式去表达和解释客观对象的思维特征。而形声字的形符是用来标示意义类属的,即该形声字所从属的意义类别或范畴。这也可以明显反映出意象思维的影响。比如形旁从"𠂤"之字——阪、陬、隅、险、限、阻、隹、隗、阮、陊、陏、陵、隥、陋、陕、陟、陷、隰、陑、隤、隊、降、陨、隍、陁、隆、陗、陊、阮、陵、防、隄、阯……虽不一定知其读音,但却由形符"𠂤"(《说文解字·𠂤部》:"大陆,山无石者。")大致可晓,诸字当为山石、险阻等相关意义范畴所用字。从"㫃"(《说文解字·㫃部》:"旌旗之游,㫃蹇之皃。从屮曲而下,垂㫃,相出入也。")者——旎、旗、旆、旌、旂、旟、旜、旃、旒、旖、旛、旟、游、旇、旋、旄、旙、旅、族……则与旌旗之类有关。

一般认为,形声字起初都是通过在已有的文字上加注指示字义的形符或声符而产生。就汉字的情况来看,直到它已经成熟之后,这仍然是形声字产生的主要途径。唐兰在《中国文字学》中提到形声字的孳乳产生时说:"假如有一条河叫作'羊',一个部落的姓也叫作'羊',一种虫子也叫'羊',古人就造出了从水羊声的'洋',从女羊声的'姜',从虫羊声的'蛘'。吉象是羊,可以写作'祥';忧心是羊,可以写作'恙'。"即是通过增加义符的方式,明示其意义类属。

王宁在《〈说文解字〉与汉字学》中对小篆形声字亦总结道:

(1)为因同音借用而转化为音化符号的字形添加义符,产生后出本字。例如:"辟"本表示"执法"义,又一度因同音借用而表示"玉石""躲逃""打开""谕示""宠幸"等义,《说文》小篆系统里分别产生了"璧""避""闢""譬""嬖"等专字。

(2)由于意义的发展,使原字加上义符或改换义符而产生大量的分化字,小篆中非常普遍。如:"北"作"北方"义后,增加"肉"为义符,出现"背"表示背后;由"上教化下民"的"风"孳乳出"下以讽刺上"的"讽"等。

(3)当字形演变,原初造字意图有所淡化时,小篆产生了一批累加义符

---

① 徐中舒在《汉语古文字字形表·序》中指出:"形声字在甲骨文中已经出现。它的产生是由于象形字笔画简单,在长期使用中容易混淆,所以必须加声符以区别之。"可加声符区别,同理,亦可加形符别之。

的强化形声字,也称累增字。例如:"哥""謌""歌"并存,"爰""援"并存等。

综之,无论独体字还是合体字,汉字作为表意性质的文字体系,其构形体现出强烈的表意特性,内在因素即深深植根于汉民族的意象思维方式。

3. 汉字阐释

文字游戏中的"测字""字谜"等是将汉字形体加以离析、整合,通过各构件所体现的意象组合共同解析所"猜测"之字。类似地,最能体现汉字形义关系之动态结构的"字说",最能体现出意象思维的特征。

北宋王安石曾撰《字说》二十卷(王安石《进〈字说〉表》称"二十四卷")。《字说·序》:"文者,奇偶刚柔,杂比以相承。如天地之文,故谓之文。字者,始于一二,而生生至于无穷。如母之字子,故谓之字。其声之抑扬开塞,合散出入,其形之衡纵、曲直、邪正、上下、内外、左右,皆有义,皆出于自然,非人私智能为也。"

由于王安石是新法的主要操作者,《字说》既出,便成为"行政命令"颁行天下,而唐宋时代测字之风大行于世,也使得《字说》盛行于时。但随着新政被罢,此书遭禁而湮没不传。《宋史·王安石传》评价:"《字说》,多穿凿附会,其流入于佛、老,一时学者无敢不传习,主司纯用以取士,士莫得自名一说,先儒传注一切废而不用。"

宋人笔记,多有对《字说》穿凿的讥讽,试举几例。

徐健《漫笑录》载:"东坡闻荆公《字说》新成,戏曰:'以竹鞭马为"笃",以竹鞭犬,有何可"笑"?'又曰:'鸠字以"九"从鸟,亦有证据。《诗》曰:"鸤鸠在桑,其子七兮";和爹和娘,恰是九个。'"

曾敏行《独醒杂志》卷五载:"王荆公作《字说》,一日,踌躇徘徊,若有所思而不得。子妇造侍见,因请其故。公曰:'解"飞"字未得。'妇曰:'鸟爪反面升也。'公以为然。"

邵博《河南邵氏闻见录》卷二〇载:"王荆公晚喜《字说》。客曰:'霸字何以从西?'荆公以西在方隅主杀伐,累言数百不休。或曰:'霸从雨,不从西也。'荆公随辄曰:'如时雨之化耳。'其学务凿,无定论类也。"

《字说》之前,"字说"现象已然于魏晋南北朝时期盛行。北魏江式云:"皇魏承百王之季,绍五运之绪。世易风移,文字改变,篆形谬错,隶体失真。俗学鄙习,复加虚造,巧谈辩士,以意为疑,炫惑于时,难以厘改。乃曰追来为'归'[①],巧言为'辩',小兔为'䨲',神虫为'蚕'。如斯之流,皆不合孔氏古书、史籀大篆、许氏《说文》、石经三字也。"(见《北史·江式传》)北齐颜之推《颜氏家训·杂艺篇》亦云:"北朝丧乱之余,书迹鄙陋,加以专辄造字,猥拙甚于江南。乃以百念为'忧',言反为'变',不用为'罢',追来为'归',更生为'甦',先人为'老',如此非一,遍满经传。"《颜氏家训·书证篇》又载:"《春秋说》以人十四心为'德',《诗说》以二在天下为'酉',《汉书》以货泉为'白水真人',《新论》以金昆为'银',《国志》以天上有口为'吴',《晋书》以黄头小人为'恭',《宋书》以召力为'邵',《参同契》以人负告为'造'。"流俗之乱,大抵如此。

"字说"现象不顾汉字构形原理和规律,视所有汉字为会意字,并设想出种种人情物理来解释汉字形义之间的关系。多数情况下,"字说"之说并非造字本意。然而,该现象的出现,确系汉民族意象思维在文字阐释中的具体反映。而随着汉字热的不断升温,当下新的"字说"现象仍然风头不减,在语文教学、二语习得方面,遍满经传,令人担忧。于此可见,意象思维深蕴于汉民族文化体内,是体现着本民族文化特质的典型认知方式。

(二) 偶对思维

"偶对"本指诗文的对偶。《颜氏家训·文章篇》:"今世音律谐靡,章句偶对,讳避精详,贤于往昔多矣。"《旧唐书·韩愈传》:"常以为自魏、晋已还,为文者多拘偶对,而经诰之指归,迁、雄之气格,不复振起矣。"我们这里取其对称、成对之义。对称性本是自然界较普遍的现象,但该现象在传统文化中却形成了独特的风貌,比如文学艺术中的对仗、楹联等,可谓独树一帜,处处体现着中国人的偶对思维方式。

然而偶对思维的缘起及形成是怎样的?这就需要从自然和社会两个层面进行分析。

自然界中成双成对的事物和现象极为普遍。在先民的观念中,白天黑夜、日月交替、天地上下……万事万物总喜欢成双成对出现。具体到人的自身,其对称现象更为明显。眼、耳、鼻孔、牙齿、手、脚、腿、臂,就连内脏器官也多成双出现,

---

① 本段引文中出现的俗字,是由各字前面的两字拼合而来。如:𨒪(追来为"归")、䛐(巧言为"辩")等。

且呈对称状态。倘若人的身体左右不能对称(相对而言),受到引力的作用,岂非颠三倒四,无法平衡。这些物理现象和规律对先民的认知结构和思维方式产生了潜移默化的影响。

而随着生产力的不断发展,人类社会的家庭观念和两性之偶合现象对先民偶对思维的形成也起到了重要的作用。卢梭有言:"一切社会之中最古老的而又唯一自然的社会,就是家庭。……因而,我们不妨认为家庭是政治社会的原始模型。"家的观念在中华民族文化中占有举足轻重的地位。先民认为,由两性共同构筑的家庭,与自然规律暗合,家庭中的夫妻既对立又偶合,父母、舅姑、夫妇、内外、亲疏,正所谓一阴一阳是谓道。自然、社会、家庭中的偶合现象,便是中华民族偶对思维所源发和形成的根本条件。

在这种偶对思维的影响下,汉字的形体结构呈现出明显的偶对特性。

1. 汉字结体对称性

对称性是常见的视知觉的基本现象,同时也是现代科学中的基本原理之一。它同样存在于汉字结体之中。汉字形体对称包括镜像对称、中心对称和轴对称。大量汉字形体或全部或部分对称,既有严格的整字结体对称,也有局部的构件对称。

整字结体对称,包含三类:

一是镜像对称,包括构件多次重叠,例如:

上下部件对称:"吕""彐""枭""此""匘""多""哥""昌""夊"等。

左右部件对称:"从""巛""祘""祘""比""朋""林""珏""儿""臣""所""弱""兕""甿"等。

内外部件对称:"回""冋""尸""户""閆"等。

部件多次重叠:"矗""鑫""森""蟲""麤""艹""皉""叕""炎""燚""燊"等。

二是中心对称,如"㔾""互""甲""蠿""日""目""田"等。

三是轴对称,又有三小类:

上下对称:"卡""卡""巛""目""吕""彐"等;

左右对称:"非""亚""亞""甿""丱""囧""閆""冋"等;

多轴对称:"口""田""回""中""册""王""〇"等。

局部部件对称,又可分为多种。

一是上部构件,如镜像对称的"埜"、轴对称的"恶"、中心对称的"晕"等;
二是下部构件,如镜像对称的"萠"、轴对称的"靠"、中心对称的"告"等;
三是左部构件,如镜像对称的"翀"、轴对称的"版"、中心对称的"明"等;
四是右部构件,如镜像对称的"錰"、轴对称的"俥"、中心对称的"和"等;
五是内部(角落),如镜像对称的"麻"、轴对称的"卤"、中心对称的"闰"等;
六是外部(两侧),如镜像对称的"雠"、轴对称的"甝"、中心对称的"围"等;
七是多次重叠,如"孱""櫙""竂"等。

需要注意的是,大量字形可以分属镜像、中心和轴对称,如"回""口"等。

据统计,在《现代汉语通用字表》(国家语言文字工作委员会汉字处编,语文出版社1989年)中收录的7000个通用汉字中,约有612个结构对称的汉字,约占通用字总数的8.74%,而在特别常用的42个汉字中,有11个字是属于两边对称的。实验心理学表明,由于汉字字形的结构对称性,提高了形码的作用强度,更加体现出对字形的加工在汉字提取中的重要性,加速了对整字的识别过程①。正是在这种内在心理认知机制的作用下,中国人传统思维中的偶对思维特征得到不断强化。

2. 篆体对称之美

一定程度上,小篆是古文字发展到极致的结果。"书体流变"一章中谈到了篆体的三个特点:勾描填实降低,线条化增加;象形意味趋减,符号化增强;结体固定性增加。实际上,相对于甲骨文、金文而言,小篆还有一个重要的特征,即小篆形体颇重均衡对称性。甲骨文、金文线条粗细不均、长短不一,至小篆则统一为齐整相当、映衬得宜的线条。从下述几组字例中,可窥一二。

"臣"字,《说文解字·臣部》云"象屈服之形",学者或以之为竖目("𦣹")之形。遍览甲骨文、金文"臣"字形体,无论方向左右,整体构形均为顶尖底宽。甲骨文或作"𦣻""𦣽"之形,金文形体则多作"𦣾""𦣿",非但谈不上对称,就连均衡也实难做到。然而至小篆中,该字形体演变作"臣"形,上部和下部以中间横轴形成对称之貌,可看作独体对称形体。

---

① 需要注意的是,在结构对称性汉字与非对称性汉字的加工中都具有字频效应和笔画数效应。本部分相关内容参见陈传锋等《汉字的结构对称特点及其识别加工机制》,《语言教学与研究》,2003(4)。

"非"字，《说文解字》云"从飞下翅，取其相背"，徐灏注笺："从飞下翅，谓取飞字之下体而为此篆耳。钟鼎文……正合'从飞下翅'之语。"核金文形体或作"㇇""㇈"之形，陶瓦文字作"㇉""㇊"之形，先秦货币文字则多作"㇋""㇌"。不论何种载体，字形的左右两个部件均不对称，各具偏斜之态，正合于"从飞下翅，取其相背"之构形。然至小篆，形体则演变为左右完全对称的构形——非，虽改变了该字本义所取形态，然更具对称之美，在认知上亦占有一定程度的优势。

"乍"字，《说文解字·亡部》云："止也。一曰亡也。从亡从一。"又以为"作"之古文。"亡"字从人从乚，古文字形体结构"乚"内之"人"形，尚为独体左右对称，然而"乍"字在甲骨文、金文中却并非对称之形。核甲骨文形体或作"㇍""㇎"，金文形体多作"㇏""㇐""㇑"之形，形体结构无有对称者。小篆却一改甲骨文、金文之构字理据，将构件重新离析组合为"乍"形，半包围构件"乚"之内的"亼"形左右对称，美感增强。

"止"字甲骨文、金文字形均为足趾形象（简化繁复的五个脚趾形状为三趾）："㇒""㇓""㇔"。向篆体"止"过渡过程中，"止"对称性逐步增强。可以看出，"止"构件中间"丨"笔左右两部分相对的线条，实际上是相对的镜像图像（右边缩小）。

"虍"字小篆形体作"㇕"，《说文解字·虍部》释为"虎文也，象形"。该构形中，"一"笔为了与左边垂下的"丿"笔形成对称而有意拉伸。其余部分也为了形成对称，而将构形加以不同程度的变形。然在其他古文字形体中，"虍"字却并未显现出构形上的对称美，如金文作"㇖""㇗"等。

"苟"字甲骨文、金文作"㇘""㇙"之形，皆用为"敬"字。《说文解字·苟部》误作"从羊省，从包省。从口，口犹慎言也。"然而到了小篆中，"苟"字演变作"㇚"形，为形成均衡对称之美，而将"丿"笔拉长并下弯，与右边笔形构成相对映衬之貌。

"矛"字先秦古文字所见不多。金文一见作"㇛"，取象于兵器"矛"形。从"矛"之字如"敄"，金文构形多作"㇜""㇝""㇞""㇟"。其所从"矛"构件，均无对称之姿。然至小篆中，"矛"字变作"㇠"形，"矛"及"矛"构件为形成对称之美，而另增右边未有之笔，并拉伸至与左边"丿"笔对称的体态。

据初步统计,《说文解字》540部首中,构形能够形成对称的,约有五分之四,然而在向今文字过渡时,小篆结体对称变得不易书写,故而对称的构形并未有所发展。总之,小篆书体极重字形平正均衡,是汉字对称艺术的顶峰,也是偶对思维反映在汉字构形中的又一表现。然而我们也需要注意,也正是因为讲求偶对之美,《说文解字》小篆中不少字形,正是顺着这一定势滑向讹误的。

3.《说文解字》中的反形字

《说文解字》在数十个字头下标注了"从某反"或"从到(倒)某",一般将这部分字称之为反形字,亦名反文或倒文。顾名思义,反形即形体正反相对的两个字,包括上下倒立的反形(如"予"与"幻")和左右相对的反形(如"ナ"与"又")。

王作新在《汉字结构系统与传统思维方式》中曾根据《汉语古文字字形表》统计了殷商时期正反对立的反形字共207对,约占总字数的五分之一。初步统计,《说文解字》小篆中的反形字共34对,列出如下:

小篆	楷字
丄、丅	上、下
止、ㄓ	止、少
正、乏	正、乏(㐱)
彳、亍	彳、亍
𠬞、𠬜	収(廾)、𠬜(𠬞)
爪、丮	爪、丮
𠃧、𠃌	丮、𠃌
㐈、𠂇	又、ナ
予、幻	予、幻
丂、乁	丂、乁
可、叵	可、叵
㐭、𣆤	㐭、𣆤(㝆)
夂、夊	夂、夊
杲、杳	杲、杳
士、干	士、干

续表

小篆	楷字
业、帀	之、帀
邑、㠯	邑、邑
兀、丩	人、月
兀、兀	人、匕
从、从	从、比
東、貞	身、月
旡、旡	欠、旡(旡)
䭫、䭫	䭫(首)、䭫
后、司	后、司
弓、弓	卩、弓
印、归	印、归
仄、丸	仄、丸
永、辰	永、辰
ノ、乀	ノ、乀
厂、乁	厂、乁
丿、乚	丨、亅
子、㐬	子、㐬
子、㐬	子(孑)、孓(孒)
巳、㠯	巳、㠯

反形字是受到汉民族偶对思维方式的影响而出现的汉字现象。一对反形字可分作正形和反形(一般有"从某反"或"从某到(倒)"等术语),大部分情况下,二者不仅取象相背、相倒,表义方面也多为相对、相反。

"子""㐬"组中,"子"为正形,《说文解字·子部》释曰:"十一月,阳气动,万物滋,人以为偁。象形。"李阳冰曰:"子在襁褓中,足并也。"即婴儿出生后包裹于襁褓中,故而双足并起。而反形"㐬",《说文解字·厶部》释曰:"不顺忽出也。从到子。《易》曰:'突如其来如。'不孝子突出,不容于内也。"许慎之语略带谶纬及唯心色彩,但其析为象形,正与古文字相合,尤其是甲骨文"子"或作"㐬"

"𝕐",从"巛"者乃像头发之形,而"去"字,《说文解字》又贮存或体作"🙎",故而"子""去"二字构形确为互为倒立之婴儿形。与"子""去"类似,"孑(才)""孓(了)"一组取象于没有手臂的人①,《说文解字·了部》分别释为"无右臂也。从了,乚象形。""无左臂也。从了,丿象形。"

而"正""乏(亚)"组,《说文解字·正部》分别释曰:"是也。从止,一以止。""《春秋传》曰:'反正为乏。'"核甲骨文形体多作"𝐒""𝐒""𝐒"等,构形上部之圈(金文多为实心)或像国邑之形,或像城郭所从之墙围,下部取象本于人或动物之"足趾"形,然《说文解字》释义为"是也",当为后起借义。又,商周金文及战国文字资料中,"正"字有书作"亚"形者,或可说明"正""亚"本为一字。此外,唐兰认为卜辞中习见的"𝐒",当为"乏"字,因"正""乏"二字形近,后人便误释作"反正为乏"。直至清人仍敷衍二字,如段注曰:"……义在其中矣。不正则为匮乏,二字相向背也。"徐灏笺:"乏盖本为凡不正之称,后乃专以贫乏为义。"

反形字重在形反,而非义反,故而《说文解字》反形字中,一部分取义并非是相对、相反,而恰恰是相近或相关。如"爪""丮"、"収""𠬪"二组。

"爪"字,甲骨文作"𐫴"、金文作"𐫴",从"爪"之字亦多从"丮",或二形本为一字。《说文解字·爪部》分别释曰:"丮也。覆手曰爪。象形。""亦丮也。从反爪。阙。"二字均训作"丮"。而"丮"字,《说文解字·丮部》曰:"持也。象手有所丮据也。"甲骨文形体作"𐫴"、金文作"𐫴",像一人侧面蹲踞,伸出两手有所行动的样子。"𠬪"字,《说文解字·丮部》曰:"拖持也。从反丮。"这四字均为抓持义。又,秦汉之际多借"掌"为"丮",故"丮"字便被释作仰手持物之义。虽然"爪""丮"都释为"丮",但抓持的方式却不同,即手之方向相反,故二字成为反形字。而甲骨文中"𠬪"字从"丮"或从"𠬪"均有用例,故"丮""𠬪"亦一也。而徐灏认为:"反体字无与正体同义者……丮……亦丮之训,后人妄加。"显系未明反形字之性质而致误。

除此之外,《说文解字》也贮存了大量部分构件形体相反的字形。这类字原初在表意上多是相反、相对,然而《说文解字》时代,这类字的意义已经发生了变化,倘不借助甲骨文、金文等古文字资料,很难发现其中的关联。试看"出"

---

① 或以为该组字为兵器中戟之形体省变,左右方向无别,故而《左传》曾以"孑"为戟也。

"各"、"陟""降"、"即""既"三组。

"出""各"组,《说文解字·出部》:"出:进也。象草木益滋上出达也。"甲骨文、金文多作"㞢"形,亦作"𡴀"形,取象为足形在坎内向外出之形,故而有"上出"之义。"各"字,《说文解字·口部》曰:"异辞也。从口、夂。夂者,有行而止之,不相听也。"核甲骨文多作"𠳄"或"𠁁"形,虽各家观点并未统一,但大都倾向于"各"取象为"足形"到来、来至之义,故"各"字后来又引申为"停止不前"。典籍"各"字通"格",每每训"格"为至为拒。由此,"出""各"二字构形取象正相对,与反形字性质相同。

"陟""降"组,《说文解字·𨸏部》:"陟:登也。从𨸏从步。"甲骨文或作"𨺰""𨺰",方向左右不定,"𨸏"为山之无石者,"步"象人足由下上升之形,甲骨文或从"步",左右不分,但示上升之义。而"降"字,《说文解字·𨸏部》云:"下也。从𨸏夅声。"甲骨文或作"𨽴""𨽴",取象于两足自山上而下,故有降义①。是"步""夅"二构件取象及示义相对相反。

"即""既"组,《说文解字·皀部》曰:"即:即食也。从皀卪声。"卪(卩)即人字。甲骨文、金文或作"𠊱""𠊱"之形,象人就食之形,引申为止就之义。而"既"字,甲骨文、金文形体多作"𣪘""𣪘"等,其取象似人食用完毕,顾左右而将要离去,由此而引申为尽。然《说文解字·皀部》曰:"既:小食也。从皀旡声。《论语》曰:'不使胜食既。'"许慎误训为"小食",形义不协。二字取象、取义均相反。

显然,甲骨文、金文中的文字构形,每每正反、左右、上下无别,但由于许慎未见到甲骨文及部分金文资料,致使《说文解字》所析之反形字,确有讹误存在。

从所举三类文字现象可以看出,平衡对称贯穿了汉字发展的始终,汉字的结体特征确实反映出华夏民族的偶对思维方式。而这一思维方式,又是与整体(性)思维、辩证思维密不可分的。

(三)往复循环

生老病故、离合聚散,人类社会恒久不变。尤其是自身的生灭,对于古代人

---

① 或以"降"为"夅"之后起增加形符字。

而言,是十分不愿意面对的事情。然而自然界中,日升月落、寒往暑来,尤其是植物的枯荣交替、花谢花开,对人类生死观、宇宙观的影响颇为深远。于是对肉体幻灭后的灵魂永生以及生死轮回的内心期盼,自然而然反映在思想中便形成了终而复始的循环观念。

往复循环,又称循环观、圜道观,即往而复来、循环不息之义。它既是一种思维方式,又是传统思想观念的重要组成部分。

《周易》认为一切事物皆始于"复",《易传》明言这是宇宙之秘密。《序卦传》便运用"复"的概念,解释了六十四卦的顺序安排。"复"在《周易》中位于"剥"卦之后。"剥"卦的前五爻皆阴爻,最上为阳爻,《象辞》曰:"剥:剥也,柔变刚也。'不利有攸往',小人长也。顺而止之,观象也。君子尚消息盈虚,天行也。"阴气上升,直到最后阳爻将尽,故而"剥"卦之后紧接着为"复"卦。《象辞》对复卦卦辞的解释为:"复亨,刚反,动而以顺行,是以出入无疾,朋来无咎。反复其道,七日来复,天行也。利有攸往,刚长也。复,其见天地之心乎。"由"剥"至"复",这是阴阳此消彼长、消长盈虚的过程。故而《序卦传》:"物不可以终尽,剥穷上反下,故受之以复。""反复其道,七日来复,天行也。"于此可见,周期性的循环往复正是天地运行法则。诸如"风水轮流转""三十年河东、三十年河西""皇帝轮流做""富不过三代""生死轮回""物极必反"等熟语、成语,均反映出往复循环在中国人传统思维中的重要地位。而汉字的构形、取义及整理等方面也受到了这一观念的影响。

1. 汉字构形及取义方面,以"八""分""合""会"等字为例

中国人观念中,"八"是极为吉祥的数字,而"分"字则正与之相反。但实际上,"八""分""合"诸字本身就带有正反相对的两种含义,从这正反兼具的含义中,也可以看出古人的往复循环思维。

《说文解字·八部》:"八:别也。象分别相背之形。""分:别也。从八从刀,刀以分别物也。""八""分"二字同训"别"。《说文解字》又于"平""檾""介"等字下注明"八,分也",而古无轻唇音,"八""分"音当相同,故而可证"八"字本义即为分①,取象为分别相背之形,殷商时期已然借用为数目之字,后加"刀"符乃成"分"字。所以,从"八"及从"分"之字,多具有"分""别""背离"之义。如

---

① 段玉裁《说文解字注》:"今江浙俗语以物与人谓之八,与人则分别矣。"

"半"字,《说文解字·半部》曰:"物中分也。从八从牛。牛为物大,可以分也。"即把物一分为二,以表"半"之意。又如"公"字,《说文解字·八部》曰:"平分也。从八从厶。八,犹背也。韩非曰:'背厶为公'。"即取其背离之义。从"分"之字,则多有分散之义。如"贫"字,《说文解字·贝部》曰:"财分少也。从贝从分,分亦声。"又如"芬"字,《说文解字·屮部》曰:"艸初生其香分布。从屮从分,分亦声。"

然而由于往复循环、对立转化思维的影响,任何事物既可以由整体转化为部分,又可以由部分转化为整体,故而"八""分"自然便带有了"全部""完整"之义①。二者所成字词最能说明这一点。如"八方""八面"意指全部方位、方面,"八音"是所有音乐,而"八卦"则是八个最基本的卦象,不一而足。而"分"所成字或含有聚合义。如"扮"字,《说文解字·手部》云:"握也。从手分声。"《战国策·魏策二》:"又身自丑于秦,扮之请焚天下之秦符者,臣也。"鲍彪注:"扮:并也,握也。言合诸国。"

而具有"合"义的字则本身也蕴含着对立的"分"的因素,并藉之相互转化。以"合""会"为例。

"合"字从"亼",《说文解字·亼部》云:"亼:三合也。从人一。象三合之形。"(后人多赞同许氏以为象形,但"从人一"之构形分析则多持有异议。)或以"合"字所从之"口"仅是区别符号,不表音也不表意。或以"口"与其上之"亼"像器与盖相合之形。但不论取象为何,"合"字所表示的整体、聚合、结合等意义则是肯定的。"会(會)"字,《说文解字·會部》释云:"合也。从亼从曾省;曾,益也。""合""会"等本身虽意指结合,但若从结合的对立双方而言,则又寄寓和隐含了"分"的因素。古人新婚交杯之酒称作"合卺",《礼记·昏义》:"合卺而酳(古祭礼),所以合体,同尊卑、以亲之也。"孔颖达疏曰:"以一瓠分为两瓢谓之卺,壻之与妇各执一片以酳,故云'合卺而酳'。"而《说文解字》段注云:"《礼经》器之盖曰会,为其上下相合也。"

"分久必合,合久必分",这是古人根据社会历史进程总结出来的发展规律。

---

① 有学者研究认为,之所以"八"字会成为一个具有整体性意义的数字,是与人类早期的计数习俗有关。先民计数最自然的方式首推使用手指,然而人的十个手指中,两个拇指与另外八个手指的位置和形状并不相同,于是自然而言演化出古代所使用的十六进制重量单位,成语"半斤八两"即由此而来。

对于汉字而言,则可以称之为分中有合、合中有分。中国人传统的整体思维、辩证思维和往复循环观念,对汉字的构形取义产生了重要的影响。

2. 汉字整理方面,以《说文解字》部首及属字编排为例

汉字的意义通常系于汉字部首,部首提纲举目,于字书编纂尤为重要。何以《说文解字》将九千多字归于五百四十部①中?或许从《周易》卦爻中可以得到答案。六为《周易》阴数之极,九则为阳数之极,六九相乘得到五十四,再乘以十(十为全数),正得五百四十,于是在这种阴阳谐和、往复循环的观念作用下,便最终衍成《说文解字》五百四十部首。而在具体排列这些部首时,《说文解字·叙》明确指出:"其建首也,立一为端……毕终于亥,知化穷冥。"其中,"一"部前文有述,此处仅对"亥"略作解析。

《说文解字·亥部》:"亥:荄也。十月,微阳起,接盛阴。从二,二,古文上字。一人男,一人女也。从乙,象裹子咳咳之形。《春秋传》曰:'亥有二首六身。'𠤳,古文。亥为豕,与豕同。亥而生子,复从一起。"之所以"始一终亥",乃因"一"为万物之始,"亥"则于十二地支中位于最后。而最后一句"亥而生子,复从一起",即是许慎部首编排思想的根本所在,也就是徐锴所说的:"天道终则复始,故亥生子、子生丑,复始于一也。'《易》穷则变,变则通,通则久'之义也。""亥"字以时节而言,乃岁末之时复接于新春,而取象于"人"者,则由于"怀子"亦预示新生的来临。许慎之解,今天来看,支离破碎,上文云"一人男,一人女",下复言"亥为豕",实属风马牛之说。而认为上从二人,乙象怀子形,也属望文生义。后人遂以亥即豕者②,亦徒具形近而已。总之,"亥"字初义并未之解,当作阙如。虽则如此,但许慎之训实代表了彼时的思想观念,确受到往复循环观念的巨大影响。

本节所谈到的意象、偶对及往复循环的思维,只是中国人传统思维方式中的三个方面。囿于篇幅,本书仅举例性地加以简要介绍。然而,"汉字与思维"(包括前述"汉字与思想"在内)始终是汉字文化研究中的重要课题之一,并不限于本书所列,值得继续深入探究。

---

① 按照今天的字书编纂原则,有为数不少的部首设置并不合理。如独体字在重叠或合成合体字后,又进入了部首之列。一些合体字部首,属字非常少,完全可以合并入该合体字部首的某一构件所充当的部首中。
② 总体而言,甲骨文中的"豕"与"亥"区别比较明显。"豕"字多有腹部的形态,而"亥"字则无。而用十二种动物与十二地支相配,最早见于秦简记载。

【研究提示】

1. 教材所举字例之外,请再各举两例汉字构形所体现的意象、偶对及往复循环的思维方式。
2. 本节所述汉字所体现的意象、偶对及往复循环的思维,仅是汉字与中国传统思维方式关系的冰山一角。请从汉字构形学的角度,举例谈谈汉字与中国传统思维方式中其他方面的关系。

【延伸阅读】

1. 〔苏〕谢苗诺夫《婚姻和家庭的起源》,蔡俊生译,中国社会科学出版社,1983年。
2. 〔美〕鲁道夫·阿恩海姆《视觉思维》,滕守尧译,光明日报出版社,1987年。
3. 〔法〕列维·布留尔《原始思维》,丁由译,商务印书馆,1981年。
4. 〔德〕格罗塞《艺术的起源》,蔡慕晖译,商务印书馆,1987年。
5. 〔法〕列维-斯特劳斯《野性的思维》,李幼蒸译,商务印书馆,1987年。
6. 〔德〕恩斯特·卡西尔《神话思维》,黄龙保、周振选译,中国社会科学出版社,1992年。
7. 臧克和《汉语文字与审美心理》,学林出版社,1990年。
8. 游汝杰《中国文化语言学引论》,高等教育出版社,1993年。
9. 臧克和《汉字取象论》,圣环图书有限公司,1995年。
10. 李玲璞、臧克和、刘志基《古汉字与中国文化源》,贵州人民出版社,1997年。
11. 王作新《汉字结构系统与传统思维方式》,武汉出版社,1999年。
12. 葛兆光《古代中国文化讲义》,复旦大学出版社,2006年。

第七章
汉字的传播

由于古代中国的经济、科技、文化较为繁荣,多数王朝施行较为开明的对外政策,于是对周边国家和地区产生了强大的吸引力。史书明确记载自战国时期开始,朝鲜地区就已经多次派人来到中国,而到了汉代,日、朝、越等地与汉朝的贸易与文化交流便已逐步频繁起来。而故地今属中国版图内的民族,更是深受中原文明的影响而创制了体式各异的民族文字,如契丹文字、女真文字、西夏文、方块壮字等。

第一节 概况

(一) 传播路径及发展阶段

整体来看,汉字向汉族以外地域传播可归纳为四条主要路线:

(1) 向南,传至广西的壮族和越南的京族;

(2) 向西南,传至川、贵、滇等地的众少数民族;

(3) 向北,传至契丹、西夏和女真;

(4) 向东,传至朝鲜半岛和日本(琉球群岛)。

汉字输入这些国家和地区后,出现了不同的发展轨迹。以日本和越南为例,汉字传入之后,经过一段时间的消化和吸收,均成为正式的官方用字,且均持续了较长的一段历史时期。然而古代日本在使用汉字的同时,一直致力于使用汉字来表达日本语,所以,日本文字体系中的汉字虽然最初形音义均借自汉语文字,但最终却将读音抛弃,实现了用汉字表达日本语的转变。与之不同,古代越南地区对于汉字的使用自始至终均是形音义的全面借用,也就是汉语和汉字始终未曾分离过。加上拘泥于汉字的读音,以及不发达的训读,汉字在越南一直未能从表达汉语发展为表达越南语。

根据这些情况,大致可将数千年的汉字传播历程分作四个发展阶段:

(1) 首先是学习汉字、照搬汉字的阶段,通过传播儒家经典文献,教授本地民族学习汉语汉字;

(2) 其次是在掌握汉语汉字之后,开始借用汉字记录本族语言的阶段,比如日本接受汉字时形成的"音读"和"训读";

(3) 再次是根据汉字造字原理,仿制本族专用文字阶段,最明显的就是越南的"喃字";

(4) 最后是利用汉字形体结构,突破汉字表意特征,创制拼音文字的阶段,比如谚文和假名等。

当然,并不是所有受到汉字影响的地区都经历了上述四个阶段。

(二) 汉字型文字的种类

周有光在《汉字型文字的综合观察》一文中指出:

> 汉字型文字除通用的汉语汉字之外,有19种语言的30种文字。它们可以按语言系属分为:1.汉藏语系:a.汉语(文字2种);b.藏缅语族(语言6种,文字10种);c.苗瑶语族(语言2种,文字4种);d.壮侗语族(语言5种,文字5种)。2.阿尔泰语系:契丹语(文字2种);女真语;朝鲜语(文字2种)。3.语系未定:越南语;日本语(文字3种)。又可以按文字来源分为:1.孳乳仿造;2.变异仿造;3.汉字型字母;4.异源同型(彝文、纳西文)。

孳乳仿造的汉字型文字主要包括越南的喃字、广西壮族的方块壮字、湘西苗族的苗文(板塘苗文、老寨苗文、古丈苗文)、瑶族的瑶字、布依族的布依字、侗族的侗字、白族的方块白文、哈尼族的哈尼方块字、仡佬族的仡佬字、彝族阿细字。

变异仿造的汉字型文字主要有契丹族的契丹大字、党项羌人的西夏文、女真族的女真文字、水族的水书。

汉字型字母文字主要有日语中的假名、朝鲜半岛的谚文、瑶族的江永女书、傈僳族的傈僳音节字、契丹族的契丹小字、汉语注音字母。

示例列表如下：

类型	地区民族	名称	例字 形体	例字 发音	例字 对应汉字或汉语	例字 形体	例字 发音	例字 对应汉字或汉语
孳乳仿造	越南	喃字	盃	trời	天	唵	ǎn	吃
	壮族	方块壮字	盃	gwnz	上	岜	bya	山
	苗族	苗文 板塘苗文	㺳	mba	猪	䑣	nhang	听
		苗文 老寨苗文	犰	mba	猪	耶	nhang	听
		苗文 古丈苗文	豝	mba	猪	比岗	bi-ngeu	山
	瑶族	方块瑶文	爹	bdyi	母	畬	nyai	羞
	布依族	布依字	鎟	yaang	马刀	嘵	nau	说
	侗族	侗字	消	xao	你们	鸟	nao	住
	白族	方块白文	丘	xω	里；中	㘃	tou nɔ 大理音 tõ nc 剑川音	上面
	哈尼族	哈尼方块字	唑	zo	双	月	baolhao	月亮
	仡佬族	仡佬字	乖	ni	偏	跥	tʰa	处所
	彝族	彝族阿细字	㘅	a-mu	母亲	丹	hlo-bbo	月亮
变异仿造	契丹族	契丹大字	买		大	禺		马
	党项族	西夏文	𢧐		手	兀		半
	女真族	女真文字	非		年	佉		勒
	水族	水书			鸡	半		戊

续表

类型	地区民族	名称	例字			例字		
			形体	发音	对应汉字或汉语	形体	发音	对应汉字或汉语
汉字型字母	日本	假名	ア	a		メ	me	目
	朝韩	谚文	돌	dol	石头	산	san(平音)	山
	契丹族	契丹小字	奕	-a-	山	쏘	-n	观
	瑶族	江永女书	毛		缘	千		千
	傈僳族	傈僳音节字	雨	mot	老	血	svt	血
	汉语	注音字母	ㄅ	b		ㄞ	ai	

(三) 汉字文化圈

谈到汉字的传播,就不可避免要涉及汉字文化圈这一概念。

从地域上来看,古代东亚的日本、朝鲜半岛及东南亚的越南等地,主要为农耕民族,在语言上多使用"汉文"作为书面语、文字上全部或部分使用汉字(迟至今日,朝鲜语、越南语和日本语词汇中的60%以上都是由古汉语派生出的汉字词组成的),并深受儒家思想及佛教的影响,故而中、日、朝鲜半岛、越南被合称为"汉字文化圈"。汉字文化圈从地理角度可以称为东亚文化圈,从文化角度可称为儒家(儒教)文化圈,也曾被称为汉文化圈。同属这一文化圈的国家,其历法、民俗、思想、文字、文学、艺术等方面,在很长一段时期内都有着极为相像的特征。

比如在书法方面,上述汉字文化圈内的几个国家和中国境内具有本民族文字的地区,都在历史上产生过比较辉煌的书法艺术。以日韩为例,书法在日韩两国分别被称作"书道""书艺"。两个国家均有很长一段使用汉字的历史,后来日本发明"假名"、韩国创制"谚文"(二者均属表音文字),然而由于汉字文化的影响,今天的日文和韩文中,不仅可以将汉字作为书法创作的材料,而且也可以将本民族新创字母用于书法创作,艺术性亦不输中国书法。

(四) 汉字统一

由于中国大陆现行的简化汉字破坏了形旁、声旁的完整结构,繁简体也没有一一对应(参《现代汉语通用字表》《简化字总表》《第一批异体字整理表》),而在台湾则通行着一套与大陆不同的汉字标准(参1994年台湾《"国字"标准字体宋体母稿》),加之日韩也均有各自的汉字规范标准,汉字文化圈内的现代汉字应用(尤其是印刷用字形)一直存在这样那样的问题。

例如"真"字,大陆和台湾简繁体正字均作"真",而韩国汉字则书作"眞",直承《说文》构字理据。又如日本并未进行大规模汉字简化,大陆简化字中的部分形体在日文中却另作他字,如"机"字在日本为"桌子",而在大陆现行汉字中却是"機"的简化字。例多不赘。

随着东亚各国经济的飞速发展,汉字文化圈内一度出现了使用统一标准汉字的热潮。即使曾经废除过或施行去汉字化政策的国家,也逐步意识到汉字的重要性。1994年,时任韩国总统的金泳三就曾向日本首相细川护熙表示,统一在中国、韩国和日本所用的汉字的字形和字义,将有助于中国、韩国和日本三国电脑交易和电信往来。实际上,在此之前,信息技术领域中"统一汉字"的提法就已出现。

"统一汉字",全称"中日韩越统一表意文字"(CJKV Unified Ideographs),亦即将中国繁简体汉字、日本汉字、韩国汉字、越南喃字及儒字、方块壮字中,起源、本义和字形相同或稍异(如"真""眞"之类)的表意文字,赋予其在 ISO 10646 及 Unicode 标准中相同编码。

这项工作可上溯至 1978 年由日本制定的最早的汉字编码 JIS C 6226(基于 ISO 2022)。之后,中韩也制定了各自的规范。然而,这些汉字规范各不相同,无法统一行用。

1984 年,ISO 的文字编码委员会(ISO/TC 97/SC2)成立了工作小组(ISO/TC 97/SC 2/ WG 2),决议制订出一套统一处理世界文字的编码规格(ISO 10646),并于 1990 年完成了初版草案(DIS 10646)。但该方案并不利于统一处理汉字,故而在 1991 年遭到中日韩的反对。此前的 1987 年,施乐(Xerox)的 Joe Becker 和苹果(Apple)的 Lee Collins 等人开发了统合处理全世界所有文字的统一码。在此基础上,1991 年中日韩联合研究小组成立,年底完成了"统一字汇及排序"(Unified Repertoire and Ordering)(URO)。1993 年 5 月,正式制定了最初的中日韩统一表意文字(CJK Unified Ideographs)(即后来的基本区),共 20902 字,位于 U+4E00-U+9FFF 这一编码区域(其中还留有部分未用的编码位置)。一个月后,制定了统一码 1.1 版本(Unicode1.1)。截至 2019 年,中日韩越统一表意文字基本区(包括基本区补充)及各扩展区的总字数已达 87875 个。

可以看出,所谓的"统一汉字",也就是指在世界范围内的汉字标准化的问题。不过,这一工作困难重重。例如,对于同一字在不同国家和地区的习惯字形①,虽然有字源分离原则(同源异体分别编码)在先,但却不可避免地背离了"只对字,而不对字形"的编码原则(异源异体统一编码)。

当然,无论繁体字、简化字,还是汉字文化圈诸种汉字形体,均是汉字系统的有机组成部分,倘从这一角度出发,则又无所谓统一与否。尤其是在进行学术研究、古籍整理等方面,更需要保留各种字形差异。

总之,现代汉字印刷用字形的统一虽然困难重重,但却势在必行。统一过程中,一定既要遵循汉字发展规律和结构规律,又要兼顾中日韩越等国家和地区的约定俗成。

（五）去汉字化

历史上,汉字文化圈内的国家和地区,或多或少都受到了汉语汉字的帮助和影响。然而在不同的历史时段,因为各种政治因素的影响,许多国家和地区都曾出现过废除汉字或限制汉字使用的运动。例如:19世纪后期,日本在全面西化及民族主义浪潮(尤其是"国字改良"运动)中,大批知识分子提出要废止汉字使用;19世纪末20世纪初,朝鲜半岛则因朝鲜王朝统治的瓦解而将汉字从官方文字的位置上撤了下来;而在20世纪初的越南,法国殖民当局开始实施逐步废除汉语汉字的政策。类似的运动时有发生,甚至会变成暴动、暴乱的导火索。

然而,过去的数十年中,东南亚国家出现的问题尤其值得深入思考。

在海峡两岸暨香港、澳门之外,新加坡、马来西亚、印度尼西亚都拥有各自的华文教育系统,尤其是马来西亚是唯一一个拥有完整华文教育体系的国家。华语和华文教育在这三个国家从来也不是单纯的教育或经济等方面的问题。由于华人面临着国家认同和母族文化延续的双重冲击,所以华语及华文教育更多的是关乎未来民族标志、民族生存和民族利益的问题,以及政治层面的民族诉求。当然,这一问题也存在于其他民族母语的教育中。

相对而言,由于较早开始华文教学,以及受到语言政策的制裁和阻碍相对小些,新加坡、马来西亚的华文教育略好于印度尼西亚。印尼的华文教育被压制、中断了近30年,整整两代华人失去了与华语及中华文明的联系,故而印尼华文

---

① "统一汉字"设计Unicode编码时,原本需要给同一个字,但在各国或不同地区存在形体微异的情形,分配同一个编码,但是为了与已有字符集兼容,有些原本字符集中已分别编码的字(如内地和香港的"户"字,在台湾地区作"戶",在日本则作"戸"),也便只好再分开编码了。

的复兴之路倍显艰难。

面对类似新加坡、马来西亚、印度尼西亚的语言问题,华人社会必须要明确一些基本原则。首先,要理解和尊重不同国家、地区、民族的语言实际,以及基于现实之上的合宜的语言政策。其次,在相互尊重和理解的基础上,团结一切可能团结的力量,尤其是以华语和汉字为纽带,寻求各种渠道和途径的支持与帮助。

东南亚的华语及华文教育堪称一部可歌可泣的中华民族的奋斗史,这一艰苦卓绝的抗争远未结束,需要每一个中华儿女坚定信念并为之付出不懈的努力。

时移世易,随着中国经济和科技实力的提升,随着各国文字政策趋于理性,随着去汉字化重重弊端的不断显现,汉字在国际交流中的地位和作用日渐重要,不仅汉字文化圈内的国家和地区汉字热潮持续升温,甚至欧美国家也广受影响。

【研究提示】

1. 汉字产生之日起,就与政治产生了密不可分的关系,尤其是中国古代,中国王朝的权威和核心地位,无形中使得汉字在东亚世界成为一种具有优越性的通行文字。然而近代以来,汉字在域外的传播和发展遭受到前所未有的挑战。搜集整理各国去汉字化以及重燃汉字热的具体历史事件,从其背景和影响中,深刻领会汉字生存之艰、华人生存之艰。

2. 2004年9月20日,伴随着能认识、阅读、歌唱、创作女书作品的最后一位自然传人——阳焕宜老人的去世,女书这一独特罕见的文化遗存正式自然消亡。其他少数民族古文字也正面临着如何延续的问题。搜集相关文献,探讨类似女书等文化消亡的原因。为了避免更多文化的消亡,我们该有何具体行动?

【延伸阅读】

1. 史金波《中国少数民族古文字概说》,《民族研究》,1984(5)。
2. 宫哲兵主编《妇女文字和瑶族千家峒》,中国展望出版社,1986年。
3. 周一良主编《中外文化交流史》,河南人民出版社,1987年。
4. 周有光《汉字型文字的综合观察》,《中国社会科学》,1998(2)。
5. 周有光《中国和汉字文化圈——汉字文化圈的文化演变之一》,《群言》,2000(1)。
6. 中国社会科学院民族研究所"少数民族语言政策比较研究"课题组、国家语言文字工作委员会政策法规室编《国家、民族与语言——语言政策国别研究》,语文出版社,2003年。

第二节 汉字对境内民族文字的影响

1925年7月,王国维在清华暑期补习学校做了一次《最近二三十年间中国新发见之学问》①的讲演。讲演指出:"古来新学问起,大都由于新发见。""自汉以来,中国学问上最大之发现有三:一为孔子壁中书,二为汲冢书,三则今之殷虚甲骨文字、敦煌塞上及西域各处之汉晋木简、敦煌千佛洞之六朝及唐人写本书卷、内阁大库之元明以来书籍档册。此四者之一已足当孔壁、汲冢所出,而各地零星发见之金石书籍,于学术有大关系者,尚不与焉。"上述"四者"外,王国维还提到了"中国境内之古外族遗文",后来学者便将殷墟甲骨、西域简牍、敦煌卷子、大内档案,以及"中国境内之古外族遗文",并称19世纪和20世纪之交,中国"五大发现"。"中国境内之古外族遗文"主要是指丝绸之路中国段的古文字,大致与本节"境内民族文字"相当。

据统计,汉字之外,中国少数民族古文字有二十余种。其中,彝文、纳西东巴文、哥巴文、尔苏沙巴文等为民族独创文字。另有一部分文字是受腓尼基字母系统影响而创制的。如焉耆-龟兹文、于阗文、藏文、傣文(后二者参照印度梵文)、八思巴字(仿藏文)等直接或间接受到了婆罗米文字的影响,佉卢文、粟特文、突厥文、回鹘文(仿粟特文字母)、老蒙文(仿回鹘文)、满文(仿蒙文,包括无圈点和有圈点)则直接或间接受到了阿拉美文的影响,察合台文(后演化为维吾尔文、哈萨克文、柯尔克孜文)则受到了阿拉伯文字的影响。还有一部分文字则是受到了古代汉字的影响而创制的,如白文、方块壮字、契丹大小字、西夏文、女真文字等。②

(一) 契丹文字

契丹族产生的历史,始于公元389年,《魏书》《隋书》等均有记载。契丹族源出东胡,为冒顿单于击败,分为乌桓和鲜卑两支。契丹就是鲜卑被慕容燕击破

---

① 1922年2月,王国维化名抗父在《东方杂志》19卷3期上发表了《最近二十年间中国旧学之进步》一文,内容关联度高,可参看。
② 1956年开始,新中国政府陆续为壮、布依、侗、黎、苗(3种)、哈尼(2种)、傈僳、纳西、载瓦、佤、彝这11个民族创制了14种拉丁字母形式的拼音文字。壮文于1957年12月10日成为正式文字,其余13种为试行文字。

后分出的一部。公元916年,耶律阿保机建立了"契丹"国,后改国号"大辽"。

据分析,契丹语应当属于阿尔泰语系。宋代洪迈《夷坚志》丙志卷一八"契丹诵诗"一则云:"契丹小儿初读书,先以俗语颠倒其文句而习之,至有一字用两三字者。顷奉使金国时,接伴副使秘书少监王补每为予言以为笑。如'鸟宿池边树,僧敲月下门'两句,其读时则曰:'月明里和尚门子打,水底里树上老鸦坐',大率如此。补,锦州人,亦一契丹也。"由于契丹语词汇为多音节,语序也与汉语不同,故而契丹语不宜现成地借用汉字,加之出于政治方面的考虑,只好另造新字。

史载,辽太祖耶律阿保机创制了契丹大、小字。《辽史·太祖纪下》:"(神册)五年春正月乙丑,始制契丹大字。……九月……壬寅,大字成,诏颁行之。"几年后又发明了一种被称作"小字"的新的文字体系。根据出土文物得知,契丹大、小字的字形,均是借用汉字楷书或行、草书的偏旁拼合而成。

宋王溥《五代会要·契丹》:"汉人陷蕃者以隶书之半,就加增减,撰为胡书。"这里的隶书概念应该是大致等同于"今文字"(有学者认为是当世俗体)概念的说法,而"隶书之半",则是指合体字之半。

契丹大字在借用汉字时,使用了音读和训读两种方式。从构形来看,可分为四种情形:一是完全借用,如"皇帝""太后"等;二是增笔,如"大"字作"灭"等;三是减笔,如"马"字作"马"等;四是变笔,如"曰"字作"口"等。契丹大字往往一形多词(同音)、多字一词(多音节),但基本上偏于表意文字的性质(少量为表音字)。

虽然史籍明言契丹大字有三千个,然而实物资料统计仅不足两千字。早期契丹大字碑刻文献,汉字借字较多,后出者渐次减少。契丹大字资料中较为重要的一类是石刻文献,至今尚不足20件,最早的是辽祖陵纪功碑残石,纪功碑立于天显二年(927)。

契丹小字是一种表音文字,数量不多,较有规律。契丹小字借鉴了汉语音韵中的反切,并利用了汉字笔画构件,是一种介于音节文字和音素文字之间的拼音文字。当然,契丹小字在创制中也借用了大量汉字的形体(但这些形体在契丹文和汉字中的音义并不相同),并很有可能也受到了回鹘文拼音文字性质的影响[1]。

---

[1] 《辽史》卷六四:"回鹘使至,无能通其语者,太后谓太祖曰:'迭剌聪敏可使。'遣迓之。相从二旬,能习其言与书,因制契丹小字,数少而该贯。""迭剌"即辽太祖之弟耶律迭剌。关于契丹小字与回鹘文字的关系,众说纷纭。

契丹小字的字母被称作原字(现代语言学家称不能再分割的最小读写单位叫原字),由原字根据词的读音拼合成字(词)。据统计,契丹小字约有 350 个原字。同一个原字因为所处位置不同,则有可能或表音素,或表音节。原字组合后的语音并不是各原字代表语音的简单相加。契丹小字和一般拼音文字的字母以线式排列完全不同,而是以块式堆叠,其空间组合方式多种多样,可以看出明显受到汉字构形方式的影响。种类如下表所示。

组合方式	□	□□	□□	□□□	□□□	□□□□	□□□□	□□□□	□□□□□
例字	关	久平	尢夾	曲公伏	又关用	亞化中	小立方列	立夾伏	西伏存丹	处火业为出	又只业业本

契丹小字较大字容易掌握,实物资料亦相对较多,如兴宗、仁懿、道宗、宣懿哀册文等,但也仅有 30 余件刻石。

契丹大、小字之别并不在于字形大小,而是在于时间先后和拼音程度的强弱。从形体来看,契丹大字笔画数较小字的原字多①,且不易拆散,一个单字构成一个符号,而契丹小字的原字多由几个符号构成,易于拆散,尤其是从庆陵出土的小字往往同字有各种不同的字尾变化,与回鹘文接近。目前存世女真文字与契丹大字如出一辙,但与契丹小字相去甚远,亦可通过女真文字来辨别契丹大、小字。

辽国实行汉字、契丹文字双字制,以汉字为尊,今所见书有契丹文字的文物上,常常附以汉字,是为"合璧"。"合璧"资料的意义就在于,在埋没了上千年的契丹字没有任何译语字书可以提供解读的情况下,它成为首要的线索。

终辽一朝,契丹大、小字、汉字并行于当世。契丹大字过于粗陋,但书写方便,契丹小字组织精审,但构形繁复,故而并行不废。但契丹文字的使用人群比较窄,普通百姓并不能掌握它,就连统治阶层也视之为非常高深的学问。《辽

---

① 据统计,契丹小字原字的笔画数以六画居多,八、九、十画的字形极少,而契丹大字笔画最多者达十五画,以八画为多。

史》《契丹国志》等书记载,契丹文字主要用于刻纪功碑、符牌、著诸部乡里之名、译书以及祭祀符祝等。然而辽国史籍文物等绝大多数为汉字书写而鲜见契丹文字,其原因大致有三点:一是辽国人口中汉族及其他民族占有近十分之九的比重;二是契丹民族一直以先进的中原文明为尊;三是连年征战与书禁制度等。

  契丹字的使用也仿照唐宋,如避讳制度。宋朝佛经不讳,辽国佛经除零单佛经、杂书、石刻需避讳外,亦大都不需避讳。辽国文字规范工作相对较为薄弱,辽代写本、刊本中的错讹现象颇为常见,辽释行均编撰的《龙龛手镜》就收录了大量其他文献罕用的俗体、讹体。

  辽国灭亡后,契丹文字继续在金和西辽沿用。金章宗明昌二年(1191)十二月"诏罢契丹字"。西辽亡后,契丹文字最终亡佚。契丹字大致行用390年。契丹文字对中国北方少数民族,如女真、西夏、蒙古等民族文字的创制,产生了深远影响。

  由于资料较少,契丹文字研究中,字义研究略有成效,字音及语法方面,难有突破。以契丹大字为例,整个20世纪,上千的大字仅有百余字为学界探讨过,而这百余字中大都无法在形、音、义方面得到全部确切的结论,足见契丹文字研究难度之大。

契丹小字铜镜两方(拓片)。右边一方(1140年至1189年间所刻)铭文的大意为:"时不再来,命数由天,逝矣年华,红颜白发,脱超网尘,天相吉人。"

(二) 西夏文

  党项族发源于今青海省东南部黄河一带。《隋书·党项传》:"每姓别为部落,大者五千余骑,小者千余骑。""俗尚武力,无法令,各为生业,有战阵则相屯聚,无徭赋,不相往来。牧养牦牛、羊、猪以供食,不知稼穑。"

  《宋史·外国传一·夏国上》记载西夏开国皇帝元昊自称:"臣祖宗本出帝胄,当东晋之末运,创后魏之初基。"《旧唐书·西戎传》则载:"党项羌,在古析支之地,汉西羌之别种也。……拓跋最为强族。"后魏拓跋氏本鲜卑族,而党项拓跋氏却属羌族,二者似非同种。

隋朝时,部分党项羌人开始内附。至唐朝初年,党项人相率归属唐朝。安史之乱后,党项拓跋氏的领地上升为藩镇。宋初赵匡胤的削藩政策,导致1038年夏国公元昊称帝,建国号大夏,因地处西方,故习称西夏。1227年,成吉思汗之子孛儿只斤·窝阔台大汗杀死西夏国王,并消灭西夏皇族。至此,西夏历十代帝王而亡。党项羌在元代被称为唐兀,属色目人,后逐渐融合到其他民族之中。

党项语属汉藏语系的藏缅语族,有平、上、去、入四声。西夏文的借词数量很大,主要是借自汉语。

《辽史·西夏纪》记载西夏文出现于元昊之父李德明(本姓拓跋,李姓为唐赐)时期,"(德明)晓佛书,通法律,尝观太乙金鉴诀,野战歌,制蕃书十二卷,又制字若符篆。""蕃书"即西夏文。《宋史·外国传一·夏国上》则认为西夏文出现于元昊时期,"元昊自制蕃书,命野利仁荣演绎之,成十二卷,字形体方整类八分,而画颇重复"。不过,该书还记"(元昊少时)晓浮图学,通蕃汉文字",说明德明时期便已开始了西夏文的创制,到了元昊时期才最终完成这一工作,并于大庆元年(1036)颁行为国字。当然,创制一种文字也并不是靠国君一己之力就可完成,西夏文的创制也是众多文人学士集体智慧的结晶。较为有名的是野利遇乞(《梦溪笔谈》)和野利仁荣(《宋史·外国传二·夏国下》)二人。据统计,现存西夏文字约有6000字①。

元昊尊西夏文为国字后,下令"凡国中艺文诰牒尽易蕃书"。为更好地推行新文字,西夏学者编纂了许多辞书,还翻译、注释了大量汉文典籍,包括儒家经典、汉藏文佛经等。当然,由于汉语文化在西夏境内具有深厚的基础,所以汉字和西夏文并行不悖。

《隆平集》《辽史》《续资治通鉴长编》等记载西夏文类若"符篆"。符篆即道教符篆文字,源起东汉,唐宋盛行,因字形取篆意而得名。符篆似字非字、似篆非篆,笔画重叠盘曲。《宋史》则记载西夏文字形方整,类若八分。一般认为,唐宋所言"八分"即指标准的今隶。

西夏文是在成熟的楷体汉字影响下制造出来的,其造字原则、结体方式、笔画形态、书写规则等均受到了汉字的影响。

---

① 韩小忙先生统计,共有正字5863个。

性质上,西夏文属于表意文字,但同时也有表音成分。然而西夏文的表意却不像汉字一样,尤其是大量西夏文原字已不具备象形特征或直观效果,而仅是承担了抽象的理性含义,很难从图形的理据上加以区别。

方式上,西夏文先有原字,然后在原字的基础上,又创制了许多新字。西夏文的单体字大都是原字直接构成,分表音和表意两类。表意字如"㨮"(手)、"㕞"(半)、"㕟"(圣)等,表音字如"㪔"(下)、"㒴"(居)等。而合体字则主要采用会意和音意(相当于形声)的方式合成。会意合成字如:㦤(不)+㭉(动)→㢆(定),音意合成字如:声符"㕅"(表[ni]的音,汉字对音是"能")+意符"㐇"(表语言之义)→㬪(告)。会意合成字多于汉字会意字,音意合成字则少于汉字形声字。意符、音符并无形式标志,二者在成字结构中的位置也不固定。同时,省形、省声现象严重,且所省部分并不固定。此外,还有采用反切造字法创制的形体,如:㣎(妻)+㣗(因)→㣘(秦)汉姓。而构件变换位置,也是形成新字的重要方式,如:㫫(牢)←→㫬(狱)。

外形上,西夏文采用方块结构,基本笔画也与汉字相同,也包括横、竖、撇、捺、点、提、折、钩(无"竖钩")等。只是西夏文结体冗繁,构形复杂,10笔至20笔之间的字形非常普遍。西夏文的笔画基本上是平直的,但是根据具体构字时所居的位置及搭配的需要,常常加以曲笔变形,如"亻"变作"乚"。

书体上,西夏文也有篆、草、行、楷诸种书体,未见明显的隶书资料。篆体文献不多,多为金石,草、行书多用于佛经和世俗文书,楷书多用于雕版。

西夏国主继迁曾多次得到辽的册封,且契丹文字的创制稍早于西夏文,故而一直存在一种观点,即西夏文创制时曾借用过契丹文字。然而至今仍无确凿证据证明西夏文与契丹文字之间的必然联系。

到了元代,在党项族聚居的地区仍部分地使用西夏文,时人称作"河西字"。1962年,河北保定出土了明朝弘治十五年(1502)西夏文经幢——《相胜经》,是迄今为止有确切年代可考的最晚的西夏文石刻。①

---

① 新近出土的还有《小李钤部公墓志》。该墓志于2013年9月河北省大名县陈庄村南出土。墓志采用西夏文与汉文两面书写。西夏文两行11字,顶部为汉字篆体"小李钤部公墓志铭"8字。正文21行,共500余字。内容为小李钤部(昔里钤部)的生平事迹及其子孙三代在大名60余年的任职经历。

西夏文消亡后，直到19世纪初，才重新被发现。嘉庆九年(1804)，张澍于武威发现《重修凉州护国寺感通塔碑》上刊刻的文字为汉文和西夏文，并将这一发现撰成《书西夏天祐民安碑后》一文，于1837年收入《养素堂文集》中刊出。而1908—1909，俄国探险家科兹洛夫率队在西夏黑水城遗址挖掘出大量珍贵的西夏文书，更为后人打开了一扇研究西夏文的大门，这些文献分藏于俄罗斯科学院东方学研究所圣彼得堡分所和爱尔米塔什博物馆。

西夏文研究较契丹、女真文字更具优势。由罗瑞智忠等编纂的成书于惠宗天赐礼盛国庆四年(1072)的《文海宝韵》，是现存西夏最早、最为系统的辞书。该书兼释西夏文形、音、义，融《说文解字》和《广韵》的特点为一体。其他字韵书还有《番汉合时掌中珠》《音同》《义同一类》《圣立义海》《五音切韵》等，均是研究西夏语言、文字的重要文献。

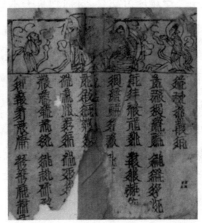

西夏文草书残页(左)、佛经残页(中)、"首领"印面(右)

（三）女真文字

女真，又名女贞，是中国古代生活在东北地区的古老民族。史载3000多年前的"肃慎"(又称息慎、稷慎)就是女真的祖先。公元2至4世纪称"挹娄"，5世纪称"勿吉"(读音"莫吉")，6至7世纪称"黑水靺鞨"，9世纪起更名女真。辽代避兴宗耶律宗真讳而改作"女直""女质"。在辽国统治下，黑水靺鞨分为南北两部，分别称作"熟女直"和"生女直"，前者属契丹籍，并慢慢与契丹族、汉族融合。1115年，"生女直"首领完颜阿骨打建立金朝，又改回"女真"。因"女真"一词来自古代女真语"jusen"或"julcen"，故明代音译汉字时也作"诸申""朱里真"等。

15世纪初期,女真分为三部:建州、海西、野人,后又根据地域分为四部:建州、长白、东海、扈伦。女真人在历史上先后建立过金朝、东夏、扈伦、后金(清朝前身)等古代政权。1615年,女真首领努尔哈赤建国"大金",史称"后金"或"后金汗国"。1636年,皇太极废除旧有族名"诸申"(女真),定族名为"满洲",改国号为清。女真语是通古斯语族唯一有文献可征的古语言。女真语与满语是古今语的关系(也有学者认为是同一语言的不同方言)。

《金史·完颜希尹传》:"金人初无文字,国势日强,与邻国交好,乃用契丹字。太祖命希尹撰本国字,备制度。希尹乃依仿汉人楷字,因契丹字制度,合本国语,制女直字。天辅三年八月,字书成,太祖大悦,命颁行之。赐希尹马一匹、衣一袭。其后熙宗亦制女直字,与希尹所制字俱行用。希尹所撰谓之女直大字,熙宗所撰谓之小字。"又《勖传》:"女直初无文字,及破辽,获契丹、汉人,始通契丹、汉字,于是诸子皆学之。宗雄能以两月,尽通契丹大小字。"女真大字颁行于金天辅三年(1119),小字颁于天眷元年(1138)、始行于皇统五年(1145)。

现存可以确切识读的女真字约有七百余个,绝大多数是以一个字形代表一个音节。20世纪及之前所能见到的女真文字总共不足一千,纯粹表意文字约150个,能够起表意作用但又不属于完全表意字的约120个,剩余皆为表音字。

关于女真大小字的区别,史籍并无明确记载。现存女真文字实物文献,主要是石刻①和字书,另有少量铜印、铜镜。对这部分资料上女真字的判定,主要观点有:葛鲁贝、白鸟库吉、李盖提等认为是女真小字;金光平、穆鸿利等认为是女真大字;田村实造、和希格等认为是女真大小字的混合;道尔吉认为是改变原来女真小字书写形式的女真小字。② 目前,将现有资料整理对比后,人们仍然无法

---

① 截至2013年,石刻文献主要有11方:《西安碑林石台孝经女真文书残页》《宴台女真进士提名碑》《得胜陀颂碑》《朝鲜庆源郡女真国书碑》《朝鲜北青郡女真国书摩厓》《海龙县杨树林山女真国书摩厓》《海龙县半截山女真国书摩厓》《奥屯良弼诗刻石》《永宁寺碑阴女真国书》《蒙古九峰石壁女真大字石刻》《金上京"文字之道,夙夜匪懈"女真大字石碑》。字书即《女真译语》。此外,明王世贞《弇州山人四部稿》中亦录有女真文。
② 这些见解的文献来源为:〔德〕葛鲁贝《女真语言文字考》,1896年;〔日〕白鸟库吉《契丹·女真·西夏文字考》,《白鸟库吉全集》第5卷,1970年;〔匈〕李盖提《试论女真小字的解读》,《匈牙利东方学报》,1953年;金光平《从契丹大小字到女真大小字》,《内蒙古大学学报(哲社版)》,1962(2);穆鸿利《女真文字研究中不能回避的问题》,《北方文物》,1994(3);〔日〕田村实造《契丹·女真文字考》,《东洋史研究》第35卷3号,1976年;和希格《从金代的金银牌探讨女真大小字》,《内蒙古大学学报(哲社版)》,1980(4);道尔吉《关于女真大小字问题》,《内蒙古大学学报(哲社版)》,1980(4)。

截然分出哪些是女真大字文献,哪些是小字文献。

下面列出十数组女真字、汉字和契丹大、小字的形体比对情况:

汉字	二	三	十	年	月	日	天	(表音)				
								玻	失	吉	府	勒	木
契丹大字	二	三	十	米	月	日	至(杢)	坟	天				
女真文字	冂	头	干	米	月	日	杢	玫	乏	突	东	伀	攵
契丹小字	圣	包	壬	半	艾	父			突	东	化	又	

结合史籍对女真文字创制过程的描述,能够确定如下几点事实:

1. 女真文字中有相当一部分是以汉字为基字增减其笔画而制成女真字的意字和音字(如"二""三""十")。

2. 女真文字有一部分是采用契丹字(包括大字和小字)作为基字而制成的,或者直接取用契丹字(如"天"),或者以之为基字(如"年"),增损笔画而成。

3. 女直文字也有以制成的女真文字为基字再制新字的。

关于女真文字的性质,亦是见仁见智。以往人们笼统认为女真大、小字是分别参照契丹大、小字而创制的,故而形成了女真大字为偏表意文字、女真小字为表音文字的观点。目前来看,这种看法是存在问题的。

根据《西安碑林石台孝经女真文书残页》①、《奥屯良弼诗刻石》②、符牌③、《女真译语》及其他实物文献,可以看出女真小字应该是在大字的基础上增加表

---

① 1973年8月,西安碑林石台孝经碑中发现了女真文书残页,共237行,2303个字,字形清晰完整者1757个。该残页按照词汇内容分门别类排列,颇似供女真字初学者用的蒙书。其时间大致在金朝初年,至少是世宗大定年间之前。残页上的字体与契丹大字更为接近,大都一个字形代表一个完整意义,偏向于表意性质的文字(少量为表音字),而现存女真文字大都还添有附加成分。

② 1960年代前后,山东蓬莱发现女真字《奥屯良弼诗刻石》(约1200年作)。诗的上下款为女真字楷法,但诗题及正文则为女真字行笔。《金史》载"诗用小字",而本刻石字形结构与其他金石资料、《女真译语》所录字形结构类似。只是书写形式稍异:该诗文刻石每个语词中间留空,助词单独书写,不附在前面的词上。这种书写形式大致与"国信"符牌相同。

③ 符牌有二:一是1976年在苏联滨海地区苏昌城以北赛加古城155号遗址所出土的金银牌,上书三个词,音为"国伦·你·哈答温",意即"国之诚",被称作"国信牌";一是1972年在承德八家公社深水河村老阳坡发现的金银"走马牌","走马牌"上六个字素均不见于契丹大、小字,但有一个字素却见于女真文字。现有女真字的排列方法绝大多数是逐个从上往下写,由右向左移行,唯独"国信牌"上每每把组成一个单词的两个女真字如同契丹小字那样堆放在一起。

音成分、去除表意成分而进行的改字,在文字体系上,女真大、小字尚处于同一体系中,与契丹大、小字并不相同。

所以,20世纪80年代以后,又出现了新的认识:女真大小字之间无根本的、本质的区别;小字是大字的演变结果,大字是偏表意的文字,而小字是在大字基础上增加许多表音字而成为意音结合的文字;史书所载女真大、小字俱行用,很可能就是女真大字和女真小字混杂在一起的文字体系。

金人入主中原,汉化速度极快。为扭转女真语和女真字的弱势局面,金朝统治者多次下令翻译汉文经典,并且仿照中原文明实行科举。《金史·选举志一》:"始大定四年(1164),世宗命颁行女直大小字所译经书。每谋克选二人习之。寻欲兴女直字学校。猛安谋克内多择良家子为生,诸路至三千人。""以新进士充教授,以教士民子弟之愿学者。俟行之久学者众,则同汉进士三年一试之制。"从《选举志》所载来看,女真人的策论进士"以策、诗试三场,策用女直大字,诗用小字。"此类举措,一定程度上推动了女真文字的使用。然而随着女真汉化进程的不断推进,汉语成为通行语,汉字成为通行字,越来越多的女真人变得不能操女真语、识女真字了。

女真大、小字行用的同时,契丹文字并未废止。直到章宗明昌二年(1191)十二月,才停止使用契丹文字。由于女真文与汉文对译往往需要契丹文为中介,并且深受汉字文化影响,加之没有广泛的社会基础,故而在金灭亡之后,迅速被汉字和蒙古文字取代。不过,女真文字到明代仍偶有出现。如明永乐十一年(1413)奴儿干都指挥使司的《永宁寺碑》就是用汉文、蒙文和女真文刻的。

女真文"明王慎德、四夷咸宾"印

与契丹文字不同,由于女真语是满洲语的前身,加上明代四夷馆《女真译语》(《华夷译语》乙种本)的留存,女真文字研究具备较为系统的基本资料和识读的依据。

(四) 方块壮字

壮族是中国人口最多的少数民族。黄现璠等《壮族通史》(广西民族出版社,1988)将壮族名称沿革梳理如下:百越→瓯→瓯骆→西瓯骆→西瓯骆越→乌浒→俚僚→僮→俍→沙→侬→壮①。壮语语系归属有两种观点:国内学者多认为壮语属汉藏语系壮侗语族壮傣语支,而部分国外学者则持壮语属澳泰语系的观点。壮语南北差距较大,分作南北两种方言、十二个土语区。

关于方块壮字产生的时代,主要的观点有秦汉时期②和隋唐时期。

唐代国力强盛,中原经济文化大规模向南方发展。史传公元7世纪,壮族地区已经出现一种"土俗字",汉人称之为古壮字,也就是今天的方块壮字。唐永淳元年(682)澄州(治所在今广西上林县)刺史韦敬办撰写的《澄洲无虞县六合坚固大宅颂》碑上,间有壮族土俗字,是目前比较可信的所见方块汉字的最早记录。今天来看,方块壮字的读音多为隋唐读音,非后来流行的南方官话,且宋代范成大、周去非等人的著作中都有相关方块壮字的记载。有理由相信,方块壮字至迟唐代已然产生。方块壮字在明清时期应用较为广泛,尤其是壮族巫师和艺人书写宗教经书、山歌、壮剧、药方、契约、家谱、书信、碑文等。不过,方块壮字使用面不广,仅流行于民间。

方块壮字中,一部分属于借用汉字,一部分是仿造字,另外一部分是自源性古壮字。

用方块壮字抄写的山歌、故事本等,约有半数是借用汉字记录的,其中,有音译、意译、半音半意等类型。比如汉字的"眉"借用至壮字中表示"有",读作"mi^2"。又如"兰"字在壮字中表示"知道",读音为"γo^4"。

根据汉字产生的仿造字,多由两个汉字构成,大都为形声结构。如"妑"字从"女""巴"声,壮语读作"pa^2","妻子"之意。形声之外,构成方块壮字的两个汉字有时则均表声音,如"奵"字由"登""丁"组成,壮语读音为"$te:\eta^1$",意为"正

---

① 1965年周恩来倡议改"僮"为"壮"。
② 张元生《壮族人民的文化遗产——方块壮字》(见《中国民族古文字研究》,中国社会科学出版社,1984年)认为方块壮字起源于秦汉时期,梁庭望《壮族三种文字的嬗变及其命运的思考》(《三月三·民族语文论坛》,1999年1期)也认为方块壮字起于汉朝。还有学者认为古壮族是由古越人分化而来,而古越人在新石器时代就已经有了自己的图画文字。

确"。还有少部分为会意构字法造出的方块壮字,如"闲"字从"门"内"外",壮语读作"γo:k⁸",意为"门外边"。

另有相当部分的方块壮字是在汉字或汉字构件的基础上增加特殊符号构成的,如"ㄅ""╱"就是使用较为频繁的构件,所成字如"贷"("phin²","可以")、"刃"("ça:ŋ²",银子之"两")等。这些符号,也见于越南的喃字。不仅如此,有些方块壮字形体与喃字完全一致,例如:"啫"字古壮字读作"te:ŋ⁴",意为"句(量词)",喃字读作"tieŋ⁵",意为"声音";"贴"字,古壮字读作"ku⁶",意为"财产",喃字读作"kua⁴",意思同于壮字。而在读音上,有些方块壮字所借用的汉字或汉字构件,读音①也与汉越音相同。由此可以推测,方块壮字不仅受到了汉字的影响,且与喃字之间有着密切的关系。

方块壮字的第三类并未与汉字发生直接联系,多半属于自源性的古壮字。例如表示动作行为的几个字:

3(站 dɯn¹)　　3(坐 naŋ⁶)　　3·(背 am⁵)　　3(抱 um³)

由于方块壮字并未进行标准化的工作,加之方言土语差别非常大,具体地区的方块壮字则各不相同,如读音为"an¹"表示"个"的字形,南部方言地区作"偐",北部则作"嗯"。不仅如此,方块壮字有时因人而异,异体繁多,如表"泉"(读作 bo⁵)字的异体就有:咘、沛、杏、浤。

中华人民共和国成立后,在政府有关部门的指导下,人们为壮语重新制作了一套以拉丁字母为基础的表音文字,然而新壮文并未得到重视和推广。不仅如此,许多方块壮字记录的资料在一些运动中被当作"四旧"等加以焚毁,损失无法估量。

1989 年出版的《古壮字字典》是世界上第一部有关古壮字的字典。该字典收录文字 10700 个。其中正体字 4918 个,包含 2518 个方言字,余皆为异体字。

(五) 水书及水字

关于水族的起源,尚未有定论。大多数人倾向于水族分化自古代"骆越"族,是从秦汉时期西瓯中的一支发展演变而来的。唐宋时期,水族及壮侗语族的其他民族统称为"僚",明清时称"水",中华人民共和国成立后,正式定名为

---

① 这里需要注意,因壮语语音与汉语存在差异,故而方块壮字中用来表声符的汉字,往往与其本来读音有别,如汉字"他""利""念"用来表示方块壮字声符时,一般读作 r 声母。

水族。

水族语属汉藏语系壮侗语族水族语支。水族也有本民族的文字,大都记载在迷信巫术的"水书"中。为阐述的方便,下文将水族的文字称作"水字",而仅将用水族文字写成的抄本称作"水书"。水族将水字称为"泐睢(lesui)","泐"即文字,"睢"即水家。

根据用途的不同,大致可将水书分为普通水书(水语称作"白书")和秘笈水书(水语叫作"黑书")。前者是对日常生活中出行、丧葬、嫁娶、动土等事宜进行吉凶占卜的书籍。而黑书较少,相传则是因使用竹片焚烧后的灰烬所刻划,专用于收、放、御鬼,掌握的人少之又少。还可以根据性质将水书分作吉凶两类。各种标准划分下的大类都可以再进行次级分类。

若从字形上划分,可大致将水字分作三类:一是图画文字,采用以图形示意的方式,如二十八星宿之"娄金狗"就取自犬形书作"❀","财"字借用马尾串钱之形——"❀"来表示;二是象形文字,采用汉字象形造字法所造之字,如汉字"果"水字形体作"❀";三是借用汉字,除照抄汉字形体外,还采用反写、倒写等变形的写法,数字和天干地支等字基本属于借用字,如"五""六"分别作"❀""❀"。还有一种情形是借用与汉字音相近的水字来直接充当汉字,如水语"卷曲"与汉字"弼"的读音相近,便以"卷曲"对应的水字字形充当汉字之"弼"。

水字中部分形体与甲骨文、金文颇为近似,如"吉""凶"二字分别作"❀""❀",导致许多人认为水族祖先与殷人有一定关联,且这一观点曾较为盛行。再将"卯"字主要形体列出如下("卯"字异体之多,主要系誊写抄录、没有统一的刻板所致):

也能发现水字形体与古文字形体有一定程度的相似性。然而仔细分析水字和甲骨文、金文,它们在语音和形体上并不具备规律性对应。部分形体或与小篆相近,或与隶楷文字相近。这一点更无法证明水族源于殷人,从祖源、习俗、民族文化等方面来看,二者存在较大的差异性。

关于水字产生年代,众说纷纭,或持唐代说,或持宋代说……甚至有学者推论,水字至清代才正式产生。而关于水字单字总量,也一直未有明确定论,或主张 1000 余字,或主张 400 余字。不一而足。

虽然水族文字的使用范围并不广泛,只有鬼师等部分群体所掌握,但普通百姓的日常生活,却无一不受其影响。由于水书主要靠口耳相传、手抄誊写才得以流传至今,因而被誉为世界象形文字的"活化石"、水家人的"易经""百科全书"等。水书教学一般采用家传和选择徒弟传授两种方式,且只能传男性。

历史上,水字往往成为政治运动和战事的牺牲品。如今,一些不常用的单字或被逐渐遗忘,或被现代汉字取代。而随着水族经济、科技的快速发展,越来越少的人愿意学习这种文字。若无传人,水书先生去世时很多水书文字作品就被烧掉或陪葬。倘不加以保护,水族文字将来也会走上女书的道路。

2006 年,巴蜀书社和四川民族出版社影印出版了 160 卷的《中国水书》,共录存水书手抄本 1353 种。

水书《六十龙备要》内页

(六) 方块白文

白族早期历史,典籍记载模糊。《史记·西南夷传》记载秦汉时期中央王朝已经对白族生活的地区开始了正式的统治。两汉史籍称白族人为"滇僰""昆明蛮",三国两晋时称"叟""爨",唐宋时称"白蛮""西爨""白爨""洱河蛮""下方夷",元明时称为"白人""僰人""民家"等。中华人民共和国成立以来,统称白族。本族自称"僰子""僰儿子""白尼""白伙",他族对其称谓则多达60种。其民族来源说法不一,白族共同体的形成当是在大理国时期。

白族本族语言为白语,属汉藏语系藏缅语族白语支(也有人主张属彝语支)。白族自唐宋时的南诏和大理便通用汉语文字。白族民间长久以来存在着近似于汉字的方块白文,只不过目前学界对白族历史上是否存在过方块白文仍存疑问。方块白文专指白族创制的形体近于汉字的方块文字。之所以突出"方块"白文,是因为一般所言的白文还包括了使用汉字记写白语的情况,如昆明筇竹寺元代翰林修撰杨载作的《大元洪镜雄辨法师大寂塔铭》就记载:"……以僰人之言为书,其书盛传……"

持白族无方块白文说的学者认为,白族使用的一些近于汉字的形体,当是使用汉字记录白族语时产生的新奇字,所谓的白文也只是汉字记录白音的现象。持方块白文存在这一观点的学者则主要依据一些现存实物资料。例如,明代杨慎在《滇载记》中说:"有《僰古通》《玄峰年运志》,其书用僰文。"谢肇淛《滇略》云:"俗有《白古通记》诸籍,皆以其臆造之文字,传其蛮鴃之方音。"

方块白文构字并不复杂,主要采用增损汉字笔画和构件而成。如"盉""乓""乭""㐮"四字分别表示"上""下""前""后",均是在"丘"的基础上创制的方块白文,"丘"在白文碑中读作"xω",意为"里""中"。

方块白文实物用字见于古代残瓦、古本佛经中。下面所引为古代残瓦上的方块白文。

方块白文拓片

使用汉字记写白语并形成文字作品,大约在元末明初时候兴盛起来。现存白文碑刻有《段信苴宝碑》《山花碑》《杨宗碑》《赵坚碑》《杨寿碑》《史城羌山道人健庵尹敬夫妇预为家冢记》等。

在民族压迫和大民族主义思想的影响下,尤其是元末明初针对白族的文化灭绝政策,官方文献和民间藏书被彻底焚毁。再加上长期以来受制于强势的汉文化,白文并没有获得独立的发展,故而最终被汉字所取代。

(七) 彝文

彝族的族源至今未有定论。一般认为,彝族是以西南土著民族——昆明族为主体,融合其他民族逐步发展而来的。彝族在历史上自称及他称多达数十个,自称有诺苏、纳苏、聂苏、罗武等30多种,他称有黑彝、白彝、红彝等40多种。历史上的"彝"字原本写作"夷","彝"字为彝语语音转写汉语①。彝族有自己的语言和文字。彝语属汉藏语系藏缅语族彝语支。彝文在文献中或称作爨字、罗罗文、韪书等。

关于彝文起源年代的推论,差异之大,跨度包括了从殷商至明代的各个时代。虽然目前出土文献中彝文资料未有早于宋代者,但彝文经典每每记述彝文于汉代已经产生,如《滇系·杂载》载:"汉时有纳垢夷之后阿畸者,为马龙州人,弃职隐山谷,撰爨字,状类蝌蚪,二年始成。字母十千八百四十有奇,夷人号为书祖。"史籍记载及民间相传彝文的创制者很多,例如阿畸、吉禄老人、恒本阿鲁等等。

彝文为方块结构,字形不同于楷字,更多偏于篆籀之间,所谓"字如蝌蚪"。彝文既有如今文字的笔画(包括横、竖、撇、点、折等),也有如古文字的线条。由于笔画和线条均无粗细变化,故而彝文整体更近于古文字。正是由于在字形、笔形和文字体制等方面,彝文和汉字存在诸多共通之处,故而许多学者倾向认为彝文与汉字在发生学上存在着久远的历史渊源。然而类似的关于彝文的文字类型同样未有定论。柯象峰、罗常培等认为彝文属于音标文字或音节文字,武自立等则认为其既不属于单纯的表意文字,也不属于单纯的音节文字,而是一种综合型文字。

彝文来源有二:一为借自汉字,二为本民族新创。借自汉字的彝文往往是

---

① 毛泽东认为"夷"是对少数民族的不尊重,中华人民共和国成立后,彝族有米吃、有丝绸穿,故而把"夷"改为"彝"。

经过部分变形的,尤以数目字明显。古文、草书、楷书等也可为彝文所借。举例如下:

汉字	一	二	五	七	十	止
变形方式	增笔	增笔	缺笔	对称弯笔	增笔	右转
彝文字形	♪	∫	ᚢ	ᚤ	ᚠ	ᚴ
彝语意思	一	二	五	七	十	念经

而彝族新制彝文,也可大致分作象形字、指事字、会意字和形声字。但彝文形声字不同于汉字——尚未形成专门表音的声符,构成形声字的两个构件,或者是意符和意兼声符的关系,或者均是意兼声符。

彝文造字难免出现各种意指不清的情形。为弥补这一不足,彝文广泛使用假借字。通过同音通假,可以标志一批同音词。然而,由于彝文通假的随意性,尤其是受到方言语音等近音假借的影响,导致彝文异、俗、讹字盛行。

现藏于美国华盛顿大学博克博物馆的美姑毕摩文献

(八) 苗文

苗族起源甚早。考古发现自殷商时代,苗族先民就已在长江中下游建立"三苗国"(今湖北清江流域和湖南洞庭湖一带)。春秋战国时期,巴蜀、夜郎、荆州等地均有苗族先民活动。宋以后,苗族从若干混称的"南蛮""荆蛮""五陵蛮"中脱离出来,作为单一的民族名称。今天,苗族已经是一个国际性的民族,数百万苗族人散居于东南亚及欧美等地。

苗族有自己的语言——苗语,属汉藏语系苗瑶语族苗语支。苗语可分为西、中、东部三大方言,即川黔滇①、黔东、湘西方言。

苗族中流传着有本民族文字的说法。在苗族传统的工艺刺绣上,保存着少量萌芽状态的古代苗文。据统计,苗族刺绣上的文字已被识别出40多个表形单字。如"※"表示"蝶"、"N"表示(弯)、"〜"表示"钩"、"卍"表示"筛""车""旋水虫"、"e"表示"虫"、"X"表示"叉"。

近现代苗文的创制,主要经过了篆字体文字、湘西方块文字、外国传教士文字和拉丁字母拼音文字四个历史发展阶段。

篆字体苗文创制较早,以城步古苗文为最,但其流行却与苗族反清斗争密不可分。为了逃避清王朝的侦缉、围剿,印章、文书等均使用篆字体苗文。《清代前期苗民起义档案史料》记载"臣查(苗文)印摹字迹俱不成文,有四方者,有长条与三尖脚者,宽长俱不过一寸二分,其符纸所书,类似巫师祈禳,不成句语,实系愚顽匪之意","再验其牌系,系用黄白纸朱书词语,不可解说,其旗长有尺余,每条用红土写一十字或一耳字,其印方止寸余,亦有三尖者,篆文不识别"。乾隆五年六月十五日下旨:"其从前捏造篆文,即行销毁,永禁学习,如有故违,不行首报,牌内一家有犯,连坐九家,治寨长失察之罪。"(引自乾隆《宝庆府志》)

在清王朝的高压政策统治下,篆字体苗文从此在中国大地上销声匿迹。苗文学者杨进步在《苗侗文坛》1998年第一期撰文附录了一些篆字体苗文,采择部分如下:

苗文	⊤	⊌	⊃	⊬	∥	⊃	⌒	⌒	ʓ	∞	⋂	∨
苗语	朵架	富呀	坳搭	相户	落伍	眠	特蒙	归蒙	当	睡	懒	倍
汉义	丈夫	婆娘	姑娘	相好	下雨	睡觉	出门	关门	东	西	南	北

近现代苗族文人创制了一种新的方块苗文(当地称为"土字""乡字"),用来记录和创作苗歌。现存数十万字的苗歌文稿。根据产生和使用的地区,大致可

---

① 王辅世主编的《苗语简志》将川黔滇方言的次方言划分为川黔滇、滇东北、贵阳、惠水、麻山、罗泊河、重安江七个方言。李云兵的"中国社会科学院青年基金项目"《方言归属未定的苗语研究报告》调查得出,川黔滇方言应再划为八个次方言,即再加上"甲桐次方言"。

将湘西方块苗文分为:古丈苗文、板塘苗文、老寨苗文,后两种沿用至今。

1907年,董鸿勋纂修的《古丈坪厅志》中收录了一百多个方块苗文,据传当地早有方块苗文出现。"板塘苗文"由清末苗族秀才、苗族歌师石板塘(1863—1928)创制,相传有一千多个苗文。至今,其故乡湖南省花垣县龙潭镇一带的苗族歌师、歌手还在用板塘苗文记录、创作苗歌。"老寨苗文"是20世纪50年代初期花垣县麻栗场老寨村的苗族知识分子石成鉴等人创制。为编写苗歌和苗语剧本,他陆续创制了一些方块文字。这三类文字均借用了汉字的造字方式及结构符号。其中,以形声造字为主,会意次之,双音符不多,象形极少。此外,大量借用汉字表音,与汉字原义无关。相关字例见本章第一节。

19世纪末20世纪初,英国传教士克拉克(Samuel R. CLarke)、柏格理(Samuel Pollard)①和澳大利亚传教士胡托(Maurce Hutton)②等人先后在西南苗族地区传教时,通过苗族基督教徒和汉族知识分子的帮助,设计了几套拉丁字母苗文,进行经书和苗族民间故事的翻译和记录工作。其中,影响最大的是柏格理领衔创制的苗文。

苗文发展的第四个阶段是拉丁字母拼音文字阶段。1949年至今,以拉丁字母为基础产生了数套拼音文字符号方案。

1953年4月,法国天主教传教士贝尔泰斯(Bertrais)与美国基督教传教士巴尼(Barney)、美国语言学家斯莫莱(Smalley)及两位苗族青年讨论并确定了由56个声母、13个韵母和8个声调组成的统一的苗文方案。

1956年10月在贵阳召开了"苗族语言文字问题科学讨论会"。会议通过了苗语四个方言四种文字方案(草案)。之后非拉丁字母的部分被陆续修改,最终

---

① 1905年,在贵州威宁石门坎,英国基督教循道公会牧师柏格理与苗族知识分子杨雅各、张约翰、王道元、张武,以及汉族知识分子李斯提文、锺焕然等,以黔西北及滇东北一带大花苗苗语为标准音,参照苗族服饰的某些花纹图案、物象及外国拼音形体字,设计了一套拼写苗语滇东北次方言的字母——"大花苗苗文拼音字母",又称"柏格理苗文""老苗文""波拉字母""框格式苗文""石门坎苗文"。该苗文系统有24个表声母的大字母和15个表韵母的小字母。拼音方法为:声母在左,韵母在声母的上面(包括右上)、右中或右下部,以小字母的高低位置确定调值。其中,复辅音声母通常用两个或三个大字母表示。1915年,《新约全书》苗文本译完,1917年在日本出版。至今,这套苗文仍在行用。
② 1920年前后,胡托与一些苗族知识分子在炉山县(今贵州凯里)旁海地区,直接借用当时勃兴的汉语注音字母来拼写苗语,从而创制了胡托苗文。该文字符号用小圆点标在音节上下左右来表示调值。不过,胡托苗文不分q、k,也不分送气与不送气,标音并不准确,但它借鉴了汉语注音字母的成果,迅速推广开来。

全部采用拉丁字母。黔东南方言苗文共有32个声母、26个韵母、8个声调字母,湘西方言苗文共有48个声母、35个韵母、6个声调字母,川滇黔方言苗文共有56个声母、27个韵母(含4个借汉韵母)、8个声调字母,滇东北次方言苗文共有56个声母、28个韵母、8个声调字母。

(九) 方块瑶文

瑶族为跨境民族,散布于湖南、广西、云南、贵州等地。一般认为,瑶族与古代的"荆蛮""长沙武陵蛮"等在族源上有密切的渊源关系。

瑶语属于汉藏语系苗瑶语族的瑶语支,但因其支系复杂,各地差别很大,甚至不能通话。《瑶族语言简志》认为"瑶族没有反映自己语言的文字,一向使用汉字。"(汉字传入瑶族地区的具体时间及方式,至今尚不明确)事实上,在使用汉字的过程中,古代瑶族人逐渐掌握了造字方法,并采用汉字构件新造了少量字形,一般称之为方块瑶文。例如:

瑶文	犁	畚	旭	陎	陎	迡迡	甲	𡿨	爷	婶
字义	嫩	羞	疲劳	阴	阳	美妙	门	父	母	妇女

方块瑶文与汉语借词(形义相同,读音相同或相近)、汉字借义(如"那"字读作"xai⁵")、汉字借音(借汉字形体为记音符号)等文字形式共同构筑了古代瑶文系统。

方块瑶文使用范围包括瑶族道教经典、瑶族传统教育、民间歌谣、家谱、碑文、传说故事、书信、契约、经济文书等。南宋理宗景定元年(1260)的《评皇券牒》抄本,为今所见较早实物资料。

(十) 侗字

侗族分布在湖南、贵州、广西交界地带①,祖先可以追溯到秦汉时期的百越、干越。侗族自称 Gaeml,国际标准译名为"Kam""Kam People"。今所见侗族最早的自称音译"仡伶",已于宋代载入史籍。

侗语属汉藏语系壮侗语族,大致可分为南北两种方言。文献记载侗族无本族文字,使用汉字记载本族语言。然而在使用汉字过程中,侗族借鉴汉字造字方式,取汉字构件而成百余新造字形,人们称之为方块侗字。举例如下表:

---

① 侗族在老挝也有一个分支,叫"康族"。

侗字	閖	叄	怀	吥	剱	㳇	艬	俶
字义	藏	宽	父	根	他们	你	鳖	愁
理据	会意	会意	形声	借音	反切	反切		训读假借①
读音	ŋep	kʰwaːŋ	Pu	tən	kʰɛ	ŋa	pji	səu

方块侗字多见于侗歌和民歌唱本中。

1992年出版的《龙胜县志》还专门收录了部分土俗建筑工程用字。这些字形大都是木匠借用和模仿汉字草书所形成的，前后两套，例见下表：

汉字		左	右	上	下
侗字	第一式	ϑ	ϑ	ㄥ	ㄥ
	第二式	ҟ	ō	∨	ㄥ

（十一）布依字

布依族是生活于云贵高原东南部的土著居民，主要聚居于贵州黔南、黔西南布依族苗族自治州及都匀、荔波等县市。布依族与壮族具有同源关系，都源自古代百越。公元前6世纪左右，牂牁国建立（后被夜郎国取代），其主体民族就是布依族的祖先。

布依语属汉藏语系壮侗语族壮傣语支。20世纪50年代创制了布依文，经多次修订后，1985年拟订的《布依文方案（修订案）》使用至今。

《国家珍贵古籍名录》第二、三批收录了荔波布依族傩书、经书《献酒备用》《接书神庙》《接魂大全》《关煞向书注解》等古籍文献，这些文献中出现了许多与古壮族文字相似的字形。2008年，国务院发文公布了荔波"布依文"（基于荔波县申报的《布依族古文字表》）为第13项文种，打破了以往认为布依族无民族文字的说法。

布依字中，绝大部分为借用汉字形体记录布依语，少量为专门的自造布依字。自造布依字以形声和会意为主。然而由于地域差别，布依族内部借用汉字及自造形体差别较大。举例如下二表：

---

① 使用汉字的假借字，该假借字非汉字本音，而是该字义的侗语音。

造字方式	字形	字义	读音
形声	罾	田	na^6
	讓	讲	$ka:ŋ^3$
会意	伍	右	kua^2
	伍	左	$θuai^4$

地域	字形	字义	读音
荔波	臽	肉	no^6
贞丰	秋/喏		
镇宁	喏		
荔波	桼	米,粮	$ɣa:u^4, hau^4$
贞丰	好		
镇宁	夵		

(十二) 傈僳音节字

傈僳族先民原居四川雅砻江及川滇交界的金沙江两岸。唐代史籍称作"栗粟两姓蛮""栗蛮""施蛮""顺蛮"等。16世纪始迁入怒江、德宏等地。经过历次战争和动乱,现为跨境少数民族,分布于中、印、泰、缅、老挝等国。中国的傈僳族人口主要聚居在云南省怒江傈僳族自治州和维西傈僳族自治县,云南丽江、大理、四川西昌等州县也有少量傈僳族散居。

傈僳族为氐羌族后裔,语言属汉藏语系藏缅语族彝语支。20世纪以来,傈僳族先后出现了四种新文字:一是20世纪初西方传教士创制的流行于教众中的拼音文字(即老傈僳文);二是滇东北苗文字母演变而来的禄劝傈僳文;三是云南维西县叶枝乡岩瓦洛村民汪忍波(1900—1965,又作"凹士波""哇忍波")创制的音节文字;四是1957年创制的拉丁字母形式的文字(即新傈僳文)。

与汉字关系密切的便是第三种。汪忍波自1923年底开始,历时17年,前后创制了1426个文字,写成12本书。他还编成了《傈僳语文课本》(共1211字,去重后的单字863个),按音韵编成291句歌谣。汪忍波傈僳音节字借用了汉字的笔画构件及造字方式,每个字形代表一个音节,基本笔形有10种:横、竖、撇、点、捺、折、勾、曲线、弧线、圆圈,书写时自上而下、自左而右。试举几例借象形和会意的方式造出的形体。

方式	字形	本义	取象	读音
象形	仚	房	傈僳族木楞"房"	$tsʰo^{31}$
	∧∧∧	山	两山间有水的山峡	lo^{44}
会意	✕✕	死	坟墓上插木条为标志	$ʃŋ^{33}$
	冂	正直	屋中通连的门	ty^{35}

此外，傈僳音节字还借用了纳西东巴文、哥巴文、麻利玛沙文、贵州老彝文中的一些字形记录傈僳语。必须承认的是，汪忍波傈僳音节字是近代史上明确由个人单独创制的文字。

【研究提示】

1. 翻阅相关史籍，探讨汉字对西夏文、回纥文的创制和演变有没有产生影响。
2. 接触少数民族同学，调查现存少数民族古文字中，水书、壮字、纳西东巴文、白文等与汉字是否存在联系。

【延伸阅读】

1. 张元生《方块壮字》，见《中国民族古文字》，天津古籍出版社，1982年。
2. 覃晓航《方块壮字研究》，民族出版社，2010年。
3. 刘凤翥《契丹大字和契丹小字的区别》，《内蒙古社会科学》，1981(5)。
4. 清格尔泰、刘凤翥、陈乃雄、于宝林、邢复礼《契丹小字研究》，中国社会科学出版社，1985年。
5. 李新魁《论西夏文的形体结构和造字方式》，《中山大学学报(哲学社会科学版)》，1978(5)。
6. 李范文《西夏文字》，《历史教学》，1980(1)。
7. 金光平《从契丹大小字到女真大小字》，《内蒙古大学学报(社会科学版)》，1962(2)。
8. 金光平、金启孮《女真语言文字研究》，文物出版社，1980年。
9. 韦章炳《中国水书探析》，中国文史出版社，2007年。
10. 马曜《论古白文的夭折对白族文化的影响》，《云南民族语文》，1989(3)。
11. 杨应新《方块白文辨析》，《民族语文》，1991(5)。
12. 马学良《彝文和彝文经书》，《民族语文》，1981(1)。
13. 姜永兴《苗文探究》，《西南民族学院学报(哲学社会科学版)》，1989(1)。
14. 宋恩常《汉字在瑶族社会中的传播及其演变》，《云南民族学院学报》，1991(3)。
15. 赵丽明《汉字侗文与方块侗字》，《中国民族古文字研究》第3辑，天津古籍出版社，1991年。
16. 周国茂《布依族古文字研究》，《贵阳学院学报(社会科学版)》，2010(4)。
17. 木玉璋《傈僳族音节文字造字法特点简介》，《民族语文》，1994(4)。

第三节　越南的汉字

越南,越南社会主义共和国的简称,与柬埔寨、老挝和中国接壤。其地古称"南交""交趾""交州"。考古资料显示,旧石器时代越南地区已有人类活动。到中石器时期及新石器时期,北部地区出现了"和平文化"(和平省)、"北山文化"(谅山省北山)等数种文化遗址,南部地区的东那江下游,则出现了年代约在公元前 4500 至前 2400 年之间的"新石器时代后文化"。约公元前 600 年至 1 世纪,越南处于金石时代,出现了"东山文化"。越南文化就是随着以农业为基础的东山文化而发展起来的。

从公元前 3 世纪晚期至 10 世纪前期,古代越南地区多处于中国势力范围之内。北魏郦道元《水经注》卷三七引《交州外域记》说:"交趾昔未有郡县之时(秦朝之前),土地有雒①田,其田从潮水上下,民垦食其田,因名为雒民。设雒王雒侯,主诸郡县,县乡为雒将,雒将铜印青绶。"《史记·南越列传》:"以财物赂遗西瓯、骆,役属焉,东西万余里。""秦已破灭,(赵)佗即击并桂林、象郡,自立为南越武王。"

唐朝政府于调露元年(679)曾置安南都护府,治所在河内,南宋孝宗正式赐国名安南。清嘉庆八年(1803),清朝政府改"安南国"为"越南国","越南"之名一直沿用至今。越南也是东南亚国家中,历史上受中国文化影响最深,而且唯一一个接受儒家思想的国家。

越南使用的主要语言约 10 种,如越南语、汉语、泰语、高棉语等,加上各部族语言和方言,则可达 50 余种。越南语是官方语言和主要的民族语言,属南亚语系孟-高棉语族(有学者认为当归入汉藏语系壮侗语族或汉藏语系中独立的一支)。分为三大方言:北部、中部、南部方言。越南语与汉语同属孤立型语言。越南语声调的调号、调类、调值分别是:第一声平声 55、第二声玄声 32、第三声跌声 325、第四声问声 323、第五声锐声 45、第六声重声 31。华人是

---

① 该字古籍或作"雒""骆",后南朝宋沈怀远撰《南越志》等又将"雒"字讹误作"雄"字等,"雄王"即"雒王"。

最大的少数民族,华人讲自己的汉语方言。有几种山区的语言有自己的文字系统。法语是殖民主义时期留下来的语言,俄语是北方的科技用语言,英语则是南方人会得较多。

汉字在越南的传播及使用过程大致可分作三个阶段:13世纪前是直接使用汉字的时期;13世纪至17世纪是汉字、喃字并用时期;17世纪至20世纪中期是汉字、喃字、国语字并存时期。

(一) 汉字初入

汉字传入越南前后的几个世纪里,占族文字是其日常用字。这一文字的使用可追溯到雄(雒)王时期。占族文字被认为是占族人的文字符号,与巫术有关,是一种不同于汉字的文字系统。这些文字大量见于古代地图、书籍和铜鼓表记中。大约在5世纪之后,才改用汉字。

汉字初传越南地区的最早史料,见于《史记》:

> 三十三年,发诸尝逋亡人、赘婿、贾人略取陆梁地,为桂林、象郡、南海,以适遣戍。(《史记·秦始皇本纪》)

> 南越王尉佗者,真定人也,姓赵氏。秦时已并天下,略定杨越,置桂林、南海、象郡,以谪徙民,与越杂处十三岁。……秦已破灭,佗即击并桂林、象郡,自立为南越武王。高帝已定天下,为中国劳苦,故释佗弗诛。(《史记·南越列传》)

故而至迟秦始皇三十三年(前214)置桂林郡(广西)和象郡(越南北部和中部),汉字传入越南地区。出土资料亦可资为证。例如,东山文化后期的越北陶舍诸遗址中,曾经发现过秦式"半两"铜钱与万家坝型早期铜鼓并存的现象。又如,越北地区亦出土了一批东周式铜剑、篆字铭文戈、长胡多穿戈、秦式扁壶等内地中原器物或仿作器。

大约中唐以前,汉字尚未大量传入越南,此时的汉字读音通常被称为"古汉越音",这是以中国上古音系统为基础的语音系统。而中唐到晚唐时期,汉字大批传入越南后,又形成了一套"汉越音"。汉越音与中国的中古音系统(以《广韵》为代表)有很整齐的对应关系。由于年代久远,以及汉字在越南与本土语言文字的融合,两类读音的界限和区分已经不是很明显了。

从5世纪开始,直到19世纪中叶越南被法国占领之前,汉字一直作为官方用字行用(越南称为"儒字")。

(二) 喃字

虽然汉语和汉字长期作为越南的官方书面语和文字行用,但日常口语却没有相应文字来记录。为了解决语言生活中的口头语和书面语、本族语和外族语的矛盾,约至13世纪,越南创造了以汉字为元素的"喃字"。

喃字(越南语:Chữ Nôm),按照越南语语序可直接译为"字喃",而根据汉族语法则多翻译为"喃字"。何谓"喃字"?一般辞书解释为"南国的文字",然而越南词典中,少见"南国的文字"一类的说法。故而,有学者根据"喃"在越南语中具有的"通俗"义等因素,并系联汉字在越南被称为"儒字",而将喃字理解为"通俗易懂的文字"。发音方面,喃字基本上是按照汉越音来读的。

喃字出现的确切年代尚不能定论。较早的汉喃文史料如1076年越南李朝的《云板钟铭文》。而成书于15世纪后期的《大越史记全书》记载:"唐贞元七年(791),子安尊冯兴①为布盖大王。""布""盖"本是汉字,此处被借用做喃字,喃音为"vua""cả",当是已知喃字的始见用例。

起初,喃字常用来记录人名、地名,后来逐渐渗透到行政文书用字中,但这种情况仅发生在胡一元(Hồ Nhất Nguyên,1336—?)执政并篡夺陈朝期间,以及西山朝阮光平(Nguyễn Quang Bình,1753—1792)执政期间。整体来看,喃字虽是越南人创制的民族文字,但是却一直未能取代汉字而成为国家的正式文字。

虽然可以笼统地将喃字作品中所有的字都看作是喃字,但实际使用"喃字"这一术语时,往往将形、音、义完整地借过去的仍看作是汉字。

从形体结构上,可将喃字分为假借和仿造类。

1. 假借类

借用原有汉字形体,但在字音、字义上有所变化的一些字。分类举例如下:

类别	字形	喃音	喃义	喃字多音多义	汉越音	汉语音	汉语义
义同、汉越音	安	an	平安安乐	—	an	ān	平安安乐

---

① 冯兴(Phùng Hung,? —791)率众起义,创建了冯朝,死后其子追尊谥号为"布盖大王"。"布盖"古越语为"父母"之义,今拼作 Bố Cái。

续表

类别	字形	喃音	喃义	喃字多音多义	汉越音	汉语音	汉语义
义同、改喃音	法	phép	方法 法则	——	pháp	fǎ	方法 法则
义异、汉越音	我	ngã	落到 跌倒	——	ngã	wǒ	自称的我
义、音异	弄	lộng	端详	rlộng 宽 trông 鼓	lộng	nòng	用手把玩

2. 仿造类

利用原有汉字和偏旁构造新字或改变汉字形体成为新字。分类举例如下：

造字方式		例字结构		读音	意义
名目	释义				
会意	两个标义汉字结合，合起来表达一个概念	奆	上"天" 下"上"	trời	天
形声	由表音和表义的两个构件组成	大都由汉字整字或偏旁构成	唵	左从"口" 右"安"声	ǎn	吃
		少数为喃字	擃	左从"口" 右"腩"声	ném	抛,掷
合音	两个标音部件构成	曼	上"巴" 下"朗"	blăŋ (ba + lăŋ)①	月亮
改形	在原汉字基础上	提取构件	弔	"弔"	làm	做,干
		另加符号（く、个、司、口、巨等）	似	左"仍" 右"く"	những	表复数

喃字有其先天不足：

一是大量喃字字形繁复，尤其是在一个汉字形体之上再叠加另外的形体或

---

① 由于越南语音古今发生改变，因此切出的字音就变为"trăng"。

构件,书写不易;

二是字形不固定,或一形多字,或一字多形,表义混乱,如"豸"字,有时表示"跑",有时又表示"梳"。尤其是形声字在喃字中占有较大比重,但是却没有统一的写法,造成了理解的困难。比如喃字假借了汉字"盃"表示"乐",同时又在"盃"的基础上根据形声造字法,分别造出从"忄"和"樂"的两个形体"悈""礫";

三是表音不准,汉越语声母、韵母数目大大低于越语,音值、声调等也不尽相同;

四是学习喃字需要先掌握汉字,文化层次较低的平民并不易学习汉字,而层次高一些的知识分子掌握汉字后,便不愿再使用喃字;

五是统治阶层并不积极推广,如1663年和1760年,朝廷两次颁布诏令,禁止喃字文学书籍的印刷流行,使得喃字使用范围愈加狭窄。

19世纪法国占领越南后,随着殖民者的打压,喃字几近绝迹。

(三) 国语字

与日本、朝鲜半岛不同,在长达两千年的汉字使用中,越南人并没有将汉字训读发展起来,也就是说汉字在越南一直是用来表达汉语而不是越南语的。不仅如此,在创制喃字时,读音虽为汉越语语音,但依据仍然为中古汉语的唐朝读音,形体上也拘泥于沉疴痼疾,没有实现由汉字到越南民族文字的转换。

在上述背景下,自16世纪至17世纪开始,随着西方传教士的到来,越南语拉丁化拉开序幕。

17世纪上半叶,葡萄牙、意大利传教士就使用新的拼音文字编写了一些教义,并编纂出简单的《越葡词典》《葡越词典》。1651年,在意大利罗马出版了法国传教士亚历山大·德·罗德编撰的《安南-葡萄牙-拉丁字典》。罗德还用越语拼音文字编写了一本《教义纲要》。一直到1862年法国殖民者入侵越南,其间两百多年中,越语拼音文字主要限于教会内部流行和使用,并未取得整个社会的认可。

1865年法国人用拉丁字母拼写的越南语首次在南方《嘉定报》上发布公告,自此开始在学校中传授法语和越南语。为了强化统治,1916年,法国殖民者当局颁布政令,废除乡试,两年后颁行《学政总规决议》来代替乡试和会试,次年,又罢黜会试。然而,在1945年8月革命之前,法语仍是小学高年级和中学以上学校教育中的正式用语。

而从19世纪末到越南独立的半个世纪中,越语拼音文字伴随民族意识的崛起而不断发展,"国语字"这一名称也逐渐流传开来。1907年3月,东京(越南河内旧称东京)义塾成立。该机构主张摒弃传统的儒家思想,学习西方和日本的新思想、新观念,并使用国语字出版教材和报纸。1930年2月,越南共产党成立。该党派成立之初,便以国语字进行教育和宣传,出现了大量用国语字创作的革命文学作品。1938年,越南成立国语字宣传协会,对国语字的普及起到了有力地推动作用。

1945年9月,越南宣布国家独立,并成立越南民主共和国。自此,越南国语字得到前所未有的发展,正式成为国家官方文字。当然,这其中也包括多次国语字运动。如1960年9月成立的国语字改革研究委员会,一直就国语字的改革问题努力工作。然经过大半个世纪的使用,越南现行拼音文字中的许多不足之处逐渐暴露出来,只能期待不断研究加以改革或修正。

【研究提示】

1. 翻阅相关文献,举例说明汉语汉字对越南语言文字的影响,并总结汉语汉字在越南最终消亡的原因。
2. 主动接触在校越南留学生,调查越南当下的文字使用状况,尤其是目前的汉语汉字教育中存在哪些需要解决的问题和困难。

【延伸阅读】

1. 王力《汉越语研究》,《龙虫并雕斋文集》第二册,中华书局,1982年。
2. 林明华《越南文字浅谈》,《现代外语》,1983(3)。
3. 吴受祥《越南汉字使用史上的两次失误》,《解放军外语学院学报》,1992(5)。
4. 傅成劼《越南的"喃字"》,《语文建设》,1993(6)。
5. 吴安其《上古时期南亚文化的传播》,《世界民族》,2000(2)。
6. 〔越〕阮氏玉华《越南语里汉源外来词(借词)的使用情况》,《语言研究》特刊,2002年。
7. 祁广谋《越语文化语言学》,解放军外语音像出版社,2006年。
8. 夏露《汉字书法艺术在越南:历史与现状》,《汉字文化》,2008(3)。

第四节　朝鲜半岛的汉字

"朝鲜"一词始见于《山海经》:"朝鲜在列阳东,海北、山南,列阳属燕。""东海之内,北海之隅,有国名曰朝鲜。"而成书于秦末汉初的《尚书大传》载:"(周)武王胜殷,继公子禄父,释箕子囚。箕子不忍周之释,走之朝鲜。武王闻之,因以朝鲜封之。箕子既受周之封,不得无臣礼,故于十三祀来朝。"两处朝鲜所指是否同一,"箕子朝鲜"是否就是古朝鲜,并未有统一结论。但是,我们需要明白,汉朝时期,"朝鲜"只是指朝鲜半岛北部的地区,朝鲜半岛南部则被称为"三韩"(即辰韩、马韩、弁韩,见《后汉书·东夷列传》)。而朝鲜之得名,盖《史记·朝鲜列传》"集解"引张晏云:"朝鲜有湿水、洌水、汕水,三水合为洌水,疑乐浪朝鲜取名于此也。"索隐云:"朝音潮,直骄反,鲜音仙。以有汕水,故名也。汕,一音讪。"

到西汉元封年间,武帝东征朝鲜并设郡,此后的很长一段时间内,"朝鲜"一词不再使用。不论是三国时代①,还是后来的统一新罗、后三国时期、高丽时期等,国名均不再称为"朝鲜",中国史书也多以朝鲜半岛各国国名称之。

1392年,李成桂推翻王氏高丽王朝,上表奏请明太祖朱元璋定夺国名。朱元璋认为:"东夷之号,惟独'朝鲜'之称美,且其来远,可以其本名而祖之。"故而,"朝鲜"一词便沿用下来,成为民族、语言、国家的专称。此外,由于高丽是朝鲜半岛上第一个统一的民族国家,也是朝鲜民族和文化开始形成的朝代,故而朝鲜王朝建立后,外国人也常称之为"高丽",流传至今。

第二次世界大战临近尾声的1945年2月,召开了雅尔塔会议,该会议决议朝鲜半岛划分为:由苏联势力范围的"朝鲜(朝鲜民主主义人民共和国)"和处于美国势力范围内的"韩国(大韩民国)"两个区域。1950年6月25日,朝鲜战争

---

① 公元前57年到公元668年之间,朝鲜半岛出现了三个国家,分别是:高句丽(前37—668)、百济(前18—660)、新罗(前57—935),公元660年和668年,唐朝联合新罗先后消灭了百济和高句丽,朝鲜半岛三国时代结束。670年,两国为争夺对百济和高句丽故地的统治权,爆发了唐朝新罗战争。676年战争结束,唐朝占领原高句丽大同江以北的绝大部分领土,新罗占领百济故地和原高句丽小部分领土,统一了朝鲜半岛大同江以南地区。朝鲜半岛三国时代并非由一个国家分裂而成,而是由三个不同的国家发展而成的,最终也未统一于同一个国家。

爆发。1953年7月26日,韩国与朝鲜签署停火协议,沿三八线非军事区划分为两个国家。

一般地,可将汉字在朝鲜半岛的传入及推广过程分为四个阶段:

第一个阶段为古代朝鲜初步形成至三国鼎立时期。这一阶段是朝鲜半岛由无文字历史进入汉字传入历史的时代。时间大致为殷商时期到公元4世纪左右。

第二个阶段是公元372年到13世纪末。公元372年,朝鲜三国时代中的高句丽王朝的小兽林王开始设立中国式的太学制度。此时佛教也初入朝鲜半岛[1],大量汉字便伴随佛教和儒教传入朝鲜半岛。

第三个阶段为朝鲜王朝时期(1392—1910)。此时,朱子学繁荣昌盛,"世宗大王"时创制谚文。

第四阶段是日本吞并朝鲜王朝至今。此时的汉字在朝鲜半岛经历了跌宕起伏的命运,几近消亡。

(一) 汉字初入

公元前108年,即西汉元封三年,汉武帝设置了朝鲜半岛四郡:乐浪郡、玄菟郡、真番郡、临屯郡,史称"汉四郡"。公元前82年,即汉昭帝始元五年,乐浪郡合并其余三郡。至东汉建安九年(204)割乐浪郡南部置带方郡,西晋建兴元年(313)乐浪、带方郡被高句丽攻陷。乐浪郡的治所在今平壤南郊大同江南岸土城里的台地上。1935年到1937年,在今朝鲜首都平壤的乐浪区域,陆续发现了乐浪郡城遗址和大约2000余座汉墓,其中出土了大量贮存汉字的砖瓦、碑石、封泥、陶器和铜铁器等文物,瓦当文字多印有"乐浪礼官""乐浪富贵"等,封泥文字则有"乐浪太守章""乐浪大尹章"等。此前,1913年日本建筑史家、一生致力于文物保护的东京大学教授关野贞在朝鲜平安南道龙冈郡海云面龙井里(属乐浪郡遗址)考察时发现了秥蝉县神祠碑(汉平山君碑)。碑身通高150厘米,上书文字为方整古雅的篆文,碑铭内容为秥蝉县长向山川之神平山君祈求百姓安宁五谷丰登。该碑可谓朝鲜半岛迄今发现的最早的汉字刻石。此外,另有秥蝉县长、县丞印泥也陆续出土。而带方郡遗址内也出土了大量东汉至西晋时期的纪年砖。其中太守张抚夷的墓葬也已被发掘出来,其墓砖上有"使郡带方太守张

---

[1] 公元372年,前秦苻坚派使者及和尚顺道送佛像、经文至高句丽。后又由高句丽传入新罗。受其影响,公元385年,百济国也在南汉山建佛寺,度僧十人。

抚夷砖"的字样。

乐浪郡址出土的"乐浪礼官"瓦当

汉秥蝉县神祠碑

实物资料之外,传世史志文献亦有相关记载。

西晋陈寿《三国志·魏书·东夷传》载:"辰韩在马韩之东,其耆老传世,自言古之亡人避秦役来适韩国,马韩割其东界地与之。有城栅。其言语不与马韩同,名国为邦,弓为弧,贼为寇,行酒为行觞。相呼皆为徒,有似秦人,非但燕、齐之名物也。名乐浪人为阿残。东方人名我为阿,谓乐浪人本其残余人。今有名之为秦韩者。始有六国,稍分为十二国。"

高丽时代僧侣一然编撰的《三国遗事》卷一"辰韩"条记载:"《后汉书》云:辰韩耆老自言,秦之亡人来适韩国,而马韩割东界地以与之,相呼为徒,有似秦语,故或名之为秦韩。有十二小国,各万户,称国。又崔致远云:辰韩本燕人避之者,故取涿水之名,称所居之邑里,'云沙涿''渐涿'等。"

两则传世史料均记载了临近日本列岛的辰韩,原本是因秦朝苛捐徭役而逃亡到朝鲜半岛东南部的汉人,与当地土著韩族结合所形成的。

上述文献确凿无疑地说明了至迟西汉时期,汉字已然传入朝鲜半岛。

(二) 吏读文

汉字传入朝鲜半岛后,至汉朝末年,朝鲜半岛的政权已然开始使用汉字进行教育。在从公元372年至13世纪末长达千年的时间里,佛教经由中国传播到高句丽,新罗的统一和高句丽王朝的政权交替,又促使大量汉字随佛教和儒教传入朝鲜半岛。不仅如此,高句丽还产生了科举制度,于是汉字正式成为朝鲜半岛的通用文字。而新罗统一三国之后,汉字又取得了官方文字的地位。

由于朝鲜并无固定标音系统,一方面导致汉字读音比较混乱,一方面也没有办法记录朝鲜半岛本地语音。因此,在长期使用汉字汉语的过程中,逐渐产生了一种借用汉字来记录朝鲜半岛本地语言的方法,也就是我们所熟知的"吏读文"。据载,约生活于7世纪末8世纪初的朝鲜新罗时期散文家、学者薛聪,创制了名为"吏道"①的方言(朝鲜语)。但实际上薛聪仅是做了一些整理吏读文以翻译儒家经典文献的工作②。

"吏读文"有广、狭二义。广义上,一切借用汉字来记写朝鲜语的形式都可算作吏读文,如"吏札"③"乡札"④"口诀"⑤及借用汉字记写朝鲜语固有名词的形式等;狭义上,只有按照朝鲜语的句法特点改造汉字,并添加一些词尾的记写形式才被看作吏读文。

吏读文的特征有四:

一是字形异于同时期的汉字,比如乭(表石头)、畓(表水田)等;

二是具有不同于汉语的词汇,例如"角干"(官职名)、"乌斯含达"(古代朝鲜地名);

三是词序不同于汉语,如"一石分二得"(汉语语序为"分一石得二");

四是吏读文在实词后面附加表语法意义的助词,如"石塔五层乙""八十以上果十岁以下"(加点为助词)。

早期的吏读形体仅词序与汉语不同。今天的韩国庆尚北道庆州曾发掘出一方发誓石,铭云:"壬申年六月十六日 二人并誓记天前誓 今自三年以后 忠道执持过失无誓若此事失 天大罪得誓 若国不安不乱世可容行誓之 又别先辛未年七月廿二日大誓 诗尚书礼传伦得誓三年"。虽然汉字意义没有变化,但以汉语语

---

① 史料记载,吏读有时也被称为吏头、吏吐、吏道、吏套。
② 1766、1829、1913年,平壤地区先后出土过高句丽长寿王(413—491)时期的三块石碑(刘燕庭《海东金石苑》辑录了前两块碑文),均刻有"吏读",属于早期"吏读"文献。
③ 吏札是由初期吏读发展而来。吏札不同于早期吏读文的一点是开始使用吏读助词,但词序不变。明朝时期的大明律,传入朝鲜半岛后被译成《大明律直解》,可以看作最早使用吏札记录的文献。引一段文字为例:"凡官吏亦擅自离职役为在乙良笞四十为乎矣 难苦为去向人回避为要因而在逃为在乙良 杖一百停职不用为旀 所避事重为在乙良 各从重论罪齐"。"为在乙良""为乎矣""为旀""齐"等都是吏读助词。
④ 乡札是新罗时代利用汉字音义直接将古代朝鲜语口语完整地标记出来,主要用于记写"乡歌"等歌谣,除少量汉语词汇、成语外,多为固有词汇,助词也更接近口语。高丽忠烈王朝(1274—1308)一然所著《三国遗事》所载"新罗乡歌"14首、高丽文宗二十九年(1075)赫连挺所著《均如传》所载"均如乡歌"11首,即是使用乡札记录的资料。例如"东京明期月良 夜入伊游行如可"。李基文曾译为"동경붉긴드래 새도록 노니다가"(古朝鲜语),"就着东京(庆州)的明月,游玩至天明"(汉语)。其中,"良""伊"为朝鲜语的词缀〇。
⑤ "口诀"即"语助"之义,意谓不改变汉语语序,仅把具有语法意义的助词置于词汇之间,通行于8世纪以后。如:"天地之间万物之中厓唯人伊最贵为尼所贵乎人者隐以其有五伦也罗",把加点的词去掉之后,本句仍能读通。

序则无法读通。

10世纪之后,吏读文最终发展为官方文字。然而在本质上,吏读文并未能解决使用汉字记写语言系属迥异于汉语的朝鲜语的诸种问题。

(三) 训民正音

训民正音创制之前,朝鲜一直使用中国的汉字。

虽然朝鲜半岛已然具有了吏读这一本民族文字,然而在具体使用中,吏读并不能很好地叙述所要表达之意。朝鲜王朝时期第四代君王世宗大王就曾说过:"国之语音,异乎中国,与文字不相流通,故愚民有所欲言而终不得伸其情者多矣!予为此悯然,新制二十八字,欲使人人易习,便于日用耳。"为此,世宗大王专门设置了集贤殿(类似于今天的科学院或研究所)。

在对汉字、梵文、回鹘文、八思巴文、女真文、日文等周围民族文字的研究积累了一定成果的基础上,世宗二十五年十二月(1443年12月),终于创制出了一种符合朝鲜语音韵体系的简明的朝鲜语文字——"训民正音",简称"正音字",俗称"谚文"①"反切"等。《世宗实录》世宗二十五年癸亥十二月条云:"是月,上亲制谚文二十八字,其字仿古篆,分为初中终声,合之然后乃成字,凡于文字本及国俚语皆可得而书,字虽简要,转换无穷,是谓训民正音。"

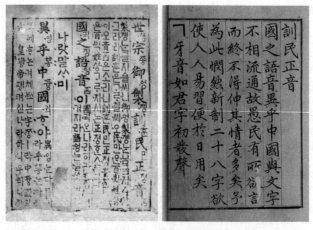

左图:喜方寺版《月印释谱》中的《训民正音》"谚解本"(1568年)。

右图:《训民正音》"解例本"影印

---

① 意即民间的文字,这是与正统的"汉文"相对而言的。直到19世纪末20世纪初,训民正音的地位仍然不及汉字。

训民正音兼具音位文字和音节文字的性质。共28个字母，17个为初声字（即辅音、子音），11个为中声字（即元音、母音）。① 一个音节可分作初、中、终声（终声不单独制字，而是再次使用初声字），书写时须以音节为单位形成方块格局，即初声在中声之上或左，终声在初、中声之下。原初训民正音还设计了标示声调的符号，《训民正音·例义》云："左加一点则去声，二则上声，无则平声，入声加点同而促急。"然而16世纪后半期，这种声调符号就废弃不用了。

关于训民正音字形的起源，众说纷纭。主要有起源于古篆说②、梵字说③、八思巴字说④、发音器官象形说、西藏文字起源说、契丹女真文字起源说、太极起源说、日本神代文字说、卍字说、门窗格子说等。

1940年，《训民正音》的一个失传版本，于朝鲜半岛庆尚北道安东重见天日。该本为李汉杰一家祖传，世称"解例本"（包括例义、解例两部分），乃朝鲜世宗二十八年（1446）发行。该本的出现消除了历来对训民正音形体来源的争论。是书记载：

> 天地之道，一阴阳五行而已。坤复之间为太极，而动静之后为阴阳。凡有生类在天地之间者，舍阴阳而何之。故人之声音，皆有阴阳之理，顾人不察耳。今正音之作，初非智营而力索，但因其声音而极其理而已。理既不二，则何得不与天地鬼神同其用也。正音二十八字，各象其形而制之。初声凡十七字。牙音ㄱ，象舌根闭喉之形。舌音ㄴ，象舌附上腭之形。唇音ㅁ，象口形。齿音ㅅ，象齿形。喉音ㅇ，象喉形。ㅋ比ㄱ，声出稍厉，故加划。ㄴ而ㄷ，ㄷ而ㅌ，ㅁ而ㅂ，ㅂ而ㅍ，ㅅ而ㅈ，ㅈ而ㅊ，ㅇ而ㆆ，ㆆ而ㅎ。其因声加划之义

---

① 今朝鲜语字母辅音包括：ㄱㄲㄴㄷㄸㄹㅁㅂㅃㅅㅆㅇㅈㅉㅊㅋㅌㅍㅎ，元音包括：ㅏㅐㅑㅒㅓㅔㅕㅖㅗㅘㅙㅚㅛㅜㅝㅞㅟㅠㅡㅢㅣ。
② 李德懋（1741—1793）在《青庄馆全书》的《盎叶记》中提到："训民正音初、终声通用八字皆古篆之形也。ㄱ，古文及字，象物相及也。ㄴ，匿也，读若隐。ㄷ，受物器，读若才（按：一作方）。ㄹ，篆己字。ㅁ，古围字。ㅂ，篆口字。ㅅ，篆人字。ㅇ，古圜字。"加拿大语文学家盖尔（GALE, James Scarth, 1863—1937）在 The Korean alphabet (Transactions of the Korea Branch of the Royal Asiatic Society VOL IV-part I, 1912) 也持该观点，并提出"ㅗ""ㅜ"即汉字"上""下"的古篆形体"⊥""丅"。
③ 朝鲜王朝成宗时成伣（1439—1504）在《慵斋丛话》中提到："其字体依梵字为之。"李晬光（1563—1628）《芝峰类说》（卷七）论断："谚书字样全仿梵字。"日本、欧美学者持此观点者甚众。
④ 朝鲜王朝学者李瀷（1681—1763）在《星湖僿说》中推论："元世祖时八思巴者，得佛氏遗教，制蒙古字……后世与我之谚文同科。……以意臆之，今谚文与中国字绝异……是时元亡才七十九年，其事必有未泯者……"音韵学家柳僖（1773—1837）《谚文志》亦载："我世宗朝命词臣，依蒙古字样、质问明学士黄瓒以制。"1940年"解例本"发现后，之前的各种起源说大都销声匿迹，唯独对巴思八文和训民正音的关系还提出了新的论述。

皆同,而唯○为异。半舌音ㄹ,半齿音△,亦象舌齿之形而异其体,无加划之义焉。

可以看出,训民正音是在传统的天地人三才、阴阳五行等观念的影响下,根据人的口腔构造而创造出来的。

训民正音问世后,主要用于翻译和纂辑佛教及儒家经典等文献。然而仅仅半个多世纪后,燕山君发动"谚文禁乱"(1504—1506),下令禁用训民正音并焚烧正音文字书籍,对训民正音是一个沉重的打击。明万历二十年(1592)至万历二十六年(1598),朝鲜半岛、日本、中国之间发生了历时七年的惨烈战争[1]。战后人民不满朝鲜王朝统治,训民正音的使用逐渐转入民间,并在民间广泛普及[2]。19世纪末开始,朝鲜王朝逐渐瓦解,在启蒙思想和爱国文化的影响下,训民正音取代汉字成为官方文字。

1897年,朝鲜王朝君王李熙改国名为大韩帝国。1910年8月22日,日本政府与大韩帝国签订《韩日合并条约》,并开始了对朝鲜半岛长达36年的统治。日本统治期间,训民正音的使用又受到了很大的削弱,第二次世界大战当中,甚至被中止使用。出于对日本统治的不满(包括汉字政策),独立之后的朝鲜半岛整体排斥汉字。

(四) 朝、韩现行汉字

朝鲜于1949年起全面废除了汉字使用和教学。然而1968年,最高领导人金日成表示:虽然朝鲜没有使用汉字的必要,但是,中国、日本、韩国使用汉字,所以朝鲜有学习汉字的必要。在这一指示下,朝鲜修改了一律使用表音字的方案,"汉文"教育又被编入了高中的课程。目前朝鲜小学生从五年级开始学习汉字,至高中毕业止学习1500个汉字,大学期间再学习1500个,共计教授3000个汉字。汉字在朝鲜一般被用来标记与中国有关的人名、地名等。

在韩国,1948年,新政府刚刚成立("制宪国会")便制定了"表音文字专用法",规定:"大韩民国的公文必须使用谚文书写。然而,在过渡期间,可以在谚文后方以括号形式插入汉字。"次年,又通过了关于使用汉字的建议案。1950

---

[1] 万历朝鲜战争(又称朝鲜壬辰卫国战争);朝鲜半岛称为壬辰倭乱,第二次称之为丁酉再乱;日本称为文禄之役,第二次称之为庆长之役,或合称文禄－庆长之役。

[2] 朝鲜王朝时期,汉字被视为知识分子与普通人的界线。

年,文教部公布了"临时限制汉字"1000个教育汉字。7年后,教育汉字扩充到1300字。

然而自1961年至1979年期间,朴正熙颁布了"韩文专用法律案",并特设"韩文专用特别审议会",全面废除汉字,将汉字词、外来语改为纯粹的朝鲜语。至1968年8月,共改正词语达14149个。1968年10月,朴正熙提出"促进韩文专用7个事项",12月又颁布"国务总理训令第8号",下令从1970年起,公文中禁止使用汉字,强行废除教科书中使用的汉字。而此前一年,文教部刚刚制定出"汉文略字方案"。

迫于国内强烈反对废止汉字的舆论,1972年,文教部颁布"教育法改正令",规定在初、高中恢复汉字教育,并制订了1800个"教育用基础汉字"(初中、高中各教900个汉字)。在大学则新设汉文教育系,以培养汉语教师。之后的30年中,小学完全取消了汉字,初中、高中仅向学生教授这1800个汉字。遗憾的是,因为汉字课程未被列为必修科目,且现实生活中极少用到汉字,致使学生失去了学习汉字的动力。也正是因为当时一代的学生对汉字的陌生,致使20世纪80年代中期,韩国的报纸、杂志等,开始逐渐降低汉字的频率。

然而,朝鲜语中的词大半由汉语而来,所以纯粹的谚文交际不仅效率不高,而且还会影响正常的理解。故而1975年,教科书体系得以修改,准许汉文课以外的教科书也可以使用汉字并记。1991年4月1日,大法院公布了2854个"人名用字"。至1997年,又添加了原来非人名汉字中的一部分汉字及人名汉字的俗字、略字、同字等百余个。到了1998年,总统金大中则发表了汉字复活宣言。而由170多个社会团体联合组成全国汉字教育推进总联合会,于1998年11月17日召开总动员大会,提出"从小学接受汉字教育,摆脱文化危机"的口号。大会还向国会提议"废除表音字专用法案",前后共有7000多名社会各界知名人士联合签名,表示赞同。

在上述努力下,1999年开始,韩国人身份证上可以并记汉字名字。2月,韩国文化观光部颁布了"汉字并用推进案",规定在政府公文和交通标志上同时使用韩文和汉字。韩国教育部则于2000年12月发表公告,在1972年教育用基础汉字的基础上,增删了44个汉字,总数仍为1800字,并从2001年度开始实行。2000年通过的方案还有道路标志和地铁路线图上并记汉字、英文等。但与韩文专用政策相比,上述政策的作用和影响极为有限。

2005年,韩国全国汉字教育推进总联合会的领导人李在田去世,汉字复活运动的力量又大为削弱。同年,国语基本法规定公文文书的汉字须以括号标示。此后,汉字混用的法律改为谚文意译,道路标识用汉字也被改为对象是中国人的简体字,此前公共汽车站的汉字并记也宣告中断。

2009年1月,在全国汉字教育推进总联合会的推动下,健在的历届总理共同签名,上书青瓦台(总统府)《敦促在小学正规教育过程中实施汉字教育的建议书》。该建议书呼吁:"半个世纪以来,由于'专用韩文'的错误的文字政策,今天我们陷入了比上世纪90年代经济危机还要危急的文化危机。……韩国不应将汉字视为外语;汉字应和韩文一起被视为'国字'来实施教育。"目前,多地已经实行了小学汉字教育。

【研究提示】

1. 韩国学生来华留学数量与日俱增,走访身边的韩国留学生,调查目前韩国的汉字教育及考级情况,并探讨韩文专用政策对当代青年人的影响。
2. 以下材料摘自韩国崔铉培所著《文字的革命》(汉城:教学图书株式会社,1947年),请谈谈你的看法。

汉字的缺点:

1) 学习起来需要浪费很多精力和时间;

2) 印刷非常不便;

3) 打字机等机械化不可能实现。

汉字的危害:

1) 韩民族由于学习汉字而浪费了精力;

2) 国语因此而退化萎缩;

3) 产生盲目崇拜大国的思想,丧失民族自尊心;

4) 不能发挥民族独创能力;

5) 导致全民族的文盲比例高达80%以上。

深层原因:是由于汉字作为表意文字,数量和笔画过多,并且汉字又是从外国借来的外来文字。

反对废除汉字或持观望态度的:

1) 汉字已经被韩国文化所同化,应当继续使用;

2) 汉字的一大长处就是具有印象性、含蓄性和表达性的效果;

3）如果废除汉字会导致与东方文化遗产的绝缘；

4）废除汉字会导致东方文化和道德的破坏；

5）汉字是东方世界共同的汉字；

6）朝鲜语中有大量的汉字词；

7）如果不知道语源就不能充分理解词义；

8）只有具有了汉字知识，才能理解众多的汉字词；

……

【延伸阅读】

1. 黄有福《训民正音》，见中国民族古文字研究会编《中国民族古文字》，1982年。又，天津古籍出版社，1987年。

2. 金喜成《试论古代朝鲜的"吏读"》，《满族研究》，1989（4）。

3. 宣德五《朝鲜语文论集》，开明出版社，2004年。

4. 李得春、张光军、金基石、李承子、骆敬敏《中韩语言文字关系史研究》，延边教育出版社，2006年。

5. 韩国国立国语院编《训民正音》，韩梅译，世界图书出版公司北京公司，2008年。

6. 顾维华《汉字缺失让韩国陷入文化危机》，《东方早报》第C07版"文化·专题"，2009年1月15日。

7. 〔韩〕河永三《韩国汉字教育历史回顾和现状分析》，《中国文字研究》第14辑，2011年。

8. 王平《韩国现代汉字研究》，商务印书馆，2013年。

第五节　日本（琉球）的汉字

日本国领土由北海道、本州、四国、九州4个大岛和6千多个小岛组成。中国东汉时期，日本列岛上就存在着百余个小国家。据《古事记》（712年）和《日本书纪》（720年）载，第一代天皇——神武天皇于公元前660年2月11日建国并即位，因此这一天就被定为"建国纪念日"。"日本"一词意为朝阳升起的地方，但在日语中该词存在多种发音，日本政府也并未规定其标准读音。由于日本地处中国东面海洋之中，自古便有"东瀛""东洋"之称。

日语，一般是指以东京方言为基础的日语现代标准语，使用人口过亿，大致可分为本岛方言（东、西、九州方言）和琉球方言（分为中、北、南部方言，冲绳和琉球群岛上，许多人将琉球方言看作第一或第二语言）。语序为主语–宾语–谓语；词汇方面，包含大量的中国传入的汉语词；音节上，基本是由"辅音+元音"构成，元音只有五个，音节构造简单。日语所属语系迄今未有定论。虽然许多教材认为日语属于阿尔泰语系，但至今仍难以证明日语和被认为属于阿尔泰语系的何种语言之间相互存在亲属关系。严格来讲，日语的相关特征只能够证明日语在类型上是一种属于"阿尔泰型"的语言。

日语之外，朝裔居民讲朝鲜语，北海道地区目前仍有少量人口操濒临灭亡的阿伊努语（一般认为它是一种独立语言，与其他语言找不到具有亲属关系的证据）。

由于琉球群岛目前为日本托管，故一并置于节末介绍。

（一）汉字初入

汉字传入日本的确切年代，至今未有定论。

日本最早的两部史书中曾提及汉字传入日本一事。这两部传世史书是奈良时代安万侣于712年编撰的《古事记》和舍人亲王等人于720年编撰的《日本书纪》。据载，应神天皇十五年（晋武帝大康五年，公元284年），百济国王子阿直岐（又名阿知吉师）及使者为弘扬佛法，前往日本传经布道，日本太子菟道稚郎子等人开始研读佛经。次年，百济国又派博士王仁携《论语》《千字文》等赴日。王仁到达日本后，成为太子的老师。足见早在四五世纪之交，汉字便已经由朝鲜进入日本。

而在编纂《日本书纪》之前，并没有正式的文献记载。正如《古语拾遗》载："上古之世，未有文字，贵贱老少，口口相传，前言往行，存而不忘。"而到了《日本书纪》成书时，汉文已成为日本官方语言，而该书所用文字，亦多取自中国典籍文献。

而根据两国出土文献，汉字传入日本的时代当更早，至迟公元1世纪时就传入了日本。

中国的新莽时期，曾制造出一种名为"货泉"的货币，据《汉书》载，该币种为天凤元年（14）所铸造。日本丝岛郡小富士村的海边遗址中出土了一种刻有两个篆字"货泉"的硬币，这是目前发现的最早传入日本的两个汉字。1784年，日本九州筑前国糟屋郡志贺岛南部出土了一枚刻有"漢委奴國王"[1]字样的玺印("委"即"倭"字)。这些出土文献说明,公元前1世纪至公元1世纪,汉字已经传到日本。然而需要注意的是,此时的汉字传入仅是零星分散的,并不能确定此时的日本是否已经系统地接触、学习和使用汉字了。

汉字进入日本后,经过了很长时间的消化和吸收。汉语与日语属于完全不同的两种语言,传入之后的汉字读音便形成了音读和训读两种模式。按照汉语发音,或者模仿中国古代汉字发音方法,而读出的日语中的汉字,便是音读;而舍弃汉字的音,仅借用中国汉字的字形字义,并仍按照日语固有的发音来读,则称为训读。因汉字传入日本并非同一朝代、同一地域,故而音读具有明显的地域差异,大致可分作吴音、汉音、唐音、惯用音等。

(二)国字

对于一些日本文化中的特有概念而无法用已有汉字记录的,古代日本人便创制了自己的汉字——国字。国字,又叫"和字""倭字""和俗字""和制汉字"。国字出现的准确时间,目前尚无法考证。但从日本古籍中可以看出,早在奈良时代就已经出现了国字。

上文提到的《古事记》中就有国字"俣""椙",而现存最早的和歌总集,奈良时代末期成书的《万叶集》(759年)也贮存了一些国字,如"鞆""樫""鳴""麿"等。

第一部明确注明国字,且是第一部汉和字书的《新撰字镜》(平安时代初期僧人昌住编),在"小学篇字"中就记载了400个左右的国字,足见至迟奈良时代,日本国字已然蔚为大观。当然,这400个左右的字并不完全都是纯粹的国字,也包含部分的误字,以及借用中国的汉字来表其他字义的情况。

国字主要采用会意造字法,集中于植物、鱼类等固有词汇上。如鮴(藏于沙地之鱼)、凪(风平浪静)、裃(江户时代武士上下身一套的礼服)、俤(影子、音容、痕迹)、椛(枫树)、辻(十字路口)等。少部分国字为形声造字法所造,如塀字,从土屏声,表围墙之义。

江户时代之前所造国字,往往用来表示日本已有事物名称,故而此类国字只

---

[1] 《后汉书·东夷列传》载,公元57年,福冈地区的一个小国家——倭奴国,向后汉朝贡,光武帝刘秀赏赐金印一方,上刻"漢委奴國王"。

有训读而无音读。江户时代及之后的时代所造国字,还利用了汉字的音读造国字来表示新的概念。日本国字中训读占有大部分,而音读则只有一小部分。

近代,尤其是明治维新之后,随着西方科学技术的传入,新的国字也偶有出现。比如"腺"字,本是为翻译荷兰医学书籍而造,但由于中国通过日语转译了西方医学书籍,"腺"之类的字便也传入了中国,至今广泛应用于医学术语中。而公制单位,如"瓩""粎"二字,也是先有日本造出国字,后又传入中国。

日本各类字书所收国字及字数多有不同。诸桥辙次编著的《大汉和辞典》(大修馆发行,1995年初版),收国字141个。而菅原义三编著的《国字の字典》广罗古今各类文献中出现的国字,共收录1551个(许多所谓的"国字"需重新认定),其中常用国字166个,其余国字大都不再使用。

二战之后,日本采取了限制汉字使用的政策,故而大部分的国字已经不再使用,取而代之的是假名,如连接词"且说",战前所用国字为"扨",战后被假名"さて"所完全取代。只有地名和姓氏上仍然使用一些常用国字。如《常用汉字表》中收录了八个国字:匁、込、峠、畑、塀、搾、働、枠,《人名用汉字别表》还收录了两个国字:笹、麿。

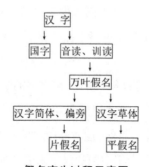

假名产生过程示意图

(三) 假名

汉字引入日本之后,日本一直想要将其变成自己的文字。于是,日本人逐渐用与日语音同、音近的汉字专门记音,一种把汉字作为记音工具的方法逐渐成熟。因其用法主要集中在日本古典名著《万叶集》中而得名"万叶假名"。上述提到的《古事记》《日本书纪》等著述在需要音译时就用万叶假名标记。万叶假名的时代约从大和时代起,直到奈良时代,共约七八百年的历史。万叶假名也叫作真假名,"真名"即为汉字,而假名则是对汉字的假借和假用。当时的男性在书写时均使用汉字,故而当时称汉字为"男手",但平假名只有女性才使用。若无汉字可用时,便创制出了国字。

万叶假名可分作借音和借训两种。借音方面(音假名),一个汉字可表一至二个音节,如"以"(い)、"信"(しな)。借训方面(训假名),一个汉字可表一至三个音节,而两个汉字也可表一个音节,三个汉字也可以表两个音节。例如,"石"(し)、"鸭"(かも)、"炊"(かしき)、"五十"(い)、"八十一"(くく)。

奈良时代有一千左右的万叶假名,有时一个日语发音可以对应几个或十几个汉字,大大影响了人们的实际交际。在这一背景下,万叶假名中笔画繁难的一些字开始淘汰,至平安时期,大致只留下三百个左右的万叶假名。不仅如此,平安时代初期,使用草写体来书写万叶假名已然风靡一时,加上汉字书体演变及形体的不断简化,万叶假名随之被草假名(汉字的草写体)所取代。

草假名行用渐久,最终演化出片假名和平假名。

"片"字意为片面、不全。片假名本是在平安时代的初期为了训读而根据楷体汉字的偏旁部首创制的①,但现在的片假名字形确定下来却是在明治维新时期,在这之前一个发音往往有多个片假名对应存在。片假名只是一个表音的文字符号,故而只看单词表面,是无法知道该单词的具体意思的。

片假名由来举例				
	あ段	い段	う段	え段	お段
あ行	ア("阿"字偏旁"阝")	イ("伊"字偏旁"イ")	ウ("宇"字偏旁"宀")	エ("江"字偏旁"工")	オ("於"字偏旁"扌")
か行	カ("加"字偏旁"力")	キ("幾"的草书体略形)	ク("久"的左侧)	ケ("介"的草书体略形)	コ("己"的上部)

进入平安时代中期,草假名中的音假名演变成为类似于记号的平假名(又称女手、女假名②)。平假名基本上是从汉字的草书演化而来,多形成于10世纪前后。

---

① 平安时代初期,汉文文学作品及佛教经典大量传入,讲解佛经一度盛行。据说,听讲的僧侣需要在狭细的字里行间快速加注音义、书写笔录,但万叶假名并不适宜这种场合,于是僧侣们尽量采用更为简单的汉字或偏旁来代替整字。所以,今人多倾向于片假名是为标注佛经等汉文文献的训读而创制的。
② 贵族男女通信时,为便于交流,男子也会使用平假名。

平假名由来举例					
	あ段	い段	う段	え段	お段
あ行	あ(安)	い(以)	う(字)	え(衣)	お(於)
か行	か(加)	き(幾)	く(久)	け(計)	こ(己)

此时男女地位依然悬殊,男子可以使用万叶假名,女子则被禁止学习汉字,且只可使用平假名。在实际使用中,男子也逐渐接触平假名。尤其是随着紫式部《源氏物语》的流行而使得男性开始使用平假名。又由于使用平假名书写的和歌大量流行,最终日语的标记形式出现了汉字和平假名共用、混写的情况。汉字多用来表实词性的词汇,而假名多用来表虚词性的词及外来语。时至今日,汉字假名混写已经成为日本常用的文字形式。

(四)废除汉字与汉字改革

17世纪初的江户时代,较早接触西方文化的政治家新井白石就提出了西方表音文字优于中国表意文字的观点。两个半世纪后,在西方资本主义工业文明的冲击下,日本自19世纪60年代始开展了一场自上而下的、具有资本主义性质的改革运动,史称明治维新。在这种全面西化及民族主义浪潮中,汉字首当其冲受到了冲击。

1866年,前岛密向德川幕府末代将军德川庆喜上书《汉字废止之议》,提出废除汉字,并效仿西方音符文字,拉开了"国字改良"运动的序曲。大批知识分子继之而起,废除汉字的呼声一浪高过一浪,"假名会""罗马字会"等致力于废除汉字的团体相继出现。1884年11月,"国字改良"运动的代表人物外山正一发表《新体汉字破》的演说,呼吁"废除汉字是比开设国会以及宗教改良更为紧迫的任务";约1886年,矢野文雄发表《日本文体文字新论》提出节减汉字的观点,后来又编《三千字字引》发行;1894年4月,井上哲次郎又发表《文字教育的关系》的演说,矛头直指"导致日本文化停滞不前的""落后"的汉字……1895年甲午战争日本胜利,日本文化界对汉字问题的讨论达到高潮,仅文章数量就有32篇之多。然而战争的胜利和对新领地的统治,大大减弱了废除汉字的呼声,汉字被许以作为日本实施"同化"政策的工具而得以保留下来。

在"国字改良"运动的后期,明治知识分子又开展了"言文一致"运动。1887年5月迁伯伦在"罗马字会"集会上发表了名为《言文一致》的演讲,认为口语应当与书面语相应,之前的晦涩的书面语应当废除,并确立日本民族的语言。在这一运动的影响下,出现了许多言文一致的作家。

"国字改良"和"言文一致"运动使得日本"国语"意识上升。1986年,文部大臣森有礼颁布了《学校令》,将"和汉语系"更名为"国语及汉语系",并在师范学校设立了"国语系"。1889年,又将帝国大学的"和语系"更名为"国语系"。1900年,文部省更改《学校令》,国语的概念正式确立。

同在1900年,文部省又进行了假名的标准化、修改汉语词的假名写法、并限制小学汉字用字为1200字。因保守势力反对,该方案于1908年暂停实施。约1909年,原敬、三宅雄二郎、岩谷季雄等发表了具体节减汉字的意见和措施。到1921年,一些东京、大阪等地的新闻工作人员发表了减少汉字、增加假名使用比例的声明。两年后,文部省"临时国语调查会"公布了一份《常用汉字表》,包含1962个汉字(同时公布的"小学国语教科书"用字数为1360个),1931年又修改为1856字,但因为"九一八事变"而被迫中止。1942年,文部省的"国语审议会"拟定了《标准汉字表》,包括常用字1134字、准常用字1320字、特别字74字,后来又在其他部门的建议用字下,"小学国语教科书"总数增加到2669字,但一般人使用不限于这个数量的约束。

经过一系列语言文字改革的积淀,日本最终形成了以汉字、假名、罗马字混用的文字体系。

(五)战后汉字的三种标准

二战之后,日本政府制定了便于社会生活用字的三个标准,分别是:《常用汉字表》《人名用汉字表》《情报交换用汉字符号系(信息交换用汉字符号系统)》。

作为战后改革①的一个步骤,1946年11月日本政府制定了《当用汉字表》。"当用"在日语中意为"不考虑将来,仅用于应对现在问题的"。该表选取1850个汉字作为日常生活用字。虽然是日常生活所用,但是却并不是限定个人层次的使用,其通行范围大致为:法令、公文、报纸、杂志及一般社会中所用。经过汉字废弃派和推进派长达35年的争论之后,1981年10月,《当用汉字表》才由内

---

① 二战之后,日本政府和知识界对汉字的态度已经由"废除"转变为"限制"了,汉字在日本已经是"不可回避的他者"。

阁公布升格为正式的《常用汉字表》，其中包括 1945 个汉字的字形、音训和语例。同时，文部省发布了一份"学习指导要领"，规定在高中学校教育方面，学校应当指导学生对大部分的"常用汉字"做到会写、会读。《常用汉字表》较《当用汉字表》标准更为宽松，尤其是明确指出："不反对以该表为基准，根据实情定立独自的汉字使用方针，不同领域可以对该表有不同的使用方法。"

行用近 30 年后，《常用汉字表》才重新得以修订。2010 年 6 月，国语小委员会向文部科学大臣提出了报告，并上请同年秋天由内阁颁行。本次修订，主要依据汉字在印刷资料中出现的频率，最终新修订的《改定常用汉字表》共收录 2136 字。

关于人名用字方面，日本户籍法第 50 条规定：起名须使用常用易懂的汉字，常用易懂的汉字的范围则是由法务省令规定。法务省《户籍法施行规则别表第二（人名用汉字别表）》规定，使用《常用汉字表》《户籍法施行规则别表第二（人名用汉字别表）》以外汉字的人名不能载入户籍。允许加在户籍姓名中使用的汉字，原则上包括《常用汉字表》《人名用汉字别表》片假名、平假名（不包括变体假名）。

1951 年 5 月，日本政府在《当用汉字表》之外，又制定了 92 个人名常用汉字来满足社会正常需求。经过不定期的增删之后，至 2004 年 9 月 27 日，日本法务省修改的《人名用汉字别表》共计汉字为 983 个①，这一数字至 2017 年为 863 个。增增删删之中，一些人名用字颇为常见的汉字，如"巫""渾"等得以增补，而一些不合适的人名用字，如"齐""磨"等字则被剔除。彰显出汉字在日本社会中的重要地位。

伴随着信息技术的发展，1978 年，日本经济产业省的前身通商产业省和日本规格协会（JIS）制定了工业产品用汉字编码规格，即《情报交换用汉字符号系》。该标准由使用频率较高的 2965 个汉字（JIS 第 1 水平）和具有特殊用途而一般使用频率较低的 3384 个汉字（JIS 第 2 水平）组成。1983 年的 JIS 汉字标准修订，针对《常用汉字表》以外的 29 个汉字制作了"扩张新字体"，如莱（萊）、鸥

---

① 日本法务省"修订人名汉字委员会"认为，以《汉字出现频度数调查(2)》（文化厅国语科编制）为基本数据，以统计学的方法确定"常用"的范围，而将《情报交换用汉字符号系》（JISX0208）里的 JIS 第一水平汉字（2965 个字）定为"易懂"的汉字，而对 JIS 第二水平汉字（3384 个字），则根据频度数调查的结果及是否有用作人名汉字的呼声等综合考虑，逐一判断其汉字的"常用""易懂"性。

(鷗)等。两种形体的存在,不仅给计算机信息处理带来了许多麻烦,而且给人们的用字习惯带来了不利影响。于是,1998年国语审议会的审议报告中,总结了一个《表外汉字字体表》。该表收汉字1022个,均是经过统计得出的高频汉字(与"常用汉字"使用频率相同)。由于该表是在以《康熙字典》为准则制定的"印刷标准字体"基础上研制的,故而目前存在着一般通用的汉字中部分字形与《康熙字典》存在差异的矛盾。比如"饑饉"与"飢饉",就是《常用汉字表》字体和《康熙字典》字体并存的情况。这一问题,至今仍未找到合适的解决办法。

附:琉球群岛的语言文字

琉球群岛北临日本九州,南毗中国台湾,包括北琉球圈(包括冲绳群岛和奄美群岛)和南琉球圈(包括与那国岛),大小岛屿470余个。

琉球国内通用的语言为琉球语。北琉球圈语言特别是奄美语、冲绳语与日语有一定的近似关系,考古证实冲绳语与古日语、隼人语等都起源于更古老的绳文语,多数学者认为属阿尔泰语系;而南琉球圈语言,其在发音、同源词上更多偏向于南岛语系。

1650年成书、记载琉球国史的《中山世鉴》云:"当初,未(有)琉球之名。数万岁之后,隋炀帝令羽骑尉朱宽,访求异俗,始至此国。地界涛间,远而望之,蟠旋蜿延,若虬浮水中,故因以名流虬也。"但在汉籍《隋书》中却作"流求",或许是"虬"是传说中的有角龙,不可随意使用,故而以同音的"求"代替。后世史书或作"瑠求"(《元史》),直到明代洪武五年(1372),"琉球"二字方正式确定。

隋代之前,中国与琉球当早已有了往来。《隋书·陈稜传》载隋炀帝遣陈稜攻打琉球一事,云:"琉求人初见,以为商旅,往往诣军中贸易。"不然,何以误认隋军为商旅。最终,"进至其都,频战皆败,焚其宫室,虏其男女数千人,载军实而还。自尔遂绝"。隋亡之后,中国与琉球并无官方往来记录,直到1372年,朱元璋派杨载出使琉球,两国才正式建立了官方的藩属关系。

明代嘉靖年间陈侃编写《使琉球录》引《大明一统志》载琉球"无文字,不知节朔,视月盈亏以知时,视草荣枯以计岁"。《中山世鉴》:"洪武二十五年,(琉球)中山王察度始遣子侄学于国子监。"之后,琉球山南、山北二王亦派子侄来明朝求学。这一交流活动持续至乾隆年间。求学人员带回了中国的语言文字、诗书礼仪,影响深远。《使琉球录》:"琉球国嗣王姓尚氏,名清,父名真,祖名圆,自上世以来,皆命名以汉字。"整个明朝时期,汉语汉字都是琉球国外交时的官用语言文字。琉球还专门编制了学习汉语的官话课本,如《百姓官话》《广应官话》《琉球官话集》等,惜大部分佚失。还要注意,这些教材在语音上大都受福州话的影响。

1609年,萨摩岛津氏在日本德川幕府的准许下,洗劫了琉球都城。之后的几年,又陆续征服了其他岛屿。由于萨摩岛津氏受制于日本,故而琉球也受到日本语言文字的影响,百姓也学习"番字(倭字)",《使琉球录》就收录了48个"夷字"——假名。虽然对中国文书都是使用汉语文言文书写,但是琉球政府内部皆使用片假名结合汉字的日文正式书写系统,而民间则使用平假名结合汉字、琉字(琉字是假名结合象形字的变形)的书写方式。

清末,朝廷腐败无能,琉球群岛被日本完全占领。

【研究提示】

1. 谈谈汉字在日本文明进程中的文化学价值,尤其是在日本近代社会变革中的地位、影响和意义。
2. 中日两国语言系属不同,但因均使用汉字而导致西方人易产生中日"同文"之感。但实际上,两国所使用的汉字具有许多相异之处。尝试分析目前中日所用简体字的异同及相互影响。

【延伸阅读】

1. 〔日〕飞田良文监修,菅原义三编《国字字典》,东京堂,1992年。
2. 〔新加坡〕谢世涯著《新中日简体字研究》,语文出版社,1989年。
3. 何群雄《汉字在日本》,(港)商务印书馆,2001年。
4. 刘元满《汉字在日本的文化意义研究》,北京大学出版社,2003年。
5. 赵守辉《日本汉字的近代演变、动因及启示》,《外国问题研究》,2010(3)。
6. 〔日〕阿辻哲次《日本汉字的三种规格》,《中国文字研究》第14辑,2011年。
7. 洪仁善著《战后日本的汉字政策研究》,商务印书馆,2011年。
8. 〔日〕笹原宏之《日本的汉字》,丁曼译,新星出版社,2019年。

第六节 新马印华文

东南亚的新加坡、马来西亚、印度尼西亚是近代历史上华人南下的主要栖息地,华人(文中若不做特别说明,华人和华侨混而言之)成为这三个国家不可分割的重要组成部分,数量早已超过3亿,而华文在这三个国家也形成了独特的面貌。

一、新加坡

新加坡是位于马来半岛南端的一个岛国,毗邻马六甲海峡南口,其南面有新加坡海峡与印尼相隔,北面有柔佛海峡与马来西亚相隔,并以长堤相连于新马两岸之间。

(一) 典籍记载

三国时期东吴将领康泰著《吴时外国传》,曾载有"蒲罗中"一地,据考证该地名为马来语"Pulau Ujong",取意(马来半岛)末端的岛屿。后又被誉为"Negeri Selat"(海峡之邦),故而根据"Selat"的发音,《新唐书》中称其为"萨庐",《宋史》中则称作"柴历亭"。1330年,中国元代航海家汪大渊首次来到新加坡,其编撰的《岛夷志略》称之为"单马锡",而1430年《郑和航海图》中则称其为"淡马锡",均源于马来文"Temasek"(海城)的对音。这期间的14世纪末,其梵文名字"Singha-pura"(狮城)才首次出现。之后的几个世纪中,新加坡先是成为马六甲苏丹国(1405—1511)中重要的一部分,后又于1613年被葡萄牙人焚毁了河口的据点,导致此后两个世纪内的新加坡史料荡然无存。

(二) 殖民历史

随着英国殖民主义扩张,1819年新加坡变成了一个贸易港。一两年之后,首批来自中国厦门的移民,便漂洋过海来到了这里。1826年,新加坡成为海峡殖民地,受到英属印度当局的管辖,但正式成为英国的直辖殖民地是在1867年4月1日。英属殖民地时期,新加坡的经济飞速发展,吸引了大量华人。据统计,1860年,人口就已经达到80,792,其中华人占到61.9%。

1941年12月7日,太平洋战争爆发。至2月15日,日军成功占领了新加坡。之后的几天,日军进行了针对新加坡华侨的肃清行动。二战后,新加坡再次成为英国的直辖殖民地。1959年,新加坡取得完全自治。

1963年9月16日,新加坡、马来亚(西马旧称)、沙捞越和沙巴共同成立马来西亚联邦。由于意见相左,各种矛盾、冲突、暴动频发,1965年8月9日,新加坡被驱逐出马来西亚联邦,新加坡共和国正式成立。

(三)语言政策

新加坡共和国是个社会多语制和个人双语制国家。社会多语制是指新加坡允许使用三种以上的官方语言。其国语为马来语,但官方语言还包括英语、华语、泰米尔语。个人双语制是指在这四种官方用语中,每个新加坡公民都需要通晓英语和其他三种官方语言中的一种,也就是英语是每个公民所必须掌握的,其次就是各种族自己的母语。多语制和双语制有助于减少种族冲突,并且更好地融入国际社会。

1978年,新加坡开始评审整个教育体制。1980年,新教育体制(小学阶段)开始实施,其中有一条为:"让占学生大多数的中等和中等偏上水平的学生学习并掌握'第一语言'英语和'第二语言'华语。"到1987年,政府明确规定英语从小学一年级就开始按照母语的地位对待,其他各种族的母语成为第二语言。三年后,高等教育机构全面实行英语授课。

(四)语音教学

辛亥革命之后,中国于1918年公布了注音字母。短短几年内,"国语运动"也在东南亚和南洋各地华人社区中展开。随着用注音字母作为音序排列的字典问世并传播到新加坡①,20世纪50年代以后,注音字母才开始在华语语音教学方面产生较大作用。

1971年,新加坡政府开始采用"汉语拼音方案",次年,"注音符号"便逐渐退出了华语教学。1974年,一股"汉语拼音热"悄然出现。教育部门和民间团体的各种汉语拼音培训班不断涌现,有些学校小学三年级就开始教授汉语拼音。

(五)简化汉字

新加坡共和国是较早推行简化汉字的国家之一。1969年以前,新加坡华文

---

① 商务印书馆刊行的《国语辞典》初版于1937年,50年代传入新加坡时已是1944年的版次了。

教学一直使用繁体字,这对于以华文为第二语言的华人学生来说,记写起来较为困难。中国大陆于 1956 年公布了《汉字简化方案》并成功地推行了简化汉字,对新加坡的华人产生了巨大影响。于是,1968 年 8 月,新加坡教育部成立了"简化汉字委员会",着手汉字简化工作。1969 年,由新加坡教育部向社会颁布了由 502 个繁体字简化为 498 个简体字的《简体字表》①。从 1973 年起,教育部门先后编订了三种适合小学生使用的汉字表。新加坡华语研究中心从 1973 年起至 1977 年间曾推行过两个常用字研究计划,所收常用字为 3722 个。1974 年 3 月,新加坡教育部又颁布了《简体字总表》②,共 2248 个简体字。该表还包括了之前公布的 502 个《简体字表》中新加坡本地特有的简体字及少量与中国简化字不同的字体。同年,还实施了教科书由左向右横排行文的规定。此后所有政府文件及其他华文出版物全部改为自左向右的书写和排版方式。为了与中国的简化字完全接轨,时隔两年,新加坡教育部对《简体字总表》进行了修订③,从而使该表与中国的《简化字总表》取得了基本一致。

特别说明的是,在修订版《简体字总表》颁行后,执法部门严格按照法规处罚和制裁不按规定使用简体字的单位和个人,无一例外。

(六) 华语运动

目前,新加坡华人占总人口的比例已经超过四分之三。华人来自中国各个不同地区,他们使用的语言或方言亦各不相同。据新加坡统计局(2001 年)的有关资料,新加坡的华人所使用的语言和方言共计多达 23 种,以福建话、潮州话、粤语、海南话和客家话为主流。

1979 年,在时任总理李光耀先生的大力倡导下,新加坡政府发起了"讲华语④运动",以期取代华人所使用的各种方言,更好地团结华人团体。之后,每年都会举行一次"华语运动月"(每年定在 9、10 月份举行)。

---

① 该表虽然取得了很大成绩,但并未尽善尽美。主要表现在未规定偏旁简化原则,以及部分常用字未简化而非常用字却得以简化两方面。例如(括号内为大陆简化字):見(见)、馬(马)、鳥(鸟)、食(饣)、言(讠)、伩(信)、帋(纸)、囪(窗)、甾(留),等等。
② 该表收录与中国相同的简化字共 2171 个,约占全表的 97%。不仅将原《简体字表》中未简化的偏旁都加以简化,而且把中国字典中的少量分立两条的字合而为一(迭 – 叠、迭;萧 – 萧、肖;象 – 象、像)。此外,还采用了当地民间常用简体 77 个。
③ 删除了原表所采用的民间流行的 77 个简体字;恢复了"信、刹、嘴、留、窗、答、算、要、覆、解、貌"等字原本的字形,不再简化。
④ 新加坡使用 Mandarin 表示汉语,把汉字叫华文字,此处"华语"指北方官话。

据新加坡统计局的有关数据,2000 年左右,新加坡 5 至 14 岁的人口中,在家庭中使用各种汉语方言的人已由 1990 年的 18.9% 降为 4.3%,而绝大多数人在家庭中使用华语(59.6%)和英语(35.5%)

此外,在应用文改革和译名规范方面,新加坡也进行了卓有成效的努力。

二、马来西亚

马来西亚(1964 年以前称为"马来亚"),包括位于马来半岛的西马来西亚和位于加里曼丹岛北部及西部的东马来西亚。

(一) 曲折历史

公元初,马来半岛建立了羯荼、狼牙修、古柔佛等古国。华人与印度人于 2 世纪与 3 世纪在这个区域建立许多贸易港与城镇,依据中国史料记载,数量多达 30 个。

在 4 世纪,采用梵语作为书写文字。7 世纪至 14 世纪,苏门答腊的三佛齐文明达到高峰,马来半岛的许多地区由三佛齐帝国所统治。三佛齐衰落后,伊斯兰教在马来半岛奠定根基。该地区也分裂成众多以伊斯兰教为主的苏丹国,其中最突出的是马六甲苏丹王朝,这也是马来半岛第一个独立国家。

16 世纪起,葡萄牙(1511 年)、荷兰(1641 年)、英国(1785 年)先后在马来西亚建立殖民势力。1824 年 5 月 17 日,《英荷条约》签订,英国占领了马来半岛及婆罗洲北部,这些地方后来大部分加入了马来西亚,印尼则成为荷兰的殖民地。1942 年至 1945 年日本占领了马来西亚。后再成英国殖民地。1957 年 8 月 31 日,马来西亚正式脱离英国独立。1963 年,马来西亚联同新加坡、沙巴及沙捞越组成了马来西亚联邦,1965 年 8 月,新加坡退出马来西亚联邦。

(二) 语言政策

马来西亚是个多元民族国家,以马来人、华人和印度人三大族群为主。据 2000 年人口统计,三个族群的人口比重分别是:65.11%、26%、7.17%。三大族群都有各自的语言和教育机构。

殖民地时期,英国政府为巩固政权,积极发展马来语和英语教育。但总体上,当时的马来西亚实行的是多元化的教育体制。马来语为共通语言,而英语是政府工作语言,各种族人口大部分都会进入各自母语学校,华人在华语学校,印度人在印度语学校。

然而,1949年,英国殖民政府建立了一个巴恩斯马来文教育委员会。该委员会1951的报告明确提出了把马来语与英语作为官方语言并建立一套双语国家教育体系的决定。《1952年教育法令》规定以英文和马来文为教学语言的国民学校取代华文、印度文学校。

1957年马来西亚独立,自此开始了单元化教育政策:"一个国家、一个民族、一种文化、一种语言和一种源流"。马来西亚宪法规定:"第一,除了在官方用途以外,任何人不得受到禁止或阻止使用、教导或学习任何其他语文;第二,此条文不得影响联邦政府或任何州政府去维护及扶助联合邦内任何其他民族语文的应用和学习的权利。"这一规定,连同膨胀的民族主义,使得马来西亚政府推行教育同化政策,抑制并最终取消华文教育成为马来西亚政府的导向。1960年,教育部长拉曼达立提出了《拉曼达立报告书》,并指出国家教育政策要使国语(马来语)成为马来西亚教育制度的主要教学媒介。《1961年教育法令》的通过,是联邦政府开始推行单元化教育政策的标志。该法令明确提出要消灭种族性的中学,并且所有华文小学随时都可以被改为国民小学(入学、毕业考试由教育部统考,并只许以马来文和英文作答)。此外,政府极力压缩华文学校的教育津贴,以严苛政策限制华文学校师资来源,而最不公平的则是对华文学校学生的升学和就业采取非常严重的歧视性政策。

1967年,马来西亚制定了国家语言法,废除了英语作为官方语言的规定,确立马来语是国家唯一的国语及官方语言。也正是因为政府对语言和教育决策的失衡,矛盾逐渐激化,直接导致了1969年发生在吉隆坡的"五一三种族冲突事件"。

1970年,马来语更名为Bahasa Malaysia(马来西亚的语言)。次年,政府修改法令,规定怀疑马来语为唯一官方用语即为犯罪,将马来语定为各学校的主要教学用语,英语成为第二语言。1975年,英语学校已全部改制为国民小学。1980年,以英语为教学用语的课程也全部改为马来语教授。在这一背景下,华语和华文教育也每况愈下。

可喜的是,随着经济全球化的日益加剧,20世纪90年代至今,马来西亚非马来语语言获得了相对自由开放的空间。《1995年教育法令》规定英语成为国民小学中的必修科目。而同年12月,马来西亚教育部教育政策规划与研究处提出了建立设有两种或三种源流学校的新学校,把不同源流的学校合并,在现有学校中增设其他源流的学校。

可以看出,在马来西亚语言政策的发展历程中,政府对华语及华文教育一直持消极和模糊的态度。

(三) 简化汉字

由于中国已经颁布和实行了几批简化字,1972 年,马来西亚的政界、文化教育界人士成立了简化汉字委员会。该委员会成立后即着手研究和编制马来西亚"简化汉字表"。

受新加坡修订本《简体字总表》的影响,1977 年 9 月,委员会也编制了一份《简体字总表》。1981 年 2 月 28 日,委员会出版了《简化汉字总表》。该表包括:A 汉字偏旁简化表、B 简化字检查表、C 附录。

A 表分作甲、乙两表。甲表是 132 个可作偏旁的简化字,与中国文字改革委员会编制的《简化字总表》第二表相同;乙表是 14 个①不能单独成字的简化偏旁。

B 表分为甲、乙、丙三表,内容与中国文字改革出版社编辑出版的《简化字总表检字》相同。共收简化字 2238 个(因《简化字总表》第三表中的"签""须"二字与第一表重见,实为 2236 个)。

C 表为附录,也分甲、乙、丙三表。甲表是《异体字整理表》。该表与中国文化部和文改会 1955 年发布的《第一批异体字整理表》基本相同,个别不同列出如下:

	中国《第一批异体字整理表》	马来西亚《异体字整理表》
幕(mù)	幕[幙]	未收
裤(kù)	裤[袴]	裤[絝]
欣(xīn)	欣[訢]	欣[訢忻]
尝(cháng)	尝[嘗甞]	尝[嘗甞嚐]
祸(huò)	祸[旤]	祸[旤]

乙表是《新旧字形对照表》,与中国《新华字典》所附《新旧字形对照表》相同。丙表是《汉语拼音方案》。

(四) "独中"复兴运动

20 世纪 70 年代,华人社会为了挽救民族母语及教育,掀起了一场轰轰烈烈

---

① 实际列出 15 个,多出"宀"(宁)字,余皆与中国《简化字总表》所列简化偏旁表相同。

的"独中"复兴运动。1973年4月1日,该运动率先在由胡万铎领导的霹雳州点燃,准备筹募百万独中基金以解救霹雳州9间独立中学经济危机。

而后,董教总①召开"全国发展华文独中运动大会",接纳《华文独立中学建议书》,成立了董教总全国发展华文"独中"工作委员会(简称"独中"工委会),提出了《华文独立中学建议书》作为"独中"今后发展的方向指导。由于全国董教总的响应支持,这场运动演变成一场全国性的广泛的群众运动。

"独中"复兴运动还提出了举办马来西亚全国独立中学统考,虽然遭受到时任教育部长马哈迪等人的强烈反对和阻止,但经过华人的不懈斗争,马哈迪最终同意允许董教总举办全国独立中学统考。

"独中"工委会根据《华文独立中学建议书》,设立了行政部及相关工作委员会,开展了一系列诸多有效的工作,如募捐基金、编纂教材、举办考试、培训师资、指导学生活动、辅导升学就业、资助出版,以及提供相关工作的支持和帮助等。"独中"运动在联邦政府推行单元化教育政策的重重封锁中,开辟了一条华人社会前进的通道。它的意义不仅是在教育领域中凸显出华语及华文教育体系的价值,而且极大地提升了华族在马来西亚的自尊与自信。

三、印度尼西亚

印度尼西亚约由17508个岛屿组成,是全世界最大的群岛国家。"印度尼西亚"源自希腊语的印度(Indus)及岛屿(nèsos),指印度各岛。此名称自18世纪即已存在,早于独立的印度尼西亚。

(一)历史简况

约公元前2000年,南岛民族由台湾移入印度尼西亚,构成现代多数印度尼西亚人,且遍布于群岛,局限了美拉尼西亚人分布范围,美拉尼西亚人仅分布在印度尼西亚东部。

早在公元前2世纪后半期,在印度尼西亚群岛出现了最早的国家叶调。由于农业社会发展,于公元3至7世纪,印度尼西亚境内出现多个小国和部落,如达鲁曼、诃陵和古泰等。这些古老王国与中国、印度甚至希腊间有贸易往来。

---

① 马来西亚华校董事联合会总会(董总)和马来西亚华校教师会总会(教总)的联合总称,是推动马来西亚华文教育工作的最主要组织。根据各个时期的工作需要,董教总成立了各种机构和工作委员会负责各项有关工作。

之后,海上商业帝国三佛齐由于贸易而兴盛。13世纪末14世纪初,印度尼西亚历史上的大帝国满者伯夷在东爪哇建立,约14世纪末消灭了三佛齐,版图包含现今大多数印度尼西亚及部分马来西亚地区。郑和下西洋曾经过印度尼西亚,并在马六甲有外交活动。

1512年始,葡萄牙、荷兰及英国商人先后来到印度尼西亚。1602年,荷兰成立荷兰东印度公司,成为欧洲位于印度尼西亚的主要势力。1800年,东印度公司解散,荷兰政府则成立荷属东印度接管印度尼西亚殖民地。二战中日本的侵入,结束了荷兰统治。战后联合国报告指出在日本统治时期有400万人因饥荒及强制劳动而死亡。

1945年8月17日,日本投降仅两天后,印尼独立运动领导人苏加诺宣布印尼独立,并出任第一任总统。1946年11月下旬,英国军队从印度尼西亚完全撤退。之后,荷兰又再次发动了战争。但在1949年12月,荷兰宣布承认印度尼西亚独立。(不包括荷属新几内亚,该地区由于1962年的《纽约协定》及1969年《自由选择法》而并入印度尼西亚。)

1997年,亚洲金融危机爆发,印尼经济遭受重创,引发大规模排华动乱,苏哈托被迫于1998年5月下台,结束32年执政。1999年,东帝汶举行公投决定独立,也结束了25年来印度尼西亚备受国际谴责的军事占领。

(二)语言政策

印度尼西亚约有300多个民族及742种语言及方言。大多数印度尼西亚人为南岛语族后裔,所使用的语言可追溯至发源于台湾的原始南岛语系(或称"马来-波利尼西亚语系"),另一个较大族群为美拉尼西亚人,居住于印度尼西亚东部。爪哇族是最大族群,约占总人口的一半,华人比例在5%左右。

印度尼西亚官方语言为印尼语,印尼语是一种混合型语言,来自于殖民地时期的商贸语言——市场马来语。在殖民地时期,荷兰语一度被殖民统治者确定为官方语言。1945年8月17日,印度尼西亚独立后确定印尼语为国家的官方语言[①]。

虽然对于当地语言,政府承认其合法、平等的地位,但自独立起,印尼政府就

[①] 爪哇语是印度尼西亚最大民族爪哇族的语言,然而为了防止国家分裂,只好选用大多数人并不熟悉的印尼语作为官方语言。

对华语采取同化政策,极力削弱华语的传播。

经过不懈努力,1958年,政府准许民间团体内部创办学校。然而1965年9月30日,苏哈托上台后,印尼政府开始有步骤有计划地在全国范围内取消华语及中华文化。1975年,政府彻底废除任何形式的华语教学,在学校完全以印尼语为教学用语。而在社会上,则禁止华人使用汉语,禁止任何形式的中华文化传播,甚至姓名也全改为印尼语,否则施以重罚。

为吸引外资、发展经济,1990年5月,印尼同意台商为其子女开办台北学校。8月,印尼和中国复交,不再禁止华人赴中国求学。语言上,政府也采取"睁一只眼闭一只眼"的政策。

1998年"五月风暴"之后,过渡的哈比比政府下令取消种族歧视条例,并停止"原住民"和"非原住民"的用语。在政权过渡期间,领导层多次发表观点,承认了华语的合法地位。而继任的瓦希德、梅加瓦蒂、苏西洛等人也均采取了相对宽松的民族政策和语言政策,可以预见,未来的印尼将逐步形成建成兼顾各民族的合理的语言制度。

(三) 华文教育

史料记载,印尼的华文教育开始于1690年创办的名诚书院。1901年,巴城中华会馆中华学校的创办,是印尼近代学校的开端。1911年,华侨华人成立了荷印华侨学务总会,作为印尼华校的领导协调机构。然而,随着荷印政府对华文教育的打击,该机构于1927年停办。1932年,政府颁布了《取缔私立学校条例》,华文教育大大受挫。而二战中日本的统治,更是对华文教育带来了沉重的打击。

印尼独立后,政府对华文教育暂时实行了较为宽松的政策,华文教育相对地得到了较好的发展。这是因为一方面,独立之后的几年,政府忙于和荷兰斗争;另一方面,1950年印尼与中国建立了邦交关系。举个明显的例子,1957年华校的数量多达2000所,根据政治倾向的不同可将其分作亲中、亲台、中立三类。亲中华校有844所,亲台华校则有700所,两派相互对立、互不调和。可以讲,这是印尼华文教育史上比较勃兴的时段。然而,这种宽松只是相对和暂时的,在其背后却是日渐加剧的同化政策。

1957年11月6日,印尼政府颁布《监督外侨教育条例》,规定外侨学校禁止招收印尼籍学生,且之后离境赴中国求学者不得再次入境,并将1100所华校改为印尼国民学校。

1958年,苏门答腊等地发生动乱,台湾当局被指控与运动相关,故而亲台学校被取缔,其他华校则受到严厉制裁。大量教师被迫离校,造成师资严重短缺,华校陷入困境。

1959年9月,印尼各地出现排华事件,不到一年的时间三分之二的华校被迫停办。而从1965年"9·30政变"之后,至80年代末期,华文教育陷入了举步维艰的低谷期。尤其是1966年,印尼所有华校全部被迫关闭。次年6月,政府颁布了第37条法令,签署了《解决华人问题的基本政策》,该法令第7条规定:"除了外国使节为他们的家庭成员所办的学校外,一概不得有外国学校。"

华校关闭后,面对华人不愿接受印尼教育而聘请家教补习华文的情况,1968年文教部发文鼓励成立"特种国民学校"。其本意是同化华校关闭后失学的华人子女,然而事与愿违,特种国民学校发展迅速,华文教育逐渐抬头。于是,1975年文教部又颁文将这类学校改为私立国民学校。自此,印尼华文教育彻底衰落。

这一局面至1998年"五月风暴"后得以扭转。

苏哈托统治结束后,继任者逐步取消或解除了多项华语及华文教育禁令,如取消禁止教授华文的政令及取消华裔在办理子女入学或官方申请时必须出示公民权的条例。然而民族隔阂和排华思潮仍在一部分统治阶层心中根深蒂固,这就直接导致大部分种族歧视性的政令仍然具有法律上的约束力,也导致了至今印尼华人社会仍然对华文教育心有余悸,不敢轻易接触。

总体来看,印尼目前的华文教育存在大量严重的问题,诸如政府态度不明朗、排华思想仍然存在,以及师资、资金和教材极为匮乏等。

【研究提示】

1. 东南亚是华人最早移民海外的地域,至今华人仍遍布东南亚各个国家和地区,除教材所讲新马印三国之外,华文在泰国、文莱等国家也有不同的发展历程。调查相关资料,补充东南亚其他国家华文及华文教育的历史变迁。
2. 愈演愈烈的"华语热""汉字热"使得东南亚地区的华文教育渐次复兴,大部分国家和地区的语言政策中已经废除了歧视华语的相关法规条例。请走访东南亚来的留学生,调查生源地的华文教育在目前发展中存在的各种问题。

【延伸阅读】

1. 〔美〕约翰·W.亨德森《印度尼西亚的民族和语言》,《民族译丛》,1981(3)。摘自《印度尼西亚地区手册》,1970年。
2. 郭振羽《新加坡的语言与社会》,正中书局,1985年。
3. 〔印尼〕梅利·G.坦《华人在印度尼西亚发展中的作用》,《南洋资料译丛》,1989(2)。原载日本京都大学《东南亚研究》第25卷第3期,1987年12月。
4. 陈碧笙《世界华侨华人简史》,厦门大学出版社,1991年。
5. 胡瑞昌《新加坡共和国的语文政策与华语华文教育》,《河北师院学报(社会科学版)》,1994(1)。
6. 温广益主编《"二战"后东南亚华侨华人史》,中山大学出版社,2000年。
7. 邹嘉彦、游汝杰《汉语与华人社会》,复旦大学出版社,2001年。
8. 黄明《新加坡双语教育与英汉语用环境变迁》,厦门大学出版社,2012年。
9. 李洁麟《马来西亚语言政策的变化及其历史原因》,《暨南学报(哲学社会科学版)》,2009(5)。

余 论
信息时代中的汉字

当今世界,汉字研究已不再局限于传统文字学范畴之内,汉字已然成为社会学、人类学、心理学、人工智能等诸多领域共同关注和探讨的主题。囿于篇幅,本书无法将该领域全部内容悉数详括,且汉字文化本就无境域之限。可以说,古老的汉字是洞悉中国社会、历史、文化的一把钥匙,无怪乎汉字被誉为中华文明的活化石。在新的时代背景下,汉字不仅重新焕发出生机,更面临着时代所赋予的前所未有的挑战。其中有三个方面的问题尤须重视。

1. 现代汉字规范及繁简字问题

周有光曾经提出:"书同文是 21 世纪必须实现的目标。"在前面的"书同文"一节中,我们初步涉及了清末至今的汉字规范问题,包括汉字简化问题。在汉字古今形体演变历程中存在一个极为重要的规律——形体的简化,这是服务于人的认知及社会实际使用的。然而淘尽历史尘埃之后,中国大陆施行的简化汉字政策与港台地区所沿用的繁体字现实之间产生了巨大的矛盾。两岸文字的问题多年来处于比较敏感的状态,因为它总是与政治问题纠缠在一起。

这里需要明白下述几个基本概念及相关问题:一是简化字与简体字的不同,我们在"绪论"中已经提及;二是繁体字只是针对大陆地区所使用的未简化文字而言的,不可将"繁体字"简单说成是台湾地区的文字;三是大陆所使用的"繁体字"跟传统正体字是有区别的,皆因新中国成立后简化汉字的政策,打破了传统正体字的原有规范。比如"異""棄"在 1955 年《第一批异体字整理表》中当作异体字淘汰,其相应的正体为"异""弃",故而规范繁体亦应该作"异""弃",而不是"異""棄",也就是说"异""弃"与"異""棄"之间非繁简关系,诸如此类,不可胜计。此类情形,不仅成为两岸交流合作的绊脚石,更为汉字国际推广及汉字信息化带来了一连串的难题。

故此,统一、规范的汉字,当是大陆和港台地区共同努力的目标。然而究竟怎样统一,使用何种标准、以哪种规范为基础,不仅非一朝一夕就可解决,而且很可能需要几十年甚至上百年两岸人民的共同努力。这里,我们只能提出一些最为基本的原则。

首先,要能够兼顾两岸全体中国人的现实和诉求,兼顾传统正体的规范性及大陆简化汉字的便捷性,以最方便所有国人使用为最终目的。

其次,在传统文化的传承和推广方面,必须要顾及汗牛充栋的古代典籍及数千年汉字实际使用的历史,勿再将古今文化之间的断裂继续拉大。

最后,鉴于近二三十年来现代汉字数字化的艰辛历程,统一之后的汉字必须要以计算机字符编码改动幅度最小、代价最低为前提。

当然,这些原则的贯彻必须要以科学的汉字整理和规范的理论、理念为前提和基础的。

2. 汉字数字化

20世纪中期计算机诞生之时,曾有人断言汉字因无法输入计算机,必将走上拼音化的道路。确然,汉字为二维的方块文字,字字不同,早期计算机并不能输入汉字,然而1978年,上海电工仪器研究所部工程师支秉彝创造了一种"见字识码"法,直接使计算机的汉字输入进入了实用阶段。但是,汉字输入技术真正达到普及、实用化,则是始于王永民发明的"五笔字型"输入法。截至目前,汉字输入计算机已经出现了三种途径:键盘输入、文字识别和语音识别。然而无论何种输入方式,都需要以汉字编码和字符集收字为基础。

20世纪汉字编码中主要用到的有二类:GB2312、Big5[①]。GB2312可以基本满足计算机对日常文字的处理需要,但对于人名、专名及古汉语方面的罕用字则无能为力。这也就促使了GBK字符集的研制[②]。进入21世纪,GB18030开始取

[①] GB2312全称"信息交换用汉字编码字符集 基本集",又称国标码,1980年国家标准总局发布,通行于大陆(新加坡等地也使用)。它属于简化字编码规范,同时也包括其他符号、字母、日文"假名"等,共7445个图形字符,其中汉字占6763个(包括5个空白编码)。Big5又称大五码,主要为港台地区使用,属于繁体字编码,最先于1985年提出。该字符集共收录13060个中文字,其中有二字为重复编码,Windows等主要系统的字符集都是以Big5为基准。

[②] GBK即汉字内码扩展规范,于1995年由全国信息技术标准化技术委员会制定。K为扩展的汉语拼音中"扩"字的声母,英文全称Chinese Internal Code Specification。GBK编码标准兼容GB2312,共收录汉字21003个、符号883个,并提供1894个造字码位,简、繁体字融于一库。

代 GBK。GB18030 有两个版本：一是 GB18030 - 2000（《信息技术　信息交换用汉字编码字符集　基本集的扩充》），主要特点是在 GBK 基础上增加了 CJKV "统一汉字"扩展区 A 的汉字；一是 GB18030 - 2005（《信息技术　中文编码字符集》），主要特点是在 GB18030 - 2000 基础上增加了 CJKV"统一汉字"扩展区 B 的汉字。GB18030 - 2000 有 27533 个汉字，GB18030 - 2005 有 70244 个汉字。Unicode 12.0 中，CJKV 中日韩越统一表意文字基本区（包括基本区补充）及各扩展区的总字数达 87875 个，另有部首及扩展 329 字，兼容汉字区及扩展 1014 字，笔画 36 个，注音符号及扩展 65 个。

然而这 87875 个汉字，并不能完全将已有汉字全部包括。目前为止，没有人能对汉字总量给出确切的答案①。冷玉龙等编纂的《中华字海》、台湾《异体字字典》等虽收字海量，但其中有为数众多的异体字形，且大都为历史上出现的俗体，大部分已随时代迁变而归于历史汉字，虽则如此，这个数字亦绝非古今汉字中的全部。幸而实际使用中，却并不需要掌握多达十万的汉字。据统计，殷商甲骨文、西周金文用字单字量总数均在 5000 字以内，而今天的现代汉字，只需 3500 常用字，即可覆盖出版物的 99% 以上。也就是说明各具体朝代或时代中作投入流通的汉字数目并不大。但对于今人而言，电脑通用字符集中的汉字数量，是应该与社会实际用字数量相协调的。

相对于不断推陈出新的输入技术，汉字编码及字符集收字却还有更长的路要走。这不仅是与计算机技术的提高有关，还在于它涉及更为专业的历史汉字研究。

3. 信息技术对汉字的影响

信息技术对汉字的影响与汉字的数字化密切相关。

在"书体流变"及"文字载体"的梳理中可以发现一个事实，即历史上每种书体及文字体态的出现及形成，均与书写工具及物质载体有密切的关系。而近几十年来信息技术的飞速发展，使得汉字的书写方式及发展轨迹均悄悄发生了改变。

首先，信息技术成为汉字研究的有效手段，前人无法做到的许多层面，今天

---

① 秦代"三仓"（《仓颉》《博学》《爰历》）记载有 3300 字，汉代扬雄《训纂篇》录文 5340 个，《说文解字》存字 9353 文，南朝梁顾野王《玉篇》收有 16917 字，至唐代孙强增字本《玉篇》达到 22561 字，而后宋代司马光修《类篇》多至 31319 字，而到了清代《康熙字典》就有 47035 多字了。新中国成立后，1990 年徐仲舒主编的《汉语大字典》，收字量为 54678 个，四年之后，冷玉龙等编纂的《中华字海》，则多达 85568 字。台湾研发的《异体字字典》收字则已超过十万。

均可借由计算机得以完成。尤其是在数据库(Database)方面:容量上,从早期最简单的表格数据存储,转变为进行海量数据的存储,并建成大型数据库系统进行工作;职能上,从早期组织、存储和管理数据,逐步转变成为用户所需的各种可能的数据管理方式。比如对《说文解字》而言,已经先后有数家科研机构研发出了相关数据库,极大地促进了文字学及相关领域的研究。

其次,"提笔忘字"及网络语言对汉字的冲击。

与其他文字多有不同,汉字自始至终存在着辨识与书写功能的差异和矛盾。网络时代,纸笔逐渐被键盘和屏幕所代替,汉字的输入与输出,逐渐脱离了对汉字构形清晰把握的依赖。甚至,只需按下一个字母按键,就可以将需要的字显示出来,即使对于一些构形尚不清晰的字,也可以"模糊"拼出,而依靠着这种手段所输出的字,基本不会出现笔画或形体上的错误。久之,用户不止汉字识别能力有所下降,而且汉字书写能力更会大为折损。

而网络语言中夹杂的英文、数字及各类符号图形,同样给汉字的发展带来了不利因素,比如字母词的问题。多年来,字母词逐渐进入正式或官方用字场合。客观而言,字母词确实有着不可替代的优点,但也有着与汉语文字相冲突之处。但这种"另类"词语的汉语书面表达,究竟走向如何,却并非人为就可决定,必须要由汉语的书面记录系统——汉字系统进行自然选择。

鉴于上述现实,我们认为,官方及正式用字场合,必须要符合《中华人民共和国国家通用语言文字法》的用字规定,然而在民间用字及个人使用层面,则不可加以人为的强制干涉,理想的操作原则当是将个人交际行为与汉字系统的自然选择统一起来,只有这样,汉字系统的发展方可称得上健康和纯洁。

此外,在"绪论"中我们曾提到,趋简是汉字发展的规律之一,然而在信息时代,由于键盘(包括"语音"识别在内)代替了传统的手写,字形本身的繁简程度对计算机输入效率并不具有实质性的影响,亦即字形简化对书写效率的提高已然无效,故而基于传统书写方式效率要求的汉字简化趋向,终将失去价值。

历史长河,奔流不息。汉字,这棵世界文字之林中的参天巨树,浸润、栖庇着璀璨而又辉煌的古老文明,并不断将文明之种播向世界,所到之处,生根开花。善待、敬畏、守护这棵文明之树,就是守护人类文明的精神家园!

【研究提示】

1. 简化汉字过程中,将许多字合而为一,兹举10例,请写出兼并字所对应的原字。并探讨简化字之得失。

    云、后、谷、发、范、丑、肖、松、面、钟

2. 近年来,围绕繁体字是否该恢复,全国"两会"多次出现相关提案,主要有:

    2019.03,外事委员韩方明:"中小学进行繁体字识读教育"

    2015.03,冯小刚、张国立:"部分繁体字入课本"

    2009.03,梅葆玖、潘庆林:"恢复繁体字取代简体字"

    2008.03,文艺界21位委员:"小学增设繁体字教育"

    请查阅相关资料,谈谈你的看法。

3. 随着信息技术的普及和深入,网络用语用字日新月异。对待这种情况,我们是否应该制止,甚至取缔或废除?

【延伸阅读】

1. 金鹤寿主编《现代中朝韩日通用字典》,延边大学出版社,1993年。
2. 苏培成、尹斌庸编选《现代汉字规范化问题》,语文出版社,1995年。
3. 张耀峰、吴胜利《汉字形素字母及其编码方法》,见《中国中文信息学会汉字编码专业委员会第八届年会、中国计算机学会中文信息技术专业委员会第六届年会暨汉字输入技术与应用研讨会论文集》,2002年。
4. 肖金卯、武云翠《关于"信息处理用GB13000.1字符集汉字部件规范"中若干问题的讨论》,见《中文信息处理技术研讨会论文集》,2004年。
5. 李宇明、费锦昌主编《汉字规范百家谈》,商务印书馆,2004年。
6. 许长安《台湾的汉字标准化》,《中国文字研究》第6辑,上海书店出版社,2005年。
7. 黄德宽《从转型到建构:世纪之交的汉字研究与汉语文字学》,《语言文字应用》,2005(3)。
8. 黄德宽《论汉字规范的现实基础及路径选择》,《语言文字应用》,2007(04)。
9. 张书岩《因类推简化造成的简繁体字之间的复杂关系——兼及作为规范字表的形式问题》,《辞书研究》,2009(01)。
10. 苏培成《简化汉字60年》,《语言文字应用》,2009(04)。